财税一本通系列丛书

财产行为税一本通

饶明亮　王维顺　宋雪　编著

中国税务出版社

图书在版编目（CIP）数据

财产行为税一本通 / 饶明亮，王维顺，宋雪编著
. -- 3 版. -- 北京：中国税务出版社，2023.5
ISBN 978-7-5678-1338-0

Ⅰ．①财… Ⅱ．①饶…②王…③宋… Ⅲ．①财产税-税法-汇编-中国 Ⅳ．①D922.223.09

中国国家版本馆 CIP 数据核字（2023）第 020931 号

版权所有·侵权必究

书　　名：	财产行为税一本通 CAICHAN XINGWEISHUI YIBENTONG
作　　者：	饶明亮　王维顺　宋　雪　编著
责任编辑：	张　敏　高莉贤
责任校对：	姚浩晴
技术设计：	林立志
出版发行：	中国税务出版社
	北京市丰台区广安路 9 号国投财富广场 1 号楼 11 层
	邮政编码：100055
	网址：https：//www.taxation.cn
	投稿：https：//www.taxation.cn/qt/zztg
	发行中心电话：（010）83362083/85/86
	传真：（010）83362047/49
经　　销：	各地新华书店
印　　刷：	北京天宇星印刷厂
规　　格：	787 毫米×1092 毫米　1/16
印　　张：	29.75
字　　数：	513000 字
版　　次：	2023 年 5 月第 3 版　2023 年 5 月第 1 次印刷
书　　号：	ISBN 978-7-5678-1338-0
定　　价：	89.00 元

财税一本通系列丛书编委会

主　编：彭骥鸣

委　员：(以姓氏笔画为序)

王　典　　王明世　　王维顺　　王惠丽
刘丁喜　　闫　晟　　严　颖　　李　欣
吴　倩　　吴天如　　何成实　　邹　胜
宋　雪　　张　亮　　张保勇　　陈　旭
罗秋生　　胡吉宏　　饶明亮　　钱震亚
郭明磊　　崔　轩　　梁晶晶　　彭浪川
谭火林　　薛　娟

丛书序言

本丛书主要以现行税种、办税事项、会计核算等不同角度为切入点,以基本原理分析为立足点,以实战应用为着力点,结合最新政策解读,对典型涉税案例进行分析,力求提升读者的实务操作能力。根据编写计划,本丛书已陆续推出《增值税一本通》《财产行为税一本通》《个人所得税一本通》《企业所得税一本通》《出口退(免)税一本通》《税务会计一本通》等一系列形式新、政策全、内容实、讲解透、实操强的实务类图书,同时将根据税收立法的最新进展和税收政策的重大调整,适时推出新选题,以便不断丰富丛书,力求将本丛书打造成税收实务类图书的精品工程。本丛书有三个鲜明特点:

一是内容全面。丛书除全面解析各税种的现行有效政策及实务操作外,还详细介绍了税种的出台背景、历史沿革、税制要素、计税原理等,使读者知其然,也知其所以然。一书在手,能够全面了解各税种来龙去脉,轻松弄懂弄通各项税收政策及实务运用。

二是形式新颖。丛书根据税种各自特点,有针对性地确定最适合读者阅读和学习的编写形式。例如,《增值税一本通》通用性强,语言生动,通俗易懂,让该书有了"温度"。而《财产行为税一本通》涉及税种比较多,以法律法规条文为纲,以相关文件规定为目,提炼出关键点作为知识索引,组织架构清晰,阐述严谨合理,使人耳目一新。

三是贴近实际。丛书编写人员全部为来自税收工作一线的行家里手,他们不仅有扎实的理论功底,还有丰富的实践经验。其中,《个人所得税一本通》和《企业所得税一本通》均列举分析了上百个典型实务操作案例,具有较强的实践性和可操作性。

期盼本丛书能成为广大税务工作者的学习平台,也期盼广大读者能对本丛书的不足之处给予批评指正,以便我们做得更好。

彭骥鸣

前　言

近年来，财产行为税在促进经济发展方式转变、建设资源节约型和环境友好型社会、改善民生和保障地方税收入等方面的作用日益突出。财产行为税税种多，政策性强，涉及面广，具有多样性、分散性等特点，征管较为复杂。为帮助税务干部、企业财会税务人员全面、系统、准确地掌握财产行为税的政策规定，我们编写了《财产行为税一本通》一书。

本书融财产行为税的法律条文和相关文件规定为一体，主要有以下三个特点：

一是体系清晰。本书打破传统教材的编排模式，以法律法规条文为纲、以相关文件规定为目，提炼关键点、要点作为知识索引，内容架构清晰、合理、规范。

二是依据准确。实务类图书如果只讲规定不写依据，读者就无法区别是文件规定还是作者讲解，对陈旧废止的规定更是无从甄别。为有效避免这种问题，本书对每项规定均详细列明了文件名称及文号，确保各项规定有案可稽、引用准确。

三是内容全面。财产行为税税种多、知识点分散，一些实务类图书对其讲述不深、解释不透。本书全面收集了各税种相关规定甚至废止规定，内容全面、翔实，可以作为税务人员的手边工具书、财务人员的案头辅导书、备考人员的税法参考书。

本书自 2019 年 5 月首次出版以来，受到广大读者的欢迎和好评。此次推出的第 3 版，对最新法律进行了全面的对照解读，并对上次出版以来截至 2023 年 3 月的新发布政策进行了补充和完善。本书由饶明亮、王维顺、宋雪编写，郭明磊、张亮负责审稿。由于编审者业务能力和知识水平所限，书中难免存在错误、疏漏和不当之处，诚恳希望广大读者予以批评指正，以便进一步修订。

编著者

2023 年 3 月

目 录

第一章 房产税 / 1
  第一节 征税范围和纳税义务人 / 2
  第二节 计税依据和税额计算 / 4
  第三节 税收优惠 / 11
  第四节 征收管理 / 27

第二章 城镇土地使用税 / 29
  第一节 征税范围和纳税义务人 / 30
  第二节 计税依据和税额计算 / 36
  第三节 税收优惠 / 42
  第四节 纳税期限和纳税地点 / 66
  第五节 征收管理 / 69

第三章 契税 / 81
  第一节 纳税义务人和征税范围 / 82
  第二节 税款计算 / 89
  第三节 税收优惠 / 98
  第四节 征收管理 / 115

第四章 耕地占用税 / 125
  第一节 纳税义务人和征收范围 / 126
  第二节 计税依据和税额 / 128
  第三节 税收优惠 / 133
  第四节 征收管理 / 140

第五章　资源税 / 149
　　第一节　征税范围和税率 / 150
　　第二节　税款计算 / 160
　　第三节　税收优惠 / 164
　　第四节　征收管理 / 170

第六章　印花税 / 183
　　第一节　纳税义务人 / 184
　　第二节　征税范围和税款计算 / 185
　　第三节　税收优惠 / 205
　　第四节　征收管理 / 223

第七章　土地增值税 / 235
　　第一节　征税范围和纳税义务人 / 236
　　第二节　税款计算 / 243
　　第三节　税收优惠 / 263
　　第四节　征收管理 / 275

第八章　环境保护税 / 297
　　第一节　纳税义务人和征税范围 / 298
　　第二节　计税依据和应纳税额 / 304
　　第三节　税收优惠 / 315
　　第四节　征收管理 / 317

第九章　车船税 / 329
　　第一节　征税范围和税额 / 330
　　第二节　税收优惠 / 335
　　第三节　征收管理 / 341

第十章　烟叶税 / 353
　　第一节　纳税义务人和征税范围 / 354
　　第二节　税款计算 / 355
　　第三节　征收管理 / 356

第十一章　城市维护建设税 / 357
　　第一节　纳税义务人 / 358
　　第二节　计税依据和税率 / 359
　　第三节　征收管理 / 371

第十二章　教育费附加和文化事业建设费 / 377
　　第一节　教育费附加的缴费人 / 378
　　第二节　教育费附加的计费依据与费率 / 379
　　第三节　教育费附加的征收管理 / 382
　　第四节　地方教育附加 / 385
　　第五节　文化事业建设费 / 387

附录：财产行为税减免税政策代码目录（有效）/ 391

第一章

房产税

房产税是我国在城市、县城、建制镇和工矿区范围内，以房屋为征税对象，以房屋的计税余值或租金收入为计税依据，向房屋产权所有人征收的一种财产税。

房产税是各国政府广为开征的古老税种。我国周朝的"廛布"、唐朝的"间架税"、清朝的"市廛输钞"和民国时期的"房捐"等都是针对房屋征税。1950年1月，中央人民政府政务院公布《全国税政实施要则》，规定全国统一征收房产税。1951年8月，中央人民政府政务院发布《城市房地产税暂行条例》，规定在城市中合并征收房产税和地产税，称之为城市房地产税。1973年简化税制时，把对国营企业和集体企业征收的房地产税合并到工商税中，只对城市房产管理部门、个人、外资企业和中外合资、合作经营企业继续征收房地产税。1984年工商税制改革时，确定对企业恢复征收城市房地产税，将城市房地产税分为房产税和土地使用税。1986年9月15日，国务院正式发布了《中华人民共和国房产税暂行条例》（国发〔1986〕90号，以下简称《房产税暂行条例》），共十一条，从当年10月1日开始施行。

本章以《房产税暂行条例》为主线展开讲解房产税的具体规定。

第一节　征税范围和纳税义务人

第一条　房产税在城市、县城、建制镇和工矿区征收。

第二条　房产税由产权所有人缴纳。产权属于全民所有的，由经营管理的单位缴纳。产权出典的，由承典人缴纳。产权所有人、承典人不在房产所在地的，或者产权未确定及租典纠纷未解决的，由房产代管人或者使用人缴纳。

前款列举的产权所有人、经营管理单位、承典人、房产代管人或者使用人，统称为纳税义务人（以下简称纳税人）。

条文解读

第一条规定了房产税的空间征收范围，即在城市、县城、建制镇和工矿区。有两个要点：一是房产税的空间征收范围与城镇土地使用税的空间征收范围一般是一致的；二是并不是所有在城市、县城、建制镇和工矿区的房产都需要征收房产税，除了空间范围，还有征收的用途标准即经营使用。第二条规定了房产税的纳税人，总的标准是房屋产权所有人，但由于实际征管情况比较复杂，因此又在其他文件中补充了符合"受益原则"的规定。

政策链接

【房产】《财政部税务总局关于房产税和车船使用税几个业务问题的解释与规定》（财税地字〔1987〕3号）第一条规定，"房产"是以房屋形态表现的财产，是指有屋面和围护结构（有墙或两边有柱），能够遮风避雨，可供人们在其中生产、工作、学习、娱乐、居住或储藏物资的场所。独立于房屋之外的建筑物，如围墙、烟囱、水塔、变电塔、油池油柜、酒窖菜窖、酒精池、糖蜜池、室外游泳池、玻璃暖房、砖瓦石灰窑以及各种油气罐等，不属于房产。

【加油站罩棚】《财政部 国家税务总局关于加油站罩棚房产税问题的通知》（财税〔2008〕123号）规定，加油站罩棚不属于房产，不征收房产税。

【地下建筑】《财政部 国家税务总局关于具备房屋功能的地下建筑征收房产税的通知》（财税〔2005〕181号）第一条规定，凡在房产税征收范围内的具备房屋功能的地下建筑，包括与地上房屋相连的地下建筑以及完全建在地面以下的建筑、地下人防设施等，均应当依照有关规定征收房产税。上述具备房屋功能的地下建筑是指有屋面和维护结构，能够遮风避雨，可供人们在其中生产、经营、工作、学习、娱乐、居住或储藏物资的场所。

【地下人防工程】《国家税务总局关于新疆地下人防工程征收房产税问题的批复》（税总函〔2013〕602号）规定，按照现行《房产税暂行条例》有关规定，房产税由产权所有人缴纳。请示中所反映的地下人防工程，已按商品房销售并办理产权证，购房人即是产权所有人，应按规定缴纳房产税。

【城市、县城、建制镇、工矿区】《财政部税务总局关于房产税若干具体问题的解释和暂行规定》（财税地字〔1986〕8号）第一条规定，城市是指经国务院批准设立的市。县城是指未设立建制镇的县人民政府所在地。建制镇是指经省、自治区、直辖市人民政府批准设立的建制镇。工矿区是指工商业比较发达，人口比较集中，符合国务院规定的建制镇标准，但尚未设立镇建制的大中型工矿企业所在地。开征房产税的工矿区须经省、自治区、直辖市人民政府批准。

【城市、建制镇征税范围】《财政部税务总局关于房产税若干具体问题的解释和暂行规定》（财税地字〔1986〕8号）第二条规定，城市的征税范围为市区、郊区和市辖县县城。不包括农村。建制镇的征税范围为镇人民政府所在地。不包括所辖的行政村。

【建制镇具体征税范围】《国家税务总局关于调整房产税和土地使用税具体征税范围解释规定的通知》（国税发〔1999〕44号）第二条规定，关于建制镇具体征税范围，由各省、自治区、直辖市税务局提出方案，经省、自治区、直辖市人民政府确定批准后执行，并报国家税务总局备案。对农林牧渔业用地和农民居住用房屋及土地，不征收房产税和土地使用税。

【房地产开发企业开发的商品房】《国家税务总局关于房产税城镇土地使用税有关政策规定的通知》（国税发〔2003〕89号）第一条规定，鉴于房地产开发企业开发的商品房在出售前,对房地产开发企业而言是一种产品,因此,对房地产开发企业建造的商品房,在售出前,不征收房产税;但对售出前房地产开发企业已使用或出租、出借的商品房应按规定征收房产税。

第二节 计税依据和税额计算

第三条 房产税依照房产原值一次减除10%至30%后的余值计算缴纳。具体减除幅度,由省、自治区、直辖市人民政府规定。

没有房产原值作为依据的,由房产所在地税务机关参考同类房产核定。

房产出租的,以房产租金收入为房产税的计税依据。

第四条 房产税的税率,依照房产余值计算缴纳的,税率为1.2%;依照房产租金收入计算缴纳的,税率为12%。

条文解读

本条例按照房屋的实际使用方式,分别确定了按照房屋余值征收及按照房屋租金收入征收的两种征收方式,并对房产余值的扣除范围进行了规定:具体减除幅度,由省、自治区、直辖市人民政府规定。没有房产原值作为依据的,由房产所在地税务机关参考同类房产核定。依照房产余值计算缴纳的,税率为1.2%;依照房产租金收入计算缴纳的,税率为12%。

政策链接

【房产原值】《财政部税务总局关于房产税和车船使用税几个业务问题的解释与规定》(财税地字〔1987〕3号)第一条规定,根据《财政部税务总局关于房产税若干具体问题的解析和暂行规定》(财税地字〔1986〕8号)规定,房产原值是指纳税人按照会计制度规定,在账簿"固定资产"

科目中记载的房屋原价。因此，凡按会计制度规定在账簿中记载有房屋原价的，即应以房屋原价按规定减除一定比例后作为房产余值计征房产税；没有记载房屋原价的，按照上述原则，并参照同类房屋确定房产原值，计征房产税。

《财政部 国家税务总局关于房产税城镇土地使用税有关问题的通知》（财税〔2008〕152号）第一条规定，关于房产原值如何确定的问题。对依照房产原值计税的房产，不论是否记载在会计账簿固定资产科目中，均应按照房屋原价计算缴纳房产税。房屋原价应根据国家有关会计制度规定进行核算。对纳税人未按国家会计制度规定核算并记载的，应按规定予以调整或重新评估。

【契税计入房产原值问题】根据会计制度的相关规定，契税应计入房产原值。同时，《中华人民共和国企业所得税法实施条例》（国务院令第512号）第五十八条规定，固定资产按照以下方法确定计税基础：外购的固定资产，以购买价款和支付的相关税费以及直接归属于使该资产达到预定用途发生的其他支出为计税基础。

例1-1：某企业购买一处房屋作为办公楼使用，其中，办公楼价款500万元，支付契税25万元（不考虑其他相关税费），则在计算房产税时，契税25万元，是否计入房产原值计征房产税？

解析：契税应计入固定资产中，因此，应按照525万元为房产原值计算缴纳房产税。

【印花税计入房产原值问题】《财政部关于印发〈增值税会计处理规定〉的通知》（财会〔2016〕22号）第二条规定，全面试行营业税改征增值税后，"营业税金及附加"科目名称调整为"税金及附加"科目，该科目核算企业经营活动发生的消费税、城市维护建设税、资源税、教育费附加及房产税、城镇土地使用税、车船税、印花税等相关税费；利润表中的"营业税金及附加"项目调整为"税金及附加"项目。可见，印花税作为当期费用，不属于房产取得原值的组成部分。因此，印花税不计入房产原值。

例1-2：某企业购买一处房屋作为办公楼使用，其中办公楼价款

500万元，支付印花税2500元（不考虑其他相关税费），则在计算房产税时，印花税2500元，是否计入房产原值计征房产税？

解析：印花税应计入当期损益中，因此，应按照500万元为房产原值计算缴纳房产税。

【房屋附属设备】《财政部税务总局关于房产税和车船使用税几个业务问题的解释与规定》（财税地字〔1987〕3号）第二条规定，房产原值应包括与房屋不可分割的各种附属设备或一般不单独计算价值的配套设施。主要有：暖气、卫生、通风、照明、煤气等设备；各种管线，如蒸气、压缩空气、石油、给水排水等管道及电力、电讯、电缆导线；电梯、升降机、过道、晒台等。属于房屋附属设备的水管、下水道、暖气管、煤气管等从最近的探视井或三通管算起。电灯网、照明线从进线盒联接管算起。《国家税务总局关于进一步明确房屋附属设备和配套设施计征房产税有关问题的通知》（国税发〔2005〕173号）第一条规定，为了维持和增加房屋的使用功能或使房屋满足设计要求，凡以房屋为载体，不可随意移动的附属设备和配套设施，如给排水、采暖、消防、中央空调、电气及智能化楼宇设备等，无论在会计核算中是否单独记账与核算，都应计入房产原值，计征房产税。第二条规定，对于更换房屋附属设备和配套设施的，在将其价值计入房产原值时，可扣减原来相应设备和设施的价值；对附属设备和配套设施中易损坏、需要经常更换的零配件，更新后不再计入房产原值。

【地价计入房产原值】《财政部 国家税务总局关于安置残疾人就业单位城镇土地使用税等政策的通知》（财税〔2010〕121号）第三条规定，关于将地价计入房产原值征收房产税问题。对按照房产原值计税的房产，无论会计上如何核算，房产原值均应包含地价，包括为取得土地使用权支付的价款、开发土地发生的成本费用等。宗地容积率低于0.5的，按房产建筑面积的2倍计算土地面积，并据此确定计入房产原值的地价。

例1-3：某工厂有一宗地，占地面积2000平方米，支付土地价款及相关税费合计2000万元，每平方米平均地价1万元。情况1：地上房屋总建筑面积为800平方米；情况2：地上房屋总建筑面积为1200

平方米,则该工厂计算房产税时,应并入的土地价值如何计算?

解析:

情况1:地上房屋总建筑面积为800平方米,该宗地容积率=800÷2000=0.4<0.5。

因此,应计入房产原值的地价=800(总建筑面积)×2×1(土地单价)=1600(万元)。

情况2:地上房屋总建筑面积为1200平方米,该宗地容积率=1200÷2000=0.6>0.5。

因此,应计入房产原值的地价为土地取得的实际成本为2000万元。

【地下建筑】《财政部 国家税务总局关于具备房屋功能的地下建筑征收房产税的通知》(财税〔2005〕181号)第二条规定,自用的地下建筑,按以下方式计税:

1. 工业用途房产,以房屋原价的50%~60%作为应税房产原值。

应纳房产税的税额=应税房产原值×〔1-(10%~30%)〕×1.2%

2. 商业和其他用途房产,以房屋原价的70%~80%作为应税房产原值。

应纳房产税的税额=应税房产原值×〔1-(10%~30%)〕×1.2%

房屋原价折算为应税房产原值的具体比例,由各省、自治区、直辖市和计划单列市财政和地方税务部门在上述幅度内自行确定。

3. 对于与地上房屋相连的地下建筑,如房屋的地下室、地下停车场、商场的地下部分等,应将地下部分与地上房屋视为一个整体,按照地上房屋建筑的有关规定计算征收房产税。

第三条规定,出租的地下建筑,按照出租地上房屋建筑的有关规定计算征收房产税。

【减除幅度】《财政部税务总局关于房产税若干具体问题的解释和暂行规定》(财税地字〔1986〕8号)第十七条规定,根据《房产税暂行条例》规定,具体减除幅度以及是否区别房屋新旧程度分别确定减除幅度,由省、自治区、直辖市人民政府规定,减除幅度只能在10%至30%以内。

【业主共有的经营性房产】《财政部 国家税务总局关于房产税、城镇土地使用税有关政策的通知》（财税〔2006〕186号）第一条规定，关于居民住宅区内业主共有的经营性房产缴纳房产税问题。对居民住宅区内业主共有的经营性房产，由实际经营（包括自营和出租）的代管人或使用人缴纳房产税。其中自营的，依照房产原值减除10%至30%后的余值计征，没有房产原值或不能将业主共有房产与其他房产的原值准确划分开的，由房产所在地地方税务机关参照同类房产核定房产原值；出租的，依照租金收入计征。

【出典房产】《财政部 国家税务总局关于房产税城镇土地使用税有关问题的通知》（财税〔2009〕128号）第二条规定，产权出典的房产，由承典人依照房产余值缴纳房产税。

【租金收入不包含增值税】《房产税暂行条例》第三条规定，房产出租的，以房产租金收入为房产税的计税依据。第四条规定，房产税的税率，依照房产租金收入计算缴纳的，税率为12%。《财政部 国家税务总局关于营改增后契税、房产税、土地增值税、个人所得税计税依据问题的通知》（财税〔2016〕43号）第二条规定，房产出租的，计征房产税的租金收入不含增值税。

例1-4：某企业于2022年6月30日将一处房产出租给另一企业，按市场价每月取得租金收入4万元（不含增值税）。则该企业2022年应缴纳的房产税为多少元？

解析：2022年该企业出租房产应纳房产税 = $40000 \times 6 \times 12\%$ = 28800（元）

【无租使用】《财政部 国家税务总局关于房产税城镇土地使用税有关问题的通知》（财税〔2009〕128号）第一条规定，无租使用其他单位房产的应税单位和个人，依照房产余值代缴纳房产税。

例1-5：甲公司2022年1月1日无偿使用乙公司的房产用于办公，其原值为1000万元，该公司所在省规定房产税按原值减除30%后的余值计算缴纳。则无偿使用期间，谁为房产税的纳税义务人，如何征税?

解析：甲公司为纳税义务人。

2022年甲公司代缴纳房产税=1000×（1-30%）×1.2%=8.4（万元）

【融资租赁】《财政部 国家税务总局关于房产税城镇土地使用税有关问题的通知》（财税〔2009〕128号）第三条规定，融资租赁的房产，由承租人自融资租赁合同约定开始日的次月起依照房产余值缴纳房产税。合同未约定开始日的，由承租人自合同签订的次月起依照房产余值缴纳房产税。

例1-6：甲公司于2022年1月1日与乙公司签订融资租赁房屋协议，合同约定甲公司承租房屋的原值为1000万元，合同约定交付房产的日期为3月31日，该公司所在省规定房产税按原值减除30%后的余值计算缴纳。则融资租赁方式下，谁为房产税的纳税义务人，如何征税?

解析：甲公司为纳税义务人。

2022年甲公司缴纳房产税=1000×（1-30%）×1.2%×9/12=6.3（万元）

【免收租金】《财政部 国家税务总局关于安置残疾人就业单位城镇土地使用税等政策的通知》（财税〔2010〕121号）第二条规定，对出租房产，租赁双方签订的租赁合同约定有免收租金期限的，免收租金期间由产权所有人按照房产原值缴纳房产税。

例1-7：某公司有房产一栋，其原值为1000万元，2022年1月1日对外出租，租期为5年，月租金10万元，同时合同约定2022年1月1日至12月31日为免租期。该公司所在省规定房产税按原值减除30%后的余值计算缴纳。则2022年该公司免租期应缴纳的房产税为多少元?

解析：免收租金期间由产权所有人按照房产原值缴纳房产税。

2022年该公司应缴纳房产税=1000×（1-30%）×1.2%=8.4（万元）

【个人所有的房产用于出租】《财政部税务总局关于房产税若干具体问题的解释和暂行规定》（财税地字〔1986〕8号）第十二条规定，个人出租的房产，不分用途，均应征收房产税。第十四条规定，根据《房产税暂行条例》规定，房产出租的，以房产租金收入为房产税的计税依据。《财政部 国家税务总局关于廉租住房、经济适用住房和住房租赁有关税收政策的通知》（财税〔2008〕24号）第二条规定，自2008年3月1日起，对个人出租住房，不区分用途，按4%的税率征收房产税。

【企事业单位出租住房】根据《财政部 国家税务总局关于廉租住房、经济适用住房和住房租赁有关税收政策的通知》（财税〔2008〕24号）规定，对企事业单位、社会团体以及其他组织按市场价格向个人出租用于居住的住房，减按4%的税率征收房产税。

根据《财政部 税务总局 住房城乡建设部关于完善住房租赁有关税收政策的公告》（财政部 税务总局 住房城乡建设部公告2021年第24号）规定，对企事业单位、社会团体以及其他组织向个人、专业化规模化住房租赁企业出租住房的，减按4%的税率征收房产税。对利用非居住存量土地和非居住存量房屋（含商业办公用房、工业厂房改造后出租用于居住的房屋）建设的保障性租赁住房，取得保障性租赁住房项目认定书后，企事业单位、社会团体以及其他组织向个人、专业化规模化住房租赁企业出租上述保障性租赁住房，减按4%的税率征收房产税。

例1-8：某市王某拥有两处房产，一处原值100万元的房产供自己和家人居住，另一处原值50万元的房产于2022年5月1日出租给陈某居住，按市场价每月取得租金收入3000元（不含增值税）。则王某2022年应缴纳的房产税为多少元？

解析：个人自用房屋免征房产税。

王某应纳房产税=3000×8×4%=960（元）

【修理费抵交租金】《财政部税务总局关于房产税若干具体问题的解释

和暂行规定》（财税地字〔1986〕8号）第二十三条规定，承租人使用房产，以支付修理费抵交房产租金，仍应由房产的产权所有人依照规定缴纳房产税。

【投资联营房产】《国家税务总局关于安徽省若干房产税业务问题的批复》（国税函发〔1993〕368号）第一条规定，对于投资联营的房产，应根据投资联营的具体情况，在计征房产税时予以区别对待。对于以房产投资联营，投资者参与投资利润分红，共担风险的情况，按房产原值作为计税依据计征房产税；对于以房产投资，收取固定收入，不承担联营风险的情况，实际上是以联营名义取得房产的租金，应根据《房产税暂行条例》的有关规定由出租方按租金收入计缴房产税。

第三节　税收优惠

第五条　下列房产免纳房产税：
一、国家机关、人民团体、军队自用的房产；
二、由国家财政部门拨付事业经费的单位自用的房产；
三、宗教寺庙、公园、名胜古迹自用的房产；
四、个人所有非营业用的房产；
五、经财政部批准免税的其他房产。
第六条　除本条例第五条规定者外，纳税人纳税确有困难的，可由省、自治区、直辖市人民政府确定，定期减征或者免征房产税。

条文解读

以上两条规定是房产税的免税条件。

政策链接

【人民团体】《财政部税务总局关于房产税若干具体问题的解释和暂行规

定》(财税地字〔1986〕8号)第三条规定,"人民团体"是指经国务院授权的政府部门批准设立或登记备案并由国家拨付行政事业费的各种社会团体。

【由国家财政部门拨付事业经费的单位】《财政部税务总局关于房产税若干具体问题的解释和暂行规定》(财税地字〔1986〕8号)第四条规定,实行差额预算管理的事业单位,虽然有一定的收入,但收入不够本身经费开支的部分,还要由国家财政部门拨付经费补助。因此,对实行差额预算管理的事业单位,也属于是由国家财政部门拨付事业经费的单位,对其本身自用的房产免征房产税。

【学校、托儿所、幼儿园】《财政部 国家税务总局关于教育税收政策的通知》(财税〔2004〕39号)第二条规定,对国家拨付事业经费和企业办的各类学校、托儿所、幼儿园自用的房产、土地,免征房产税、城镇土地使用税。

【高校学生公寓】根据《财政部 国家税务总局关于继续执行高校学生公寓和食堂有关税收政策的通知》(财税〔2016〕82号)、《财政部 国家税务总局关于高校学生公寓房产税、印花税政策的通知》(财税〔2019〕14号)规定,自2016年1月1日至2021年12月31日,对高校学生公寓免征房产税;对与高校学生签订的高校学生公寓租赁合同免征印花税。

根据《财政部 税务总局关于延长部分税收优惠政策执行期限的公告》(财政部 税务总局公告2022年第4号)规定,上述优惠政策执行期限延长至2023年12月31日。

【免税单位自用房产】《财政部税务总局关于房产税若干具体问题的解释和暂行规定》(财税地字〔1986〕8号)第六条规定,国家机关、人民团体、军队自用的房产,是指这些单位本身的办公用房和公务用房。事业单位自用的房产,是指这些单位本身的业务用房。宗教寺庙自用的房产,是指举行宗教仪式等的房屋和宗教人员使用的生活用房屋。公园、名胜古迹自用的房产,是指供公共参观游览的房屋及其管理单位的办公用房屋。上述免税单位出租的房产以及非本身业务用的生产、营业用房产不属于免税范围,应征收房产税。第二十二条规定,公园、名胜古迹中附设的营业单位,如影剧院、饮食部、茶社、照相馆等所使用的房产及出租的房产,应征收房产税。

【个人所有的居住房屋】《财政部税务总局关于房产税若干具体问题的解

释和暂行规定》（财税地字〔1986〕8号）第十三条规定，根据《房产税暂行条例》规定，个人所有的非营业用的房产免征房产税。因此，对个人所有的居住用房，不分面积多少，均免征房产税。

【毁损不堪居住的房屋和危险房屋】《财政部税务总局关于房产税若干具体问题的解释和暂行规定》（财税地字〔1986〕8号）第十六条规定，经有关部门鉴定，对毁损不堪居住的房屋和危险房屋，在停止使用后，可免征房产税。

【基建工地的临时性房屋】《财政部税务总局关于房产税若干具体问题的解释和暂行规定》（财税地字〔1986〕8号）第二十一条规定，凡是在基建工地为基建工地服务的各种工棚、材料棚、休息棚和办公室、食堂、茶炉房、汽车房等临时性房屋，不论是施工企业自行建造还是由基建单位出资建造交施工企业使用的，在施工期间，一律免征房产税。但是，如果在基建工程结束以后，施工企业将这种临时性房屋交还或者估价转让给基建单位的，应当从基建单位接收的次月起，依照规定征收房产税。

【纳税单位与免税单位共同使用】《财政部税务总局关于房产税若干具体问题的解释和暂行规定》（财税地字〔1986〕8号）第二十五条规定，纳税单位与免税单位共同使用的房屋，按各自使用的部分划分，分别征收或免征房产税。

【银行、保险系统房产】《财政部关于对银行、保险系统征免房产税的通知》（财税字〔1987〕36号）第一条规定，中国人民银行总行是国家机关，对其自用的房产免征房产税；中国人民银行总行所属并由国家财政部门拨付事业经费单位的房产，按房产税有关规定办理；中国人民银行各省、自治区、直辖市分行及其所属机构的房产，应征收房产税。第二条规定，根据国务院发布的《中华人民共和国银行管理暂行条例》的规定，各专业银行都是独立核算的经济实体，对其房产应征收房产税。第三条规定，对其他金融机构（包括信托投资公司、城乡信用合作社，以及经中国人民银行批准设立的其他金融组织）和保险公司的房产，均应按规定征收房产税。

【工商行政管理部门的集贸市场】《财政部税务总局关于房产税和车船使用税几个业务问题的解释与规定》（财税地字〔1987〕3号）第三条规定，工商行政管理部门的集贸市场用房，不属于工商部门自用的房产，按规定应征收房产税。但为了促进集贸市场的发展，省、自治区、直辖市可根据具体情况暂给予减税或免税照顾。

【农产品批发市场、农贸市场】《财政部 国家税务总局关于继续实行农产品批发市场、农贸市场房产税、城镇土地使用税优惠政策的通知》（财税〔2016〕1号）规定，自2016年1月1日至2018年12月31日：

1. 对专门经营农产品的农产品批发市场、农贸市场使用（包括自有和承租，下同）的房产、土地，暂免征收房产税和城镇土地使用税。对同时经营其他产品的农产品批发市场和农贸市场使用的房产、土地，按其他产品与农产品交易场地面积的比例确定征免房产税和城镇土地使用税。

2. 农产品批发市场和农贸市场，是指经工商登记注册，供买卖双方进行农产品及其初加工品现货批发或零售交易的场所。农产品包括粮油、肉禽蛋、蔬菜、干鲜果品、水产品、调味品、棉麻、活畜、可食用的林产品以及由省、自治区、直辖市财税部门确定的其他可食用的农产品。

3. 享受上述税收优惠的房产、土地，是指农产品批发市场、农贸市场直接为农产品交易提供服务的房产、土地。农产品批发市场、农贸市场的行政办公区、生活区，以及商业餐饮娱乐等非直接为农产品交易提供服务的房产、土地，不属于上述规定的优惠范围，应按规定征收房产税和城镇土地使用税。

4. 符合上述免税条件的企业需持相关材料向主管税务机关办理备案手续。

2019年1月9日，《财政部 税务总局关于继续实行农产品批发市场、农贸市场房产税、城镇土地使用税优惠政策的通知》（财税〔2019〕12号）规定，自2019年1月1日至2021年12月31日，对农产品批发市场、农贸市场（包括自有和承租，下同）专门用于经营农产品的房产、土地，暂免征收房产税和城镇土地使用税。对同时经营其他产品的农产品批发市场和农贸市场使用的房产、土地，按其他产品与农产品交易场地面积的比例确定征免房产税和城镇土地使用税。同时规定，企业享受本通知规定的免税政策，应按规定进行免税申报，并将不动产权属证明、载有房产原值的相关材料、租赁协议、房产土地用途证明等资料留存备查。

根据《财政部 税务总局关于延长部分税收优惠政策执行期限的公告》（财政部 税务总局公告2022年第4号）规定，上述优惠政策执行期限延长至2023年12月31日。

【体育场馆】《财政部 国家税务总局关于体育场馆房产税和城镇土地使用税政策的通知》（财税〔2015〕130号）规定，为贯彻落实《国务院关于加快发展体育产业促进体育消费的若干意见》（国发〔2014〕46号），自2016年1月1日起：

1. 国家机关、军队、人民团体、财政补助事业单位、居民委员会、村民委员会拥有的体育场馆，用于体育活动的房产、土地，免征房产税和城镇土地使用税。

2. 经费自理事业单位、体育社会团体、体育基金会、体育类民办非企业单位拥有并运营管理的体育场馆，同时符合下列条件的，其用于体育活动的房产、土地，免征房产税和城镇土地使用税：

（1）向社会开放，用于满足公众体育活动需要；

（2）体育场馆取得的收入主要用于场馆的维护、管理和事业发展；

（3）拥有体育场馆的体育社会团体、体育基金会及体育类民办非企业单位，除当年新设立或登记的以外，前一年度登记管理机关的检查结论为"合格"。

3. 企业拥有并运营管理的大型体育场馆，其用于体育活动的房产、土地，减半征收城镇土地使用税。

4. 上述所称体育场馆，是指用于运动训练、运动竞赛及身体锻炼的专业性场所。

上述所称大型体育场馆，是指由各级人民政府或社会力量投资建设、向公众开放、达到《体育建筑设计规范》（JGJ 31—2003）有关规模规定的体育场（观众座位数20000座及以上）、体育馆（观众座位数3000座及以上）、游泳馆、跳水馆（观众座位数1500座及以上）等体育建筑。

5. 上述所称用于体育活动的房产、土地，是指运动场地，看台、辅助用房（包括观众用房、运动员用房、竞赛管理用房、新闻媒介用房、广播电视用房、技术设备用房和场馆运营用房等）及占地，以及场馆配套设施（包括通道、道路、广场、绿化等）。

6. 享受上述税收优惠体育场馆的运动场地用于体育活动的天数不得低于全年自然天数的70%。

体育场馆辅助用房及配套设施用于非体育活动的部分，不得享受上述税收优惠。

7. 高尔夫球、马术、汽车、卡丁车、摩托车的比赛场、训练场、练习场，除另有规定外，不得享受房产税、城镇土地使用税优惠政策。各省、自治区、直辖市财政、税务部门可根据本地区情况适时增加不得享受优惠体育场馆的类型。

【司法部所属的劳改劳教单位】《财政部税务总局关于对司法部所属的劳改劳教单位征免房产税问题的通知》（财税地字〔1987〕21号）规定，（1）对少年犯管教所的房产，免征房产税。（2）对劳改工厂、劳改农场等单位，凡作为管教或生活用房产，例如：办公室、警卫室、职工宿舍、犯人宿舍、储藏室、食堂、礼堂、图书室、阅览室、浴室、理发室、医务室等，均免征房产税；凡作为生产经营用房产，例如：厂房、仓库、门市部等，应征收房产税。（3）对监狱的房产，若主要用于关押犯人，只有极少部分用于生产经营的，可从宽掌握，免征房产税。但对设在监狱外部的门市部、营业部等生产经营用房产，应征收房产税，对生产规模较大的监狱，可以比照本通知第二条办理。具体由各省、自治区、直辖市税务局根据情况确定。

《财政部税务总局关于对司法部所属的劳改劳教单位征免房产税问题的补充通知》（财税地字〔1987〕29号）第一条规定，由国家财政拨付事业经费的劳教单位，免征房产税。第二条规定，经费实行自收自支的劳教单位，在规定的免税期满后，应比照财税地字〔1987〕21号文件对劳改单位征免房产税的规定办理。

【血站】《财政部 国家税务总局关于血站有关税收问题的通知》（财税字〔1999〕264号）第一条规定，鉴于血站是采集和提供临床用血，不以营利为目的的公益性组织，又属于财政拨补事业费的单位，因此，对血站自用的房产和土地免征房产税和城镇土地使用税。

【非营利性医疗机构】《财政部 国家税务总局关于医疗卫生机构有关税收政策的通知》（财税〔2000〕42号）第一条第（五）款规定，对非营利性医疗机构自用的房产、土地、车船，免征房产税、城镇土地使用税和车船使用税。

【老年服务机构】《财政部 国家税务总局关于对老年服务机构有关税收政策问题的通知》（财税〔2000〕97号）第一条规定，对政府部门和企事业单位、社会团体以及个人等社会力量投资兴办的福利性、非营利性的老年服务机构，暂免征收企业所得税，以及老年服务机构自用房产、土地、车船的房产税、城镇土地使用税、车船使用税。

【养老托育家政优惠政策】根据《财政部 税务总局 发展改革委 民政部 商务部 卫生健康委关于养老、托育、家政等社区家庭服务业税费优惠政策的公告》（财政部 税务总局 发展改革委 民政部 商务部 卫生健康委公告2019年第76号）规定，自2019年6月1日起执行至2025年12月31日。（1）为社区提供养老、托育、家政等服务的机构承受房屋、土地用于提供社区养老、托育、家政服务的，免征契税。（2）为社区提供养老、托育、家政等服务的机构，用于提供社区养老、托育、家政服务的房产、土地，免征不动产登记费、耕地开垦费、土地复垦费、土地闲置费；用于提供社区养老、托育、家政服务的建设项目，免征城市基础设施配套费；确因地质条件等原因无法修建防空地下室的，免征防空地下室易地建设费。（3）为社区提供养老、托育、家政等服务的机构自有或其通过承租、无偿使用等方式取得并用于提供社区养老、托育、家政服务的房产、土地，免征房产税、城镇土地使用税。

社区是指聚居在一定地域范围内的人们所组成的社会生活共同体，包括城市社区和农村社区。为社区提供养老服务的机构，是指在社区依托固定场所设施，采取全托、日托、上门等方式，为社区居民提供养老服务的企业、事业单位和社会组织。社区养老服务是指为老年人提供的生活照料、康复护理、助餐助行、紧急救援、精神慰藉等服务。为社区提供托育服务的机构，是指在社区依托固定场所设施，采取全日托、半日托、计时托、临时托等方式，为社区居民提供托育服务的企业、事业单位和社会组织。社区托育服务是指为3周岁（含）以下婴幼儿提供的照料、看护、膳食、保育等服务。为社区提供家政服务的机构，是指以家庭为服务对象，为社区居民提供家政服务的企业、事业单位和社会组织。社区家政服务是指进入家庭成员住所或医疗机构为孕产妇、婴幼儿、老人、病人、残疾人提供的照护服务，以及进入家庭成员住所提供的保洁、烹饪等服务。

根据《国家发展改革委等部门印发〈养老托育服务业纾困扶持若干政策措施〉的通知》（发改财金〔2022〕1356号）第二条第（四）项规定，2022年，各地对符合条件的养老托育服务机构按照50%税额顶格减征资源税、城市维护建设税、房产税、城镇土地使用税、印花税（不含证券交易印花税）、耕地占用税和教育费附加、地方教育附加等"六税两费"。

【公有住房和廉租住房】《财政部 国家税务总局关于调整住房租赁市场税收政策的通知》（财税〔2000〕125号）第一条规定，对按政府规定价格出租的公有住房和廉租住房，包括企业和自收自支事业单位向职工出租的单位自有住房；房管部门向居民出租的公有住房；落实私房政策中带户发还产权并以政府规定租金标准向居民出租的私有住房等，暂免征收房产税、营业税。

根据《财政部 国家税务总局关于企业和自收自支事业单位向职工出租的单位自有住房房产税和营业税政策的通知》（财税〔2013〕94号）规定，上述暂免征收房产税、营业税的企业和自收自支事业单位向职工出租的单位自有住房，是指按照公有住房管理或纳入县级以上政府廉租住房管理的单位自有住房。

【廉租住房、经济适用住房】《财政部 国家税务总局关于廉租住房、经济适用住房和住房租赁有关税收政策的通知》（财税〔2008〕24号）第一条规定，支持廉租住房、经济适用住房建设的税收政策：对廉租住房经营管理单位按照政府规定价格、向规定保障对象出租廉租住房的租金收入，免征营业税、房产税。

【公共租赁住房】根据《财政部 税务总局关于公共租赁住房税收优惠政策的公告》（财政部 税务总局公告2019年第61号）规定，自2019年1月1日至2020年12月31日，对公租房免征房产税。公租房经营管理单位应单独核算公租房租金收入，未单独核算的，不得享受免征房产税优惠政策。

享受上述税收优惠政策的公租房是指纳入省、自治区、直辖市、计划单列市人民政府及新疆生产建设兵团批准的公租房发展规划和年度计划，或者市、县人民政府批准建设（筹集），并按照《关于加快发展公共租赁住房的指导意见》（建保〔2010〕87号）和市、县人民政府制定的具体管理办法进行管理的公租房。

纳税人享受本公告规定的优惠政策，应按规定进行免税申报，并将不动产权属证明、载有房产原值的相关材料、纳入公租房及用地管理的相关材料、配套建设管理公租房相关材料、购买住房作为公租房相关材料、公租房租赁协议等留存备查。

根据《财政部 税务总局关于延长部分税收优惠政策执行期限的公告》（财政部 税务总局公告2021年第6号），上述税收优惠政策执行期限延长至2023年12月31日。

【非营利性科研机构】《财政部 国家税务总局关于非营利性科研机构税收政策的通知》（财税〔2001〕5号）第二条第（三）项规定，非营利性科研机构自用的房产、土地，免征房产税、城镇土地使用税。

【被撤销金融机构】《财政部 国家税务总局关于被撤销金融机构有关税收政策问题的通知》（财税〔2003〕141号）第二条规定，对被撤销金融机构清算期间自有的或从债务方接收的房地产、车辆，免征房产税、城镇土地使用税和车船使用税。

【铁路系统】《财政部 国家税务总局关于调整铁路系统房产税、城镇土地使用税政策的通知》（财税〔2003〕149号）规定，（1）铁道部所属铁路运输企业自用的房产、土地继续免征房产税和城镇土地使用税。（2）对铁路运输体制改革后，从铁路系统分离出来并实行独立核算、自负盈亏的企业，包括铁道部所属原执行经济承包方案的工业、供销、建筑施工企业；中国铁路工程总公司、中国铁道建筑工程总公司、中国铁路通信信号总公司、中国土木建筑工程总公司、中国北方机车车辆工业集团公司、中国南方机车车辆工业集团公司；以及铁道部所属自行解决工交事业费的单位，自2003年1月1日起恢复征收房产税、城镇土地使用税。（3）铁道部所属其他企业、单位的房产和土地，继续按税法规定征收房产税和城镇土地使用税。

《财政部 国家税务总局关于明确免征房产税 城镇土地使用税的铁路运输企业范围的补充通知》（财税〔2006〕17号）第一条规定，享受免征房产税、城镇土地使用税优惠政策的铁道部所属铁路运输企业是指铁路局及国有铁路运输控股公司（含广铁〈集团〉公司、青藏铁路公司、大秦铁路股份有限公司、广深铁路股份有限公司等，具体包括客货、编组站、车务、机务、工务、电务、水电、供电、列车、客运、车辆段）、铁路办事处、中铁集装箱运输有限责任公司、中铁特货运输有限责任公司、中铁快运股份有限公司。

【军队空余房产租赁收入】《财政部 国家税务总局关于暂免征收军队空余房产租赁收入营业税、房产税的通知》（财税〔2004〕123号）第一条规定，自2004年8月1日起，对军队空余房产租赁收入暂免征收营业税、房产税；此前已征税款不予退还，未征税款不再补征。

【天然林保护工程】《财政部 国家税务总局关于天然林保护工程（二期）实施企业和单位房产税 城镇土地使用税政策的通知》（财税〔2011〕90号）规定，（1）对长江上游、黄河中上游地区，东北、内蒙古等国有林区天然林二期工程实施企业和单位专门用于天然林保护工程的房产、土地免征房产税、城镇土地使用税。对上述企业和单位用于其他生产经营活动的房产、土地按规定征收房产税、城镇土地使用税。（2）对由于实施天然林二期工程造成森工企业房产、土地闲置一年以上不用的，暂免征收房产税和城镇土地使用税；闲置房产和土地用于出租或重新用于天然林二期工程之外其他生产经营的，按规定征收房产税、城镇土地使用税。（3）用于天然林二期工程的免税房产、土地应单独划分，与其他应税房产、土地划分不清的，按规定征收房产税、城镇土地使用税。

【农村饮水安全工程】根据《财政部 税务总局关于继续实行农村饮水安全工程税收优惠政策的公告》（财政部 税务总局公告2019年第67号）规定，为确保如期打赢农村饮水安全脱贫攻坚战，支持农村饮水安全工程（以下简称饮水工程）巩固提升，自2019年1月1日至2020年12月31日，对饮水工程运营管理单位自用的生产、办公用房产、土地，免征房产税、城镇土地使用税。

本公告所称饮水工程，是指为农村居民提供生活用水而建设的供水工程设施。本公告所称饮水工程运营管理单位，是指负责饮水工程运营管理的自来水公司、供水公司、供水（总）站（厂、中心）、村集体、农民用水合作组织等单位。

对于既向城镇居民供水，又向农村居民供水的饮水工程运营管理单位，依据向农村居民供水量占总供水量的比例免征契税、印花税、房产税和城镇土地使用税。无法提供具体比例或所提供数据不实的，不得享受上述税收优惠政策。

符合上述条件的饮水工程运营管理单位自行申报享受减免税优惠，相关材料留存备查。

根据《财政部 税务总局关于延长部分税收优惠政策执行期限的公告》（财政部 税务总局公告2021年第6号）规定，上述优惠政策执行期限延长至2023年12月31日。

【国家储备商品用房】《财政部 税务总局关于部分国家储备商品有关税收政策的公告》（财政部 税务总局公告2019年第77号）第二条规定，自2019年1月1日至2021年12月31日，对商品储备管理公司及其直属库自用的承担商品储备业务的房产、土地，免征房产税、城镇土地使用税。本公告所称商品储备管理公司及其直属库，是指接受县级以上政府有关部门委托，承担粮（含大豆）、食用油、棉、糖、肉5种商品储备任务，取得财政储备经费或者补贴的商品储备企业。

《财政部 国家税务总局关于部分国家储备商品有关税收政策的通知》（财税〔2016〕28号）规定，自2016年1月1日至2018年12月31日，对商品储备管理公司及其直属库承担商品储备业务自用的房产、土地，免征房产税、城镇土地使用税。上述所称商品储备管理公司及其直属库，是指接受中央、省、市、县四级政府有关部门委托，承担粮（含大豆）、食用油、棉、糖、肉、盐（限于中央储备）6种商品储备任务，取得财政储备经费或补贴的商品储备企业。中粮集团有限公司所属储备库接受中国储备粮管理总公司、分公司及其直属库委托，承担的粮（含大豆）、食用油商品储备业务，按上述规定享受税收优惠。

本优惠政策自2004年起根据《财政部 国家税务总局关于中国储备棉管理总公司有关税收政策的通知》（财税〔2003〕115号）、《财政部 国家税务总局关于中国储备粮管理总公司有关税收政策的通知》（财税〔2004〕74号）、《财政部 国家税务总局关于华商储备商品管理中心及国家直属储备糖库和肉冷库有关税收政策的通知》（财税〔2004〕75号）、《财政部 国家税务总局关于中国盐业总公司直属国家储备盐库有关税收政策的通知》（财税〔2004〕57号）、《财政部 国家税务总局关于部分国家储备商品有关税收政策的通知》（财税〔2006〕105号）、《财政部 国家税务总局关于部分国家储备商品有关税收政策的通知》（财税〔2009〕151号）、《财政部 国家税务总局关于部分国家储备商品有关税收政策的通知》（财税〔2011〕94号）、《财政部 国家税务总局关于部分国家储备商品有关税收政策的通知》（财税〔2013〕59号）、《财政部 国家税务总局关于部分国家储备商品有关税收政策的通知》（财税〔2016〕28号）和《财政部 税务总局关于延续执行部分国家商品储备税收优惠政策的公告》（财政部 税务总局公告2022年第8号）一直延续执行至2023年12月31日。

【孵化器和科技园】根据《财政部 国家税务总局关于科技企业孵化器税收政策的通知》（财税〔2016〕89号）规定，自2016年1月1日至2018年12月31日，对符合条件的科技企业孵化器（含众创空间，以下简称孵化器）自用以及无偿或通过出租等方式提供给孵化企业使用的房产、土地，免征房产税和城镇土地使用税。孵化器需符合国家级科技企业孵化器条件。国务院科技行政主管部门负责发布国家级科技企业孵化器名单。

《财政部 国家税务总局关于国家大学科技园税收政策的通知》（财税〔2016〕98号）规定，自2016年1月1日至2018年12月31日，对符合条件的国家大学科技园（以下简称科技园）自用以及无偿或通过出租等方式提供给孵化企业使用的房产、土地，免征房产税和城镇土地使用税；科技园符合国家大学科技园条件。国务院科技和教育行政主管部门负责发布国家大学科技园名单。

2018年9月6日国务院常务会议确定，将国家级科技企业孵化器和大学科技园享受的免征房产税、增值税等优惠政策范围扩大至省级，符合条件的众创空间也可享受。

根据2018年12月26日发布的《科技部 教育部关于北京交通大学国家大学科技园等63家国家大学科技园通过2017年度享受税收优惠政策审核的通知》（国科发区〔2018〕337号），科技部、教育部经对2017年度115家国家大学科技园免税条件进行审核，确认北京交通大学国家大学科技园等63家国家大学科技园符合享受2017年度国家税收优惠政策条件。具体名单参见本通知的附件《2017年度通过有关税收优惠政策审核的国家大学科技园及范围面积》。

《财政部 税务总局 科技部 教育部关于科技企业孵化器 大学科技园和众创空间税收政策的通知》（财税〔2018〕120号）规定，自2019年1月1日至2021年12月31日，对国家级、省级科技企业孵化器、大学科技园和国家备案众创空间自用以及无偿或通过出租等方式提供给在孵对象使用的房产、土地，免征房产税和城镇土地使用税；对其向在孵对象提供孵化服务取得的收入，免征增值税。所称孵化服务，是指为在孵对象提供的经纪代理、经营租赁、研发和技术、信息技术、鉴证咨询服务。2018年12月31日以前认定的国家级科技企业孵化器、大学科技园，自2019年1月1日起享受本通知规定的税收优惠政策。2019年1月1日以后认定的国家级、省级科技企业孵化器、大学科技园和国家备案众创空间，自认定之日次月起享受本通知规定的税收优惠政策。2019年1月1日以后被取消资格的，自取消资格之日次月起停止享受本通知规定的税收优惠政策。

根据《财政部 税务总局关于延长部分税收优惠政策执行期限的公告》（财政部 税务总局公告2022年第4号）规定，上述优惠政策执行期限延长至2023年12月31日。

根据《科技部关于公布 2019 年度国家级科技企业孵化器的通知》(国科发火〔2019〕450 号) 规定，为推动创新创业高质量发展，打造"双创"升级版，引导我国科技企业孵化器向更高水平迈进，根据《科技企业孵化器管理办法》(国科发区〔2018〕300 号)，经地方省级科技主管部门评审推荐，科技部审核并公示，现确定北大医疗产业园科技有限公司等 197 家单位为国家级科技企业孵化器。

【供热企业】《财政部 国家税务总局关于供热企业增值税 房产税 城镇土地使用税优惠政策的通知》(财税〔2016〕94 号) 规定，自 2016 年 1 月 1 日至 2018 年 12 月 31 日，"三北"地区对向居民供热而收取采暖费的供热企业，为居民供热所使用的厂房及土地免征房产税、城镇土地使用税；对供热企业其他厂房及土地，应当按规定征收房产税、城镇土地使用税。对专业供热企业，按其向居民供热取得的采暖费收入占全部采暖费收入的比例计算免征的房产税、城镇土地使用税。对兼营供热企业，视其供热所使用的厂房及土地与其他生产经营活动所使用的厂房及土地是否可以区分，按照不同方法计算免征的房产税、城镇土地使用税。可以区分的，对其供热所使用厂房及土地，按向居民供热取得的采暖费收入占全部采暖费收入的比例计算减免税。难以区分的，对其全部厂房及土地，按向居民供热取得的采暖费收入占其营业收入的比例计算减免税。对自供热单位，按向居民供热建筑面积占总供热建筑面积的比例计算免征供热所使用的厂房及土地的房产税、城镇土地使用税。供热企业，是指热力产品生产企业和热力产品经营企业。热力产品生产企业包括专业供热企业、兼营供热企业和自供热单位。"三北"地区，是指北京市、天津市、河北省、山西省、内蒙古自治区、辽宁省、大连市、吉林省、黑龙江省、山东省、青岛市、河南省、陕西省、甘肃省、青海省、宁夏回族自治区和新疆维吾尔自治区。

根据《财政部 税务总局关于延续供热企业增值税 房产税 城镇土地使用税优惠政策的通知》(财税〔2019〕38 号) 和《财政部 税务总局关于延长部分税收优惠政策执行期限的公告》(财政部 税务总局公告 2021 年第 6 号)，上述政策执行期限延长至 2023 年供暖期结束。

【促进去产能、调结构优惠政策】《财政部 税务总局关于去产能和调结构房产税 城镇土地使用税政策的通知》(财税〔2018〕107 号) 规定，自 2018 年 10 月 1 日至 2020 年 12 月 31 日，对按照去产能和调结构政策要求停产停业、关闭的企业，自停产停业次月起，免征房产税、城镇土地使用税。企业享受免税政策的期限累计不得超过两年。按照去产能和调结构政策要求停产停业、关闭的中央企业名单由国务院国有资产监督管理部门认定发布，其他企业名单由省、自治区、直辖市人民政府确定的去产能、调结构主管部门认定发布。本通知发布（2018年9月30日）前，企业按照去产能和调结构政策要求停产停业、关闭但涉及的房产税、城镇土地使用税尚未处理的，可按本通知执行。

【经营性文化事业单位转制为企业免税政策】根据《财政部 国家税务总局 中宣部关于继续实施文化体制改革中经营性文化事业单位转制为企业若干税收政策的通知》（财税〔2014〕84号），自2014年1月1日至2018年12月31日，由财政部门拨付事业经费的文化单位转制为企业，自转制注册之日起对其自用房产免征房产税。对经营性文化事业单位转制中资产评估增值、资产转让或划转涉及的企业所得税、增值税、营业税、城市维护建设税、印花税、契税等，符合现行规定的享受相应税收优惠政策。本通知下发之前已经审核认定享受《财政部 国家税务总局关于文化体制改革中经营性文化事业单位转制为企业的若干税收优惠政策问题的通知》（财税〔2009〕34号）税收政策的转制文化企业，可继续享受本通知所规定的税收政策。

《财政部 税务总局 中央宣传部关于继续实施文化体制改革中经营性文化事业单位转制为企业若干税收政策的通知》（财税〔2019〕16号）规定，2019年1月1日至2023年12月31日，由财政部门拨付事业经费的文化单位转制为企业，自转制注册之日起五年内对其自用房产免征房产税。2018年12月31日之前已完成转制的企业，自2019年1月1日起对其自用房产可继续免征五年房产税。对经营性文化事业单位转制中资产评估增值、资产转让或划转涉及的企业所得税、增值税、城市维护建设税、契税、印花税等，符合现行规定的享受相应税收优惠政策。该通知下发之前已经审核认定享受《财政部 国家税务总局 中宣部关于继续实施文化体制改革中经营性文化事业单位转制为企业若干税收政策的通知》（财税〔2014〕84号）税收优惠政策的转制文化企业，可按本通知规定享受税收优惠政策。

【航空科技税收优惠】《财政部 税务总局关于民用航空发动机、新支线飞机和大型客机税收政策的公告》（财政部 税务总局公告2019年第88号）规定，自2018年1月1日起至2023年12月31日止，对纳税人从事大型民用客机发动机、中大功率民用涡轴涡桨发动机研制项目而形成的增值税期末留抵税额予以退还；对上述纳税人及其全资子公司从事大型民用客机发动机、中大功率民用涡轴涡桨发动机研制项目自用的科研、生产、办公房产及土地,免征房产税、城镇土地使用税。自2019年1月1日起至2020年12月31日止,对纳税人从事大型客机研制项目而形成的增值税期末留抵税额予以退还;对上述纳税人及其全资子公司自用的科研、生产、办公房产及土地,免征房产税、城镇土地使用税。

根据《财政部 税务总局关于延长部分税收优惠政策执行期限的公告》(财政部 税务总局公告2021年第6号)规定,上述政策执行期限延长至2023年12月31日。

【小微企业普惠性税收减免政策】根据《财政部 税务总局关于实施小微企业普惠性税收减免政策的通知》(财税〔2019〕13号)规定,由省、自治区、直辖市人民政府根据本地区实际情况,对增值税小规模纳税人可以在50%的税额幅度内减征资源税、城市维护建设税、房产税、城镇土地使用税、印花税(不含证券交易印花税)、耕地占用税和教育费附加、地方教育附加。增值税小规模纳税人已依法享受资源税、城市维护建设税、房产税、城镇土地使用税、印花税、耕地占用税、教育费附加、地方教育附加其他优惠政策的,可叠加享受本通知第三条规定的优惠政策。需要说明的是,全国各地均已发布政策,自2019年1月1日起,对增值税小规模纳税人以上各税均按50%的税额幅度减征。

根据《财政部 税务总局关于进一步实施小微企业"六税两费"减免政策的公告》(财政部 税务总局公告2022年第10号)的规定,自2022年1月1日至2024年12月31日,由省、自治区、直辖市人民政府根据本地区实际情况,以及宏观调控需要确定,对增值税小规模纳税人、小型微利企业和个体工商户可以在50%的税额幅度内减征资源税、城市维护建设税、房产税、城镇土地使用税、印花税(不含证券交易印花税)、耕地占用税和教育费附加、地方教育附加。增值税小规模纳税人、小型微利企业和个体工商户已依法享受资源税、城市维护建设税、房产税、城镇土地使用税、印花税、耕地占用税、教育费附加、地方教育附加其他优惠政策的,可叠加享受本公告第一条规定的优惠政策。具体政策的适用,可查询《国家税务总局关于进一步实施小微企业"六税两费"减免政策有关征管问题的公告》(国家税务总局公告2022年第3号)。

根据《国家税务总局关于增值税小规模纳税人地方税种和相关附加减征政策有关征管问题的公告》(国家税务总局公告2019年第5号)规定,2019年1月1日起,缴纳资源税、城市维护建设税、房产税、城镇土地使用税、印花税、耕地占用税、教育费附加和地方教育附加的增值税一般纳税人按规定转登记为小规模纳税人的，自成为小规模纳税人的当月起适用减征优惠。增值税小规模纳税人按规定登记为一般纳税人的，自一般纳税人生效之日起不再适用减征优惠；增值税年应税销售额超过小规模纳税人标准应当登记为一般纳税人而未登记，经税务机关通知，逾期仍不办理登记的，自逾期次月起不再适用减征优惠。纳税人符合条件但未及时申报享受减征优惠的，可依法申请退税或者抵减以后纳税期的应纳税款。

【新冠肺炎疫情减免】对受新冠肺炎疫情影响严重的住宿餐饮、文体娱乐、交通运输、旅游等行业纳税人，各地基本都规定了房产税、城镇土地使用税减免政策，具体减免详情可查询当地规定。主要包括：一是减免应缴纳的房产税、城镇土地使用税；二是增值税小规模纳税人减免房产税、城镇土地使用税；三是根据《关于应对新冠肺炎疫情进一步帮扶服务业小微企业和个体工商户缓解房屋租金压力的指导意见》（发改投资规〔2020〕734号）规定，对服务业小微企业和个体工商户减免租金的出租人，可按现行规定减免当年房产税、城镇土地使用税。

【金融机构处置抵债资产免税政策】根据《财政部 税务总局关于银行业金融机构、金融资产管理公司不良债权以物抵债有关税收政策的公告》（财政部 税务总局公告2022年第31号）规定，自2022年8月1日至2023年7月31日：（1）对银行业金融机构、金融资产管理公司接收、处置抵债资产过程中涉及的合同、产权转移书据和营业账簿免征印花税，对合同或产权转移书据其他各方当事人应缴纳的印花税照章征收；（2）对银行业金融机构、金融资产管理公司接收抵债资产免征契税；（3）各地可根据《房产税暂行条例》《中华人民共和国城镇土地使用税暂行条例》授权和本地实际，对银行业金融机构、金融资产管理公司持有的抵债不动产减免房产税、城镇土地使用税。

本公告所称抵债不动产、抵债资产，是指经人民法院判决裁定或仲裁机构仲裁的抵债不动产、抵债资产。其中，金融资产管理公司的抵债不动产、抵债资产，限于其承接银行业金融机构不良债权涉及的抵债不动产、抵债资产。本公告所称银行业金融机构，是指在中华人民共和国境内设立的商业银行、农村合作银行、农村信用社、村镇银行、农村资金互助社以及政策性银行。本公告发布之前已征收入库的按照上述规定应予减免的税款，可抵减纳税人以后月份应缴纳的税款或办理税款退库。

【其他优惠政策】未明确列出的其他优惠政策,请查阅附录《财产行为税减免税政策代码目录(有效)》。

第四节 征收管理

第七条 房产税按年征收、分期缴纳。纳税期限由省、自治区、直辖市人民政府规定。

第八条 房产税的征收管理,依照《中华人民共和国税收征收管理法》的规定办理。

第九条 房产税由房产所在地的税务机关征收。

条文解读

以上三条规定了房产税的纳税义务发生时间、纳税地点、纳税期限等征收管理具体内容。

政策链接

【房产不在一地】《财政部税务总局关于房产税若干具体问题的解释和暂行规定》(财税地字〔1986〕8号)第八条规定,房产税暂行条例第九条规定,"房产税由房产所在地的税务机关征收"。房产不在一地的纳税人,应按房产的坐落地点,分别向房产所在地的税务机关缴纳房产税。

【新建房屋的纳税义务发生时间】《财政部税务总局关于房产税若干具体问题的解释和暂行规定》(财税地字〔1986〕8号)第十九条规定,纳税人自建的房屋,自建成之次月起征收房产税。纳税人委托施工企业建设的房屋,从办理验收手续之次月起征收房产税。纳税人在办理验收手续前已使用或出租、出借的新建房屋,应按规定征收房产税。

【购置、出租出借房屋的纳税义务发生时间】《国家税务总局关于房产税、城镇土地使用税有关政策规定的通知》（国税发〔2003〕89号）第二条规定，(1) 购置新建商品房，自房屋交付使用之次月起计征房产税和城镇土地使用税。(2) 购置存量房，自办理房屋权属转移、变更登记手续，房地产权属登记机关签发房屋权属证书之次月起计征房产税和城镇土地使用税。(3) 出租、出借房产，自交付出租、出借房产之次月起计征房产税和城镇土地使用税。

【纳税义务截止时间】《财政部 国家税务总局关于房产税城镇土地使用税有关问题的通知》（财税〔2008〕152号）第三条规定，纳税人因房产、土地的实物或权利状态发生变化而依法终止房产税、城镇土地使用税纳税义务的，其应纳税款的计算应截止到房产、土地的实物或权利状态发生变化的当月末。

【财产和行为税简并申报】《国家税务总局关于简并税费申报有关事项的公告》（国家税务总局公告2021年第9号）第一条规定，自2021年6月1日起，纳税人申报缴纳城镇土地使用税、房产税、车船税、印花税、耕地占用税、资源税、土地增值税、契税、环境保护税、烟叶税中一个或多个税种时，使用《财产和行为税纳税申报表》。纳税人新增税源或税源变化时，需先填报《财产和行为税税源明细表》。

【长三角便利征管措施】《国家税务总局关于支持和服务长江三角洲区域一体化发展措施的通知》（税总函〔2019〕356号）第三条规定，长三角区域（上海、江苏、浙江、宁波、安徽）纳税人在区域内发生跨省（市）房产税、城镇土地使用税纳税义务时，可登录房产、土地所在地电子税务局进行税源信息报告，办理房产税、城镇土地使用税申报和税款缴纳事宜。

第十条 本条例由财政部负责解释；施行细则由省、自治区、直辖市人民政府制定，抄送财政部备案。

第十一条 本条例自1986年10月1日起施行。

第一章

城镇土地使用税

　　城镇土地使用税是国家在城市、县城、建制镇和工矿区范围内,对拥有土地使用权的单位和个人,以实际占用的土地面积为计税依据,按照规定税额计算征收的一种税。

　　中华人民共和国成立之初,我国就设立了房产税和地产税。1951年8月中央人民政府政务院发布了《城市房地产税暂行条例》,规定在城市中合并征收房产税和地产税,称之为城市房地产税。1973年简化税制时,把对国营企业和集体企业征收的房地产税合并到工商税中,只对城市房产管理部门、个人、外资企业和中外合资、合作经营企业继续征收这种税。1984年工商税制改革时,设立了土地使用税。1988年9月27日,国务院发布《中华人民共和国城镇土地使用税暂行条例》(国务院令第17号),于同年11月1日起施行。2006年12月31日,《国务院关于修改〈中华人民共和国城镇土地使用税暂行条例〉的决定》(国务院令第483号)发布,新的《中华人民共和国城镇土地使用税暂行条例》(以下简称《城镇土地使用税暂行条例》)自2007年1月1日起施行,共十四条。

　　本章以《城镇土地使用税暂行条例》为主线展开讲解城镇土地使用税的具体规定。

第一节　征税范围和纳税义务人

第一条　为了合理利用城镇土地，调节土地级差收入，提高土地使用效益，加强土地管理，制定本条例。

条文解读

本条说明城镇土地使用税的基本意义，开征城镇土地使用税具有多方面的意义，主要有以下三点。

一是有利于促进合理配置和节约使用土地。长期以来，尤其是计划经济时期，我国对非农业用地基本实行行政划拨、无偿使用的办法。无偿使用城镇土地情况，助长了一些部门和单位多征、多占、多用土地，或者多征、多占而少用、不用以及早占晚用等，造成了许多浪费。这与我国城镇土地资源严重不足形成了尖锐的矛盾。开征城镇土地使用税，用经济手段来管理土地，有利于克服上述弊端，促使用地者节约土地，合理地使用城镇土地。

二是有利于企业加强经济核算和进行公平竞争。在商品经济条件下，企业作为相对独立的经济实体，要考虑经营效益。在不同城镇间及同一城镇的不同地段间，由于地理位置、交通、公用设施、繁荣程度等多种因素影响，土地级差收入相差很大。由于企业无偿占用土地，获得了大量的土地级差收入，越是占用土地多、占用土地位置好的企业，就越容易形成高于其他企业的利润，使企业间的生产收入处于不平等地位。征收土地使用税，区别不同城镇及地段确定高低不同的税额，把这种因地理位置形成的土地级差收入部分收归国家所有，有利于企业加强经济核算，提高经济效益，促进企业在较为公平的条件下进行竞争。

三是有利于理顺国家与土地使用者之间的分配关系。土地级差收益的形成，除了土地位置和土地使用者本身的投资开发外，很大程度上依赖国家在这块土地及其周围所进行的投资开发和基础设施建设。由于土地的无偿使用，使国家对土地的大量投资不能收回。因此，征收城镇土地使用税，将一部分土地级差收入纳入国家财政，是顺理成章的。

第二条 在城市、县城、建制镇、工矿区范围内使用土地的单位和个人，为城镇土地使用税（以下简称土地使用税）的纳税人，应当依照本条例的规定缴纳土地使用税。

前款所称单位，包括国有企业、集体企业、私营企业、股份制企业、外商投资企业、外国企业以及其他企业和事业单位、社会团体、国家机关、军队以及其他单位；所称个人，包括个体工商户以及其他个人。

条文解读

本条规定了城镇土地使用税的征税范围和纳税义务人。凡是在城市、县城、建制镇、工矿区范围内使用土地的单位和个人，均是城镇土地使用税的纳税义务人。单位包括国有企业、集体企业、私营企业、股份制企业、外商投资企业、外国企业以及其他企业和事业单位、社会团体、国家机关、军队以及其他单位；所称个人，包括个体工商户以及自然人。

政策链接

【征税范围】《国家税务局关于印发〈关于土地使用税若干具体问题的解释和暂行规定〉的通知》（国税地字〔1988〕15号）第三条规定：

（1）城市的征税范围为市区和郊区。

（2）县城的征税范围为县人民政府所在的城镇。

（3）建制镇的征税范围为镇人民政府所在地。

（4）城市、县城、建制镇、工矿区的具体征税范围，由各省、自治区、直辖市人民政府划定。

【城市、县城、建制镇、工矿区】《国家税务局关于印发〈关于土地使用税若干具体问题的解释和暂行规定〉的通知》（国税地字〔1988〕15号）第二条规定：

（1）城市是指经国务院批准设立的市。

（2）县城是指县人民政府所在地。

（3）建制镇是指经省、自治区、直辖市人民政府批准设立的建制镇。

（4）工矿区是指工商业比较发达，人口比较集中，符合国务院规定的建制镇标准，但尚未设立镇建制的大中型工矿企业所在地。工矿区须经省、自治区、直辖市人民政府批准。

【建制镇具体征税范围】根据《国家税务总局关于调整房产税和土地使用税具体征税范围解释规定的通知》（国税发〔1999〕44号）第二条规定，关于建制镇具体征税范围，由各省、自治区、直辖市税务局提出方案，经省、自治区、直辖市人民政府确定批准后执行，并报国家税务总局备案。

【土地包括国有和集体土地】根据《国家税务局关于印发〈关于土地使用税若干具体问题的解释和暂行规定〉的通知》（国税地字〔1988〕15号）第一条规定，城市、县城、建制镇、工矿区范围内土地，是指在这些区域范围内属于国家所有和集体所有的土地。

【划拨、出让、转让的土地均应纳税】《中华人民共和国城镇国有土地使用权出让和转让暂行条例》（国务院令第55号）第四十三条规定，划拨土地使用者应当依照《城镇土地使用税暂行条例》的规定缴纳土地使用税。

【出让土地使用权】《中华人民共和国城镇国有土地使用权出让和转让暂行条例》（国务院令第55号）第八条规定，土地使用权出让是指国家以土地所有者的身份将土地使用权在一定年限内让与土地使用者，并由土地使用者向国家支付土地使用权出让金的行为。第十二条规定，土地使用权出让最高年限按下列用途确定：（1）居住用地70年；（2）工业用地50年；（3）教育、科技、文化、卫生、体育用地50年；（4）商业、旅游、娱乐用地40年；（5）综合或者其他用地50年。

第十三条规定，土地使用权出让可以采取下列方式：（1）协议；（2）招标；（3）拍卖。

【转让土地使用权】《中华人民共和国城镇国有土地使用权出让和转让暂行条例》（国务院令第55号）第十九条规定，土地使用权转让是指土地使用者将土地使用权再转移的行为，包括出售、交换和赠与。未按土地使用权出让合同规定的期限和条件投资开发、利用土地的，土地使用权不得转让。土地使用权转让应当签订转让合同。土地使用权转让时，土地使用权出让合同和登记文件中所载明的权利、义务随之转移。

第二十二条规定，土地使用者通过转让方式取得的土地使用权，其使用年限为土地使用权出让合同规定的使用年限减去原土地使用者已使用年限后的剩余年限。

【划拨土地使用权】《中华人民共和国城镇国有土地使用权出让和转让暂行条例》（国务院令第 55 号）第四十三条规定，划拨土地使用者通过各种方式依法无偿取得的土地使用权。划拨土地使用权，除本条例第四十五条规定的情况外，不得转让、出租、抵押。第四十五条规定，符合下列条件的，经市、县人民政府土地管理部门和房产管理部门批准，其划拨土地使用权和地上建筑物、其他附着物所有权可以转让、出租、抵押：

(1) 土地使用者为公司、企业、其他经济组织和个人；

(2) 领有国有土地使用证；

(3) 具有地上建筑物、其他附着物合法的产权证明；

(4) 依照本条例第二章的规定签订土地使用权出让合同，向当地市、县人民政府补交土地使用权出让金或者以转让、出租、抵押所获收益抵交土地使用权出让金。

无偿取得划拨土地使用权的土地使用者，因迁移、解散、撤销、破产或者其他原因而停止使用土地的，市、县人民政府应当无偿收回其划拨土地使用权，并可依照本条例的规定予以出让。对划拨土地使用权，市、县人民政府根据城市建设发展需要和城市规划的要求，可以无偿收回，并可依照本条例的规定予以出让。无偿收回划拨土地使用权时，对其地上建筑物、其他附着物，市、县人民政府应当根据实际情况给予适当补偿。

【已缴纳场地使用费的外商投资企业应征收城镇土地使用税】根据《财政部关于外商投资企业场地使用费征收问题的意见》（财企〔2008〕166 号）规定，外商投资企业缴纳的场地使用费或支付的土地出让金，都作为土地资源的取得成本进行财务处理，同时应当依法缴纳城镇土地使用税。

【公园、名胜古迹中附设的营业单位使用的土地】《国家税务局关于印发〈关于土地使用税若干具体问题的解释和暂行规定〉的通知》（国税地字〔1988〕15 号）第十五条规定，公园、名胜古迹中附设的营业单位，如影剧院、饮食部、茶社、照相馆等使用的土地，应征收土地使用税。

【农林牧渔业用地和农民居住用地不征税】根据《国家税务总局关于调整

房产税和土地使用税具体征税范围解释规定的通知》（国税发〔1999〕44号）规定，对农林牧渔业用地和农民居住用房屋及土地，不征收房产税和土地使用税。

【地下建筑用地缴纳城镇土地使用税】根据《财政部 国家税务总局关于房产税城镇土地使用税有关问题的通知》（财税〔2009〕128号）规定，自2009年12月1日起，对在城镇土地使用税征税范围内单独建造的地下建筑用地，按规定征收城镇土地使用税。其中，已取得地下土地使用权证的，按土地使用权证确认的土地面积计算应征税款；未取得地下土地使用权证或地下土地使用权证上未标明土地面积的，按地下建筑垂直投影面积计算应征税款。对上述地下建筑用地暂按应征税款的50%征收城镇土地使用税。

【企业范围内的荒山、林地、湖泊等占地应纳城镇土地使用税】《财政部 国家税务总局关于企业范围内的荒山、林地、湖泊等占地城镇土地使用税有关政策的通知》（财税〔2014〕1号）规定，为提高土地利用效率，促进节约集约用地，对已按规定免征城镇土地使用税的企业范围内荒山、林地、湖泊等占地，自2014年1月1日至2015年12月31日，按应纳税额减半征收城镇土地使用税，自2016年1月1日起，全额征收城镇土地使用税。《国家税务局关于印发〈关于土地使用税若干具体问题的补充规定〉的通知》（国税地字〔1989〕140号）第十二条："对企业范围内的荒山、林地、湖泊等占地，尚未利用的，经各省、自治区、直辖市税务局审批，可暂免征收土地使用税"的规定自2014年1月1日起废止。

【林场中度假村等休闲娱乐场所应征城镇土地使用税】根据《财政部 国家税务总局关于房产税、城镇土地使用税有关政策的通知》（财税〔2006〕186号）规定，在城镇土地使用税征收范围内，利用林场土地兴建度假村等休闲娱乐场所的，其经营、办公和生活用地，应按规定征收城镇土地使用税。

【纳税义务人】凡是在城市、县城、建制镇、工矿区范围内使用土地的单位和个人，均是城镇土地使用税的纳税义务人。单位包括国有企业、集体企业、私营企业、股份制企业、外商投资企业、外国企业以及其他企业和事业单位、社会团体、国家机关、军队以及其他单位；个人包括个体工商户以及自然人。

【纳税义务人的特殊规定】《国家税务局关于印发〈关于土地使用税若干具体问题的解释和暂行规定〉的通知》（国税地字〔1988〕15号）第四条规定，土地使用税由拥有土地使用权的单位或个人缴纳。拥有土地使用权的纳税人不在土地所在地的，由代管人或实际使用人纳税；土地使用权未确定或权属纠纷未解决的，由实际使用人纳税；土地使用权共有的，由共有各方分别纳税。

【集体土地纳税义务人的确定】根据《财政部 国家税务总局关于集体土地城镇土地使用税有关政策的通知》（财税〔2006〕56号）规定，自2006年5月1日起，在城镇土地使用税征税范围内实际使用应税集体所有建设用地、但未办理土地使用权流转手续的，由实际使用集体土地的单位和个人按规定缴纳城镇土地使用税。

根据《财政部 税务总局关于承租集体土地城镇土地使用税有关政策的通知》（财税〔2017〕29号）规定，在城镇土地使用税征税范围内，承租集体所有建设用地的，由直接从集体经济组织承租土地的单位和个人，缴纳城镇土地使用税。

【跨地域使用土地】《国家税务局关于印发〈关于土地使用税若干具体问题的解释和暂行规定〉的通知》（国税地字〔1988〕15号）第十四条规定，纳税人使用的土地不属于同一省（自治区、直辖市）管辖范围的，应由纳税人分别向土地所在地的税务机关缴纳土地使用税。在同一省（自治区、直辖市）管辖范围内，纳税人跨地区使用的土地，如何确定纳税地点，由各省、自治区、直辖市税务局确定。

【房管部门经租公房用地的纳税人】《国家税务局关于印发〈关于土地使用税若干具体问题的解释和暂行规定〉的通知》（国税地字〔1988〕15号）第十六条规定，房管部门经租的公房用地，凡土地使用权属于房管部门的，由房管部门缴纳土地使用税。

【纳税单位无偿使用免税单位土地的纳税人】根据《国家税务局关于印发〈关于土地使用税若干具体问题的补充规定〉的通知》（国税地字〔1989〕140号）第一条规定，对免税单位无偿使用纳税单位的土地（如公安、海关等单位使用铁路、民航等单位的土地），免征土地使用税；对纳税单位无偿使用免税单位的土地，纳税单位（实际使用人）应照章缴纳土地使用税。

【胜利石油管理局改制企业所占用土地的纳税人】 根据《国家税务总局关于中国石化集团胜利石油管理局城镇土地使用税有关政策问题的批复》（税总函〔2014〕99号）规定，中国石化集团胜利石油管理局改制企业所占用的土地，应由该土地的土地使用权人，即中国石化集团胜利石油管理局缴纳。

第二节　计税依据和税额计算

> **第三条**　土地使用税以纳税人实际占用的土地面积为计税依据，依照规定税额计算征收。
>
> 前款土地占用面积的组织测量工作，由省、自治区、直辖市人民政府根据实际情况确定。

条文解读

本条规定城镇土地使用税的计税依据。计税依据是纳税人实际占用的土地面积，是指由省、自治区、直辖市人民政府确定的单位组织测定的土地面积。在具体征管实务中，一般以土地使用权证、房屋所有权证、不动产权证等记载的为准，如果没有证书或者没有准确记载的，以出让合同、转让合同等其他可以证明占用土地面积的方式为依据，对于以上二者均没有或者明显与事实不符的，根据《中华人民共和国税收征收管理法》（以下简称《税收征管法》）第三十五条的规定，税务机关有权进行核定。

政策链接

【实际占用的土地面积】《国家税务局关于印发〈关于土地使用税若干具体问题的解释和暂行规定〉的通知》（国税地字〔1988〕15号）第六条规定，纳税人实际占用的土地面积，是指由省、自治区、直辖市人民政府确定的单位组织测定的土地面积。尚未组织测量，但纳税人持有政府部门核发的土地使用证书的，以证书确认的土地面积为准；尚未核发土地使用证书的，应由纳税人据实申报土地面积。

【地下建筑的计税依据】根据《财政部 国家税务总局关于房产税、城镇土地使用税有关问题的通知》（财税〔2009〕128号）规定，对在城镇土地使用税征税范围内单独建造的地下建筑用地，按规定征收城镇土地使用税。其中，已取得地下土地使用权证的，按土地使用权证确认的土地面积计算应征税款；未取得地下土地使用权证或地下土地使用权证上未标明土地面积的，按地下建筑垂直投影面积计算应征税款。对上述地下建筑用地暂按应征税款的50%征收城镇土地使用税。

【共有土地使用权的计税依据】根据《国家税务局关于印发〈关于土地使用税若干具体问题的解释和暂行规定〉的通知》（国税地字〔1988〕15号）第五条规定，土地使用权共有的各方，应按其实际使用的土地面积占总面积的比例，分别计算缴纳土地使用税。

【公用多层建筑的计税依据】根据《国家税务局关于印发〈关于土地使用税若干具体问题的补充规定〉的通知》（国税地字〔1989〕140号）第二条规定，纳税单位与免税单位共同使用共有使用权土地上的多层建筑，对纳税单位可按其占用的建筑面积占建筑总面积的比例计征土地使用税。

第四条 土地使用税每平方米年税额如下：
（一）大城市1.5元至30元；
（二）中等城市1.2元至24元；
（三）小城市0.9元至18元；
（四）县城、建制镇、工矿区0.6元至12元。

第五条 省、自治区、直辖市人民政府，应当在本条例第四条规定的税额幅度内，根据市政建设状况、经济繁荣程度等条件，确定所辖地区的适用税额幅度。

市、县人民政府应当根据实际情况，将本地区土地划分为若干等级，在省、自治区、直辖市人民政府确定的税额幅度内，制定相应的适用税额标准，报省、自治区、直辖市人民政府批准执行。

经省、自治区、直辖市人民政府批准，经济落后地区土地使用税的适用税额标准可以适当降低，但降低额不得超过本条例第四条规定最低税额的30%。经济发达地区土地使用税的适用税额标准可以适当提高，但须报经财政部批准。

条文解读

《城镇土地使用税暂行条例》只规定了税额幅度，并规定省、自治区、直辖市人民政府根据市政建设状况、经济繁荣程度等条件，确定所辖地区适用税额幅度，但应在条例规定税额幅度内。具体每平方米的税额标准，由市、县政府确定。市、县人民政府应当根据实际情况，将本地区土地划分为若干等级，在省、自治区、直辖市人民政府确定的税额幅度内，制定相应的适用税额标准，报省、自治区、直辖市人民政府批准执行。经省、自治区、直辖市人民政府批准，经济落后地区城镇土地使用税的适用税额标准可以适当降低，但降低额不得超过《城镇土地使用税暂行条例》第四条规定最低税额的30%。经济发达地区城镇土地使用税的适用税额标准可以适当提高，但须报经财政部批准。

政策链接

根据《城镇土地使用税暂行条例》规定，省、自治区、直辖市人民政府会公布本行政区划范围内的税额幅度，有的地区也会同时公布辖区各地市土地等级的税额标准。具体每个土地等级的范围划分，由地方自己划定。

如广东省发布的《广东省财政厅 广东省税务局关于调整城镇土地使用税税额标准的通知》（粤财规〔2017〕4号）规定，为进一步降低企业税收负担，支持实体经济发展，根据《城镇土地使用税暂行条例》《广东省城镇土地使用税实施细则》，经省人民政府同意，规定在规定幅度内适当降低各地城镇土地使用税税额标准。全省由1~30元/平方米下调至1~15元/平方米，其中，广州、深圳市由3~30元/平方米下调至3~15元/平方米，佛山、东莞、中山、珠海、江门、惠州、肇庆市由2.5~15元/平方米下调至2~10元/平方米，粤东西北12市由1~18元/平方米下调至1~8元/平方米。工业用地税额标准为上述税额标准的50%左右，但最低不超过法定税额。土地等级级次一般分为五级（见表2-1）。

表 2-1　　　　　广东省城镇土地使用税税额调整方案

等级地区	原标准	税额标准（元/平方米）					其中:工业用地税额标准（元/平方米）				
		一	二	三	四	五	一	二	三	四	五
广州、深圳市	3~30元	15	12	9	6	3	8	6	5	3	2
珠海、佛山、惠州、东莞、中山、江门、肇庆市	2.5~15元	10	8	6	4	2	5	4	3	2	1
汕头、韶关、河源、梅州、汕尾、阳江、湛江、茂名、清远、潮州、揭阳、云浮市	1~18元	8	6	4	2	1	4	3	2	1	0.6

《广州市人民政府关于印发广州市城镇土地使用税适用税额调整方案的通知》（穗府规〔2017〕20号）规定，经省政府批准，根据《城镇土地使用税暂行条例》（国务院令第645号）和《广东省财政厅 广东省税务局关于调整城镇土地使用税税额标准的通知》（粤财规〔2017〕4号），对广州市行政区域内的城镇土地使用税适用税额标准和土地分级范围调整如下：

1. 土地等级分档及税额标准（见表2-2）。

表 2-2　　　　广州市城镇土地使用税土地等级分档及税额标准

土地等级	一般用地					工业用地				
	一	二	三	四	五	一	二	三	四	五
税额标准（元/平方米）	15	12	9	6	3	8	6	5	3	2

2. 各等级土地具体范围。

（1）一级土地

天河体育中心商务区（西至体育西路、东至体育东路、北至天河北路、南至天河南一路）、珠江新城中央商务区（西至广州大道、东至华南快速干线、北至黄埔大道、南至临江大道）、北京路（中山路口至大南路口之间路段）、上九路、下九路。

（2）二级土地

越秀区：华乐街、东山街、梅花村街、农林街、黄花岗街、建设街、大东街、大塘街、珠光街、白云街、登峰街、六榕街、人民街、流花街、光塔街、北京街（划定为一级土地的除外）、洪桥街。

荔湾区：金花街、西村街、南源街、逢源街、多宝街、龙津街、昌华街、岭南街（划定为一级土地的除外）、华林街（划定为一级土地的除外）、沙面街、站前街、彩虹街。

海珠区：素社街、南华西街、凤阳街、滨江街、南石头街、昌岗街、龙凤街、海幢街、沙园街、瑞宝街、江海街、南洲街、琶洲街、赤岗街、新港街、江南中街。

天河区：天河南街（划定为一级土地的除外）、沙河街、林和街（划定为一级土地的除外）、石牌街、冼村街（划定为一级土地的除外）、猎德街（划定为一级土地的除外）、沙东街、员村街、天园街。

(3) 三级土地

越秀区：矿泉街。

荔湾区：桥中街、花地街、茶滘街、东漖街、中南街、海龙街、冲口街、东沙街、石围塘街、白鹤洞街。

海珠区：华洲街。

天河区：五山街、兴华街、元岗街、长兴街、车陂街、棠下街。

白云区：三元里街、景泰街、棠景街、新市街、黄石街、云城街。

黄埔区：黄埔街（大吉沙岛除外）、大沙街（大蚝沙岛除外）。

番禺区：市桥街大北路（禺山大道至东涌路之间路段）、繁华路（大北路至光明北路之间路段）、桥东路（环城东路至大东路之间路段）、西丽路（禺山大道至西城路之间路段）、洛浦街吉祥道（如意二马路至如意中路之间路段）。

花都区：站前路和福宁路以东、宝华路以南、花城路以西、新华路以北的范围。

(4) 四级土地

海珠区：官洲街。

天河区：龙洞街、凤凰街、黄村街、前进街、新塘街、珠吉街。

白云区：同和街、松洲街、同德街、京溪街、永平街、金沙街、石井街、嘉禾街、均禾街、鹤龙街、白云湖街、石门街。

黄埔区：荔联街、鱼珠街、红山街、穗东街、文冲街、南岗街、联和街、萝岗街、夏港街、东区街。

番禺区：市桥街（划定为三级土地的除外）。

花都区：京广铁路线以东、紫薇路以南、凤凰路以西、新街河以北的范围（划定为三级土地的除外）。

增城区：荔城街、增江街、新塘镇。

从化区：街口街、江埔街和城郊街三街道属中心城区总体规划内的范围。

（5）五级土地

黄埔区：除划定为三级、四级土地以外的范围。

白云区：除划定为三级、四级土地以外的范围。

南沙区：全区范围。

番禺区：除划定为三级、四级土地以外的范围。

花都区：除划定为三级、四级土地以外的范围。

增城区：除划定为四级土地以外的范围。

从化区：除划定为四级土地以外的范围。

3. 凡以道路名称列级的，按道路两侧门牌的使用单位和个人实际占用的土地面积，适用该等级的城镇土地使用税征收标准；其他土地按所在地段的行政辖区，适用上述标注等级的城镇土地使用税征收标准。

4. 工业用地判断标准按房地产权属证书土地用途确定。

税款计算

城镇土地使用税按年计算。对于一个纳税人应缴纳多块土地的城镇土地使用税的，应根据具体适用税额分别计算，分别缴纳。

全年应纳税额＝实际占用应税土地面积（平方米）×适用税额

例 2-1：位于广州市某商务区的通达大厦，占地面积 4000 平方米，共有 10 层，总建筑面积 28000 平方米。信诚公司拥有其中的 2 层和 3 层，建筑面积 7000 平方米。请问，信诚公司 2022 年全年的城镇土地使用税为多少？

解析：根据《国家税务局关于印发〈关于土地使用税若干具体问题的解释和暂行规定〉的通知》（国税地字〔1988〕15 号）第五条规定，土地使用权共有的各方，应按其实际使用的土地面积占总面积的比例，分别计算缴纳土地使用税。同时，根据《国家税务局关于印发〈关于土地使用税若干具体问题的补充规定〉的通知》（国税地字

〔1989〕140号）规定，纳税单位与免税单位共同使用共有使用权土地上的多层建筑，对纳税单位可按其占用的建筑面积占建筑总面积的比例计征城镇土地使用税。

因此，信诚公司实际占用土地面积为：（7000÷28000）×4000＝1000（平方米）。

广州市某商务区属于一级土地，性质为一般用地，税额为15元，则信诚公司2022年全年的城镇土地使用税为：1000×15＝15000（元）。

例2-2：信诚公司名下在广州市越秀区华乐街888号的办公区占地面积1000平方米，性质为一般用地；在广州市越秀区东山街拥有车间2000平方米，性质为工业用地；在天河体育中心商务区办有职工幼儿园，园区占地700平方米。请问，信诚公司2022年全年的城镇土地使用税为多少？

解析：办公区所在的越秀区华乐街两侧土地等级为二级土地，属于一般用地，税额为12元，则应纳城镇土地使用税为：1000×12＝12000（元）。

车间所在的越秀区东山街两侧土地等级为二级土地，属于工业用地，税额为6元，则应纳城镇土地使用税为：2000×6＝12000（元）。

企业办的幼儿园自用的土地免征城镇土地使用税。

因此，信诚公司2022年全年的城镇土地使用税为：12000＋12000＝24000（元）。

第三节　税收优惠

第六条　下列土地免缴土地使用税：
（一）国家机关、人民团体、军队自用的土地；
（二）由国家财政部门拨付事业经费的单位自用的土地；

（三）宗教寺庙、公园、名胜古迹自用的土地；

（四）市政街道、广场、绿化地带等公共用地；

（五）直接用于农、林、牧、渔业的生产用地；

（六）经批准开山填海整治的土地和改造的废弃土地，从使用的月份起免缴土地使用税5年至10年；

（七）由财政部另行规定免税的能源、交通、水利设施用地和其他用地。

条文解读

本条是城镇土地使用税减免税优惠的基本规定。对国家机关、人民团体、军队和国家财政部门拨付事业经费的单位以及宗教寺庙、公园、名胜古迹等，其自用的土地，免征城镇土地使用税。对于不是上述单位自用，而是出租或者免费供纳税单位使用的，以及生产、营业用地和其他用地，不属于免征城镇土地使用税范围。市政街道、广场、绿化地带等公共用地和直接用于农、林、牧、渔业的生产用地也属于免征城镇土地使用税范围。经批准开山填海整治的土地和改造的废弃土地，从使用的月份起免缴城镇土地使用税5年至10年。另外，国家和各省、自治区、直辖市还制定了很多关于城镇土地使用税的减免税优惠。

政策链接

【国家机关、人民团体、军队自用的土地】根据《国家税务局关于印发〈关于土地使用税若干具体问题的解释和暂行规定〉的通知》（国税地字〔1988〕15号）第八条规定，人民团体是指经国务院授权的政府部门批准设立或登记备案并由国家拨付行政事业的各种社会团体。国家机关、人民团体、军队自用的土地，是指这些单位本身的办公用地和公务用地。以上单位的生产、营业用地和其他用地，不属于免税范围，应按规定缴纳土地使用税。

【由国家财政部门拨付事业经费的单位自用的土地】根据《国家税务局关于印发〈关于土地使用税若干具体问题的解释和暂行规定〉的通知》（国税地字〔1988〕15号）第九条规定，由国家财政部门拨付事业经费的单位，是指由国家财政部门拨付经费、实行全额预算管理或差额预算管理的事业单位。

不包括实行自收自支、自负盈亏的事业单位。事业单位自用的土地，是指这些单位本身的业务用地。以上单位的生产、营业用地和其他用地，不属于免税范围，应按规定缴纳土地使用税。

【宗教、寺庙自用的土地】根据《国家税务局关于印发〈关于土地使用税若干具体问题的解释和暂行规定〉的通知》（国税地字〔1988〕15号）第十条第三款规定，宗教、寺庙自用的土地，是指举行宗教仪式等的用地和寺庙内的宗教人员生活用地。以上单位的生产、营业用地和其他用地，不属于免税范围，应按规定缴纳土地使用税。

【公园、名胜古迹自用的土地】根据《国家税务局关于印发〈关于土地使用税若干具体问题的解释和暂行规定〉的通知》（国税地字〔1988〕15号）第十条第四款规定，公园、名胜古迹自用的土地，是指供公共参观游览的用地及其管理单位的办公用地。以上单位的生产、营业用地和其他用地，不属于免税范围，应按规定缴纳土地使用税。

【公园、名胜古迹内的索道公司经营用地】《财政部 国家税务总局关于房产税、城镇土地使用税有关问题的通知》（财税〔2008〕152号）规定，公园、名胜古迹内的索道公司经营用地，应按规定缴纳城镇土地使用税。

【市政街道、广场、绿化地带等公共用地】《城镇土地使用税暂行条例》第六条所称的市政街道、广场、绿化地带等公共用地是指归属于市政公共设施的街道、广场、绿化地带等公共用地，这些土地归国家所有和使用，对全体民众开放。对于企业所有的绿化用地和公园用地，根据《国家税务局关于印发〈关于土地使用税若干具体问题的补充规定〉的通知》（国税地字〔1989〕140号）第十三条规定，对企业厂区（包括生产、办公及生活区）以内的绿化用地，应照章征收土地使用税，厂区以外的公共绿化用地和向社会开放的公园用地，暂免征收土地使用税。

【农、林、牧、渔业的生产用地】《城镇土地使用税暂行条例》第六条第（五）项规定，直接用于农、林、牧、渔业的生产用地免缴土地使用税。

根据《国家税务局关于印发〈关于土地使用税若干具体问题的解释和暂行规定〉的通知》（国税地字〔1988〕15号）规定，直接用于农、林、牧、渔业的生产用地，是指直接从事于种植、养殖、饲养的专业用地，不包括农副产品加工场地和生活、办公用地。农副产品加工场地和生活、办公用地，应按规定缴纳城镇土地使用税。

根据《国家税务总局关于调整房产税和土地使用税具体征税范围解释规定的通知》(国税发〔1999〕44号) 规定，对农林牧渔业用地和农民居住用房屋及土地，不征收房产税和土地使用税。

【开山填海整治的土地和改造的废弃土地】根据《国家税务局关于印发〈关于土地使用税若干具体问题的解释和暂行规定〉的通知》(国税地字〔1988〕15号) 第十三条规定，开山填海整治的土地和改造的废弃土地，以土地管理机关出具的证明文件为依据确定；具体免税期限由各省、自治区、直辖市税务局在土地使用税暂行条例规定的期限内自行确定。

《国家税务总局关于填海整治土地免征城镇土地使用税问题的批复》(国税函〔2005〕968号) 规定，按照《城镇土地使用税暂行条例》第六条的规定，享受免缴土地使用税5~10年的填海整治的土地，是指纳税人经有关部门批准后自行填海整治的土地，不包括纳税人通过出让、转让、划拨等方式取得的已填海整治的土地。

【农民居住用地】根据《国家税务总局关于调整房产税和土地使用税具体征税范围解释规定的通知》(国税发〔1999〕44号) 规定，对农林牧渔业用地和农民居住用房屋及土地，不征收房产税和土地使用税。

【学校、托儿所、幼儿园自用土地】根据《财政部 国家税务总局关于教育税收政策的通知》(财税〔2004〕39号) 第二条规定，对国家拨付事业经费和企业办的各类学校、托儿所、幼儿园自用的房产、土地，免征房产税、城镇土地使用税。《国家税务局关于印发〈关于土地使用税若干具体问题的解释和暂行规定〉的通知》(国税地字〔1988〕15号) 第十八条规定，集体和个人办的各类学校、医院、托儿所、幼儿园用地用地的征免税，由省、自治区、直辖市税务局确定。(实际上各地基本予以减免)

【个人所有的居住房屋及院落用地】《国家税务局关于印发〈关于土地使用税若干具体问题的解释和暂行规定〉的通知》(国税地字〔1988〕15号) 第十八条规定，个人所有的居住房屋及院落用地的征免税，由省、自治区、直辖市税务局确定。基本上各地的征免规定是，个人所有居住房屋及院落用地，用于居住的，暂免征土地使用税；用于生产经营的，应照章征税。

【个人出租住房】根据《财政部 国家税务总局关于廉租住房、经济适用住房和住房租赁有关税收政策的通知》（财税〔2008〕24号）规定，自2008年3月1日起，对个人出租住房，不区分用途，免征城镇土地使用税。

【安置残疾人就业单位的城镇土地使用税】《财政部 国家税务总局关于安置残疾人就业单位城镇土地使用税等政策的通知》（财税〔2010〕121号）第一条规定，对在一个纳税年度内月平均实际安置残疾人就业人数占单位在职职工总数的比例高于25%（含25%）且实际安置残疾人人数高于10人（含10人）的单位，可减征或免征该年度城镇土地使用税。具体减免税比例及管理办法由省、自治区、直辖市财税主管部门确定。《国家税务局关于印发〈关于土地使用税若干具体问题的解释和暂行规定〉的通知》（国税地字〔1988〕15号）第十八条第4项规定，即民政部门举办的安置残疾人占一定比例的福利工厂用地的征免税，由省、自治区、直辖市税务局确定，同时废止。

【房改后土地使用权未过户】《国家税务总局关于房改后房产税城镇土地使用税征免问题的批复》（国税函〔2001〕659号）第三条规定，对应税单位将职工住宅办理了土地使用权过户手续，可免征城镇土地使用税，对未办理土地使用权过户手续的应按规定征收城镇土地使用税。但《财政部 国家税务总局关于房改房用地未办理土地使用权过户期间城镇土地使用税政策的通知》（财税〔2013〕44号）规定，经研究，现就房改房用地未办理土地使用权过户期间的城镇土地使用税政策通知如下：应税单位按照国家住房制度改革有关规定，将住房出售给职工并按规定进行核销账务处理后，住房用地在未办理土地使用权过户期间的城镇土地使用税征免，比照各省、自治区、直辖市对个人所有住房用地的现行政策执行。因此，根据新法优于旧法的原则，对于房改后在未办理土地使用权过户期间的城镇土地使用税征免，应按《财政部 国家税务总局关于房改房用地未办理土地使用权过户期间城镇土地使用税政策的通知》（财税〔2013〕44号）的规定，根据各省的个人所有住房用地的现行政策执行。

【经营采摘、观光农业的单位城镇土地使用税】根据《财政部 国家税务总局关于房产税、城镇土地使用税有关政策的通知》（财税〔2006〕186号）第三条规定，在城镇土地使用税征收范围内经营采摘、观光农业的单位和个人，其直接用于采摘、观光的种植、养殖、饲养的土地，根据《城镇土地使用税暂行条例》第六条中"直接用于农、林、牧、渔业的生产用地"的规定，免征城镇土地使用税。

【卫生机构自用的土地】《财政部 国家税务总局关于医疗卫生机构有关税收政策的通知》（财税〔2000〕42号）规定：

（1）对非营利性医疗机构自用的房产、土地、车船，免征房产税、城镇土地使用税和车船使用税。

（2）对营利性医疗机构自用的土地，自其取得执业登记之日起，3年内免征城镇土地使用税。

（3）对疾病控制机构和妇幼保健机构等卫生机构自用的房产、土地、车船，免征房产税、城镇土地使用税和车船使用税。

（4）医疗机构需要书面向卫生行政主管部门申明其性质，按《医疗机构管理条例》进行设置审批和登记注册，并由接受其登记注册的卫生行政部门核定，在执业登记中注明"非营利性医疗机构"和"营利性医疗机构"。

（5）上述医疗机构具体包括：各级各类医院、门诊部（所）、社区卫生服务中心（站）、急救中心（站）、城乡卫生院、护理院（所）、疗养院、临床检验中心等。上述疾病控制、妇幼保健等卫生机构具体包括：各级政府及有关部门举办的卫生防疫站（疾病控制中心）、各种专科疾病防治站（所）、各级政府举办的妇幼保健所（站）、母婴保健机构、儿童保健机构等，各级政府举办的血站（血液中心）。

（6）本政策自2000年7月10日起执行。

【老年服务机构】《财政部 国家税务总局关于对老年服务机构有关税收政策问题的通知》（财税〔2000〕97号）规定，对政府部门和企事业单位、社会团体以及个人等社会力量投资兴办的福利性、非营利性的老年服务机构自用的土地，暂免征收城镇土地使用税。

上述所称老年服务机构，是指专门为老年人提供生活照料、文化、护理、健身等多方面服务的福利性、非营利性的机构，主要包括：老年社会福利院、敬老院（养老院）、老年服务中心、老年公寓（含老年护理院、康复中心、托老所）等。

【社区家庭服务用地】《财政部 税务总局 发展改革委 民政部 商务部 卫生健康委关于养老、托育、家政等社区家庭服务业税费优惠政策的公告》（财政部公告2019年第76号）第二条规定，自2019年6月1日起至2025年12月31日，为社区提供养老、托育、家政等服务的机构自有或其通过承租、无偿使用等方式取得并用于提供社区养老、托育、家政服务的房产、土地，免征房产税、城镇土地使用税。社区是指聚居在一定地域范围内的人们所组成的社会生活共同体,包括城市社区和农村社区。

【非营利性科研机构】《财政部 国家税务总局关于非营利性科研机构税收政策的通知》(财税〔2001〕5号)规定,对非营利性科研机构自用的土地,免征城镇土地使用税。非营利性科研机构要以推动科技进步为宗旨,不以营利为目的,主要从事应用基础研究或向社会提供公共服务。非营利性科研机构的认定标准,由科技部会同财政部、中编办、国家税务总局另行制定。非营利性科研机构需要书面向科技行政主管部门申明其性质,按规定进行设置审批和登记注册,并由接受其登记注册的科技行政部门核定,在执业登记中注明"非营利性科研机构"。

【石油天然气生产企业】《财政部 国家税务总局关于石油天然气生产企业城镇土地使用税政策的通知》(财税〔2015〕76号)规定:

1. 下列石油天然气生产建设用地暂免征收城镇土地使用税:

(1) 地质勘探、钻井、井下作业、油气田地面工程等施工临时用地;

(2) 企业厂区以外的铁路专用线、公路及输油(气、水)管道用地;

(3) 油气长输管线用地。

2. 在城市、县城、建制镇以外工矿区内的消防、防洪排涝、防风、防沙设施用地,暂免征收城镇土地使用税。

3. 享受上述税收优惠的用地,用于非税收优惠用途的,不得享受本通知规定的税收优惠。

4. 除上述第一条、第二条列举免税的土地外,其他油气生产及办公、生活区用地,依照规定征收城镇土地使用税。

5. 地方人民政府应按照城镇土地使用税有关规定,确定工矿区范围。对在工矿区范围内的油气生产、办公、生活用地,其税额标准不得高于相邻的县城、建制镇的适用税额标准。

6. 石油天然气生产企业应按照有关税收减免管理规定向主管税务机关备案免税土地情况。

7. 本通知自2015年7月1日起执行。原国家税务局发布的《关于对中国石油天然气总公司所属单位用地征免土地使用税问题的通知》(国税地字〔1989〕88号,以下简称国税地字〔1989〕88号文件)、《关于对中国海洋石油总公司及其所属公司用地征免土地使用税问题的规定》(国税油发〔1990〕

3号,以下简称国税油发〔1990〕3号文件)同时废止。

8. 对国税地字〔1989〕88号文件和国税油发〔1990〕3号文件规定免税,但按本通知规定应当征税的土地,自2015年7月1日至2016年12月31日,按应纳税额减半征收城镇土地使用税;自2017年1月1日起,全额征收城镇土地使用税。

【核电站用地】根据《财政部 国家税务总局关于核电站用地征免城镇土地使用税的通知》(财税〔2007〕124号)规定,对核电站的核岛、常规岛、辅助厂房和通讯设施用地(不包括地下线路用地),生活、办公用地按规定征收城镇土地使用税,其他用地免征城镇土地使用税。

对核电站应税土地在基建期内减半征收城镇土地使用税。

【供热企业】参见第一章第三节房产税的相关政策。

【被撤销金融机构】《财政部 国家税务总局关于被撤销金融机构有关税收政策问题的通知》(财税〔2003〕141号)规定,对被撤销金融机构清算期间自有的或从债务方接收的房地产,免征城镇土地使用税。

享受税收优惠政策的主体是指经中国人民银行依法决定撤销的金融机构及其分设于各地的分支机构,包括被依法撤销的商业银行、信托投资公司、财务公司、金融租赁公司、城市信用社和农村信用社。除另有规定者外,被撤销的金融机构所属、附属企业,不享受本通知规定的被撤销金融机构的税收优惠政策。

【林业系统】《国家税务局关于林业系统征免土地使用税问题的通知》(国税函发〔1991〕1404号)规定,对林区的有林地、运材道、防火道、防火设施用地,免征土地使用税。林业系统的森林公园、自然保护区,可比照公园免征土地使用税。

除上述列举免税的土地外,对林业系统的其他生产用地及办公、生活区用地,应照章征收土地使用税。

根据《财政部 国家税务总局关于房产税、城镇土地使用税有关政策的通知》(财税〔2006〕186号)规定,在城镇土地使用税征收范围内,利用林场土地兴建度假村等休闲娱乐场所的,其经营、办公和生活用地,应按规定征收城镇土地使用税。

【盐场、盐矿】根据《国家税务局关于对盐场、盐矿征免城镇土地使用税问题的通知》(国税地字〔1989〕141号)第二条和第三条规定,对盐场的盐滩、盐矿的矿井用地,暂免征收土地使用税。对盐场、盐矿的生产厂房、办公、生活区用地,应照章征收土地使用税。对盐场、盐矿的其他用地,由省、自治区、直辖市税务局根据实际情况,确定征收土地使用税或给予定期减征、免征的照顾。

【矿山企业】根据《国家税务局关于对矿山企业征免土地使用税问题的通知》(国税地字〔1989〕122号)规定,(1)对矿山的采矿场、排土场、尾矿库、炸药库的安全区、采区运矿及运岩公路、尾矿输送管道及回水系统用地,免征土地使用税。(2)对矿山企业采掘地下矿造成的塌陷地以及荒山占地,在未利用之前,暂免征收土地使用税。(3)除上述规定外,对矿山企业的其他生产用地及办公、生活区用地,应照章征收土地使用税。

【建材企业】《国家税务局关于建材企业的采石场、排土场等用地征免土地使用税问题的批复》(国税函发〔1990〕853号)规定,对石灰厂、水泥厂、大理石厂、沙石厂等企业的采石场、排土场用地、炸药库的安全区用地以及采区运岩公路,可以比照《国家税务局关于对矿山企业征免土地使用税问题的通知》(国税地字〔1989〕122号)予以免税;对上述企业的其他用地,应予征税。

【煤炭企业用地税收优惠】根据《国家税务局关于对煤炭企业用地征免土地使用税问题的规定》(国税地字〔1989〕89号)规定,结合煤炭企业用地的特点,对中国统配煤矿总公司、东北内蒙古煤炭工业联合公司所属的煤炭企业征免土地使用税问题,规定如下:

1. 煤炭企业的矸石山、排土场用地,防排水沟用地,矿区办公、生活区以外的公路、铁路专用线及轻便道和输变电线路用地,火炸药库库房外安全区用地,向社会开放的公园及公共绿化带用地,暂免征收土地使用税。

2. 煤炭企业的塌陷地、荒山,在未利用之前,暂缓征收土地使用税。[根据《财政部 国家税务总局关于煤炭企业未利用塌陷地城镇土地使用税政策的通知》(财税〔2006〕74号),对位于城镇土地使用税征收范围内的煤炭企业已取得土地使用权、但未利用的塌陷地,自2006年9月1日起恢复征收城镇土地使用税。本条规定同时废止。]

3. 煤炭企业的报废矿井占地,经煤炭企业申请,当地税务机关审核,可以暂免征收土地使用税。但利用报废矿井搞工商业生产经营或用于居住的占地，仍应按规定征收土地使用税。[本条根据《国家税务总局关于公布全文失效废止、部分条款失效废止的税收规范性文件目录的公告》（国家税务总局公告2011年第2号）废止。]

4. 除上述各条列举免税的土地外，其他在开征范围内的煤炭生产及办公、生活区用地，均应依照规定征收土地使用税。

5. 对于直接用于煤炭生产的占地，在1990年底前，暂按当地规定的适用税额的低限征收土地使用税。对煤炭企业的其他占地，仍按当地规定的适用税额征收土地使用税。

6. 煤炭企业依照上述规定缴纳土地使用税，确实仍有困难的，按照《城镇土地使用税暂行条例》第七条的规定办理。[本条根据《国家税务总局关于公布全文失效废止、部分条款失效废止的税收规范性文件目录的公告》（国家税务总局公告2011年第2号）废止。]

7. 地方煤炭企业土地使用税的征免划分问题，由各省、自治区、直辖市税务局参照上述规定具体确定。

【企业的铁路专用线、公路等用地】《国家税务局关于印发〈关于土地使用税若干具体问题的补充规定〉的通知》（国税地字〔1989〕140号）第十一条规定，对企业的铁路专用线、公路等用地，除另有规定者外，在企业厂区（包括生产、办公及生活区）以内的，应照章征收土地使用税；在厂区以外，与社会公用地段未加隔离的，暂免征收土地使用税。

【防火、防爆、防毒等安全防范用地】《国家税务局关于印发〈关于土地使用税若干具体问题的补充规定〉的通知》（国税地字〔1989〕140号）第八条规定，对于各类危险品仓库、厂房所需的防火、防爆、防毒等安全防范用地，可由各省、自治区、直辖市税务局确定，暂免征收土地使用税；对仓库库区、厂房本身用地，应照章征收土地使用税。

【电力行业】根据《国家税务局关于电力行业征免土地使用税问题的规定》（国税地字〔1989〕13号）规定：

1. 对火电厂厂区围墙内的用地，均应照章征收土地使用税。对厂区围墙外的灰场、输灰管、输油（气）管道、铁路专用线用地，免征土地使用税；厂区围墙外的其他用地，应照章征税。

2. 对水电站的发电厂房用地（包括坝内、坝外式厂房），生产、办公生活用地，照章征收土地使用税；对其他用地给予免税照顾。

3. 对供电部门的输电线路用地、变电站用地，免征土地使用税。

【水利设施】《国家税务局关于水利设施用地征免土地使用税问题的规定》（国税地字〔1989〕14号）规定，对水利设施及其管护用地（如水库库区、大坝、堤防、灌渠、泵站等用地），免征土地使用税；其他用地，如生产、办公、生活用地，应照章征收土地使用税。对兼有发电的水利设施用地征免土地使用税问题，比照电力行业征免土地使用税的有关规定办理。

【棚户区改造】《财政部 国家税务总局关于棚户区改造有关税收政策的通知》（财税〔2013〕101号）规定，自2013年7月4日起，对改造安置住房建设用地免征城镇土地使用税。在商品住房等开发项目中配套建造安置住房的，依据政府部门出具的相关材料、房屋征收（拆迁）补偿协议或棚户区改造合同（协议），按改造安置住房建筑面积占总建筑面积的比例免征城镇土地使用税。同时废止自2010年1月1日起执行的《财政部 国家税务总局关于城市和国有工矿棚户区改造项目有关税收优惠政策的通知》（财税〔2010〕42号）"对改造安置住房建设用地免征城镇土地使用税。在商品住房等开发项目中配套建造安置住房的，依据政府部门出具的相关材料和拆迁安置补偿协议，按改造安置住房建筑面积占总建筑面积的比例免征城镇土地使用税"的规定。

上述所称棚户区是指简易结构房屋较多、建筑密度较大、房屋使用年限较长、使用功能不全、基础设施简陋的区域，具体包括城市棚户区、国有工矿（含煤矿）棚户区、国有林区棚户区和国有林场危旧房、国有垦区危房。棚户区改造是指列入省级人民政府批准的棚户区改造规划或年度改造计划的改造项目；改造安置住房是指相关部门和单位与棚户区被征收人签订的房屋征收（拆迁）补偿协议或棚户区改造合同（协议）中明确用于安置被征收人的住房或通过改建、扩建、翻建等方式实施改造的住房。

【公共租赁住房】根据《财政部 国家税务总局关于支持公共租赁住房建设和运营有关税收优惠政策的通知》（财税〔2010〕88号）、《财政部 国家税务总局关于促进公共租赁住房发展有关税收优惠政策的通知》（财税〔2014〕52号）、《财政部 国家税务总局关于公共租赁住房税收优惠政策的通知》（财税〔2015〕139号）的规定，自2010年9月27日起至2018年12月31日，对公共租赁住房建设期间用地及公共租赁住房建成后占地免征城镇土地使用税。在其他住房项目中配套建设公共租赁住房，依据政府部门出具的相关材料，按公共租赁住房建筑面积占总建筑面积的比例免征建设、管理公共租赁住房涉及的城镇土地使用税。

根据《财政部 税务总局关于公共租赁住房税收优惠政策的公告》（财政部 税务总局公告2019年第61号）和《财政部 税务总局关于延长部分税收优惠政策执行期限的公告》（财政部 税务总局公告2021年第6号）规定，上述税收优惠政策执行期限延长至2023年12月31日。

【商品储备管理公司】《财政部 税务总局关于部分国家储备商品有关税收政策的公告》（财政部 税务总局公告2019年第77号）第二条规定，自2019年1月1日至2021年12月31日，对商品储备管理公司及其直属库自用的承担商品储备业务的房产、土地，免征房产税、城镇土地使用税。本公告所称商品储备管理公司及其直属库，是指接受县级以上政府有关部门委托，承担粮（含大豆）、食用油、棉、糖、肉5种商品储备任务，取得财政储备经费或者补贴的商品储备企业。

《财政部 国家税务总局关于部分国家储备商品有关税收政策的通知》（财税〔2016〕28号）规定，自2016年1月1日至2018年12月31日，对商品储备管理公司及其直属库承担商品储备业务自用的土地，免征城镇土地使用税。上述所称商品储备管理公司及其直属库，是指接受中央、省、市、县四级政府有关部门委托，承担粮（含大豆）、食用油、棉、糖、肉、盐（限于中央储备）6种商品储备任务，取得财政储备经费或补贴的商品储备企业。中粮集团有限公司所属储备库接受中国储备粮管理总公司、分公司及其直属库委托，承担的粮（含大豆）、食用油商品储备业务，按上述规定享受税收优惠。

本优惠政策自2004年根据《财政部 国家税务总局关于中国储备棉管理总公司有关税收政策的通知》（财税〔2003〕115号）、《财政部 国家税务总局关于中国储备粮管理总公司有关税收政策的通知》（财税〔2004〕74号）、《财政部 国家税务总局关于华商储备商品管理中心及国家直属储备糖库和肉冷库有关税收政策的通知》（财税〔2004〕75号）、《财政部 国家税务总局关于中国盐业总公司直属国家储备盐库有关税收政策的通知》（财税〔2004〕57号）、《财政部 国家税务总局关于部分国家储备商品有关税收政策的通知》（财税〔2009〕151号）、《财政部 国家税务总局关于部分国家储备商品有关税收政策的通知》（财税〔2011〕94号）、《财政部 国家税务总局关于部分国家储备商品有关税收政策的通知》（财税〔2013〕59号）、《财政部 国家税务总局关于部分国家储备商品有关税收政策的通知》（财税〔2016〕28号）、《财政部 税务总局关于延续执行部分国家商品储备税收优惠政策的公告》（财政部 税务总局公告2022年第8号）一直延续执行至2023年12月31日。

【农村饮水安全工程】《财政部 国家税务总局关于继续实行农村饮水安全工程建设运营税收优惠政策的通知》（财税〔2016〕19号）规定，自2016年1月1日至2018年12月31日，对饮水工程运营管理单位自用的生产、办公用土地，免征城镇土地使用税。

上述所称饮水工程，是指为农村居民提供生活用水而建设的供水工程设施。上述所称饮水工程运营管理单位，是指负责饮水工程运营管理的自来水公司、供水公司、供水（总）站（厂、中心）、村集体、农民用水合作组织等单位。

对于既向城镇居民供水，又向农村居民供水的饮水工程运营管理单位，依据向农村居民供水量占总供水量的比例免征城镇土地使用税。无法提供具体比例或所提供数据不实的，不得享受上述税收优惠政策。

上述优惠政策，根据《财政部 国家税务总局关于支持农村饮水安全工程建设运营税收政策的通知》（财税〔2012〕30号）规定，在2011年1月1日至2015年12月31日期间也适用；根据《财政部 税务总局关于继续实行农村饮水安全工程税收优惠政策的公告》（财政部 税务总局公告2019年第67号）和《财政部 税务总局关于延长部分税收优惠政策执行期限的公告》（财政部 税务总局公告2021年第6号），在2020年1月1日至2023年12月31日期间也适用。

【城市公交站场、道路客运站场、城市轨道交通系统运营用地】《财政部 国家税务总局关于城市公交站场、道路客运站场、城市轨道交通系统城镇土地使用税优惠政策的通知》（财税〔2016〕16号）规定，自2016年1月1日至2018年12月31日，对城市公交站场、道路客运站场、城市轨道交通系统运营用地，免征城镇土地使用税。

（1）城市公交站场运营用地，包括城市公交首末车站、停车场、保养场、站场办公用地、生产辅助用地。

（2）道路客运站场运营用地，包括站前广场、停车场、发车位、站务用地、站场办公用地、生产辅助用地。

（3）城市轨道交通系统运营用地，包括车站（含出入口、通道、公共配套及附属设施）、运营控制中心、车辆基地（含单独的综合维修中心、车辆段）以及线路用地，不包括购物中心、商铺等商业设施用地。

（4）城市公交站场、道路客运站场，是指经县级以上（含县级）人民政府交通运输主管部门等批准建设的，为公众及旅客、运输经营者提供站务服务的场所。

（5）城市轨道交通系统，是指依规定批准建设的，采用专用轨道导向运行的城市公共客运交通系统，包括地铁系统、轻轨系统、单轨系统、有轨电车、磁浮系统、自动导向轨道系统、市域快速轨道系统，不包括旅游景区等单位内部为特定人群服务的轨道系统。

根据《财政部 税务总局关于继续对城市公交站场道路客运站场、城市轨道交通系统减免城镇土地使用税优惠政策的通知》（财税〔2019〕11号）规定，自2019年1月1日至2021年12月31日，继续对城市公交站场、道路客运站场、城市轨道交通系统运营用地，免征城镇土地使用税。纳税人享受本通知规定的免税政策，应按规定进行免税申报，并将不动产权属证明、土地用途证明等资料留存备查。

根据《财政部 税务总局关于延长部分税收优惠政策执行期限的公告》（财政部 税务总局公告2022年第4号）规定，上述优惠政策执行期限延长至2023年12月31日。

【农产品批发市场、农贸市场】自2013年1月1日起，国家对农产品批发市场、农贸市场的城镇土地使用税税收优惠持续发布了三个文件，内容基本一致。

1.《财政部 国家税务总局关于农产品批发市场、农贸市场房产税、城镇土地使用税政策的通知》（财税〔2012〕68号）规定，自2013年1月1日至2015年12月31日：

对专门经营农产品的农产品批发市场、农贸市场使用的房产、土地，暂免征收房产税和城镇土地使用税。对同时经营其他产品的农产品批发市场和农贸市场使用的房产、土地，按其他产品与农产品交易场地面积的比例确定征免房产税和城镇土地使用税。

农产品批发市场和农贸市场，是指经工商登记注册，供买卖双方进行农产品及其初加工品现货批发或零售交易的场所。农产品包括粮油、肉禽蛋、蔬菜、干鲜果品、水产品、调味品、棉麻、活畜、可食用的林产品以及由省、自治区、直辖市财税部门确定的其他可食用的农产品。

2.《财政部 国家税务总局关于继续实行农产品批发市场、农贸市场房产税、城镇土地使用税优惠政策的通知》（财税〔2016〕1号）规定，自2016年1月1日至2018年12月31日，对专门经营农产品的农产品批发市场、农贸市场使用（包括自有和承租，下同）的土地，暂免征收城镇土地使用税。对同时经营其他产品的农产品批发市场和农贸市场使用的土地，按其他产品与农产品交易场地面积的比例确定征免城镇土地使用税。

上述农产品批发市场和农贸市场，是指经工商登记注册，供买卖双方进行农产品及其初加工品现货批发或零售交易的场所。农产品包括粮油、肉禽蛋、蔬菜、干鲜果品、水产品、调味品、棉麻、活畜、可食用的林产品以及由省、自治区、直辖市财税部门确定的其他可食用的农产品。

享受上述税收优惠的土地，是指农产品批发市场、农贸市场直接为农产品交易提供服务的土地。农产品批发市场、农贸市场的行政办公区、生活区，以及商业餐饮娱乐等非直接为农产品交易提供服务的土地，不属于上述规定的优惠范围，应按规定征收城镇土地使用税。

3.《财政部 税务总局关于继续实行农产品批发市场、农贸市场房产税、城镇土地使用税优惠政策的通知》（财税〔2019〕12号）规定，自2019年1月1日至2021年12月31日，对农产品批发市场、农贸市场（包括自有和承租）专门用于经营农产品的房产、土地，暂免征收房产税和城镇土地使用税。对同时经营其他产品的农产品批发市场和农贸市场使用的房产、土地，按其他产品与农产品交易场地面积的比例确定征免房产税和城镇土地使用税。同时规定，企业享受本通知规定的免税政策，应按规定进行免税申报，并将不动产权属证明、载有房产原值的相关材料、租赁协议、房产土地用途证明等资料留存备查。

根据《财政部 税务总局关于延长部分税收优惠政策执行期限的公告》（财政部 税务总局公告2022年第4号）规定，上述优惠政策执行期限延长至2023年12月31日。

【体育场馆】《财政部 国家税务总局关于体育场馆房产税和城镇土地使用税政策的通知》（财税〔2015〕130号）规定，自2016年1月1日起：

1. 国家机关、军队、人民团体、财政补助事业单位、居民委员会、村民委员会拥有的体育场馆，用于体育活动的土地，免征城镇土地使用税。

2. 经费自理事业单位、体育社会团体、体育基金会、体育类民办非企业单位拥有并运营管理的体育场馆，同时符合下列条件的，其用于体育活动的土地，免征城镇土地使用税：

（1）向社会开放，用于满足公众体育活动需要；

（2）体育场馆取得的收入主要用于场馆的维护、管理和事业发展；

（3）拥有体育场馆的体育社会团体、体育基金会及体育类民办非企业单位，除当年新设立或登记的以外，前一年度登记管理机关的检查结论为"合格"。

3. 企业拥有并运营管理的大型体育场馆，其用于体育活动的房产、土地，减半征收城镇土地使用税。

4. 上述所称体育场馆，是指用于运动训练、运动竞赛及身体锻炼的专业性场所。

上述所称大型体育场馆，是指由各级人民政府或社会力量投资建设、向公众开放、达到《体育建筑设计规范》（JGJ 31—2003）有关规模规定的体育场（观众座位数20000座及以上），体育馆（观众座位数3000座及以上），游泳馆、跳水馆（观众座位数1500座及以上）等体育建筑。

5. 上述所称用于体育活动的房产、土地，是指运动场地，看台、辅助用房（包括观众用房、运动员用房、竞赛管理用房、新闻媒介用房、广播电视用房、技术设备用房和场馆运营用房等）及占地，以及场馆配套设施（包括通道、道路、广场、绿化等）。

6. 享受上述税收优惠体育场馆的运动场地用于体育活动的天数不得低于全年自然天数的70%。

体育场馆辅助用房及配套设施用于非体育活动的部分，不得享受上述税收优惠。

7. 高尔夫球、马术、汽车、卡丁车、摩托车的比赛场、训练场、练习场，除另有规定外，不得享受房产税、城镇土地使用税优惠政策。各省、自治区、直辖市财政、税务部门可根据本地区情况适时增加不得享受优惠体育场馆的类型。

【物流企业自有的大宗商品仓储设施用地】根据《财政部 国家税务总局关于继续实施物流企业大宗商品仓储设施用地城镇土地使用税优惠政策的通知》（财税〔2015〕98号）和《财政部 国家税务总局关于继续实施物流企业

大宗商品仓储设施用地城镇土地使用税优惠政策的通知》(财税〔2017〕33号) 规定,自 2015 年 1 月 1 日起至 2019 年 12 月 31 日止,对物流企业自有的(包括自用和出租)大宗商品仓储设施用地,减按所属土地等级适用税额标准的 50% 计征城镇土地使用税。

上述所称物流企业,是指至少从事仓储或运输一种经营业务,为工农业生产、流通、进出口和居民生活提供仓储、配送等第三方物流服务,实行独立核算、独立承担民事责任,并在工商部门注册登记为物流、仓储或运输的专业物流企业。

上述所称大宗商品仓储设施,是指同一仓储设施占地面积在 6000 平方米及以上,且主要储存粮食、棉花、油料、糖料、蔬菜、水果、肉类、水产品、化肥、农药、种子、饲料等农产品和农业生产资料,煤炭、焦炭、矿砂、非金属矿产品、原油、成品油、化工原料、木材、橡胶、纸浆及纸制品、钢材、水泥、有色金属、建材、塑料、纺织原料等矿产品和工业原材料的仓储设施。

仓储设施用地,包括仓库库区内的各类仓房(含配送中心)、油罐(池)、货场、晒场(堆场)、罩棚等储存设施和铁路专用线、码头、道路、装卸搬运区域等物流作业配套设施的用地。

物流企业的办公、生活区用地及其他非直接从事大宗商品仓储的用地,不属于上述规定的优惠范围,应按规定征收城镇土地使用税。

非物流企业的内部仓库,不属于上述规定的优惠范围,应按规定征收城镇土地使用税。

根据《财政部 税务总局关于继续实施物流企业大宗商品仓储设施用地城镇土地使用税优惠政策的公告》(财政部 税务总局公告 2020 年第 16 号),自 2020 年 1 月 1 日至 2022 年 12 月 31 日,本政策继续执行。

根据《财政部 税务总局关于继续实施物流企业大宗商品仓储设施用地城镇土地使用税优惠政策的公告》(财政部 税务总局公告 2023 年第 5 号),自 2023 年 1 月 1 日起至 2027 年 12 月 31 日,上述优惠政策继续执行。

【物流企业承租的大宗商品仓储设施用地】《财政部 税务总局关于物流企业承租用于大宗商品仓储设施的土地城镇土地使用税优惠政策的通知》(财税〔2018〕62 号) 规定,自 2018 年 5 月 1 日起至 2019 年 12 月 31 日止,对物流企业承租用于大宗商品仓储设施的土地,减按所属土地等级适用税额标准的 50% 计征城镇土地使用税。

根据《财政部 税务总局关于继续实施物流企业大宗商品仓储设施用地城镇土地使用税优惠政策的公告》（财政部 税务总局公告 2020 年第 16 号），自 2020 年 1 月 1 日至 2022 年 12 月 31 日，本政策继续执行。

根据《财政部 税务总局关于继续实施物流企业大宗商品仓储设施用地城镇土地使用税优惠政策的公告》（财政部 税务总局公告 2023 年第 5 号），自 2023 年 1 月 1 日起至 2027 年 12 月 31 日，上述优惠政策继续执行。

【孵化器和科技园】根据《财政部 国家税务总局关于科技企业孵化器税收政策的通知》（财税〔2016〕89 号）规定，自 2016 年 1 月 1 日至 2018 年 12 月 31 日，对符合条件的科技企业孵化器（含众创空间，以下简称孵化器）自用以及无偿或通过出租等方式提供给孵化企业使用的房产、土地，免征房产税和城镇土地使用税。孵化器需符合国家级科技企业孵化器条件。国务院科技行政主管部门负责发布国家级科技企业孵化器名单。

《财政部 国家税务总局关于国家大学科技园税收政策的通知》（财税〔2016〕98 号）规定，自 2016 年 1 月 1 日至 2018 年 12 月 31 日，对符合条件的国家大学科技园（以下简称科技园）自用以及无偿或通过出租等方式提供给孵化企业使用的房产、土地，免征房产税和城镇土地使用税；科技园符合国家大学科技园条件。国务院科技和教育行政主管部门负责发布国家大学科技园名单。

2018 年 9 月 6 日，国务院常务会议确定，将国家级科技企业孵化器和大学科技园享受的免征房产税、增值税等优惠政策范围扩大至省级，符合条件的众创空间也可享受。

《财政部 税务总局 科技部 教育部关于科技企业孵化器 大学科技园和众创空间税收政策的通知》（财税〔2018〕120 号）规定，自 2019 年 1 月 1 日起至 2021 年 12 月 31 日，对国家级、省级科技企业孵化器、大学科技园和国家备案众创空间自用以及无偿或通过出租等方式提供给在孵对象使用的房产、土地，免征房产税和城镇土地使用税；对其向在孵对象提供孵化服务取得的收入，免征增值税。所称孵化服务是指为在孵对象提供的经纪代理、经营租赁、研发和技术、信息技术、鉴证咨询服务。2018 年 12 月 31 日以前认定的国家级科技企业孵化器、大学科技园，自 2019 年 1 月 1 日起享受本通知规定的税收优惠政策。2019 年 1 月 1 日以后认定的国家级、省级科技企业孵化器、大学科技园和国家备案众创空间，自认定之日次月起享受本通知规定的税收优惠政策。2019年1月1日以后被取消资格的，自取消资格之日次月起停止享受本通知规定的税收优惠政策。

根据《财政部 税务总局关于延长部分税收优惠政策执行期限的公告》（财政部 税务总局公告2022年第4号）规定，上述优惠政策执行期限延长至2023年12月31日。

【兵器工业企业】根据《财政部 税务总局关于中国兵器工业集团公司和中国兵器装备集团公司所属企业城镇土地使用税政策的通知》（财税〔2019〕10号），自2019年1月1日起至2021年12月31日，对中国兵器工业集团公司和中国兵器装备集团公司所属专门生产枪炮弹、火炸药、引信、火工品的企业，除办公、生活区用地外，其他用地继续免征城镇土地使用税。

【促进去产能、调结构优惠政策】《财政部 税务总局关于去产能和调结构房产税 城镇土地使用税政策的通知》（财税〔2018〕107号）规定，自2018年10月1日至2020年12月31日，对按照去产能和调结构政策要求停产停业、关闭的企业，自停产停业次月起，免征房产税、城镇土地使用税。企业享受免税政策的期限累计不得超过两年。按照去产能和调结构政策要求停产停业、关闭的中央企业名单由国务院国有资产监督管理部门认定发布，其他企业名单由省、自治区、直辖市人民政府确定的去产能、调结构主管部门认定发布。本通知发布（2018年9月30日）前，企业按照去产能和调结构政策要求停产停业、关闭但涉及的房产税、城镇土地使用税尚未处理的，可按本通知执行。

【易地扶贫搬迁安置住房税收优惠】《财政部 国家税务总局关于易地扶贫搬迁税收优惠政策的通知》（财税〔2018〕135号）第二条规定，为贯彻落实《中共中央 国务院关于打赢脱贫攻坚战三年行动的指导意见》，自2018年1月1日至2020年12月31日，对安置住房用地，免征城镇土地使用税；在商品住房等开发项目中配套建设安置住房的，按安置住房建筑面积占总建筑面积的比例，计算应予免征的安置住房用地相关的契税、城镇土地使用税。

根据《财政部 税务总局关于延长部分税收优惠政策执行期限的公告》（财政部 税务总局公告2021年第6号），上述政策执行期限延长至2025年12月31日。

【航空科技税收优惠】《财政部 税务总局关于民用航空发动机、新支线飞机和大型客机税收政策的公告》（财政部 税务总局公告2019年第88号）规定，自2018年1月1日起至2023年12月31日止，对纳税人从事大型民用客机发动机、中大功率民用涡轴涡桨发动机研制项目而形成的增值税期末留抵税额予以退还；对上述纳税人及其全资子公司从事大型民用客机发动机、中大功率民用涡轴涡桨发动机研制项目自用的科研、生产、办公房产及土地，免征房产税、城镇土地使用税。自2019年1月1日起至2020年12月31日止，对纳税人从事大型客机研制项目而形成的增值税期末留抵税额予以退还；对上述纳税人及其全资子公司自用的科研、生产、办公房产及土地，免征房产税、城镇土地使用税。

根据《财政部 税务总局关于延长部分税收优惠政策执行期限的公告》（财政部 税务总局公告2021年第6号）规定，上述政策执行期限延长至2023年12月31日。

【金融机构处置抵债资产免税政策】参见第一章第三节房产税的相关政策。

【小微企业普惠性税收减免政策】具体内容参见本书第一章第三节中"【小微企业普惠性税收减免政策】"。

【其他优惠政策】未明确列出的其他优惠政策，请查阅附录《财产行为税减免税政策代码目录（有效）》。

第七条 除本条例第六条规定外，纳税人缴纳土地使用税确有困难需要定期减免的，由省、自治区、直辖市税务机关审核后，报国家税务局批准。[注：根据2013年12月7日发布的《国务院关于修改部分行政法规的决定》（中华人民共和国国务院令第645号），本条中的"由省、自治区、直辖市税务机关审核后，报税务局批准"修改为"由县以上税务机关批准。"]

条文解读

城镇土地使用税的困难减免，《城镇土地使用税暂行条例》的规定是省级税务局审核、税务总局批准。在实际运行过程中，经历了从税务总局、省级分工审批，到全部由省级税务局审批，再到全部由县以上税务机关批准的审批权限下放的过程。

政策链接

【城镇土地使用税的困难减免的审批】城镇土地使用税的困难减免，经历了从税务总局、省级分工审批，到全部由省级税务局审批，再到全部由县以上税务机关批准的审批权限下放的过程。

《国家税务局关于适当下放城镇土地使用税减免税审批权限的通知》（国税发〔1992〕53号）规定从1992年起：

1. 凡企业、单位年减免土地使用税税额在10万元以下的，可由各省、自治区、直辖市税务局审批；年减免税额在10万元以上（含10万元）的，仍报国家税务局审批。

2. 对遭受自然灾害需要减免土地使用税的，由省自治区、直辖市税务局根据实际情况审批。

3. 下放的土地使用税减免审批权，应集中在省、自治区、直辖市税务局，不得再层层下放。

国税发〔1992〕53号文件被《国家税务总局关于下放城镇土地使用税困难减免审批项目管理层级后有关问题的通知》（国税函〔2004〕940号）自2004年7月1日起废止。

《国家税务总局关于下放城镇土地使用税困难减免审批项目管理层级后有关问题的通知》（国税函〔2004〕940号）规定，自2004年7月1日起：

1. 纳税人因缴纳城镇土地使用税确有困难（含遭受自然灾害）需要减税免税的，不再报国家税务总局审批。

2. 纳税人办理城镇土地使用税困难减免税须提出书面申请并提供相关情况材料，报主管税务机关审核后，由省、自治区、直辖市和计划单列市税务局审批。

3. 城镇土地使用税减免税审批权限应集中在省级（含计划单列市）税务机关，不得下放。

国税函〔2004〕940号文件被《国家税务总局关于下放城镇土地使用税困难减免税审批权限有关事项的公告》（国家税务总局公告2014年第1号）取代，自2014年1月1日起废止。

《国家税务总局关于下放城镇土地使用税困难减免税审批权限有关事项的公告》（国家税务总局公告2014年第1号）规定，根据《国务院关于取消和下放一批行政审批项目的决定》（国发〔2013〕44号）及《国务院关于修改部分行政法规的决定》（国务院令第645号），决定把城镇土地使用税困难减免税（以下简称困难减免税）审批权限下放至县以上税务机关。自2014年1月1日起：

1. 各省、自治区、直辖市和计划单列市税务机关（以下简称省税务机关）要根据纳税困难类型、减免税金额大小及本地区管理实际，按照减负提效、放管结合的原则，合理确定省、市、县税务机关的审批权限，做到审批严格规范、纳税人办理方便。

2. 困难减免税按年审批，纳税人申请困难减免税应在规定时限内向主管税务机关或有权审批的税务机关提交书面申请并报送相关资料。纳税人报送的资料应真实、准确、齐全。

3. 申请困难减免税的情形、办理流程、时限及其他事项由省税务机关确定。省税务机关在确定申请困难减免税情形时要符合国家关于调整产业结构和促进土地节约集约利用的要求。对因风、火、水、地震等造成的严重自然灾害或其他不可抗力因素遭受重大损失、从事国家鼓励和扶持产业或社会公益事业发生严重亏损，缴纳城镇土地使用税确有困难的，可给予定期减免税。对从事国家限制或不鼓励发展的产业不予减免税。

4. 省税务机关要按照本公告的要求尽快修订并公布本地区困难减免税审批管理办法，明确困难减免税的审批权限、申请困难减免税的情形、办理流程及时限等。同时，要加强困难减免税审批的后续管理和监督，坚决杜绝违法违规审批。要建立健全审批管理和风险防范制度。要加大检查力度，及时发现和解决问题，不断完善本地区困难减免税审批管理办法。

【各地城镇土地使用税的困难减免】根据《国家税务总局关于下放城镇土地使用税困难减免税审批权限有关事项的公告》（国家税务总局公告2014年第1号），不少省级税务机关制定了城镇土地使用税的困难减免的规定，本书列举部分省市的城镇土地使用税困难减免规定供大家学习。

《山东省地方税务局关于明确城镇土地使用税困难减免税有关事项的公告》（山东省地方税务局公告2018年第6号）规定，城镇土地使用税困难减免税由县税务机关负责核准。纳税人符合下列情形之一，且缴纳城镇土地使用税确有困难的，可申请困难减免：

1. 因风、火、水、地震等造成的严重自然灾害或者其他不可抗力因素遭

受重大损失的;

2. 依法进入破产程序或者因改制依法进入清算程序,土地闲置不用的;

3. 全面停产、停业(依法被责令停产、停业的除外)连续超过6个月,土地闲置不用的;

4. 因政府建设规划致使土地不能使用的;

5. 承担县级以上人民政府任务的;

6. 为推动新旧动能转换重大工程,经设区的市以上人民政府确定为重点扶持企业的;

7. 受市场因素影响发生严重亏损的;

8. 从事社会公益事业的。

《福建省地方税务局关于城镇土地使用税和房产税困难减免税有关事项的公告》(福建省地方税务局公告2018年第22号)规定,县级税务机关对符合下述情形的纳税人申请的困难减免税实行按年审批。纳税人符合下列情形之一的,可提出困难减免税申请:

1. 因风、火、水、地震等造成严重自然灾害或其他不可抗力因素遭受重大损失的;

上述所称的"重大损失"是指在扣除保险赔款、个人赔款、财政拨款等因素后,损失金额超过上年主营业务收入和其他业务收入总和的20%(含),或超过总资产20%(含);

2. 从事国家鼓励和扶持产业或社会公益事业发生严重亏损的;

3. 受政策性或市场等客观因素影响,难以维系正常生产经营,发生严重亏损,且当期货币资金在扣除应付职工工资、社会保险费后,不足以缴纳税款的;

上述第2、3条所称的"严重亏损"是指申请困难减免税款所属年度的亏损额超过其主营业务收入和其他业务收入总额的10%(含);

4. 停产停业一年以上,申请困难减免税所属年度的货币资金在扣除应付职工工资、社会保险费后,不足以缴纳税款的。

《黑龙江省地方税务局关于城镇土地使用税困难减免税有关事项的公告》(黑龙江省地方税务局公告2018年第3号)规定,城镇土地使用税困难减免税由县(市、区)税务机关管理。纳税人符合下列情形之一的,视为纳税确有困难,可申请办理城镇土地使用税困难减免税:

1. 因风、火、水、地震等造成的严重自然灾害或其他不可抗力因素遭受重大损失;

2. 从事国家鼓励和扶持产业或社会公益事业发生严重亏损；

3. 纳税人关闭、停产连续停用 12 个月（含）以上且无正常生产经营收入的自用土地；

4. 新设立纳税人的新建项目连续建设期超过 12 个月（含）以上且无正常生产经营收入。

《广东省地方税务局关于城镇土地使用税困难减免税有关事项的公告》（广东省地方税务局公告 2017 年第 7 号）规定，纳税人符合以下情形之一，纳税确有困难的，可酌情给予减税或免税：

1. 因风、火、水、地震等严重自然灾害或其他不可抗力因素发生重大损失的；

2. 受市场因素影响，难以维系正常生产经营，发生亏损的；

3. 依法进入破产程序或停产、停业连续 6 个月以上的；

4. 因政府建设规划、环境治理等特殊原因，导致土地不能使用的；

5. 地级及以上人民政府、横琴新区管理委员会、深汕特别合作区管理委员会，广州、深圳市的市辖区人民政府重点扶持的。

《厦门市地方税务局关于城镇土地使用税困难减免税有关事项的公告》（厦门市地方税务局公告 2015 年第 5 号）规定，纳税人符合下列情形之一，导致缴纳城镇土地使用税确有困难的，可向县区级地税机关提出减免税申请：

1. 因风、火、水、地震等造成的严重自然灾害或其他不可抗力因素遭受重大损失。

上述所称"重大损失"是指在扣除保险赔款、责任人赔偿、财政拨款等补偿后，净损失金额达到或超过纳税人上一年度营业收入或上一年末资产总额的 20%。

2. 受政策或市场等客观因素影响，连续停止正常生产经营一年以上，且当期货币资金在扣除应付职工工资、社会保险费后，不足以缴纳税款。

3. 从事国家鼓励和扶持产业发生严重亏损。

4. 从事社会公益事业发生严重亏损。

上述第 3、4 条所称"严重亏损"是指最近两个完整财务年度的亏损额均达到或超过相应年度营业收入的 10%。

5. 在福建自贸试验区厦门片区内新办理注册登记，且注册登记当年度发生

第四节　纳税期限和纳税地点

> 第八条　土地使用税按年计算、分期缴纳。缴纳期限由省、自治区、直辖市人民政府确定。
>
> 第九条　新征用的土地，依照下列规定缴纳土地使用税：
>
> （一）征用的耕地，自批准征用之日起满1年时开始缴纳土地使用税；
>
> （二）征用的非耕地，自批准征用次月起缴纳土地使用税。
>
> ［注：根据《国务院关于废止和修改部分行政法规的决定》（国务院令第588号），第九条中的"征用"修改为"征收"。］

条文解读

城镇土地使用税根据税额标准按年计算出需要承担的税款，分期缴纳入库。具体分期由省级政府确定。有的地区规定是每季度缴纳一次，有的规定是半年缴纳一次，也有的省份规定是一年缴纳一次。

纳税义务发生时间

【购置新建商品房】根据《国家税务总局关于房产税、城镇土地使用税有关政策规定的通知》（国税发〔2003〕89号，以下简称国税发〔2003〕89号文件）第一条规定，购置新建商品房，自房屋交付使用之次月起计征房产税和城镇土地使用税。

【购置二手房】根据国税发〔2003〕89号文件第二条第（二）项规定，购置存量房，自办理房屋权属转移、变更登记手续，房地产权属登记机关签发房屋权属证书之次月起计征房产税和城镇土地使用税。

【出租出借不动产】根据国税发〔2003〕89号文件第二条第（三）项规定，出租、出借房产，自交付出租、出借房产之次月起计征房产税和城镇土地使用税。

【房地产开发企业自用出租出借本企业建造的商品房】房地产开发企业自用、出租、出借本企业建造的商品房的，根据《财政部 国家税务总局关于房产税、城镇土地使用税有关政策的通知》（财税〔2006〕186号）第二条规定，自房地产开发企业从合同约定交付土地时间的次月起缴纳城镇土地使用税；合同未约定交付土地时间的，由受让方从合同签订的次月起缴纳城镇土地使用税。国税发〔2003〕89号文件第二条第四款："房地产开发企业自用、出租、出借本企业建造的商品房，自房屋使用或交付之次月起计征房产税和城镇土地使用税"的规定，根据财税〔2006〕186号文件自2007年1月1日起废止。

【有偿取得土地使用权】根据《财政部 国家税务总局关于房产税、城镇土地使用税有关政策的通知》（财税〔2006〕186号）规定，以出让或转让方式有偿取得土地使用权的，应由受让方从合同约定交付土地时间的次月起缴纳城镇土地使用税；合同未约定交付土地时间的，由受让方从合同签订的次月起缴纳城镇土地使用税。

【招拍挂方式取得土地使用权】《国家税务总局关于通过招拍挂方式取得土地缴纳城镇土地使用税问题的公告》（国家税务总局公告2014年第74号）规定，通过招标、拍卖、挂牌方式取得的建设用地，不属于新征用的耕地，纳税人应按照《财政部 国家税务总局关于房产税、城镇土地使用税有关政策的通知》（财税〔2006〕186号）第二条规定，从合同约定交付土地时间的次月起缴纳城镇土地使用税；合同未约定交付土地时间的，从合同签订的次月起缴纳城镇土地使用税。

《城镇土地使用税暂行条例》第九条第一款规定，新征收的耕地，自批准征收之日起满1年时开始缴纳土地使用税。这是基于20世纪80年代由土地使用人直接征地的情形所做的规定。随着我国土地使用制度改革的深化和土地管理方式的逐步规范，目前土地出让的主要方式是，由地方土地储备中心征用土地，经过前期开发，然后以招标、拍卖、挂牌等方式出让给土地使用人。地方土地储备中心征用耕地后，对应缴纳的耕地占用税有两种处理方式，一种方式是由地方土地储备中心缴纳，作为土地开发成本费用的一部分，体现在招拍挂的价格当中；另一种方式是由受让土地者缴纳耕地占用税。

根据《中华人民共和国土地管理法》和《国务院关于促进节约集约用地的通知》（国发〔2008〕3号）的有关规定，未利用的土地出让前，应当完成必要的前期开发，经过前期开发的土地，才能依法由市、县人民政府国土资源部门统一组织出让。因此,通过招拍挂方式取得的土地都是建设用地,不属于直接取得耕地,无论耕地占用税以何种方式缴纳,都应当适用《财政部 国家税务总局关于房产税、城镇土地使用税有关政策的通知》(财税〔2006〕186号)以出让或转让方式有偿取得土地使用权的纳税义务发生时间的政策规定。

【新征用土地】《城镇土地使用税暂行条例》第九条规定,新征收的土地,依照下列规定缴纳土地使用税:

(1) 征收的耕地,自批准征收之日起满1年时开始缴纳土地使用税;

(2) 征收的非耕地,自批准征收次月起缴纳土地使用税。

《国家税务局关于印发〈关于土地使用税若干具体问题的解释和暂行规定〉的通知》(国税地字〔1988〕15号)关于征用的耕地与非耕地的确定,以土地管理机关批准征地的文件为依据确定。

【纳税义务终止时间】根据《财政部 国家税务总局关于房产税、城镇土地使用税有关问题的通知》(财税〔2008〕152号)规定,纳税人因房产、土地的实物或权利状态发生变化而依法终止房产税、城镇土地使用税纳税义务的,其应纳税款的计算应截止到房产、土地的实物或权利状态发生变化的当月末。

第十条 土地使用税由土地所在地的税务机关征收。土地管理机关应当向土地所在地的税务机关提供土地使用权属资料。

条文解读

城镇土地使用税属地管理,应向土地所在地的县级税务机关申报纳税。

政策链接

【跨地域使用土地的问题】《国家税务局关于印发〈关于土地使用税若干具体问题的解释和暂行规定〉的通知》(国税地字〔1988〕15号)第十四条规定,纳税人使用的土地不属于同一省(自治区、直辖市)管辖范围的,应由纳税人分别向土地所在地的税务机关缴纳土地使用税。在同一省(自治区、直辖市)管辖范围内,纳税人跨地区使用的土地,如何确定纳税地点,由各省、自治区、直辖市税务局确定。

第五节　征收管理

第十一条　土地使用税的征收管理，依照《中华人民共和国税收征收管理法》及本条例的规定执行。

第十二条　土地使用税收入纳入财政预算管理。

第十三条　本条例的实施办法由省、自治区、直辖市人民政府制定。

第十四条　本条例自1988年11月1日起施行，各地制定的土地使用费办法同时停止执行。

条文解读

城镇土地使用税征收管理，适用《税收征管法》及其实施细则。需要说明的是，国家层面没有制定与《城镇土地使用税暂行条例》配套的实施细则，而是将实施办法的制定权限交由各省、自治区、直辖市人民政府。

政策链接

【城镇土地使用税管理指引】国家税务总局于2016年2月3日印发了《城镇土地使用税管理指引》（税总发〔2016〕18号），该指引共有七章五十三条，基本包含了城镇土地使用税征收、管理等各个方面，具体见本章附录。

【长三角便利征管措施】《国家税务总局关于支持和服务长江三角洲区域一体化发展措施的通知》（税总函〔2019〕356号）第三条规定，长三角区域（上海、江苏、浙江、宁波、安徽）纳税人在区域内发生跨省（市）房产税、城镇土地使用税纳税义务时，可登录房产、土地所在地电子税务局进行税源信息报告，办理房产税、城镇土地使用税申报和税款缴纳事宜。

附：

城镇土地使用税管理指引

（税总发〔2016〕18号）

第一章 总 则

第一条 为规范和加强城镇土地使用税征收管理工作，提高税收管理科学化水平，推进征管信息化与现代化深度融合，根据《中华人民共和国税收征收管理法》（以下简称税收征管法）、《中华人民共和国税收征收管理法实施细则》（以下简称实施细则）、《中华人民共和国城镇土地使用税暂行条例》（以下简称城镇土地使用税暂行条例）以及《国家税务总局关于发布〈税收减免管理办法〉的公告》（2015年第43号）等相关规定，制定本指引。

第二条 本指引适用于城镇土地使用税管理中涉及的纳税申报管理、减免税管理、第三方涉税信息管理、税源管理、税收风险管理等事项。其他管理事项按照相关规定执行。

第三条 税务机关应当根据本指引，引导纳税人按规定进行纳税申报，规范减免税核准和备案工作，强化风险防控。应当创新信息采集机制，深化信息应用，通过大数据分析与应用，形成数据采集标准化、第三方数据利用智能化、税源管理明细化和动态化的工作模式，逐步实现城镇土地使用税科学管理。

第四条 城镇土地使用税管理遵循以下原则：

（一）法治原则。按照法定权限与程序，严格执行税法以及相关法律法规，维护税法权威性和严肃性，保护纳税人合法权益。

（二）效率原则。在遵循法律法规的前提下，最大程度地简化办税流程，减轻纳税人和基层税务人员的负担。

（三）规范原则。通过规范管理、规范操作，促进城镇土地使用税管理的统一性，以及城镇土地使用税管理与其他税种管理的协同性。

第五条 税务机关要深入开展以地控税、以税节地工作，创新行政管理方式，提高综合治理能力，构建税务、国土联动的部门间合作长效机制，拓展数据共享范围，实现涉税信息的互联互通、逻辑关联和自动比对，深化数据分析和应用，将大数据优势转化为管理优势，防范税收流失，降低征收成本，提高征管效率，促进土地节约集约利用。

第二章　纳税申报管理

第六条　税务机关要加强对纳税申报的管理，做好纳税服务，引导纳税人及时、准确地进行城镇土地使用税纳税申报。

城镇土地使用税纳税申报表格由《城镇土地使用税纳税申报表》（以下简称纳税申报表）、《城镇土地使用税减免税明细申报表》（以下简称减免税表）和《城镇土地使用税税源明细表》（以下简称税源明细表）组成。纳税人填报税源明细表后，税收征管信息系统自动生成纳税申报表和减免税表，经纳税人确认并按规定进行电子签名或手写签字后完成申报。

第七条　纳税申报管理的总体要求是：

明细管理。要求纳税人逐一申报全部土地的税源明细信息；地理位置、土地证号、宗地号、土地等级、土地用途等不相同的土地，分别进行土地税源明细申报；税源明细信息发生变化的，进行变更申报。

动态管理。根据纳税人申报，在税收征管信息系统中连续、完整地记录土地税源明细信息的变更情况，即记录每一土地税源发生的每一次涉税信息变更，以及由此引起的应纳税额的变化，实现税源信息变化的全过程记录、可追溯和动态管理。

自动关联。建立纳税申报表、减免税表、税源明细表的自动关联关系，当纳税人税源明细申报的信息发生变更时，纳税申报表、减免税表的相关信息一并变更。

房地关联。土地税源信息要与该土地上的房产明细申报信息相关联，房产、土地税源要依照"地—楼—房"一体化方式管理。

第八条　有条件的地区，税务机关应当通过积极推行网络申报，鼓励纳税人使用网络申报系统进行申报，减轻纳税人和基层税务机关的负担；通过电子地图显示土地等级和税额标准，方便纳税人查询和填报。

第九条　税务机关应当要求纳税人在首次进行城镇土地使用税纳税申报时，逐一申报全部土地的税源明细信息。

税源明细申报的辅导和准备工作可以安排在纳税申报期前进行。

第十条　纳税人首次申报之后，土地及相关信息未发生变化的，再续申报时仅要求纳税人对税收征管信息系统自动生成的纳税申报表和减免税表进行确认，并电子签名或手写签字。

第十一条　纳税人的土地及相关信息发生变化的，应要求纳税人进行税源明细信息变更申报。变更申报的情形包括：

（一）土地使用权属发生转移或变更的，如出售、分割、赠与、继承等；

（二）减免税信息发生变化的；

（三）土地纳税等级或税额标准发生变化的；

（四）土地面积、用途、坐落地址等基础信息发生变化的；

（五）其他导致税源信息变化的情形。

第十二条 纳税人进行税源明细信息变更申报后，税收征管信息系统生成新的税源明细记录，标注变更时间，并保留历史记录。新的税源明细记录应当经纳税人核对，确认无误后，进行电子签名或手写签字后生效。

税收征管信息系统根据变更后的税源明细信息，自动生成纳税申报表和减免税表，经纳税人电子签名或手写签字确认后完成申报。

第十三条 纳税人城镇土地使用税纳税义务终止的，主管税务机关应当对纳税人提交的税源明细变更信息进行核对，确认纳税人足额纳税后，在税收征管信息系统内对有关税源明细信息进行标记，同时保留历史记录。

第三章 减免税管理
第一节 核准类减免税管理

第十四条 核准类减免税是指法律、法规规定应当由税务机关核准的减免税项目。城镇土地使用税困难减免税是核准类减免税项目。税务机关应加强对城镇土地使用税困难减免税核准的管理工作。

第十五条 城镇土地使用税困难减免税按年核准。因自然灾害或其他不可抗力因素遭受重大损失导致纳税确有困难的，税务机关应当在困难情形发生后，于规定期限内受理纳税人提出的减免税申请。其他纳税确有困难的，应当于年度终了后规定期限内，受理纳税人提出的减免税申请。

第十六条 核准减免税时，税务机关应当审核以下资料：

（一）减免税申请报告（列明纳税人基本情况、申请减免税的理由、依据、范围、期限、数量、金额等）；

（二）土地权属证书或其他证明纳税人使用土地的文件的原件及复印件；

（三）证明纳税人纳税困难的相关资料；

（四）其他减免税相关资料。

第十七条 申请困难减免税的情形、办理流程、时限及其他事项由省税务机关确定。各省税务机关要根据纳税困难类型、减免税金额大小及本地区管理实际，按照减负提效、放管结合的原则，合理确定省、市、县税务机关的核准权限，做到核准程序严格规范、纳税人办理方便。

第十八条 对纳税人提出的城镇土地使用税困难减免税申请，应当根据以下情况分别作出处理：

（一）申请的减免税资料存在错误的，应当告知纳税人并允许其更正；

（二）申请的减免税资料不齐全或者不符合法定形式的，应当场一次性书面告知纳税人；

（三）申请的减免税资料齐全、符合法定形式的，或者纳税人按照税务机关的要求补正全部减免税资料的，应当受理纳税人的申请。

受理减免税申请，应当出具加盖本机关印章和注明日期的书面凭证。

第十九条 受理纳税人提出的城镇土地使用税困难减免税申请的，应当对纳税人提供的申请资料与法定减免税条件的相关性进行核查，根据需要，可以进行实地核查。

纳税人的减免税申请符合规定条件、标准的，应当在规定期限内作出准予减免税的书面决定。依法不予减免税的，应当说明理由，并告知纳税人享有依法申请行政复议以及提起行政诉讼的权利。

第二十条 城镇土地使用税困难减免税实行减免税事项分级管理，依据省税务机关确定的困难减免税权限，对纳税人提交的减免税申请按照减免税面积、减免税金额等进行区分，采用案头核实、税务约谈、实地核查、集体审议等方式核准。

第二十一条 需要对纳税人减免税申请的有关情况进行实地核查的，应当指派2名以上工作人员按照规定程序进行核查，并形成核查情况记录存档备查。

第二节 备案类减免税管理

第二十二条 备案类减免税是指不需要税务机关核准的减免税项目。

第二十三条 纳税人享受城镇土地使用税备案类减免税的，税务机关可以要求纳税人在纳税申报的同时提交减免税备案资料。

纳税人在符合减免税资格条件期间，已备案的减免税所涉及的有关情况未发生变化的，减免税资料可以一次性报备，无需要求纳税人在减免税期间再次报备。

第二十四条 城镇土地使用税备案减免税资料应当包括：

（一）纳税人减免税备案登记表；

（二）土地权属证书或其他证明纳税人使用土地的文件的原件及复印件；

（三）证明纳税人城镇土地使用税减免的相关证明（认定）资料；

（四）减免税依据的相关法律、法规规定要求报送的资料。

第二十五条　对纳税人提请的城镇土地使用税减免税备案，应当根据以下情况分别作出处理：

（一）备案的减免税资料存在错误的，应当告知纳税人并允许其更正；

（二）备案的减免税资料不齐全或者不符合法定形式的，应当场一次性书面告知纳税人；

（三）备案的减免税资料齐全、符合法定形式的，或者纳税人按照税务机关的要求补正全部减免税资料的，应当受理纳税人的备案。

税务机关对城镇土地使用税减免税备案资料进行收集、录入，受理减免税备案后，应当出具加盖本机关印章和注明日期的书面凭证。

第三节　减免税的监督管理

第二十六条　税务机关应当及时开展城镇土地使用税减免税的后续管理工作，明确各相关部门、岗位的减免税管理职责和权限，对纳税人减免税政策适用的准确性进行审核。对纳税人申报的核准类减免税与税务机关核准文书内容不一致的、申报的备案类减免税政策适用错误的，应当告知纳税人及时进行变更申报及备案。对不应当享受减免税的，追缴已享受的减免税税款，并依照税收征管法及其实施细则的有关规定处理。

第二十七条　税务机关要按照核准类减免税和备案类减免税分别设立城镇土地使用税减免税管理台账。

第二十八条　税务机关应当每年定期对城镇土地使用税减免税核准和备案工作情况进行跟踪与反馈，完善减免税工作机制。

第二十九条　税务机关要按照档案管理相关规定将纳税人报送的城镇土地使用税减免税资料进行归档保存。上级税务机关应当定期对下级税务机关案卷资料的完整性、合法性进行评查。

第三十条　省市两级税务机关应当建立健全城镇土地使用税减免税管理工作的监督制度，加强对下级税务机关减免税管理工作的监督检查，定期对减免税事项进行检查或抽查，可以按区域、金额等确定检查对象或抽查比例。

第四章　第三方涉税信息管理

第三十一条　按照深化以地控税、以税节地工作要求，税务机关应当与国土资源等部门构建长效合作机制，实现信息互联互通，建立健全第三方涉税信息库。

第三十二条　第三方涉税信息主要包括土地地籍信息、国有土地出让（划拨）信息、国有土地转让信息、集体土地流转和租赁信息、宗地空间数据以及正射影像图等其他数据和图件。

第三十三条　地籍信息包括宗地编号、土地坐落、四至、权属性质、使用权类型、权利人名称、权利人证件类型、权利人证件编号、土地面积、土地用途等文本信息，也包括宗地空间数据以及正射影像图等其他数据和图件。

第三十四条　国有土地出让（划拨）信息主要包括受让方名称、受让方证件类型、受让方证件号码、宗地编号、土地坐落、土地面积、土地用途、出让年限、容积率、规划建筑面积、成交单价、成交总价、约定交付日期、合同日期、批准日期、批准文号等。

第三十五条　国有土地转让信息主要包括转让方名称、转让方证件类型、转让方证件号码、受让方名称、受让方证件类型、受让方证件号码、土地坐落、土地用途、宗地编号、转让金额、转让面积、合同日期、原土地证号等。

第三十六条　集体土地流转和租赁信息主要包括出租方名称、出租方证件类型、出租方证件号码、承租方名称、承租方证件类型、承租方证件号码、土地坐落、土地用途、土地面积、合同日期、租赁起止日期、宗地编号、集体土地所有权证号等。

第三十七条　税务机关根据数据应用需求和管理现状，与国土资源等部门协商确定数据交换和共享的内容和频率。存量数据整理后一次性交换和共享，后续变更或新增的数据定期交换和共享。原则上数据交换和共享频率每年不少于一次。

第三十八条　在确保信息安全的前提下，税务机关可以采取多种方式便利数据交换和共享。根据本地区信息化的条件，具体可采用网络专线直连、政府信息平台交换和移动存储介质传输等多种方式。

第三十九条　税务机关要建立健全信息保密制度，与国土资源等部门签订保密协议，确保信息安全。对于部门间传递共享的信息，除办理涉税事项外，严禁用于其他目的。

第四十条 税务机关根据国土资源等部门提供的土地涉税信息，按照数据标准化的要求，对土地涉税信息进行科学分类和集中存储，建立健全第三方涉税信息库。

第五章 税源管理

第四十一条 税务机关要根据城镇土地使用税税源明细申报信息建立税源历史记录完整、申报信息明细清晰、动态管理的城镇土地使用税明细税源库。

第四十二条 税务机关应当对纳税人办理纳税申报所提供的资料是否齐全、是否符合法定形式等进行核查。有条件的地区应当将纸质资料转化为与纳税人及税源明细信息关联的电子档案。

对于纳税人首次申报或土地信息发生变更时，主要核实以下内容：

（一）纳税人土地权属资料，包括宗地号、权利人名称、土地面积、土地用途、土地坐落、取得土地时间等。

（二）纳税人土地出让、转让资料，包括宗地号、受让人、土地面积、土地用途、土地坐落、土地受让价格、土地交付时间等。

（三）纳税人享受税收优惠的证明资料是否齐备，减免税项目、减免面积、减免税额、减免税起止时间等是否填报完整。

（四）城镇土地使用税适用土地等级和税额标准是否准确。

第四十三条 地方税务机关要充分利用国土资源等部门提供的土地涉税信息，与城镇土地使用税征管信息、税源明细申报信息等进行关联、比对和核查，查找征管的风险点，提高应用第三方涉税信息进行税源监控的能力。

第四十四条 地方税务机关要对第三方涉税信息库与城镇土地使用税明细税源库的信息进行比对。可以利用企业名称、宗地编号、土地坐落、证件号码、组织机构代码或统一社会信用代码等关联字段，将第三方涉税信息与税源明细信息进行关联比对，并根据关联结果标记为已关联土地和未关联土地。

第四十五条 对已关联土地，地方税务机关要将第三方涉税信息与税源明细信息中主要数据项进行一致性比对，并根据比对结果分为已匹配土地和未匹配土地。

第四十六条 地方税务机关要对所有已关联土地（包括已匹配土地和未匹配土地）和未关联土地的信息进行分类整理，有序开展税源核查。

第四十七条 地方税务机关在税源核查中发现第三方涉税信息与纳税申报提供的土地权属证明资料不符的，应当通知纳税人进行确认。

第四十八条 对税源核查环节形成的有争议待处理土地和无法与纳税人取得联系的待核查土地，核查人员可以到土地现场进行实地核查。纳税人对应税土地面积有争议的，税务机关可以委托国土资源等部门进行核实或组织有资质的测绘部门进行实地测绘。

第四十九条 地方税务机关要积极推动实现涉税信息的自动交换、自动匹配、自动推送，按照还责于纳税人原则，将纳税人自主确认与税务人员事后核查有机结合，实现土地税源信息的动态化管理。

第五十条 地方税务机关要强化信息技术在以地控税、以税节地工作中的应用，逐步建立基于地理信息系统的税源信息库，实现第三方涉税信息与明细申报信息的综合应用与分析。税收征管信息系统应当预留与国土资源部门数据接口，并考虑进行有效联接。

第六章 税收风险管理

第五十一条 税务机关应当按照《国家税务总局关于加强税收风险管理工作的意见》（税总发〔2014〕105号）和《国家税务总局关于做好财产行为税风险管理工作的通知》（税总发〔2015〕58号）的规定，准确把握城镇土地使用税的特点及征管风险规律，夯实风险管理基础，加强城镇土地使用税的风险管理。

第五十二条 充分利用城镇土地使用税税源明细信息、其他税种征管信息、第三方涉税信息等的关联关系，深度挖掘税收征管已有数据以及从其他相关部门获取的数据，科学设计城镇土地使用税风险管理指标，合理构建风险管理模型，对城镇土地使用税的纳税申报、减税免税、税源管理等事项进行风险评估，形成良性互动、持续改进的管理闭环。

第五十三条 通过开展以下分析与核查，实施城镇土地使用税的风险管理：

（一）不同纳税期申报缴纳税额差异分析。将纳税人本期申报缴纳的城镇土地使用税金额与上期缴纳金额进行比较，核查纳税人是否存在转出土地或少缴税款的情形。

（二）权属登记面积与申报面积差异分析。将第三方涉税信息中的纳税人土地权属登记面积与税源明细申报的土地面积进行比较,核查纳税人是否存在少申报土地面积的情况。

(三)土地面积增减变化趋势分析。将纳税人企业所得税年度纳税申报表的《资产折旧、摊销情况及纳税调整明细表》中无形资产——土地使用权的同比增减情况,与税源明细申报中的土地总面积同比增减情况进行比较。对二者变动趋势不一致的,核查纳税人是否存在未如实申报土地面积的情况。

(四)新增土地纳税情况分析。将税收征管信息系统中纳税人申报缴纳的契税信息,与税源明细申报信息进行比较,核查纳税人是否存在新增土地但未如实申报的情况;将第三方涉税信息中的纳税人受让土地信息,与税源明细申报信息中的土地面积比较,核查纳税人是否存在新增土地但未如实申报的情况。

(五)关联税种纳税信息分析。将税收征管信息系统中纳税人申报缴纳的房产税信息与城镇土地使用税信息进行比对,核查纳税人是否存在申报缴纳了房产税而未申报缴纳城镇土地使用税的情况。

(六)减免税资格和期限核查。核查纳税人是否符合减免税资格,是否存在隐瞒有关情况或者提供虚假资料等手段骗取减免税的情况;核查纳税人享受城镇土地使用税困难减免税的条件是否发生变化,发生变化的,根据变化情况重新核准;减免税有规定减免期限的,核查纳税人是否有到期继续享受减免税的情况。

(七)应税面积和免税面积核查。在划分城镇土地使用税应税和免税面积、应税单位和免税单位的实际使用面积时,核查纳税人是否存在多申报免税面积或少申报应税面积的情况。

(八)申报的初次取得土地时间与土地登记日期比对核查。将第三方涉税信息中的土地登记日期,与纳税人税源明细申报信息中的初次取得土地日期进行比较,核查纳税人是否存在申报初次取得土地日期晚于土地登记日期的情况。

(九)申报的初次取得土地时间与土地出让合同中的约定交付土地日期比对核查。将土地出让合同约定的土地使用权交付日期,与纳税人税源明细申报信息中的初次取得日期进行比较,核查纳税人是否存在申报初次取得土地日期晚于土地使用权交付日期的情况。土地出让合同未约定交付土地时间的,与合同签订日期进行比较,核查纳税人是否存在申报初次取得土地日期晚于合同签订日期的情况。

第七章　附　则

第五十四条　本指引由国家税务总局负责解释和修订。

第五十五条　本指引自发布之日起执行。

第二章

契 税

契税是指在土地使用权、房屋所有权的权属转移过程中，向取得土地使用权和房屋所有权的单位和个人征收的一种税。

契税是一个古老的税种，最早起源于东晋，距今已有1600年历史。中华人民共和国成立后，中华人民政府政务院在1950年4月3日颁布《契税暂行条例》，规定对土地、房屋的买卖、典当、赠与和交换征收契税，这是新中国颁布的第一个税收法规。《中华人民共和国契税暂行条例》（国务院令第224号，以下简称《契税暂行条例》）于1997年7月7日颁布，自1997年10月1日起施行。

2020年8月11日第十三届全国人民代表大会常务委员会第二十一次会议通过《中华人民共和国契税法》（中华人民共和国主席令第五十二号，以下简称《契税法》），自2021年9月1日起施行，《契税暂行条例》同时废止。

本章以《契税法》为主线展开讲解契税的具体规定。

第一节 纳税义务人和征税范围[①]

> **第一条** 在中华人民共和国境内转移土地、房屋权属,承受的单位和个人为契税的纳税人,应当依照本法的规定缴纳契税。

条文解读

本条规定契税的纳税义务人,在中华人民共和国境内转移土地、房屋权属,承受土地、房屋权属的一方为契税的纳税义务人。纳税义务人包括所有的单位和个人。我国现行大部分税种都是销售者或者出让方为纳税人,即卖方纳税,但契税则由承受人纳税,即买方纳税。

政策链接

【土地、房屋权属】根据《财政部 税务总局关于贯彻实施契税法若干事项执行口径的公告》(财政部 税务总局公告2021年第23号,以下简称2021年23号公告)第一条规定:

(一)征收契税的土地、房屋权属,具体为土地使用权、房屋所有权。

(二)下列情形发生土地、房屋权属转移的,承受方应当依法缴纳契税:

1. 因共有不动产份额变化的;

2. 因共有人增加或者减少的;

3. 因人民法院、仲裁委员会的生效法律文书或者监察机关出具的监察文书等因素,发生土地、房屋权属转移的。

【契税纳税义务人】契税的纳税义务人,是承受土地使用权和房屋所有权的单位和个人,具体包括各类企业单位、事业单位、国家机关、军事单位和

[①] 为便于读者全面了解契税相关政策规定,本章仍将引用《契税暂行条例》及其细则相关内容。具体政策执行,请根据纳税义务发生时间确定。

社会团体以及其他组织和个人。外商投资企业、外国企业、外国驻华机构、外国公民、华侨以及香港同胞、澳门和台湾同胞等,只要承受我国境内的土地使用权、房屋所有权,也是契税的纳税义务人,均应按《契税法》的规定照章纳税。

第二条 本法所称转移土地、房屋权属是指下列行为:
(一)土地使用权出让;
(二)土地使用权转让,包括出售、赠与、互换;
(三)房屋买卖、赠与、互换。
前款第二项土地使用权转让,不包括土地承包经营权和土地经营权的转移。
以作价投资(入股)、偿还债务、划转、奖励等方式转移土地、房屋权属的,应当依照本法规定征收契税。

条文解读

本条对转移土地、房屋权属的具体范围作了概括性规定。契税的征税对象为发生土地使用权和房屋所有权权属转移的土地和房屋。这种所有权权属转移,可能表现为以货币为媒介,也可能没有明确的货币往来,但只要发生了本条规定的所有权权属转移,都属于契税的征收范围。

相比《契税暂行条例》,除表述有所变化外,《契税法》中本条最大的变动是增加了第三款:"以作价投资(入股)、偿还债务、划转、奖励等方式转移土地、房屋权属的,应当依照本法规定征收契税。"本部分内容,原来是《契税暂行条例细则》规定的内容,本次条例上升为法律,将其纳入的《契税法》第二条。《中华人民共和国契税暂行条例细则》(以下简称《契税暂行条例细则》)第八条规定,土地、房屋权属以下列方式转移的,视同土地使用权转让、房屋买卖或者房屋赠与征税:(1)以土地、房屋权属作价投资、入股;(2)以土地、房屋权属抵债;(3)以获奖方式承受土地、房屋权属;(4)以预购方式或者预付集资建房款方式承受土地、房屋权属。

另外,基于对集体土地使用权出让的考虑,将第一款第一项的"国有土地使用权"扩大为"土地使用权",将集体土地使用权的出让纳入了契税的征税范围。2019年修订的《中华人民共和国土地管理法》第六十三条规定，土地利用总体规划、城乡规划确定为工业、商业等经营性用途，并经依法登记的集体经营性建设用地，土地所有权人可以通过出让、出租等方式交由单位或者个人使用，通过出让等方式取得的集体经营性建设用地使用权可以转让、互换、出资、赠与或者抵押，但法律、行政法规另有规定或者土地所有权人、土地使用权人签订的书面合同另有约定的除外。

政策链接

【土地使用权出让】《中华人民共和国城镇国有土地使用权出让和转让暂行条例》（国务院令第55号）第八条规定，土地使用权出让是指国家以土地所有者的身份将土地使用权在一定年限内让与土地使用者，并由土地使用者向国家支付土地使用权出让金的行为。

第十二条规定，土地使用权出让最高年限按下列用途确定：

（1）居住用地七十年；

（2）工业用地五十年；

（3）教育、科技、文化、卫生、体育用地五十年；

（4）商业、旅游、娱乐用地四十年；

（5）综合或者其他用地五十年。

第十三条规定，土地使用权出让可以采取下列方式：

（1）协议；

（2）招标；

（3）拍卖。

【减免土地出让金】《国家税务总局关于免征土地出让金出让国有土地使用权征收契税的批复》（国税函〔2005〕436号）规定，对承受国有土地使用权所应支付的土地出让金，要计征契税；不得因减免土地出让金，而减免契税。

【改变国有土地使用权出让方式】《国家税务总局关于改变国有土地使用权出让方式征收契税的批复》（国税函〔2008〕662号）规定，对纳税人因改变土地用途而签订土地使用权出让合同变更协议或者重新签订土地使用权出让合同的，应征收契税。计税依据为因改变土地用途应补缴的土地收益金及应补缴政府的其他费用。

根据《国家税务总局关于契税纳税服务与征收管理若干事项的公告》（国

家税务总局公告2021年第25号，以下简称2021年25号公告），本规定自2021年9月1日起废止。

【土地使用权转让】《中华人民共和国城镇国有土地使用权出让和转让暂行条例》（国务院令第55号）第十九条规定，土地使用权转让是指土地使用者将土地使用权再转移的行为，包括出售、交换和赠与。未按土地使用权出让合同规定的期限和条件投资开发、利用土地的，土地使用权不得转让。

第二十条规定，土地使用权转让应当签订转让合同。

第二十一条规定，土地使用权转让时，土地使用权出让合同和登记文件中所载明的权利、义务随之转移。

第二十二条规定，土地使用者通过转让方式取得的土地使用权，其使用年限为土地使用权出让合同规定的使用年限减去原土地使用者已使用年限后的剩余年限。

【未办理土地使用权证转让土地】《国家税务总局关于未办理土地使用权证转让土地有关税收问题的批复》（国税函〔2007〕645号）规定，土地使用者转让、抵押或置换土地，无论其是否取得了该土地的使用权属证书，无论其在转让、抵押或置换土地过程中是否与对方当事人办理了土地使用权属证书变更登记手续，只要土地使用者享有占有、使用、收益或处分该土地的权利，且有合同等证据表明其实质转让、抵押或置换了土地并取得了相应的经济利益，土地使用者及其对方当事人应当依照税法规定缴纳营业税、土地增值税和契税等相关税收。

根据2021年25号公告，国税函〔2007〕645号文件中有关契税的规定自2021年9月1日起废止。

对于未办理产权证书但对土地、房屋再次转让的，是否需要缴纳契税（例如，银行根据法院的法律文书取得抵债不动产，未办理产权证书再次拍卖后，银行是否需要缴纳受让环节的契税）的问题，一直存在争论。在本规定废止后，该争论可能更加激烈。笔者认为，可根据2021年23号公告第一条第（二）项第3点"因人民法院、仲裁委员会的生效法律文书或者监察机关出具的监察文书等因素，发生土地、房屋权属转移的"的规定，应当补缴受让环节的契税。

【以项目换土地】根据《国家税务总局关于以项目换土地等方式承受土地使用权有关契税问题的批复》（国税函〔2002〕1094号）规定，土地使用权受让人通过完成土地使用权转让方约定的投资额度或投资特定项目,以此获取低价转让或无偿赠与的土地使用权,属于契税征收范围,其计税价格由征收机关参照纳税义务发生时当地的市场价格核定。

根据 2021 年 25 号公告,本规定自 2021 年 9 月 1 日起废止。

【以土地、房产权属抵缴社会保险费】根据《国家税务总局关于以土地、房屋权属抵缴社会保险费免征契税的批复》(国税函〔2001〕483 号)规定,国务院发布的《社会保险费征缴暂行条例》(国务院令第 259 号)中关于"社会保险基金不计征税、费"的规定,对社会保险费(基本养老保险、基本医疗保险、失业保险)征收机构承受用以抵缴社会保险费的土地、房屋权属免征契税。

根据 2021 年 25 号公告,本规定自 2021 年 9 月 1 日起废止。

【以划拨方式取得土地使用权再转让房地产时需补征契税】《契税暂行条例细则》第十一条规定,以划拨方式取得土地使用权的,经批准转让房地产时,应由房地产转让者补缴契税。其计税依据为补缴的土地使用权出让费用或者土地收益。根据此项规定,对于以划拨方式取得土地使用权再转让时,除受让方应按规定缴纳契税外,原产权方也应补缴契税。根据《财政部 国家税务总局对河南省财政厅〈关于契税有关政策问题的请示〉的批复》(财税〔2000〕14 号)第二条第二款规定,取得转让土地使用权的承受人,应按照《契税暂行条例》第四条规定的成交价格缴纳契税。因此,《契税暂行条例》与《契税暂行条例细则》规定的计税价格,是对不同纳税人在不同环节缴纳契税的依据,两者并不矛盾。

根据 2021 年 23 号公告,上述规定自 2021 年 9 月 1 日起废止。

2021 年 23 号公告第二条第(二)项规定,先以划拨方式取得土地使用权,后经批准转让房地产,划拨土地性质改为出让的,承受方应分别以补缴的土地出让价款和房地产权属转移合同确定的成交价格为计税依据缴纳契税。第二条第(三)项规定,先以划拨方式取得土地使用权,后经批准转让房地产,划拨土地性质未发生改变的,承受方应以房地产权属转移合同确定的成交价格为计税依据缴纳契税。

需要注意的是,根据上述 2021 年 23 号公告第二条规定可以看出,先以划拨方式取得土地使用权后经批准转让房地产的契税政策发生了变化。分为以下两种情形:

第一种情形，对于划拨土地性质改为出让的分两笔缴纳契税：第一笔是按补缴的土地出让价款为计税依据计算缴纳，纳税义务人由原产权方缴纳改为本次转让的承受方；第二笔按房地产权属转移合同确定的成交价格为计税依据计算缴纳。

第二种情形，划拨土地性质未发生改变的，承受方以房地产权属转移合同确定的成交价格为计税依据缴纳契税。

【以划拨改为出让方式取得土地使用权时需补征契税】《财政部 国家税务总局关于国有土地使用权出让等有关契税问题的通知》（财税〔2004〕134号）第二条规定，先以划拨方式取得土地使用权，后经批准改为出让方式取得该土地使用权的，应依法缴纳契税，其计税依据为应补缴的土地出让金和其他出让费用。

【划拨土地使用权】《中华人民共和国城镇国有土地使用权出让和转让暂行条例》（国务院令第55号）第四十三条规定，划拨土地使用权是指土地使用者通过各种方式依法无偿取得的土地使用权。第四十四条规定，划拨土地使用权，除本条例第四十五条规定的情况外，不得转让、出租、抵押。第四十五条规定，符合下列条件的，经市、县人民政府土地管理部门和房产管理部门批准，其划拨土地使用权和地上建筑物、其他附着物所有权可以转让、出租、抵押。

(1) 土地使用者为公司、企业、其他经济组织和个人；

(2) 领有国有土地使用证；

(3) 具有地上建筑物、其他附着物合法的产权证明；

(4) 依照本条例第二章的规定签订土地使用权出让合同，向当地市、县人民政府补交土地使用权出让金或者以转让、出租、抵押所获收益抵交土地使用权出让金。

第四十七条规定，无偿取得划拨土地使用权的土地使用者，因迁移、解散、撤销、破产或者其他原因而停止使用土地的，市、县人民政府应当无偿收回其划拨土地使用权，并可依照本条例的规定予以出让。对划拨土地使用权，市、县人民政府根据城市建设发展需要和城市规划的要求，可以无偿收回，并可依照本条例的规定予以出让。无偿收回划拨土地使用权时，对其地上建筑物、其他附着物，市、县人民政府应当根据实际情况给予适当补偿。

【应税房屋的判断标准】《国家税务总局农业税征收管理局关于当前契税政策执行中若干具体问题的操作意见》（农便函〔2006〕28号）第二条规定，对于被转移权属的建筑物，可参照房产税征管中有关房屋的标准认定是否属于应纳契税的房屋。根据《财政部 国家税务总局关于房产税和车船使用税几个业务问题的解释与规定》（财税地字〔1987〕3号）中对于"房屋"的解释，房屋是指有屋面和围护结构（有墙或两边有柱），能够遮风避雨，可供人们在其中生产、工作、学习、娱乐、居住或储藏物资的场所。独立于房屋之外的建筑物，如围墙、烟囱、水塔、变电塔、油池油柜、酒窖菜窖、酒精池、糖蜜池、室外游泳池、玻璃暖房、砖瓦石灰窑以及各种油气罐等，不属于房产。此外，《财政部 国家税务总局关于具备房屋功能的地下建筑征收房产税的通知》（财税〔2005〕181号）还规定，对具备以上所述房屋功能的地下建筑，包括与地上房屋相连的地下建筑以及完全建在地面以下的建筑、地下人防设施等，均征收房产税。在政策执行中，凡是房产税征税的房屋范围均可作为契税的征税对象。

【城镇居民委托代建房屋】根据《国家税务总局关于城镇居民委托代建房屋契税征免问题的批复》（国税函〔1998〕829号）规定，城镇居民通过与房屋开发商签订"双包代建"合同，由开发商承办规划许可证、准建证、土地使用证等手续，并由委托方按地价与房价之和向开发商付款的方式取得房屋所有权，实质上是一种以预付款方式购买商品房的行为，应照章征收契税。

根据2021年25号公告，本规定自2021年9月1日起废止。

【合作建房】根据《财政部 国家税务总局对河南省财政厅〈关于契税有关政策问题的请示〉的批复》（财税〔2000〕14号）规定，甲单位拥有土地，乙单位提供资金，共建住房。乙单位获得了甲单位的部分土地使用权，属于土地使用权权属转移，根据《契税暂行条例》的规定，对乙单位应征收契税，其计税依据为乙单位取得土地使用权的成交价格。上述甲乙单位合建并各自分得的房屋，不发生权属转移，不征收契税。

根据2021年23号公告，本规定自2021年9月1日起废止。

【借名购房确权】实际出资买房人借用他人名义买房，并在缴纳契税后将房屋权属登记在他人名下，后由于产权纠纷，由法院确权到实际出资买房人名下，此种房屋权属重新确权到实际出资人名下的行为，除法院判决的无效产权以外,均属于办理产权转移登记,应当依法缴纳契税。

【原产权人承受自己拍卖的房产】原产权人参与自己房产拍卖并成为买受人时,原产权人权属未发生变化,不征契税。

第二节 税款计算

> **第三条** 契税税率为百分之三至百分之五。
> 契税的具体适用税率,由省、自治区、直辖市人民政府在前款规定的税率幅度内提出,报同级人民代表大会常务委员会决定,并报全国人民代表大会常务委员会和国务院备案。
> 省、自治区、直辖市可以依照前款规定的程序对不同主体、不同地区、不同类型的住房的权属转移确定差别税率。

条文解读

契税实行幅度比例税率,税率幅度为3%～5%。由于契税属于典型的地方收入,考虑到全国各地经济和房地产市场发展的不平衡状况,在税率选择上给予了省、自治区、直辖市一定的自主权。

相比《契税暂行条例》,《契税法》规范了适用税率的确定程序。契税的适用税率,《契税暂行条例》规定,由省、自治区、直辖市人民政府确定,并报财政部和国家税务总局备案;《契税法》规定,由省、自治区、直辖市人民政府提出,报同级人民代表大会常务委员会决定,并报全国人民代表大会常务委员会和国务院备案。

同时,为了兼顾不同地区房地产市场的不同情况,《契税法》增加了一个针对住房的授权条款,即本条的第三款,授权省、自治区、直辖市可以对住房的权属转移确定差别税率。这一规定体现了健全地方税体系改革思路,赋予了地方一定税政管理权限,有利于调动地方加强税政管理的积极性,因城施策促进房地产市场健康发展。

政策链接

各省、自治区、直辖市人民政府都制定了本省的契税税率，有的地方还针对地区不同、所有权性质不同制定了差异化的税率。同时，为了合理引导住房市场，对住房的契税税率也有很多差异化的规定，具体规定在本章"第三节 税收优惠"进行介绍。

【承受与房屋相关的车位等附属设施的税率】根据《财政部 国家税务总局关于房屋附属设施有关契税政策的批复》（财税〔2004〕126号）第三条规定，承受的房屋附属设施（包括停车位、汽车库、自行车库、顶层阁楼以及储藏室）权属如为单独计价的，按照当地确定的适用税率征收契税；如与房屋统一计价的，适用与房屋相同的契税税率。

根据2021年23号公告，本规定自2021年9月1日起废止。

根据2021年23号公告第二条第（六）项规定，房屋附属设施（包括停车位、机动车库、非机动车库、顶层阁楼、储藏室及其他房屋附属设施）与房屋为同一不动产单元的，计税依据为承受方应交付的总价款，并适用与房屋相同的税率；房屋附属设施与房屋为不同不动产单元的，计税依据为转移合同确定的成交价格，并按当地确定的适用税率计税。

不动产单元，根据《中华人民共和国不动产登记暂行条例实施细则》（国土资源部令第63号）第五条规定，是指权属界线封闭且具有独立使用价值的空间。

第四条 契税的计税依据：

（一）土地使用权出让、出售，房屋买卖，为土地、房屋权属转移合同确定的成交价格，包括应交付的货币以及实物、其他经济利益对应的价款；

（二）土地使用权互换、房屋互换，为所互换的土地使用权、房屋价格的差额；

（三）土地使用权赠与、房屋赠与以及其他没有价格的转移土地、房屋权属行为，为税务机关参照土地使用权出售、房屋买卖的市场价格依法核定的价格。

纳税人申报的成交价格、互换价格差额明显偏低且无正当理由的，由税务机关依照《中华人民共和国税收征收管理法》的规定核定。

条文解读

本条概括性地规定了契税的计税依据，即有成交价格的按成交价格，没有成交价格或者成交价格明显偏低、交换差额明显不合理且无正当理由的，由税务机关进行核定。

相比《契税暂行条例》，本条没有根本性变化，吸收了《契税暂行条例细则》的一些规定，表述上更加严谨规范。另外，对于成交价格、互换价格差额明显偏低且无正当理由的，本条第二款将核定办法进行了规范，由《契税暂行条例》的"征收机关参照市场价格核定"改为"由税务机关依照《中华人民共和国税收征收管理法》的规定核定"。

《税收征管法》第三十五条规定，纳税人有下列情形之一的，税务机关有权核定其应纳税额："……（六）纳税人申报的计税依据明显偏低，又无正当理由的。……"《税收征管法实施细则》第四十七条规定："纳税人有税收征管法第三十五条或者第三十七条所列情形之一的，税务机关有权采用下列任何一种方法核定其应纳税额：（一）参照当地同类行业或者类似行业中经营规模和收入水平相近的纳税人的税负水平核定；（二）按照营业收入或者成本加合理的费用和利润的方法核定；（三）按照耗用的原材料、燃料、动力等推算或者测算核定；（四）按照其他合理方法核定。采用前款所列一种方法不足以正确核定应纳税额时，可以同时采用两种以上的方法核定。纳税人对税务机关采取本条规定的方法核定的应纳税额有异议的，应当提供相关证据，经税务机关认定后，调整应纳税额。"

政策链接

【营改增后的契税计税依据】《财政部 国家税务总局关于营改增后契税 房产税 土地增值税 个人所得税计税依据问题的通知》（财税〔2016〕43号）规定，自2016年5月1日起，计征契税的成交价格不含增值税。免征增值税的，确定计税依据时，成交价格不扣减增值税额。在计征契税时，税务机关核定的计税价格或收入不含增值税。

根据2021年25号公告第二条规定，契税计税依据不包括增值税，具体情形为：

（一）土地使用权出售、房屋买卖，承受方计征契税的成交价格不含增值税；实际取得增值税发票的，成交价格以发票上注明的不含税价格确定。

（二）土地使用权互换、房屋互换，契税计税依据为不含增值税价格的差额。

（三）税务机关核定的契税计税价格为不含增值税价格。

【连同附着物转让】土地使用权及所附建筑物、构筑物等（包括在建的房屋、其他建筑物、构筑物和其他附着物）转让的，计税依据为承受方应交付的总价款。

【代政府建设保障性住房】《财政部 国家税务总局关于企业以售后回租方式进行融资等有关契税政策的通知》（财税〔2012〕82号）第四条规定，企业承受土地使用权用于房地产开发，并在该土地上代政府建设保障性住房的，计税价格为取得全部土地使用权的成交价格。

根据2021年29号公告，上述规定自2021年9月1日起废止。

【协议方式出让土地使用权计税依据】《财政部 国家税务总局关于国有土地使用权出让等有关契税问题的通知》（财税〔2004〕134号）明确，以协议方式出让的，其契税计税价格为成交价格。成交价格包括土地出让金、土地补偿费、安置补助费、地上附着物和青苗补偿费、拆迁补偿费、市政建设配套费等承受者应支付的货币、实物、无形资产及其他经济利益。

根据2021年29号公告，上述规定自2021年9月1日起废止。

【协议方式出让土地使用权时的核定方法】《财政部 国家税务总局关于国有土地使用权出让等有关契税问题的通知》（财税〔2004〕134号）规定，没有成交价格或者成交价格明显偏低的，征收机关可依次按下列两种方式确定：

（1）评估价格：由政府批准设立的房地产评估机构根据相同地段、同类房地产进行综合评定，并经当地税务机关确认的价格。

（2）土地基准地价：由县以上人民政府公示的土地基准地价。

根据2021年29号公告，上述规定自2021年9月1日起废止。

【核定计算价格的方法】《契税法》第四条规定，土地使用权赠与、房屋赠与以及其他没有价格的转移土地、房屋权属行为，为税务机关参照土地使用权出售、房屋买卖的市场价格依法核定的价格。纳税人申报的成交价格、互换价格差额明显偏低且无正当理由的,由税务机关依照《中华人民共和国税收征收管理法》的规定核定。

根据 2021 年 25 号公告第四条规定,税务机关依法核定计税价格,应参照市场价格,采用房地产价格评估等方法合理确定。

【竞价方式出让土地使用权的契税计税依据】《财政部 国家税务总局关于国有土地使用权出让等有关契税问题的通知》(财税〔2004〕134 号)规定,以竞价方式出让的,其契税计税价格,一般应确定为竞价的成交价格,土地出让金、市政建设配套费以及各种补偿费用应包括在内。

根据 2021 年 29 号公告,上述规定自 2021 年 9 月 1 日起废止。

【"招、拍、挂"出让土地使用权的契税计税依据】《国家税务总局关于明确国有土地使用权出让契税计税依据的批复》(国税函〔2009〕603 号)规定,对通过"招、拍、挂"程序承受国有土地使用权的,应按照土地成交总价款计征契税,其中的土地前期开发成本不得扣除。

根据 2021 年 25 号公告,上述规定自 2021 年 9 月 1 日起废止。

【"招、拍、挂"出让土地使用权的纳税人】《财政部 国家税务总局关于企业以售后回租方式进行融资等有关契税政策的通知》(财税〔2012〕82 号)第二条规定,以招拍挂方式出让国有土地使用权的,纳税人为最终与土地管理部门签订出让合同的土地使用权承受人。

根据 2021 年 29 号公告,上述规定自 2021 年 9 月 1 日起废止。

【城市基础设施配套费】城市基础设施配套费或者市政建设配套费是否征收契税问题,虽然总局在国税函〔2009〕603 号文件中规定应当征收,但一直在实务界存在争论。虽然 2021 年 25 号公告废止了国税函〔2009〕603 号文件,但 2021 年 23 号公告第二条第(五)项规定:"土地使用权出让的,计税依据包括土地出让金、土地补偿费、安置补助费、地上附着物和青苗补偿费、征收补偿费、城市基础设施配套费、实物配建房屋等应交付的货币以及实物、其他经济利益对应的价款。"仍然规定城市基础设施配套费应当计入契税计税依据。

【已购公有住房补缴土地出让金】《财政部 国家税务总局关于国有土地使用权出让等有关契税问题的通知》(财税〔2004〕134 号)明确,对已购公有住房经补缴土地出让金和其他出让费用成为完全产权住房的,免征土地权属转移的契税。

根据 2021 年 29 号公告，上述规定自 2021 年 9 月 1 日起废止。

2021 年 29 号公告第二条第三款重新规定，已购公有住房经补缴土地出让价款成为完全产权住房的，免征契税。

【房屋装修费计入契税计税依据】根据《国家税务总局关于承受装修房屋契税计税价格问题的批复》（国税函〔2007〕606 号）规定，房屋买卖的契税计税价格为房屋买卖合同的总价款，买卖装修的房屋，装修费用应包括在内。

根据 2021 年 25 号公告，上述规定自 2021 年 9 月 1 日起废止。

2021 年 23 号公告第二条第（七）项规定重新做出了规定，承受已装修房屋的，应将包括装修费用在内的费用计入承受方应交付的总价款。

【交换时按差额确定契税计税依据】2021 年 23 号公告第二条第（八）项规定，土地使用权互换、房屋互换，互换价格相等的，互换双方计税依据为零；互换价格不相等的，以其差额为计税依据，由支付差额的一方缴纳契税。

【货币补偿用以重新购置房屋以超额部分为计税依据】《财政部 国家税务总局关于企业以售后回租方式进行融资等有关契税政策的通知》（财税〔2012〕82 号）第三条规定，市、县级人民政府根据《国有土地上房屋征收与补偿条例》有关规定征收居民房屋，居民因个人房屋被征收而选择货币补偿用以重新购置房屋，并且购房成交价格不超过货币补偿的，对新购房屋免征契税；购房成交价格超过货币补偿的，对差价部分按规定征收契税。居民因个人房屋被征收而选择房屋产权调换，并且不缴纳房屋产权调换差价的，对新换房屋免征契税；缴纳房屋产权调换差价的，对差价部分按规定征收契税。

根据 2021 年 29 号公告，上述规定自 2021 年 9 月 1 日起废止。

【土地、房产权属作价入股时契税计税依据】根据《国家税务总局关于以土地、房屋作价出资及租赁使用土地有关契税问题的批复》（国税函〔2004〕322 号）第一条，根据《契税暂行条例细则》第八条的规定，以土地、房屋权属作价投资入股的，视同土地使用权转让、房屋买卖征收契税。应按其作价出资额计征契税。

根据 2021 年 25 号公告第二条第一款规定，以作价投资（入股）、偿还债务等应交付经济利益的方式转移土地、房屋权属的，参照土地使用权出让、出售或房屋买卖确定契税适用税率、计税依据等。

【划转、奖励转移土地、房屋权属】根据 2021 年 25 号公告第二条第二款规定，以划转、奖励等没有价格的方式转移土地、房屋权属的，参照土地使用权或房屋赠与确定契税适用税率、计税依据等。

【核定方法】根据 2021 年 25 号公告第四条规定，税务机关依法核定计税价格，应参照市场价格，采用房地产价格评估等方法合理确定。

第五条 契税的应纳税额按照计税依据乘以具体适用税率计算。

条文解读

土地使用权出让、土地使用权出售：应纳税额＝成交价格×税率

土地使用权赠与：应纳税额＝税务机关核定的价格×税率

土地使用权、房屋互换：应纳税额＝互换价格的差额×税率

房屋买卖：应纳税额＝成交价格×税率

房屋赠与：应纳税额＝税务机关核定的价格×税率

计算举例

根据《财政部 国家税务总局关于营改增后契税 房产税 土地增值税个人所得税计税依据问题的通知》（财税〔2016〕43 号）规定，自 2016 年 5 月 1 日起，计征契税的成交价格不含增值税。免征增值税的，确定计税依据时，成交价格不扣减增值税额。在计征契税时，税务机关核定的计税价格或收入不含增值税。在计算应缴纳的契税时，需要首先计算出应缴纳的增值税。根据交易不动产的原取得时间、本次交易时间、不动产是否为住房、价格是否为核定等的不同，增值税一般纳税人、小规模纳税人、其他个人的增值税计算方式不一样，则契税的计税依据就不一样，需要根据具体情况具体分析。

例 3-1：李四因张三拖欠 180 万元款项拒不偿还诉至法院，2022

年1月法院判决,张三以房产名下商铺一套作价200万元抵偿该笔债务,李四另支付给张三差价款20万元。假设该商铺评估价格为195万元,为张三于2020年4月30日购买,发票显示购买价格为150万元,当地规定的契税税率为3%,请问如何计算缴纳契税?

解析:应由承受人李四缴纳契税。

以房产抵债,成交价格为抵债价格200万元,为包含增值税价格。

应缴纳增值税=(200-150)÷(1+5%)×5%=2.38(万元)

应缴纳契税=(200-2.38)×3%=5.93(万元)

例3-2:李四因张三拖欠180万元款项拒不偿还诉至法院,2022年1月法院判决,张三以房产名下商铺一套作价200万元抵偿该笔债务,李四另支付给张三差价款20万元。假设该商铺评估价格为195万元,为张三于2020年5月1日购买,发票丢失,但其契税完税凭证显示的计税金额为150万元,当地规定的契税税率为3%,请问如何计算缴纳契税?

解析:应由承受人李四缴纳契税。

以房产抵债,成交价格为抵债价格200万元,为包含增值税价格。根据《国家税务总局关于纳税人转让不动产缴纳增值税差额扣除有关问题的公告》(国家税务总局公告2016年第73号)第二条第二款规定:

应缴纳增值税=[200÷(1+5%)-150]×5%=2.02(万元)

应缴纳契税=(200-2.02)×3%=5.94(万元)

例3-3:某房地产开发公司受让一宗国有土地使用权,支付土地出让金8500万元、土地补偿费3000万元、安置补助费2000万元、城市基础设施配套费1800万元,假定当地适用税率为4%,该房地产开发公司取得该宗土地使用权应缴纳契税为多少?

解析:应缴纳契税=(8500+3000+2000+1800)×4%=612(万元)

例3-4:李先生是某企业的债权人,2022年5月该企业破产,李先生获得抵债门面房一间,评估价为20万元;当月,李先生将门面房作价30万元投资于甲企业；另外，甲企业又购买了该破产企业60万元的房产。假设契税税率为4%。则甲企业、李先生分别应缴纳的契税为多少？

解析：债权人承受破产企业的房屋权属以抵偿债务的，免征契税。因此，李先生不须缴纳契税。

甲企业应缴纳的契税=（30+60）×4%=3.6（万元）

例3-5：自然人A与自然人B互换房屋，A的房屋不含税销售价格为145万元，B的房屋不含税销售价格为100万元。则A申报契税的计税依据为0；B申报契税的计税依据=145-100=45（万元）。

例3-6：自然人A将一套购买满2年的住房销售给自然人B，合同确定的交易含税价为210万元，A符合免征增值税条件，向税务机关申请代开增值税发票上注明增值税额为0，不含税价格为210万元。则B申报缴纳契税的计税依据为210万元。

例3-7：自然人A的房屋被该县人民政府征收，获得货币补偿80万元，之后A重新购买一套80平方米的住房，不含税成交价格为100万元，并符合家庭唯一住房优惠条件。如该省规定对成交价格不超过货币补偿的部分免征契税，则A申报契税时，应在"居民购房减免性质代码和项目名称"中选择个人购买家庭唯一住房90平方米及以下契税减按1%征收的减免性质代码和项目名称，在"其他减免性质代码和项目名称"中选择授权地方出台的房屋被征收取得货币补偿重新购买住房契税优惠政策的减免性质代码和项目名称，并在"抵减金额"中填入"800000"元。则A申报契税的应纳税额=（1000000-800000）×1%=2000（元）。

会计核算

企业取得土地使用权、房屋按规定缴纳的契税，由于是按实际取得的不动产的价格计税，按照规定的税额一次性征收的，不存在与税务机关结算或清算的问题，因此，不需要通过"应交税费"科目核算。企业按规定计算缴纳的契税，借记"固定资产""无形资产""管理费用"等科目，贷记"银行存款"科目。

例3-8：徐行实业有限公司购买办公大楼一栋，按规定计算缴纳的契税为30000元，用银行存款支付。账务处理如下：

借：固定资产——办公楼　　　　　　　　　　　30000
　贷：银行存款　　　　　　　　　　　　　　　30000

例3-9：徐行实业有限公司取得一块土地的使用权，使用期限为30年，按规定计算缴纳的契税为30000元，用银行存款支付。账务处理如下：

借：无形资产——土地使用权　　　　　　　　　30000
　贷：银行存款　　　　　　　　　　　　　　　30000

例3-10：徐行实业有限公司接受流水文化有限公司赠与房产用作科研开发中心，根据房产市场价值，该公司应当缴纳的契税为24000元，用银行存款支付。账务处理如下：

借：固定资产——科研开发中心　　　　　　　　24000
　贷：银行存款　　　　　　　　　　　　　　　24000

第三节　税收优惠

第六条　有下列情形之一的，免征契税：

（一）国家机关、事业单位、社会团体、军事单位承受土地、房屋权属用于办公、教学、医疗、科研、军事设施；

（二）非营利性的学校、医疗机构、社会福利机构承受土地、房屋权属用于办公、教学、医疗、科研、养老、救助；

（三）承受荒山、荒地、荒滩土地使用权用于农、林、牧、渔业生产；

（四）婚姻关系存续期间夫妻之间变更土地、房屋权属；

（五）法定继承人通过继承承受土地、房屋权属；

（六）依照法律规定应当予以免税的外国驻华使馆、领事馆和国际组织驻华代表机构承受土地、房屋权属。

根据国民经济和社会发展的需要，国务院对居民住房需求保障、企业改制重组、灾后重建等情形可以规定免征或者减征契税，报全国人民代表大会常务委员会备案。

第七条 省、自治区、直辖市可以决定对下列情形免征或者减征契税：

（一）因土地、房屋被县级以上人民政府征收、征用，重新承受土地、房屋权属；

（二）因不可抗力灭失住房，重新承受住房权属。

前款规定的免征或者减征契税的具体办法，由省、自治区、直辖市人民政府提出，报同级人民代表大会常务委员会决定，并报全国人民代表大会常务委员会和国务院备案。

第八条 纳税人改变有关土地、房屋的用途，或者有其他不再属于本法第六条规定的免征、减征契税情形的，应当缴纳已经免征、减征的税款。

条文解读

本部分是关于契税税收优惠的规定。相比《契税暂行条例》，本条变化很大，适当拓展了税收优惠政策。《契税法》基本延续了《契税暂行条例》关于税收优惠的规定，同时根据《契税暂行条例》施行二十多年来的实践，还增加了其他税收优惠政策：一是为体现对公益事业的支持，增加对非营利性学校、医疗机构、社会福利机构承受土地、房屋用于办公、教学、医疗、科研、养老、救助免征契税等规定；二是将《契税暂行条例细则》规定的一些优惠政策如承受荒山、荒地、荒滩土地使用权用于农、林、牧、渔业生产、依照法律规定应当予以免税的外国驻华使馆、领事馆和国际组织驻华代表机构承受土地、房屋权属等免税规定，也融入《契税法》中进行了明确；三是将婚姻关系存续期间夫妻之间变更土地、房屋权属和法定继承人通过继承承受土地、房屋权属等已经明确的免税规定写入第六条。

同时，新的《契税法》还规定，根据国民经济和社会发展的需要，国务院对居民住房需求保障、企业改制重组、灾后重建等情形可以规定免征或者减征契税，报全国人民代表大会常务委员会备案。

另外，新的《契税法》也赋予了省、自治区、直辖市在规定的范围内免征或者减征契税的权力，即省、自治区、直辖市可以决定对下列情形免征或者减征契税：（1）因土地、房屋被县级以上人民政府征收、征用，重新承受土地、房屋权属；（2）因不可抗力灭失住房，重新承受住房权属。

《契税法》第八条规定，纳税人改变有关土地、房屋的用途，或者有其他不再属于本法第六条规定的免征、减征契税情形的，应当缴纳已经免征、减征的税款。

政策链接

【法定减免的范围】2021年23号公告第三条第（二）项规定，享受契税免税优惠的土地、房屋用途具体如下：

用于办公的，限于办公室（楼）以及其他直接用于办公的土地、房屋；

用于教学的，限于教室（教学楼）以及其他直接用于教学的土地、房屋；

用于医疗的，限于门诊部以及其他直接用于医疗的土地、房屋；

用于科研的，限于科学试验的场所以及其他直接用于科研的土地、房屋；

用于军事设施的，限于直接用于《中华人民共和国军事设施保护法》规定的军事设施的土地、房屋；

用于养老的，限于直接用于为老年人提供养护、康复、托管等服务的土地、房屋；

用于救助的，限于直接为残疾人、未成年人、生活无着的流浪乞讨人员提供养护、康复、托管等服务的土地、房屋。

【非营利性的学校、医疗机构、社会福利机构】2021年23号公告第三条第（一）项规定，享受契税免税优惠的非营利性的学校、医疗机构、社会福利机构，限于上述三类单位中依法登记为事业单位、社会团体、基金会、社会服务机构等的非营利法人和非营利组织。其中：

学校的具体范围为经县级以上人民政府或者其教育行政部门批准成立的大学、中学、小学、幼儿园，实施学历教育的职业教育学校、特殊教育学校、专门学校，以及经省级人民政府或者其人力资源社会保障行政部门批准成立的技工院校。

医疗机构的具体范围为经县级以上人民政府卫生健康行政部门批准或者备案设立的医疗机构。

社会福利机构的具体范围为依法登记的养老服务机构、残疾人服务机构、儿童福利机构、救助管理机构、未成年人救助保护机构。

【预备役部队】《国家税务总局关于免征预备役部队营房建设所涉耕地占用税、契税的批复》（国税函〔2002〕956号）规定，根据《中华人民共和国国防法》第二十二条"中华人民共和国的武装力量，由中国人民解放军现役部队和预备役部队、中国人民武装警察部队、民兵组成"的规定，中国人民解放军预备役部队是中国人民解放军的组成部分。预备役部队占用耕地用于军事设施建设属现行耕地占用税政策规定的免税范围，承受国有土地使用权用于军事设施属现行契税政策规定的免税范围。

【用于提供社区养老、托育、家政】根据《财政部 税务总局 发展改革委 民政部 商务部 卫生健康委关于养老、托育、家政等社区家庭服务业税费优惠政策的公告》（财政部 税务总局 发展改革委 民政部 商务部 卫生健康委公告2019年第76号）第一条第（三）项规定，为支持养老、托育、家政等社区家庭服务业发展，自2019年6月1日起执行至2025年12月31日，承受房屋、土地用于提供社区养老、托育、家政服务的，免征契税。

为社区提供养老服务的机构，是指在社区依托固定场所设施，采取全托、日托、上门等方式，为社区居民提供养老服务的企业、事业单位和社会组织。社区养老服务是指为老年人提供的生活照料、康复护理、助餐助行、紧急救援、精神慰藉等服务。为社区提供托育服务的机构，是指在社区依托固定场所设施，采取全日托、半日托、计时托、临时托等方式，为社区居民提供托育服务的企业、事业单位和社会组织。社区托育服务是指为3周岁（含）以下婴幼儿提供的照料、看护、膳食、保育等服务。为社区提供家政服务的机构，是指以家庭为服务对象，为社区居民提供家政服务的企业、事业单位和社会组织。社区家政服务是指进入家庭成员住所或医疗机构为孕产妇、婴幼儿、老人、病人、残疾人提供的照护服务，以及进入家庭成员住所提供的保洁、烹饪等服务。

根据2021年29号公告规定，上述规定在2021年9月1日《契税法》生效以后继续有效。

需要指出的是，本项规定与《契税法》和 2021 年 23 号公告的规定并不一致。《契税法》和 2021 年 23 号公告规定的享受免征契税的养老机构，范围限定在非营利性机构。但本规定并未如此限定，而是规定企业、事业单位和社会组织均可。

【私立医院承受土地、房屋权属】根据《国家税务总局关于私立医院承受房屋权属征收契税的批复》（国税函〔2003〕1224 号）规定，对事业单位性质的医院承受土地、房屋权属用于医疗的，免征契税，对于私立医院等其他非事业单位性质的医疗单位不在免税之列，应照章征收契税。

【不可抗力】《契税暂行条例细则》第十四条规定，条例所称不可抗力，是指自然灾害、战争等不能预见、不能避免并不能克服的客观情况。

【社会力量办学免征契税】《财政部 国家税务总局关于社会力量办学契税政策问题的通知》（财税〔2001〕156 号）规定，根据《中华人民共和国教育法》提出的"任何组织和个人不得以营利为目的举办学校及其他教育机构"的精神，以及国务院发布的《社会力量办学条例》中关于"社会力量举办的教育机构依法享有与国家举办的教育机构平等的法律地位"的规定，对县级以上人民政府教育行政主管部门或劳动行政主管部门批准并核发《社会力量办学许可证》，由企业事业组织、社会团体及其他社会组织和公民个人利用非国家财政性教育经费面向社会举办的教育机构，其承受的土地、房屋权属用于教学的，比照《契税暂行条例》第六条第（一）款的规定，免征契税。

根据 2021 年 29 号公告，上述规定自 2021 年 9 月 1 日起废止。

社会力量举办的教学机构，是否免征契税，应根据 2021 年 23 号公告第三条的规定执行。

【售后回租征免契税】《财政部 国家税务总局关于企业以售后回租方式进行融资等有关契税政策的通知》（财税〔2012〕82 号）第一条规定，对金融租赁公司开展售后回租业务，承受承租人房屋、土地权属的，照章征税。对售后回租合同期满，承租人回购原房屋、土地权属的，免征契税。

【增资不转移土地房屋权属不征契税】《财政部 国家税务总局关于企业以售后回租方式进行融资等有关契税政策的通知》（财税〔2012〕82 号）第五条规定，单位、个人以房屋、土地以外的资产增资，相应扩大其在被投资公司的股权持有比例，无论被投资公司是否变更工商登记，其房屋、土地权属不发生转移，不征收契税。

【投资人在个体户合伙企业间转移不动产权属免征契税】《财政部 国家税务总局关于企业以售后回租方式进行融资等有关契税政策的通知》（财税〔2012〕82号）第六条规定，个体工商户的经营者将其个人名下的房屋、土地权属转移至个体工商户名下，或个体工商户将其名下的房屋、土地权属转回原经营者个人名下，免征契税。合伙企业的合伙人将其名下的房屋、土地权属转移至合伙企业名下，或合伙企业将其名下的房屋、土地权属转回原合伙人名下，免征契税。

【安居房、经济适用住房者不免征契税】根据《财政部 国家税务总局关于契税征收中几个问题的批复》（财税字〔1998〕96号）第二条规定，条例没有对这种情况给予减征或者免征契税的规定。因此，应对购买安居房、经济适用住房者照章征收契税。

根据2021年23号公告，上述规定自2021年9月1日起废止。

根据《财政部 国家税务总局关于廉租住房经济适用住房和住房租赁有关税收政策的通知》（财税〔2008〕24号）第一条第（六）项规定，对个人购买经济适用住房，在法定税率基础上减半征收契税。

【经营性事业单位不免征契税】根据《财政部 国家税务总局关于契税征收中几个问题的批复》（财税字〔1998〕96号）第三条规定，根据条例第六条、细则第十二条和财政部1996年发布的《事业单位财务规则》的规定，对事业单位承受土地、房屋免征契税应同时符合两个条件：一是纳税人必须是按《事业单位财务规则》进行财务核算的事业单位；二是所承受的土地、房屋必须用于办公、教学、医疗、科研项目。凡不符合上述两个条件的，一律照章征收契税。对按《事业单位财务规则》第四十五条规定，应执行《企业财务通则》和同行业或相近行业企业财务制度的事业单位或者事业单位的特定项目，其承受的土地、房屋要照章征收契税。

【公共租赁住房免征契税】《财政部 国家税务总局关于公共租赁住房税收优惠政策的通知》（财税〔2015〕139号）规定，从2016年1月1日至2018年12月31日，对公共租赁住房经营管理单位购买住房作为公共租赁住房，免征契税。

享受上述税收优惠政策的公租房是指纳入省、自治区、直辖市、计划单列市人民政府及新疆生产建设兵团批准的公租房发展规划和年度计划，或者市、县人民政府批准建设（筹集），并按照《关于加快发展公共租赁住房的指导意见》（建保〔2010〕87号）和市、县人民政府制定的具体管理办法进行管理的公租房。

根据《财政部 税务总局关于公共租赁住房税收优惠政策的公告》（财政部 税务总局公告2019年第61号）和《财政部 税务总局关于延长部分税收优惠政策执行期限的公告》（财政部 税务总局公告2021年第6号），上述政策执行期限延长至2023年12月31日。

根据《财政部 国家税务总局关于廉租住房经济适用住房和住房租赁有关税收政策的通知》（财税〔2008〕24号）第一条第（五）项规定，对廉租住房经营管理单位购买住房作为廉租住房、经济适用住房经营管理单位回购经济适用住房继续作为经济适用住房房源的，免征契税。

【棚户区改造】根据《财政部 国家税务总局关于棚户区改造有关税收政策的通知》（财税〔2013〕101号）第三条规定，棚户区改造，经营管理单位回购已分配的改造安置住房继续作为改造安置房源的，免征契税。个人因房屋被征收而取得货币补偿并用于购买改造安置住房，或因房屋被征收而进行房屋产权调换并取得改造安置住房，按有关规定减免契税。

个人首次购买90平方米以下改造安置住房，按1%的税率计征契税；购买超过90平方米，但符合普通住房标准的改造安置住房，按法定税率减半计征契税。

【棚户区和棚户区改造的认定】根据《财政部 国家税务总局关于棚户区改造有关税收政策的通知》（财税〔2013〕101号）第六条规定，棚户区是指简易结构房屋较多、建筑密度较大、房屋使用年限较长、使用功能不全、基础设施简陋的区域，具体包括城市棚户区、国有工矿（含煤矿）棚户区、国有林区棚户区和国有林场危旧房、国有垦区危房。棚户区改造是指列入省级人民政府批准的棚户区改造规划或年度改造计划的改造项目；改造安置住房是指相关部门和单位与棚户区被征收人签订的房屋征收（拆迁）补偿协议或棚户区改造合同（协议）中明确用于安置被征收人的住房或通过改建、扩建、翻建等方式实施改造的住房。

【农村饮水安全工程建设运营税收优惠政策】根据《财政部 税务总局关于继续实行农村饮水安全工程税收优惠政策》（财政部 税务总局公告2019年第67号）第一条规定，自2019年1月1日至2020年12月31日，对饮水工程运营管理单位为建设饮水工程而承受土地使用权，免征契税。

根据《财政部 国家税务总局关于继续实行农村饮水安全工程建设运营税收优惠政策的通知》（财税〔2016〕19号）第六条规定，饮水工程是指为农村居民提供生活用水而建设的供水工程设施。所称饮水工程运营管理单位，是指负责饮水工程运营管理的自来水公司、供水公司、供水（总）站（厂、中心）、村集体、农民用水合作组织等单位。对于既向城镇居民供水，又向农村居民供水的饮水工程运营管理单位，依据向农村居民供水收入占总供水收入的比例免征增值税；依据向农村居民供水量占总供水量的比例免征契税、印花税、房产税和城镇土地使用税。无法提供具体比例或所提供数据不实的，不得享受上述税收优惠政策。

上述优惠政策，根据《财政部 国家税务总局关于支持农村饮水安全工程建设运营税收政策的通知》（财税〔2012〕30号），《财政部 国家税务总局关于继续实行农村饮水安全工程建设运营税收优惠政策的通知》（财税〔2016〕19号）在2011年1月1日至2015年12月31日期间也执行。

根据《财政部 税务总局关于延长部分税收优惠政策执行期限的公告》（财政部 税务总局公告2021年第6号），财政部、税务总局公告2019年第67号执行期限延长至2023年12月31日。

【被撤销的金融机构免征契税】《国家税务总局关于免征被撤销金融机构在财产清理中取得的土地房屋权属所涉契税的批复》（国税函〔2002〕777号）规定，根据国务院2001年发布的《金融机构撤销条例》（国务院令第324号）中关于"被撤销的金融机构财产的清理和处置，免交税收和行政性收费"的规定，对被撤销的金融机构在财产清理中取得土地、房屋权属所涉及的契税，应当予以免征。

根据2021年25号公告，本规定自2021年9月1日起废止。

【个人购买住房税收优惠】根据《财政部 国家税务总局 住房城乡建设部关于调整房地产交易环节契税、营业税优惠政策的通知》（财税〔2016〕23号）规定，自2016年2月22日起：

（1）对个人购买家庭唯一住房（家庭成员范围包括购房人、配偶以及未成年子女，下同），面积为90平方米及以下的，减按1%的税率征收契税；面积为90平方米以上的，减按1.5%的税率征收契税。

（2）对个人购买家庭第二套改善性住房，面积为90平方米及以下的，减按1%的税率征收契税；面积为90平方米以上的，减按2%的税率征收契税。（本条北京市、上海市、广州市、深圳市不执行）。

家庭第二套改善性住房是指已拥有一套住房的家庭，购买的家庭第二套住房。

(3) 纳税人申请享受税收优惠的，根据纳税人的申请或授权，由购房所在地的房地产主管部门出具纳税人家庭住房情况书面查询结果，并将查询结果和相关住房信息及时传递给税务机关。暂不具备查询条件而不能提供家庭住房查询结果的，纳税人应向税务机关提交家庭住房实有套数书面诚信保证，诚信保证不实的，属于虚假纳税申报，按照《中华人民共和国税收征收管理法》的有关规定处理，并将不诚信记录纳入个人征信系统。

(4) 具体操作办法由各省、自治区、直辖市财政、税务、房地产主管部门共同制定。例如，山东省发布的《山东省财政厅 山东省地方税务局 山东省住房和城乡建设厅转发〈财政部 国家税务总局 住房城乡建设部关于调整房地产交易环节契税、营业税优惠政策的通知〉的通知》（鲁财税〔2016〕4号）中规定，在山东省内：①居民因个人房屋被征收重新承受住房，属于家庭唯一住房，面积为90平方米及以下的，对差价部分减按1%的税率征收契税；面积为90平方米以上的，对差价部分减按1.5%的税率征收契税。属于家庭第二套改善性住房，面积为90平方米及以下的，对差价部分减按1%的税率征收契税；面积为90平方米以上的，对差价部分减按2%的税率征收契税。②住房情况查询范围为拟购住房所在县（市、区）行政区域。③"家庭唯一住房""家庭第二套改善性住房"由购房所在地房地产主管部门查询纳税人家庭成员（范围包括购房人、配偶以及未成年子女）住房情况，出具书面查询结果，并将查询结果和相关住房情况信息及时传递给主管税务机关，纳税人持书面查询结果办理涉税事项。房地产主管部门应无偿为纳税人提供住房情况查询服务。④农村居民经批准在户口所在地按照规定标准建设的自用住宅不列入查询范围。

【北京、上海、广州、深圳个人购买住房税收政策】根据《财政部 国家税务总局 住房城乡建设部关于调整房地产交易环节契税 营业税优惠政策的通知》（财税〔2016〕23号）规定，北京、上海、广州、深圳四城市居民购买第二套及以上住房不享受该规定的优惠政策。也就是说，北京、上海、广州、深圳四城市居民只有购买家庭唯一住房（家庭成员范围包括购房人、配偶以及未成年子女），面积为90平方米及以下的，减按1%的税率征收契税；面积为90平方米以上的，减按1.5%的税率征收契税。

【个人购买地下室车位等税收优惠】国家只对个人购买住房制定了一些优惠政策，对个人购买写字楼、商铺等非住房并未有特别的税收优惠。另外，根据《财政部 国家税务总局关于房屋附属设施有关契税政策的批复》（财税〔2004〕126号）第三条规定，承受的房屋附属设施（包括停车位、汽车库、自行车库、顶层阁楼以及储藏室）权属如为单独计价的，按照当地确定的适用税率征收契税；如与房屋统一计价的，适用与房屋相同的契税税率。

【普通住房和非普通住房】关于普通住房的认定，《国务院办公厅转发建设部等部门关于做好稳定住房价格工作意见的通知》（国办发〔2005〕26号，以下简称国办发〔2005〕26号文件）中作出了比较原则性的规定，即：住宅小区建筑容积率在1.0以上、单套建筑面积在120平方米以下、实际成交价格低于同级别土地上住房平均交易价格1.2倍以下，允许单套建筑面积和价格标准适当浮动，但向上浮动的比例不得超过上述标准的20%。符合这个标准的，属于普通住房，不符合的为非普通住房。

《国家税务总局关于房地产税收政策执行中几个具体问题的通知》（国税发〔2005〕172号）第六条规定，享受税收优惠政策普通住房的面积标准是指地方政府按国办发〔2005〕26号文件规定并公布的普通住房建筑面积标准。对于以套内面积进行计量的，应换算成建筑面积，判断该房屋是否符合普通住房标准。

【个人购买住房税收优惠政策的变迁】1999年7月29日，《财政部 国家税务总局关于调整房地产市场若干税收政策的通知》（财税字〔1999〕210号）规定，个人购买自用普通住宅，暂减半征收契税；对1998年6月30日以前建成尚未售出的积压空置商品房，销售时应缴纳的营业税、契税在2000年底前予以免税优惠。

2008年10月22日，《财政部 国家税务总局关于调整房地产交易环节税收政策的通知》（财税〔2008〕137号）规定，对个人首次购买90平方米及以下普通住房的，契税税率暂统一下调到1%。

2010年9月29日，《财政部 国家税务总局 住房和城乡建设部关于调整房地产交易环节契税、个人所得税优惠政策的通知》（财税〔2010〕94号，以下简称财税〔2010〕94号文件)规定,对个人购买普通住房,且该住房属于家庭(成员范围包括购房人、配偶以及未成年子女)唯一住房的,减半征收契税。对个人购买90平方米及以下普通住房,且该住房属于家庭唯一住房的,减按1%税率征收契税。

2016年2月22日,《财政部 国家税务总局 住房城乡建设部关于调整房地产交易环节契税 营业税优惠政策的通知》(财税〔2016〕23号)规定,(1)对个人购买家庭唯一住房(家庭成员范围包括购房人、配偶以及未成年子女),面积为90平方米及以下的,减按1%的税率征收契税;面积为90平方米以上的,减按1.5%的税率征收契税。(2)对个人购买家庭第二套改善性住房,面积为90平方米及以下的,减按1%的税率征收契税;面积为90平方米以上的,减按2%的税率征收契税〔第(2)条北京市、上海市、广州市、深圳市不执行〕。

现行有效的《财政部 国家税务总局 住房城乡建设部关于调整房地产交易环节契税 营业税优惠政策的通知》(财税〔2016〕23号),不再区分普通住房和非普通住房,而是按90平方米以下和90平方米以上的住房来区分优惠政策的享受条件。

【家庭的范畴】在个人购买住房的税收优惠政策中,"家庭"是个非常重要的概念。《财政部 国家税务总局 住房城乡建设部关于调整房地产交易环节契税、个人所得税优惠政策的通知》(财税〔2010〕94号)和《财政部 国家税务总局 住房城乡建设部关于调整房地产交易环节契税 营业税优惠政策的通知》(财税〔2016〕23号)对家庭的解释是"成员范围包括购房人、配偶以及未成年子女",2015年10月21日,国家税务总局财产和行为税司的《关于房地产交易环节契税优惠政策解读》中指出,财税〔2010〕94号文件所指家庭成员范围包括购房人、配偶以及未成年子女;继父或继母和受其抚养的未成年继子女,办理了收养关系证明的养父母和未成年养子女也属于同一家庭成员范围。

【两个或两个以上家庭共同购买住房】《财政部 国家税务总局关于首次购买普通住房有关契税政策的通知》(财税〔2010〕13号)规定:"现对《财政部 国家税务总局关于调整房地产交易环节税收政策的通知》(财税〔2008〕137号)中首次购买普通住房契税优惠政策问题明确如下:对两个或两个以上个人共同购买90平方米及以下普通住房,其中一人或多人已有购房记录的，该套房产的共同购买人均不适用首次购买普通住房的契税优惠政策。"根据 2015 年 10 月 21 日国家税务总局财产和行为税司的《关于房地产交易环节契税优惠政策解读》，财税〔2010〕13 号文件规定的这个政策因为财税〔2008〕137 号文件已被财税〔2010〕94 号文件废止而自然失效，同时，财税〔2010〕13 号文件在《财政部关于公布废止和失效的财政规章和规范性文件目录（第十二批）的决定》（财政部令第 83 号，2016 年 8 月 18 日公布）被宣布废止。因此，目前关于不同家庭共同购买一套普通住房如何适用优惠政策，只有国家税务总局财产和行为税司的《关于房地产交易环节契税优惠政策解读》的观点："对两个或两个以上家庭共同购买一套普通住房，以每个家庭为单位分别认定纳税人是否符合《通知》[即《财政部 国家税务总局住房和城乡建设部关于调整房地产交易环节契税、个人所得税优惠政策的通知》（财税〔2010〕94 号）] 规定的优惠条件，并按每个家庭所占该共同购买房屋的份额适用相应税率，计算缴纳契税。"

【夫妻之间房屋土地权属变更】《财政部 国家税务总局关于房屋土地权属由夫妻一方所有变更为夫妻双方共有契税政策的通知》（财税〔2011〕82 号）规定，自 2011 年 8 月 31 日起，婚姻关系存续期间，房屋、土地权属原归夫妻一方所有，变更为夫妻双方共有的，免征契税。《财政部 国家税务总局关于夫妻之间房屋土地权属变更有关契税政策的通知》（财税〔2014〕4 号）规定，自 2013 年 12 月 31 日起，在婚姻关系存续期间，房屋、土地权属原归夫妻一方所有，变更为夫妻双方共有或另一方所有的，或者房屋、土地权属原归夫妻双方共有，变更为其中一方所有的，或者房屋、土地权属原归夫妻双方共有，双方约定、变更共有份额的，免征契税，同时废止《财政部 国家税务总局关于房屋土地权属由夫妻一方所有变更为夫妻双方共有契税政策的通知》（财税〔2011〕82 号）。

根据 2021 年 29 号公告第一条规定，夫妻因离婚分割共同财产发生土地、房屋权属变更的，免征契税。同时废止财税〔2014〕4 号文件。

【法定继承人继承土地、房屋权属】《国家税务总局关于继承土地、房屋权属有关契税问题的批复》（国税函〔2004〕1036 号）第一条规定，对于《中华人民共和国继承法》规定的法定继承人（包括配偶、子女、父母、兄弟姐妹、祖父母、外祖父母）继承土地、房屋权属，不征契税。《国家税务总局农业税征收管理局关于当前契税政策执行中若干具体问题的操作意见》（农便函〔2006〕28号）第一条特别强调，根据《契税暂行条例》第二条的规定，契税的征税范围（行为）包括赠与，不包括继承，不属于契税征税范围的继承是指法定继承行为。

根据2021年25号公告，本规定自2021年9月1日起废止。

【非法定继承人承受土地、房屋权属】《国家税务总局关于继承土地、房屋权属有关契税问题的批复》（国税函〔2004〕1036号）第二条规定，按照《中华人民共和国继承法》规定，非法定继承人根据遗嘱承受死者生前的土地、房屋权属，属于赠与行为，应征收契税。

根据2021年25号公告，本规定自2021年9月1日起废止。

【父母赠与子女土地、房屋】赠与属于《契税法》第二条明确规定的征收范围。目前并没有针对父母赠与子女、子女赠与父母等土地、房屋权属转移免征契税的规定。因此，对于父母与子女间以及其他的土地、房屋权属赠与行为，根据《国家税务总局关于加强房地产交易个人无偿赠与不动产税收管理有关问题的通知》（国税发〔2006〕144号）第一条第二款的规定，对于个人无偿赠与不动产行为，应对受赠人全额征收契税。在缴纳契税和印花税时，纳税人须提交经税务机关审核并签字盖章的《个人无偿赠与不动产登记表》，税务机关（或其他征收机关）应在纳税人的契税和印花税完税凭证上加盖"个人无偿赠与"印章，在《个人无偿赠与不动产登记表》中签字并将该表格留存。税务机关应积极与房管部门沟通协调，争取房管部门对持有加盖"个人无偿赠与"印章契税完税凭证的个人，办理赠与产权转移登记手续，对未持有加盖"个人无偿赠与"印章契税完税凭证的个人，不予办理赠与产权转移登记手续。

【推进农村集体产权制度改革】根据关于稳步推进农村集体产权制度改革的相关规定，在农村集体产权制度改革中，免征因权利人名称变更登记、资产产权变更登记涉及的契税。免征签订产权转移书据涉及的印花税。

《财政部 税务总局关于支持农村集体产权制度改革有关税收政策的通知》（财税〔2017〕55号）规定：

（1）对进行股份合作制改革后的农村集体经济组织承受原集体经济组织的土地、房屋权属，免征契税。

（2）对农村集体经济组织以及代行集体经济组织职能的村民委员会、村民小组进行资产清查核资收回集体资产而承受土地、房屋权属，免征契税。

(3) 对农村集体土地所有权、宅基地和集体建设用地使用权及地上房屋确权登记，不征收契税。

【易地扶贫搬迁】《财政部 国家税务总局关于易地扶贫搬迁税收优惠政策的通知》(财税〔2018〕135号) 规定，为贯彻落实《中共中央 国务院关于打赢脱贫攻坚战三年行动的指导意见》，助推易地扶贫搬迁工作，自2018年1月1日至2020年12月31日，对易地扶贫搬迁贫困人口按规定取得的安置住房，免征契税。对易地扶贫搬迁项目实施主体（以下简称项目实施主体）取得用于建设安置住房的土地，免征契税、印花税。对项目实施主体购买商品住房或者回购保障性住房作为安置住房房源的，免征契税、印花税。在商品住房等开发项目中配套建设安置住房的，按安置住房建筑面积占总建筑面积的比例，计算应予免征的安置住房用地相关的契税、城镇土地使用税，以及项目实施主体、项目单位相关的印花税。

根据《财政部 税务总局关于延长部分税收优惠政策执行期限的公告》（财政部 税务总局公告2021年第6号），本政策执行期限延长至2025年12月31日。

【企业事业单位改制重组】关于企事业单位改制重组的契税政策，从2001年开始，国家持续性地发布了《财政部 国家税务总局关于企业改革中有关契税政策的通知》（财税〔2001〕161号）、《财政部 国家税务总局关于企业改制重组若干契税政策的通知》（财税〔2003〕184号）、《财政部 国家税务总局关于延长企业改制重组若干契税政策执行期限的通知》（财税〔2006〕41号）、《财政部 国家税务总局关于企业改制重组若干契税政策的通知》（财税〔2008〕175号）、《财政部 国家税务总局关于企业事业单位改制重组契税政策的通知》（财税〔2012〕4号）、《财政部 国家税务总局关于进一步支持企业事业单位改制重组有关契税政策的通知》（财税〔2015〕37号）、《财政部 税务总局关于继续支持企业事业单位改制重组有关契税政策的通知》（财税〔2018〕17号）等文件。上述文件于2017年12月31日到期后，又发布了《财政部 税务总局关于继续执行企业 事业单位改制重组有关契税政策的公告》（财政部 税务总局公告2021年第17号），文件规定自2021年1月1日起至2023年12月31日，对于企业改制、事业单位改制、公司合并、公司分立、企业破产、资产划转、债权转股权、划拨用地出让或作价出资、公司股权（股份）转让等企业事业单位改制重组的契税政策规定如下：

1. 企业按照《中华人民共和国公司法》有关规定整体改制，包括非公司制企业改制为有限责任公司或股份有限公司，有限责任公司变更为股份有限公司，股份有限公司变更为有限责任公司，原企业投资主体存续并在改制（变更）后的公司中所持股权（股份）比例超过75%，且改制（变更）后公司承继原企业权利、义务的，对改制（变更）后公司承受原企业土地、房屋权属，免征契税。

2. 事业单位按照国家有关规定改制为企业，原投资主体存续并在改制后企业中出资（股权、股份）比例超过50%的，对改制后企业承受原事业单位土地、房屋权属，免征契税。

3. 两个或两个以上的公司，依照法律规定、合同约定，合并为一个公司，且原投资主体存续的，对合并后公司承受原合并各方土地、房屋权属，免征契税。

4. 公司依照法律规定、合同约定分立为两个或两个以上与原公司投资主体相同的公司，对分立后公司承受原公司土地、房屋权属，免征契税。

5. 企业依照有关法律法规规定实施破产，债权人（包括破产企业职工）承受破产企业抵偿债务的土地、房屋权属，免征契税；对非债权人承受破产企业土地、房屋权属，凡按照《中华人民共和国劳动法》等国家有关法律法规政策妥善安置原企业全部职工，与原企业全部职工签订服务年限不少于三年的劳动用工合同的，对其承受所购企业土地、房屋权属，免征契税；与原企业超过30%的职工签订服务年限不少于三年的劳动用工合同的，减半征收契税。

6. 对承受县级以上人民政府或国有资产管理部门按规定进行行政性调整、划转国有土地、房屋权属的单位，免征契税。

【同一投资主体内部资产划转】同一投资主体内部所属企业之间土地、房屋权属的划转，包括母公司与其全资子公司之间，同一公司所属全资子公司之间，同一自然人与其设立的个人独资企业、一人有限公司之间土地、房屋权属的划转，免征契税。

【母公司向全资子公司增资】母公司以土地、房屋权属向其全资子公司增资，视同划转，免征契税。

7. 经国务院批准实施债权转股权的企业，对债权转股权后新设立的公司承受原企业的土地、房屋权属，免征契税。

8. 以出让方式或国家作价出资（入股）方式承受原改制重组企业、事业单位划拨用地的，不属上述规定的免税范围，对承受方应按规定征收契税。

9. 在股权（股份）转让中，单位、个人承受公司股权（股份），公司土地、房屋权属不发生转移，不征收契税。

其中：公告中所称企业、公司，是指依照我国有关法律法规设立并在中国境内注册的企业、公司；所称投资主体存续，是指原企业、事业单位的出资人必须存在于改制重组后的企业，出资人的出资比例可以发生变动；投资主体相同，是指公司分立前后出资人不发生变动，出资人的出资比例可以发生变动。

【经营性文化事业单位转制为企业免税政策】具体内容，参见本书第一章第三节中"【经营性文化事业单位转制为企业免税政策】"。

【提供社区家庭服务承受房屋、土地免征契税】《财政部 税务总局 发展改革委 民政部 商务部 卫生健康委关于养老、托育、家政等社区家庭服务业税费优惠政策的公告》（财政部公告2019年第76号）第一条第（三）项规定，自2019年6月1日起至2025年12月31日，承受房屋、土地用于提供社区养老、托育、家政服务的，免征契税。社区是指聚居在一定地域范围内的人们所组成的社会生活共同体，包括城市社区和农村社区。

【城镇职工购买公有住房】根据2021年29号公告第二条规定，城镇职工按规定第一次购买公有住房的，免征契税。

公有制单位为解决职工住房而采取集资建房方式建成的普通住房或由单位购买的普通商品住房，经县级以上地方人民政府房改部门批准、按照国家房改政策出售给本单位职工的，如属职工首次购买住房，比照公有住房免征契税。

已购公有住房经补缴土地出让价款成为完全产权住房的，免征契税。

上述规定，自2021年9月1日起执行。《财政部 国家税务总局关于公有制单位职工首次购买住房免征契税的通知》（财税〔2000〕130号）中，"对各类公有制单位为解决职工住房而采取集资建房方式建成的普通住房或由单位购买的普通商品住房，经当地县以上人民政府房改部门批准，按照国家房改政策出售给本单位职工的，如属职工首次购买住房，均比照《中华人民共和国契税暂行条例》第六条第二款'城镇职工按规定第一次购买公有住房的，免征'的规定，免征契税。"的规定同时废止。

【外国银行改制】根据 2021 年 29 号公告第三条规定，2021 年 9 月 1 日起，外国银行分行按照《中华人民共和国外资银行管理条例》等相关规定改制为外商独资银行（或其分行），改制后的外商独资银行（或其分行）承受原外国银行分行的房屋权属的，免征契税。

【军建离退休干部住房移交地方】根据《财政部 国家税务总局关于免征军建离退休干部住房移交地方政府管理所涉及契税的通知》（财税字〔2000〕176 号）规定，免征军建离退休干部住房及附属用房移交地方政府管理所涉及的契税。

【青藏铁路】根据《财政部 国家税务总局关于青藏铁路公司运营期间有关税收等政策问题的通知》（财税〔2007〕11 号）规定：

1. 对青藏铁路公司取得的运输收入、其他业务收入免征营业税、城市维护建设税、教育费附加，对青藏铁路公司取得的付费收入不征收营业税。

本条所称的"运输收入"是指《国家税务总局关于中央铁路征收营业税问题的通知》（国税发〔2002〕44 号）第一条明确的各项运营业务收入。

本条所称的"其他业务收入"是指为了减少运输主业亏损，青藏铁路公司运营单位承办的与运营业务相关的其他业务，主要包括路内装卸作业、代办工作、专用线和自备车维检费等纳入运输业报表体系与运输业统一核算收支的其他收入项目。

本条所称的"付费收入"是指铁路财务体制改革过程中，青藏铁路公司因财务模拟核算产生的内部及其与其他铁路局之间虚增清算收入，具体包括《国家税务总局关于中央铁路征收营业税问题的通知》（国税发〔2002〕44 号）第二条明确的不征收营业税的各项费用。

2. 对青藏铁路公司及其所属单位营业账簿免征印花税；对青藏铁路公司签订的货物运输合同免征印花税，对合同其他各方当事人应缴纳的印花税照章征收。

3. 对青藏铁路公司及其所属单位自采自用的砂、石等材料免征资源税；对青藏铁路公司及其所属单位自采外销及其他单位和个人开采销售给青藏铁路公司及其所属单位的砂、石等材料照章征收资源税。

4. 对青藏铁路公司及其所属单位承受土地、房屋权属用于办公及运输主业的，免征契税；对于因其他用途承受的土地、房屋权属，应照章征收契税。

5. 对青藏铁路公司及其所属单位自用的房产、土地免征房产税、城镇土地使用税；对非自用的房产、土地照章征收房产税、城镇土地使用税。

6. 财政部、国家税务总局《关于青藏铁路建设期间有关税收政策问题的通知》（财税〔2003〕128号）停止执行。

【特定企业特定行业优惠】针对特定的企业和行业，当前还有部分现行有效的契税政策。例如：《财政部 国家税务总局关于中国信达等4家金融资产管理公司税收政策问题的通知》（财税〔2001〕10号）第三条第3项；《财政部 国家税务总局关于4家资产管理公司接收资本金项下的资产在办理过户时有关税收政策问题的通知》（财税〔2003〕21号）第一条中关于契税的政策；《财政部 国家税务总局关于中国东方资产管理公司处置港澳国际（集团）有限公司有关资产税收政策问题的通知》（财税〔2003〕212号）第二条第2项、第三条第3项、第四条第3项；《财政部 国家税务总局关于银监会各级派出机构从中国人民银行各分支行划转房屋土地有关税收问题的函》（财税〔2005〕149号）第一条。

【金融机构处置抵债资产免税政策】参见第一章第三节房产税的相关政策。

【养老托育家政优惠政策】参见第一章第三节房产税的相关政策。

【其他优惠政策】未明确列出的其他优惠政策，请查阅附录《财产行为税减免税政策代码目录（有效）》。

第四节　征收管理

第九条　契税的纳税义务发生时间，为纳税人签订土地、房屋权属转移合同的当日，或者纳税人取得其他具有土地、房屋权属转移合同性质凭证的当日。

第十条　纳税人应当在依法办理土地、房屋权属登记手续前申报缴纳契税。

条文解读

第九条、第十条规定了契税的纳税义务发生时间、申报缴纳期限。与《契税暂行条例》相一致，《契税法》对契税的纳税义务发生时间仍然规定为纳税人签订土地、房屋权属转移合同的当日，或者纳税人取得其他具有土地、房屋权属转移合同性质凭证的当日。

需要强调的是，关于契税申报缴纳时间，《契税法》对《契税暂行条例》进行了根本性的变动。《契税暂行条例》第九条规定纳税人应当自纳税义务发生之日起10日内申报，并在税务机关核定的期限内缴纳税款。但是，各地税务机关的规定不尽相同，有的地区规定是纳税义务发生后的一定期间内，有的地区则规定在办理不动产登记日期之前。

《契税法》对此进行了明确，删去了10日申报的规定，同时规定在依法办理土地、房屋权属登记手续前申报缴纳契税即可，将契税申报和缴纳时间合二为一，减轻纳税人负担，促进纳税遵从，提高征管效率。

政策链接

【纳税义务发生时间的具体情形】根据2021年23号公告第四条规定，关于纳税义务发生时间的具体情形是：

（一）因人民法院、仲裁委员会的生效法律文书或者监察机关出具的监察文书等发生土地、房屋权属转移的，纳税义务发生时间为法律文书等生效当日。

（二）因改变土地、房屋用途等情形应当缴纳已经减征、免征契税的，纳税义务发生时间为改变有关土地、房屋用途等情形的当日。

（三）因改变土地性质、容积率等土地使用条件需补缴土地出让价款，应当缴纳契税的，纳税义务发生时间为改变土地使用条件当日。

发生上述情形，按规定不再需要办理土地、房屋权属登记的，纳税人应自纳税义务发生之日起90日内申报缴纳契税。

【拆迁安置契税减免享受时间】以政府发布拆迁红线公告的时间为准，在政府发布拆迁红线公告以后购买的房屋，在拆迁安置协议实际签订后，可凭拆迁安置协议享受拆迁安置契税减免政策。如政府不发布拆迁红线公告的，以人民政府的征收决定生效日期为准。

【以按揭、抵押贷款方式购买房屋的纳税义务时间】根据《国家税务总局关于抵押贷款购买商品房征收契税的批复》（国税函〔1999〕613号）规定，购房人以按揭、抵押贷款方式购买房屋，当其从银行取得抵押凭证时，购房人与原产权人之间的房屋产权转移已经完成，契税纳税义务已经发生，必须依法缴纳契税。

根据2021年25号公告，本规定自2021年9月1日起废止。

【具有土地房屋权属转移合同性质凭证的范围】根据2021年23号公告第五条第（一）项规定，具有土地、房屋权属转移合同性质的凭证包括契约、协议、合约、单据、确认书以及其他凭证。

【个人将住房对外销售购房时间认定】《国家税务总局 财政部 建设部关于加强房地产税收管理的通知》（国税发〔2005〕89号）第三条第（四）项规定，个人购买住房以取得的房屋产权证或契税完税证明上注明的时间作为其购买房屋的时间。

《国家税务总局关于个人转让住房享受税收优惠政策判定购房时间问题的公告》（国家税务总局公告2017年第8号）规定，个人转让住房，因产权纠纷等原因未能及时取得房屋所有权证书（包括不动产权证书），对于人民法院、仲裁委员会出具的法律文书确认个人购买住房的，法律文书的生效日期视同房屋所有权证书的注明时间，据以确定纳税人是否享受税收优惠政策。本公告自2017年4月1日起施行。此前尚未进行税收处理的，按本公告规定执行。

【"孰先"原则确定购买房屋的时间】《国家税务总局关于房地产税收政策执行中几个具体问题的通知》（国税发〔2005〕172号）第三条规定，纳税人申报时，同时出具房屋产权证和契税完税证明且二者所注明的时间不一致的，按照"孰先"的原则确定购买房屋的时间。即房屋产权证上注明的时间早于契税完税证明上注明的时间的，以房屋产权证注明的时间为购买房屋的时间；契税完税证明上注明的时间早于房屋产权证上注明的时间的，以契税完税证明上注明的时间为购买房屋的时间。契税完税证明上注明的时间是指契税完税证明上注明的填发日期。第五条规定，根据国家房改政策购买的公有住房，以购房合同的生效时间、房款收据的开具日期或房屋产权证上注明的时间，按照"孰先"的原则确定购买房屋的时间。

【受赠、继承、离婚财产分割等的时间认定】《国家税务总局关于房地产税收政策执行中几个具体问题的通知》（国税发〔2005〕172号）第四条规定，个人将通过受赠、继承、离婚财产分割等非购买形式取得的住房对外销售的行为,其购房时间按发生受赠、继承、离婚财产分割行为前的购房时间确定,其购房价格按发生受赠、继承、离婚财产分割行为前的购房原价确定。个人需持其通过受赠、继承、离婚财产分割等非购买形式取得住房的合法、有效法律证明文书,到地方税务部门办理相关手续。

《国家税务总局关于加强房地产交易个人无偿赠与不动产税收管理有关问题的通知》(国税发〔2006〕144号)第二条第(一)款规定,对通过继承、遗嘱、离婚、赡养关系、直系亲属赠与方式取得的住房,该住房的购房时间按照《国家税务总局关于房地产税收政策执行中几个具体问题的通知》(国税发〔2005〕172号)中第四条有关购房时间的规定执行;对通过其他无偿受赠方式取得的住房,该住房的购房时间按照发生受赠行为后新的房屋产权证或契税完税证明上注明的时间确定,不再执行国税发〔2005〕172号文件中第四条有关购房时间的规定。

【申报资料】根据2021年25号公告第五条规定,契税纳税人依法纳税申报时,应填报《财产和行为税税源明细表》(《契税税源明细表》部分),并根据具体情形提交下列资料:

(一)纳税人身份证件;

(二)土地、房屋权属转移合同或其他具有土地、房屋权属转移合同性质的凭证;

(三)交付经济利益方式转移土地、房屋权属的,提交土地、房屋权属转移相关价款支付凭证,其中,土地使用权出让为财政票据,土地使用权出售、互换和房屋买卖、互换为增值税发票;

(四)因人民法院、仲裁委员会的生效法律文书或者监察机关出具的监察文书等因素发生土地、房屋权属转移的,提交生效法律文书或监察文书等。

符合减免税条件的,应按规定附送有关资料或将资料留存备查。

第十一条 纳税人办理纳税事宜后,税务机关应当开具契税完税凭证。纳税人办理土地、房屋权属登记,不动产登记机构应当查验契税完税、减免税凭证或者有关信息。未按照规定缴纳契税的,不动产登记机构不予办理土地、房屋权属登记。

条文解读

本条规定了办理土地、房屋变更登记前，应首先缴纳契税，这也是俗称"先税后证"的来源之一。在土地增值税、个人所得税的规定中，也有先缴纳土地增值税、个人所得税方可办理土地、房屋变更登记的规定。

政策链接

【先税后证】根据2021年23号公告第五条规定，不动产登记机构在办理土地、房屋权属登记时，应当依法查验土地、房屋的契税完税、减免税、不征税等涉税凭证或者有关信息。

税务机关应当与相关部门建立契税涉税信息共享和工作配合机制。具体转移土地、房屋权属有关的信息包括：自然资源部门的土地出让、转让、征收补偿、不动产权属登记等信息，住房城乡建设部门的房屋交易等信息，民政部门的婚姻登记、社会组织登记等信息，公安部门的户籍人口基本信息。

根据2021年25号公告第六条规定，税务机关在契税足额征收或办理免税（不征税）手续后，应通过契税的完税凭证或契税信息联系单（以下简称联系单，附件2）等，将完税或免税（不征税）信息传递给不动产登记机构。能够通过信息共享即时传递信息的，税务机关可不再向不动产登记机构提供完税凭证或开具联系单。

【土地增值税的规定】《中华人民共和国土地增值税暂行条例》第十二条规定，纳税人未按照本条例缴纳土地增值税的，土地管理部门、房产管理部门不得办理有关的权属变更手续。

【个人所得税法的规定】《个人所得税法》第十五条规定，个人转让不动产的，登记机构办理转移登记时，应当查验与该不动产转让相关的个人所得税的完税凭证。个人转让股权办理变更登记的，市场主体登记机关应当查验与该股权交易相关的个人所得税的完税凭证。

【不动产登记的规定】《不动产登记暂行条例实施细则》（国土资源部令第63号）第十五条规定，不动产登记机构受理不动产登记申请后，还应当查验法律、行政法规规定的完税或者缴费凭证是否齐全。

【房地产税收一体化管理】根据《国家税务总局关于实施房地产税收一体化管理若干具体问题的通知》（国税发〔2005〕156号）规定，在契税纳税申报环节,各地应要求纳税人报送销售不动产发票,受理后将发票复印件作为申报资料存档;对于未报送销售不动产发票的纳税人,应要求其补送,否则不予受理(根据2021年25号公告,本规定自2021年9月1日起废止)。各地要按照《国家税务总局关于进一步加强房地产税收管理的通知》(国税发〔2005〕82号)的要求,在契税征收场所或房地产权属登记场所,代开销售不动产发票。要在代开销售不动产发票时,及时征收营业税及城市维护建设税和教育费附加、个人所得税、土地增值税、印花税等税收,并按国家规定的税款入库预算级次缴入国库。即契税完税凭证与不动产销售发票、征收出让方承担的各税款是捆绑在一起的,需要一起办理。办理契税纳税申报以取得不动产销售发票为前提,开具不动产销售发票同时要征收出让方承担的营业税及城市维护建设税和教育费附加、个人所得税、土地增值税、印花税等各税款。

【依据法院执行裁定书办理契税纳税】《国家税务总局关于契税纳税申报有关问题的公告》(国家税务总局公告2015年第67号)第一条规定,根据人民法院、仲裁委员会的生效法律文书发生土地、房屋权属转移,纳税人不能取得销售不动产发票的,可持人民法院执行裁定书原件及相关材料办理契税纳税申报,税务机关应予受理。根据国家税务总局在《关于〈国家税务总局关于契税纳税申报有关问题的公告〉的解读》明确,本条适用于原产权人已失踪、死亡或者拒不执行等情形。

【因企业非正常无法取得发票办理契税纳税】《国家税务总局关于契税纳税申报有关问题的公告》(国家税务总局公告2015年第67号)第二条规定,购买新建商品房的纳税人在办理契税纳税申报时,由于销售新建商品房的房地产开发企业已办理注销税务登记或者被税务机关列为非正常户等原因,致使纳税人不能取得销售不动产发票的,税务机关在核实有关情况后应予受理。

【引起物权转移的法律文书】《中华人民共和国物权法》第二十八条规定,因人民法院、仲裁委员会的法律文书或者人民政府的征收决定等,导致物权设立、变更、转让或者消灭的,自法律文书或者人民政府的征收决定等生效时发生效力。

《最高人民法院关于适用〈中华人民共和国物权法〉若干问题的解释(一)》(法释〔2016〕5号)第七条规定,人民法院、仲裁委员会在分割共

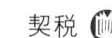

有不动产或者动产等案件中作出并依法生效的改变原有物权关系的判决书、裁决书、调解书，以及人民法院在执行程序中作出的拍卖成交裁定书、以物抵债裁定书，应当认定为物权法第二十八条所称导致物权设立、变更、转让或者消灭的人民法院、仲裁委员会的法律文书。

《最高人民法院关于适用〈中华人民共和国民事诉讼法〉的解释》（法释〔2015〕5号）第四百九十三条规定，拍卖成交或者依法定程序裁定以物抵债的，标的物所有权自拍卖成交裁定或者抵债裁定送达买受人或者接受抵债物的债权人时转移。

第十二条 在依法办理土地、房屋权属登记前，权属转移合同、权属转移合同性质凭证不生效、无效、被撤销或者被解除的，纳税人可以向税务机关申请退还已缴纳的税款，税务机关应当依法办理。

条文解读

本条是《契税法》新增加的内容，需要注意两个关键点：一是在依法办理土地、房屋权属登记前，即办证前；二是合同不生效、无效、被撤销或者被解除。关于合同不生效、无效被撤销或者被解除的具体情形，可根据《中华人民共和国民法典》等有关规定判断。

政策链接

【其他退还契税的情形】根据2021年23号公告第五条第（四）项规定，纳税人缴纳契税后发生下列情形，可依照有关法律法规申请退税：

1. 因人民法院判决或者仲裁委员会裁决导致土地、房屋权属转移行为无效、被撤销或者被解除，且土地、房屋权属变更至原权利人的；

2. 在出让土地使用权交付时，因容积率调整或实际交付面积小于合同约定面积需退还土地出让价款的；

3. 在新建商品房交付时，因实际交付面积小于合同约定面积需返还房价款的。

【申请退还契税所需资料】根据2021年25号公告第七条规定，纳税人依照《契税法》以及2021年23号公告规定向税务机关申请退还已缴纳契税的，应提供纳税人身份证件、完税凭证复印件，并根据不同情形提交相关资料：（1）在依法办理土地、房屋权属登记前，权属转移合同或合同性质凭证不生效、无效、被撤销或者被解除的，提交合同或合同性质凭证不生效、无效、被撤销或者被解除的证明材料；（2）因人民法院判决或者仲裁委员会裁决导致土地、房屋权属转移行为无效、被撤销或者被解除，且土地、房屋权属变更至原权利人的，提交人民法院、仲裁委员会的生效法律文书；（3）在出让土地使用权交付时，因容积率调整或实际交付面积小于合同约定面积需退还土地出让价款的，提交补充合同（协议）和退款凭证；（4）在新建商品房交付时，因实际交付面积小于合同约定面积需返还房价款的，提交补充合同（协议）和退款凭证。

税务机关收取纳税人退税资料后，应向不动产登记机构核实有关土地、房屋权属登记情况。核实后符合条件的即时受理，不符合条件的一次性告知应补正资料或不予受理原因。

关于契税的退还，之前颁布过很多规定。例如《财政部 国家税务总局关于购房人办理退房有关契税问题的通知》（财税〔2011〕32号）规定，对已缴纳契税的购房单位和个人，在未办理房屋权属变更登记前退房的，退还已纳契税；在办理房屋权属变更登记后退房的，不予退还已纳契税。

根据2021年23号公告，本规定自2021年9月1日起废止。

《国家税务总局关于办理期房退房手续后应退还已征契税的批复》（国税函〔2002〕622号，根据《国家税务总局关于公布全文失效废止和部分条款废止的税收规范性文件目录的公告》（国家税务总局公告2016年第34号，已废止）规定，购房者应在签订房屋买卖合同后、办理房屋所有权变更登记之前缴纳契税。对交易双方已签订房屋买卖合同，但由于各种原因最终未能完成交易的，如购房者已按规定缴纳契税，在办理期房退房手续后，对其已纳契税款应予以退还。

根据《国家税务总局关于无效产权转移征收契税的批复》（国税函〔2008〕438号）规定，对经法院判决的无效产权转移行为不征收契税；法院判决撤销房屋所有权证后，已纳契税款应予退还。本规定的关键是需要经法院判决认定产权转移无效，从而撤销房屋所有权证，不是普通的买卖双方协商退房。

根据2021年25号公告，本规定自2021年9月1日起废止。

第十三条 税务机关应当与相关部门建立契税涉税信息共享和工作配合机制。自然资源、住房城乡建设、民政、公安等相关部门应当及时向税务机关提供与转移土地、房屋权属有关的信息，协助税务机关加强契税征收管理。

税务机关及其工作人员对税收征收管理过程中知悉的纳税人的个人信息，应当依法予以保密，不得泄露或者非法向他人提供。

第十四条 契税由土地、房屋所在地的税务机关依照本法和《中华人民共和国税收征收管理法》的规定征收管理。

第十五条 纳税人、税务机关及其工作人员违反本法规定的，依照《中华人民共和国税收征收管理法》和有关法律法规的规定追究法律责任。

第十六条 本法自2021年9月1日起施行。1997年7月7日国务院发布的《中华人民共和国契税暂行条例》同时废止。

第四章 耕地占用税

耕地占用税是对占用耕地建设建筑物、构筑物或者从事非农业建设的单位和个人，就其实际占用的耕地面积征收的一种税。

1987年4月1日，国务院发布了《中华人民共和国耕地占用税暂行条例》，对占用耕地建房或者从事非农业建设的单位或者个人征收耕地占用税。2007年，国务院对该条例进行了修订，新《中华人民共和国耕地占用税暂行条例》（国务院令第511号，以下简称《耕占税暂行条例》）自2008年1月1日起施行。2008年2月，财政部和国家税务总局发布《中华人民共和国耕地占用税暂行条例实施细则》（财政部国家税务总局令第49号，以下简称《耕占税暂行细则》）。

为贯彻税收法定原则，进一步完善耕地占用税制度，增强其权威性和执法刚性，第十三届全国人民代表大会常务委员会第七次会议2018年12月29日通过了《中华人民共和国耕地占用税法》（以下简称《耕地占用税法》）。《耕地占用税法》自2019年9月1日起施行，共十六条。

本章以《耕地占用税法》为主线展开讲解耕地占用税的具体规定。

第一节　纳税义务人和征收范围

第一条　为了合理利用土地资源，加强土地管理，保护耕地，制定本法。

条文解读

本条规定了耕地占用税的开征目的。我国人口众多，耕地资源相对较少，为有效保护耕地，缓解人多地少的矛盾，运用税收经济、行政管理等手段，引导人们合理利用耕地，促进国民经济可持续发展，同时也为了保护农村和农民利益，开征了耕地占用税。

第二条　在中华人民共和国境内占用耕地建设建筑物、构筑物或者从事非农业建设的单位和个人，为耕地占用税的纳税人，应当依照本法规定缴纳耕地占用税。

占用耕地建设农田水利设施的，不缴纳耕地占用税。

本法所称耕地，是指用于种植农作物的土地。

条文解读

上述条文规定了耕地占用税征税对象和纳税人，是将《耕占税暂行条例》第二条和第三条的内容结合《耕占税暂行细则》进行了调整和补充。

《耕地占用税法》延续了对征税对象和纳税人的基本规定，但进行了明确。《耕占税暂行条例》对纳税人的规定是："占用耕地建房或者从事非农业建设的单位或者个人。"《耕地占用税法》为使征税对象和纳税人更加明确，将《耕占税暂行细则》第二条关于"建房"的解释条款吸收到本条中，用

"建设建筑物、构筑物"代替"建房"。另一方面,由于农田水利用地属于农业用地的一部分,不属于建设用地,不需要办理农用地转用手续,考虑到其特殊性,将农田水利设施占用耕地排除在征税范围之外。

除占用耕地设建筑物、构筑物或者从事非农业建设外,《耕地占用税法》第十一条规定,纳税人因建设项目施工或者地质勘查临时占用耕地,应当依照本法的规定缴纳耕地占用税。纳税人在批准临时占用耕地期满之日起一年内依法复垦,恢复种植条件的,全额退还已经缴纳的耕地占用税。第十二条规定,占用园地、林地、草地、农田水利用地、养殖水面、渔业水域滩涂以及其他农用地建设建筑物、构筑物或者从事非农业建设的,依照本法的规定缴纳耕地占用税。占用本条规定的农用地建设直接为农业生产服务的生产设施的,不缴纳耕地占用税。

政策链接

【经批准占用耕地的纳税人】《财政部 税务总局 自然资源部 农业农村部 生态环境部关于发布〈中华人民共和国耕地占用税法实施办法〉的公告》(财政部公告 2019 年第 81 号,2019 年 8 月 29 日发布,自 2019 年 9 月 1 日起施行,以下简称《实施办法》)第一条第一款规定,经批准占用耕地的,纳税人为农用地转用审批文件中标明的建设用地人;农用地转用审批文件中未标明建设用地人的,纳税人为用地申请人,其中用地申请人为各级人民政府的,由同级土地储备中心、自然资源主管部门或政府委托的其他部门、单位履行耕地占用税申报纳税义务。

【未经批准占用耕地的纳税人】《实施办法》第一条第二款规定,未经批准占用耕地的,纳税人为实际用地人。

【政府占用耕地时的纳税人】《实施办法》第一条第一款规定,用地申请人为各级人民政府的,由同级土地储备中心、自然资源主管部门或政府委托的其他部门、单位履行耕地占用税申报纳税义务。

【单位和个人】关于单位和个人的概念,2017 年 1 月 16 日公布的《中华人民共和国耕地占用税法(征求意见稿)》(以下简称《耕占税征求意见稿》)第三条规定:"本法所称单位,包括企业、事业单位、社会团体、国家机关、部队以及其他单位;所称个人,包括个体工商户、农村承包经营户以及其他个人。"但《耕地占用税法》将本款删除。一般来说,单位是指企业、行政单位、事业单位、军事单位、社会团体及其他单位,个人是指个体工商户和其他个人。在资源税、增值税等相关法规中都有类似的规定。

第二节　计税依据和税额

> **第三条**　耕地占用税以纳税人实际占用的耕地面积为计税依据,按照规定的适用税额一次性征收,应纳税额为纳税人实际占用的耕地面积(平方米)乘以适用税额。

条文解读

本条是对计税依据的规定,也明确了税额的计算口径,即以纳税人实际占用的耕地面积为计税依据,按照规定的适用税额计算,并实行一次性征收。与《耕占税暂行条例》第四条相比,本条增加了计算方法的规定,使计算公式更加明晰。即耕地占用税计算公式为:

$$应纳税额 = 实际占用的耕地面积(平方米) \times 适用税额$$

政策链接

【**计税依据和计税方法**】《国家税务总局关于耕地占用税征收管理有关事项的公告》(税务总局公告2019年第30号,2019年8月30日发布,自2019年9月1日起施行,以下简称《征管事项公告》)第一条规定,耕地占用税以纳税人实际占用的属于耕地占用税征税范围的土地(以下简称应税土地)面积为计税依据,按应税土地当地适用税额计税,实行一次性征收。

耕地占用税计算公式为:应纳税额=应税土地面积×适用税额。

应税土地面积包括经批准占用面积和未经批准占用面积,以平方米为单位。

当地适用税额是指省、自治区、直辖市人民代表大会常务委员会决定的应税土地所在地县级行政区的现行适用税额。

【实际占用的耕地面积】《实施办法》第三条规定，实际占用的耕地面积，包括经批准占用的耕地面积和未经批准占用的耕地面积。

《国家税务总局关于耕地占用税征收管理有关问题的通知》（国税发〔2007〕129号，根据《征管事项公告》第十二条规定，本通知自2019年9月1日起废止）第二条规定，耕地占用税计税面积核定的主要依据是农用地转用审批文件，必要时应实地勘测。纳税人实际占地面积（含受托代占地面积）大于批准占地面积的，按实际占地面积计税；实际占地面积小于批准占地面积的，按批准占地面积计税。

> **第四条** 耕地占用税的税额如下：
> （一）人均耕地不超过一亩的地区（以县、自治县、不设区的市、市辖区为单位，下同），每平方米为十元至五十元；
> （二）人均耕地超过一亩但不超过二亩的地区，每平方米为八元至四十元；
> （三）人均耕地超过二亩但不超过三亩的地区，每平方米为六元至三十元；
> （四）人均耕地超过三亩的地区，每平方米为五元至二十五元。
> 各地区耕地占用税的适用税额，由省、自治区、直辖市人民政府根据人均耕地面积和经济发展等情况，在前款规定的税额幅度内提出，报同级人民代表大会常务委员会决定，并报全国人民代表大会常务委员会和国务院备案。各省、自治区、直辖市耕地占用税适用税额的平均水平，不得低于本法所附《各省、自治区、直辖市耕地占用税平均税额表》规定的平均税额。

条文解读

本条第一款规定了耕地占用税的税额幅度，为了保持企业税负基本稳定，与《耕占税暂行条例》第五条第一款相比，规定的内容没有变化，依然根据人均耕地亩数规定了4档定额税额幅度。对于人均耕地计算的单位，原《耕占税暂行条例》第五条第一款第（一）项的规定是"以县级行政区域为单位"，本条进行了细化，修改为"以县、自治县、不设区的市、市辖区为单位"。考虑到我国不同地区之间人口和耕地资源分布的不均衡，经济发展水平的较大差异，为了协调政策，避免毗邻地区税额标准过于悬殊，耕地占用税实行地区差别定额税率，在税额选择上给予了省、自治区、直辖市一定的自主权。

本条第二款规定了各地耕地占用税适用税额确定程序。与《耕占税暂行条例》第五条第二款"国务院财政、税务主管部门根据人均耕地面积和经济发展情况确定各省、自治区、直辖市的平均税额"和第三款"各地适用税额，由省、自治区、直辖市人民政府在本条第一款规定的税额幅度内，根据本地区情况核定。各省、自治区、直辖市人民政府核定的适用税额的平均水平，不得低于本条第二款规定的平均税额"相比，主要变化是：

（1）各省、自治区、直辖市耕地占用税适用税额的平均水平，从原先的由"国务院财政、税务主管部门"确定，改为由本法通过附表进行规定，以增强税法的规范性和可操作性。

（2）各地耕地占用税适用税额的确定，由"省、自治区、直辖市人民政府核定"，改为"省、自治区、直辖市人民政府提出，报同级人民代表大会常务委员会决定"。

（3）增加了"报全国人民代表大会常务委员会和国务院备案"的规定。

政策链接

【税额确定】关于各省、自治区、直辖市耕地占用税适用税额的平均水平，《耕地占用税法》用附表《各省、自治区、直辖市耕地占用税平均税额表》进行了规定，见表4-1。

表4-1　　　　各省、自治区、直辖市耕地占用税平均税额表

省、自治区、直辖市	平均税额（元/平方米）
上海	45
北京	40
天津	35
江苏、浙江、福建、广东	30
辽宁、湖北、湖南	25
河北、安徽、江西、山东、河南、重庆、四川	22.5

续表

省、自治区、直辖市	平均税额（元/平方米）
广西、海南、贵州、云南、陕西	20
山西、吉林、黑龙江	17.5
内蒙古、西藏、甘肃、青海、宁夏、新疆	12.5

表4-1规定的平均税额，与《耕占税暂行细则》附表的规定一致，没有变化，也体现了税负平移的精神。

第五条 在人均耕地低于零点五亩的地区，省、自治区、直辖市可以根据当地经济发展情况，适当提高耕地占用税的适用税额，但提高的部分不得超过本法第四条第二款确定的适用税额的百分之五十。具体适用税额按照本法第四条第二款规定的程序确定。

条文解读

本条规定了耕地占用税适用税额的特殊规定。相关内容在《耕占税暂行条例》中属于第六条。与《耕占税暂行条例》第六条："经济特区、经济技术开发区和经济发达且人均耕地特别少的地区，适用税额可以适当提高，但是提高的部分最高不得超过本条例第五条第三款规定的当地适用税额的50%。"的规定相比，主要变化是：

（1）删除了对"经济特区、经济技术开发区"可以提高税额的规定；

（2）将"经济发达且人均耕地特别少的地区"修改为"人均耕地低于零点五亩的地区"；

（3）适用税额按照本法第四条第二款规定的程序确定。

第六条 占用基本农田的，应当按照本法第四条第二款或者第五条确定的当地适用税额，加按百分之一百五十征收。

条文解读

本条规定了在占用基本农田时，耕地占用税适用税额加收规定。相关内容与《耕占税暂行条例》第七条"占用基本农田的，适用税额应当在本条例第五条第三款、第六条规定的当地适用税额的基础上提高50%"相比，没有本质变化。

值得说明的是，在《耕占税征求意见稿》中本条内容属于第七条："经济特区、经济技术开发区和经济发达且人均耕地特别少的地区，适用税额可以适当提高，但是提高的部分最高不得超过本法第六条第三款规定的当地适用税额的50%。占用基本农田的，适用税额应当在本法第六条第三款和本条第一款规定的当地适用税额的基础上提高50%。占用基本农田以外的优质耕地，适用税额可以适当提高，但是提高的部分最高不得超过本法第六条第三款和本条第一款规定的当地适用税额的50%。"至于为何《耕占税征求意见稿》在保留基本农田和经济特区、经济技术开发区和经济发达且人均耕地特别少的地区的适用税额可适当提高的基础上，增加了"占用基本农田以外的优质耕地，适用税额可以适当提高"的规定以作为保护基本农田的补充，《关于〈中华人民共和国耕地占用税法（征求意见稿）〉的说明》（以下简称《征求意见稿说明》）做了解答："优质耕地是重要、稀缺的耕地资源，一般情况下，优质耕地应优先划入基本农田进行保护，但在实际工作中也存在部分优质耕地未划入基本农田的情况。而且，在批次用地中一些地方通过调整土地利用总体规划，将部分优质耕地由基本农田划为非基本农田。另外，现行税额标准的确定主要考虑人均耕地面积和经济发展程度，对耕地质量因素考虑不够。在目前实行耕地数量、质量、生态并重保护的大背景下，有必要在税法中体现对优质耕地的保护，在一定程度上遏制耕地'占优补劣'的现象。优质耕地可依据国土资源部开展的全国耕地质量等调查与评定成果进行认定。"但《耕地占用税法》并没有此项规定。

政策链接

【基本农田】《实施办法》第四条规定，基本农田，是指依据《基本农田保护条例》划定的基本农田保护区范围内的耕地。

【占用基本农田计税办法】《征管事项公告》第二条规定，按照《耕地占用税法》第六条规定，加按百分之一百五十征收耕地占用税的计算公式为：

$$应纳税额 = 应税土地面积 \times 适用税额 \times 150\%$$

第三节 税收优惠

第七条 军事设施、学校、幼儿园、社会福利机构、医疗机构占用耕地，免征耕地占用税。

铁路线路、公路线路、飞机场跑道、停机坪、港口、航道、水利工程占用耕地，减按每平方米二元的税额征收耕地占用税。

农村居民在规定用地标准以内占用耕地新建自用住宅，按照当地适用税额减半征收耕地占用税；其中农村居民经批准搬迁，新建自用住宅占用耕地不超过原宅基地面积的部分，免征耕地占用税。

农村烈士遗属、因公牺牲军人遗属、残疾军人以及符合农村最低生活保障条件的农村居民，在规定用地标准以内新建自用住宅，免征耕地占用税。

根据国民经济和社会发展的需要，国务院可以规定免征或者减征耕地占用税的其他情形，报全国人民代表大会常务委员会备案。

第八条 依照本法第七条第一款、第二款规定免征或者减征耕地占用税后，纳税人改变原占地用途，不再属于免征或者减征耕地占用税情形的，应当按照当地适用税额补缴耕地占用税。

条文解读

上述条文规定了耕地占用税减免的一般性规定。具体的减、免税规定在规章、规范性文件及相应政策中进行了明确。根据从严保护耕地的原则，《耕地占用税法》基本延续了原《耕占税暂行条例》的优惠政策，只增加了个别关系国计民生、公益性较强的减免税项目,并进一步明确了减免权限和相关管理规定。

【公共公益设施减免税】第七条第一款与原《耕占税暂行条例》第八条:"下列情形免征耕地占用税:(一)军事设施占用耕地;(二)学校、幼儿园、养老院、医院占用耕地"相比,变化不大,将《暂行条例》中免税的"养老院"改为"社会福利机构","医院"改为"医疗机构"。根据《征求意见稿说明》,除养老院之外的为残疾人、孤儿、弃婴等提供养护、托管服务的社会福利机构具有相同的公益性和社会效益,应当与养老院享受同等税收待遇;除医院之外的妇幼保健院、疾病防治机构、急救中心、村卫生室等医疗机构更具有公益性,应与医院享受同等税收待遇。

【交通水利等设施减免税】第七条第二款与原《耕占税暂行条例》第九条:"铁路线路、公路线路、飞机场跑道、停机坪、港口、航道占用耕地,减按每平方米2元的税额征收耕地占用税。根据实际需要,国务院财政、税务主管部门商国务院有关部门并报国务院批准后,可以对前款规定的情形免征或者减征耕地占用税"相比,一是增加了对水利工程的减免税。2011年中央一号文件提出要"完善水利工程耕地占用税政策"。水利工程具有明显的公益性特点,应与铁路线路、公路线路等公共交通运输基础设施建设享受同等税收优惠政策。二是删除了第二款经国务院批准后可以再行免征或者减征耕地占用税的规定。

值得说明的是,在《耕占税征求意见稿》第八条第一款第(二)项中,此项优惠的规定是:"(二)铁路线路、公路线路、飞机场跑道、停机坪、港口、航道、水利工程占用耕地,可以免征或者减征耕地占用税,具体办法由国务院规定。"对此,《征求意见稿说明》的解释是:"考虑到税法的稳定性和国家税收政策的相对灵活性,将《暂行条例》第九条对铁路线路、公路线路等'减按每平方米2元的税额征收耕地占用税'修改为'可以免征或者减征耕地占用税,具体办法由国务院规定'。"《耕地占用税法》没有赋予国务院此项权限,而是延续了《耕占税暂行条例》中减按每平方米2元的规定。

【农村居民建房减免】第七条第三款关于农民自建住宅及搬迁占用耕地,与原《耕占税暂行条例》第十条第一款:"农村居民占用耕地新建住宅,按照当地适用税额减半征收耕地占用税。"相比,吸收了《耕占税暂行细则》第十八条的规定,增加了"在规定标准内""自用"两个条件,对农村居民搬迁给予减免税优惠的规定,并将"经批准的搬迁"纳入优惠范围。农村居民经批准搬迁凡新建住宅占用耕地不超过原宅基地面积的,免征收耕地占用税;超过原宅基地面积的,对超过部分按照当地适用税额减半征收耕地占用税。原《耕占税暂行细则》第十八条对于"经批准的搬迁"的优惠中需要"原宅基地恢复耕种",本法没有对此明确。

【特定人群减免税】第七条第四款关于农村特定人群的税收优惠,与《耕占税暂行条例》第十条第二款:"农村烈士家属、残疾军人、鳏寡孤独以及革命老根据地、少数民族聚居区和边远贫困山区生活困难的农村居民,在规定用地标准以内新建住宅缴纳耕地占用税确有困难的,经所在地乡(镇)人民政府审核,报经县级人民政府批准后,可以免征或者减征耕地占用税"相比,主要变化是:一是根据中共中央、国务院《关于打赢脱贫攻坚战的决定》精神,不再区分鳏寡孤独以及老、少、边、穷地区,将《耕占税暂行条例》中对农村居民中的特定人群的减免税优惠范围,统一规范为"符合农村最低生活保障条件的农村居民";二是将"农村烈士家属、残疾军人"改为"农村烈士遗属、因公牺牲军人遗属、残疾军人",更加规范;三是对规定用地标准以内新建自用住宅直接"免征",不再经批准后"可以免征或者减征耕地占用税"。

【国务院制定税收优惠】第七条第五款对国务院的授权条款属于新添加内容。授权国务院根据国民经济和社会发展的需要,可以规定免征或者减征耕地占用税的其他情形,报全国人民代表大会常务委员会备案。

【优惠管理】第八条规定,对于依照本法第七条第一款、第二款规定免征或者减征耕地占用税后,纳税人改变原占地用途,不再属于免征或者减征耕地占用税情形的,应当按照当地适用税额补缴耕地占用税。

政策链接

【免税的军事设施】《实施办法》第五条规定,免税的军事设施,具体范围为《中华人民共和国军事设施保护法》规定的军事设施。

《征管事项公告》第三条第(一)项规定,免税的军事设施,是指《中华人民共和国军事设施保护法》第二条所列建筑物、场地和设备。具体包括:指挥机关,地面和地下的指挥工程、作战工程;军用机场、港口、码头;营区、训练场、试验场;军用洞库、仓库;军用通信、侦察、导航、观测台站,测量、导航、助航标志;军用公路、铁路专用线,军用通信、输电线路,军用输油、输水管道；边防、海防管控设施；国务院和中央军事委员会规定的其他军事设施。

【免税的学校】《实施办法》第六条第一款规定，免税的学校，具体范围包括县级以上人民政府教育行政部门批准成立的大学、中学、小学，学历性职业教育学校和特殊教育学校，以及经省级人民政府或其人力资源社会保障行政部门批准成立的技工院校。

【学校内经营性场所和教职工住房占用耕地不免税】《实施办法》第六条第二款规定，学校内经营性场所和教职工住房占用耕地的，按照当地适用税额缴纳耕地占用税。

【免税的幼儿园】《实施办法》第七条规定，免税的幼儿园，具体范围限于县级以上人民政府教育行政部门批准成立的幼儿园内专门用于幼儿保育、教育的场所。

【免税的社会福利机构】《实施办法》第八条规定，免税的社会福利机构，具体范围限于依法登记的养老服务机构、残疾人服务机构、儿童福利机构、救助管理机构、未成年人救助保护机构内，专门为老年人、残疾人、未成年人、生活无着的流浪乞讨人员提供养护、康复、托管等服务的场所。

《征管事项公告》第三条第（二）项规定，免税的社会福利机构，是指依法登记的养老服务机构、残疾人服务机构、儿童福利机构及救助管理机构、未成年人救助保护机构内专门为老年人、残疾人、未成年人及生活无着的流浪乞讨人员提供养护、康复、托管等服务的场所。

养老服务机构，是指为老年人提供养护、康复、托管等服务的老年人社会福利机构。具体包括老年社会福利院、养老院（或老人院）、老年公寓、护老院、护养院、敬老院、托老所、老年人服务中心等。

残疾人服务机构，是指为残疾人提供养护、康复、托管等服务的社会福利机构。具体包括为肢体、智力、视力、听力、语言、精神方面有残疾的人员提供康复和功能补偿的辅助器具，进行康复治疗、康复训练，承担教育、养护和托管服务的社会福利机构。

儿童福利机构，是指为孤、弃、残儿童提供养护、康复、医疗、教育、托管等服务的儿童社会福利服务机构。具体包括儿童福利院、社会福利院、SOS儿童村、孤儿学校、残疾儿童康复中心、社区特教班等。

社会救助机构，是指为生活无着的流浪乞讨人员提供寻亲、医疗、未成年人教育、离站等服务的救助管理机构。具体包括县级以上人民政府设立的救助管理站、未成年人救助保护中心等专门机构。

【免税的医疗机构】《实施办法》第九条第一款规定，免税的医疗机构，具体范围限于县级以上人民政府卫生健康行政部门批准设立的医疗机构内专门从事疾病诊断、治疗活动的场所及其配套设施。

【医疗机构内职工住房占用耕地不免税】《实施办法》第九条第二款规定，医疗机构内职工住房占用耕地的，按照当地适用税额缴纳耕地占用税。

【减税的铁路线路】《实施办法》第十条第一款规定，减税的铁路线路，具体范围限于铁路路基、桥梁、涵洞、隧道及其按照规定两侧留地、防火隔离带。

【专用铁路和铁路专用线占用耕地的无优惠】《实施办法》第十条第二款规定，专用铁路和铁路专用线占用耕地的，按照当地适用税额缴纳耕地占用税。

【减税的公路线路】《实施办法》第十一条第一款规定，减税的公路线路，具体范围限于经批准建设的国道、省道、县道、乡道和属于农村公路的村道的主体工程以及两侧边沟或者截水沟。

《征管事项公告》第三条第（四）项规定，减税的公路线路，是指经批准建设的国道、省道、县道、乡道和属于农村公路的村道的主体工程以及两侧边沟或者截水沟。具体包括高速公路、一级公路、二级公路、三级公路、四级公路和等外公路的主体工程及两侧边沟或者截水沟。

【专用公路和城区内机动车道占用耕地的无优惠】《实施办法》第十一条第二款规定，专用公路和城区内机动车道占用耕地的，按照当地适用税额缴纳耕地占用税。

【减税的飞机场跑道、停机坪】《实施办法》第十二条规定，减税的飞机场跑道、停机坪，具体范围限于经批准建设的民用机场专门用于民用航空器起降、滑行、停放的场所。

【减税的港口】《实施办法》第十三条规定，减税的港口，具体范围限于经批准建设的港口内供船舶进出、停靠以及旅客上下、货物装卸的场所。

【减税的航道】《实施办法》第十四条规定，减税的航道，具体范围限于在江、河、湖泊、港湾等水域内供船舶安全航行的通道。

【减税的水利工程】《实施办法》第十五条规定，减税的水利工程，具体范围限于经县级以上人民政府水行政主管部门批准建设的防洪、排涝、灌溉、引（供）水、滩涂治理、水土保持、水资源保护等各类工程及其配套和附属工程的建筑物、构筑物占压地和经批准的管理范围用地。

【预备役部队】《国家税务总局关于免征预备役部队营房建设所涉耕地占用税、契税的批复》（国税函〔2002〕956号）规定，根据《中华人民共和国国防法》第二十二条"中华人民共和国的武装力量，由中国人民解放军现役部队和预备役部队、中国人民武装警察部队、民兵组成"的规定，中国人民解放军预备役部队是中国人民解放军的组成部分。预备役部队占用耕地用于军事设施建设属现行耕地占用税政策规定的免税范围，承受国有土地使用权用于军事设施属现行契税政策规定的免税范围。

【铁路主线两侧的防火隔离带】《国家税务总局关于内蒙古自治区呼准鄂铁路防火隔离带适用耕地占用税优惠政策的批复》（税总函〔2017〕332号）明确，《暂行细则》第十三条规定，条例第九条规定减税的铁路线路，具体范围限于铁路路基、桥梁、涵洞、隧道及其按照规定两侧留地。按照国家保护铁路安全有关规定，内蒙古自治区呼准鄂铁路项目按照《铁路工程设计防火规范》要求，在通过林区和草原重点防火区时，于铁路主线两侧设置的防火隔离带依照《耕地占用税暂行条例》第九条第一款执行，减按每平方米2元的税额征收耕地占用税。

【综合性水利工程占地不属于农田水利用地】根据《国家税务总局关于红岭水利枢纽工程占地耕地占用税问题的批复》（国税函〔2010〕490号），按照《土地利用现状分类》（GB/T 21010—2007），综合性水利工程占地不属于农田水利用地，应按照法定税率征收耕地占用税。红岭水利枢纽工程属于综合性水利工程项目，对其建设过程中库区、淹没区以及安置移民建房占用的耕地、园地、坡地、林地和牧草地等其他农用地，应全额征收耕地占用税。

【飞机场内飞行区范围的其他建设用地】根据《财政部 国家税务总局关于揭阳潮汕机场减征耕地占用税问题的批复》（财税〔2009〕126号），按照中国民用航空局公布的《民用机场飞行区技术标准》（MH 5001—2006），飞行区包括升降带、跑道端安全区、滑行道、机坪以及机场净空；跑道是指机场飞行区内供飞机起飞和着陆使用的特定场地。因此，跑道、停机坪属于飞行区的一部分。根据《耕地占用税暂行条例》及其实施细则的规定，飞机场跑道、停机坪占用耕地减按每平方米 2 元的税额征收耕地占用税；飞机场内飞行区范围的其他建设用地，按照当地适用税额征收耕地占用税。

【北京 2022 年冬奥会和冬残奥会】根据《财政部 税务总局 海关总署关于北京 2022 年冬奥会和冬残奥会税收政策的通知》（财税〔2017〕60 号）第一条第（十五）款规定，对北京 2022 年冬奥会场馆及其配套设施建设占用耕地免征耕地占用税（同时适用于北京冬奥组委、北京冬奥会测试赛赛事组委会）。

【养老托育家政优惠政策】参见第一章第三节房产税的相关政策。

【小微企业普惠性税收减免政策】具体内容参见本书第一章第三节中"【小微企业普惠性税收减免政策】"。

【其他优惠政策】未明确列出的其他优惠政策，请查阅附录《财产行为税减免税政策代码目录（有效）》。

【减免税资料留存备查】《实施办法》第十六条规定，纳税人符合《耕地占用税法》第七条规定情形，享受免征或者减征耕地占用税的，应当留存相关证明资料备查。

《征管事项公告》第九条规定，耕地占用税减免优惠实行"自行判别、申报享受、有关资料留存备查"办理方式。纳税人根据政策规定自行判断是否符合优惠条件，符合条件的，纳税人申报享受税收优惠，并将有关资料留存备查。纳税人对留存材料的真实性和合法性承担法律责任。符合耕地占用税减免条件的纳税人，应留存下列材料：

（1）军事设施占用应税土地的证明材料；

（2）学校、幼儿园、社会福利机构、医疗机构占用应税土地的证明材料；

（3）铁路线路、公路线路、飞机场跑道、停机坪、港口、航道、水利工程占用应税土地的证明材料；

（4）农村居民建房占用土地及其他相关证明材料；

（5）其他减免耕地占用税情形的证明材料。

【免税环节】《实施办法》第二十九条规定，在农用地转用环节，用地申请人能证明建设用地人符合《耕地占用税法》第七条第一款规定的免税情形的，免征用地申请人的耕地占用税；在供地环节，建设用地人使用耕地用途符合《耕地占用税法》第七条第一款规定的免税情形的，由用地申请人和建设用地人共同申请，按退税管理的规定退还用地申请人已经缴纳的耕地占用税。

《征管事项公告》第十一条规定，纳税人、建设用地人符合《实施办法》第二十九条规定共同申请退税的，纳税人、建设用地人应提供身份证明查验，并提交以下材料复印件：

（1）纳税人应提交税收缴款书、税收完税证明；

（2）建设用地人应提交使用耕地用途符合免税规定的证明材料。

【不符合减免情形的应补税】《实施办法》第十七条规定，根据《耕地占用税法》第八条的规定，纳税人改变原占地用途，不再属于免征或减征情形的，应自改变用途之日起30日内申报补缴税款，补缴税款按改变用途的实际占用耕地面积和改变用途时当地适用税额计算。

第四节　征收管理

第九条　耕地占用税由税务机关负责征收。

第十条　耕地占用税的纳税义务发生时间为纳税人收到自然资源主管部门办理占用耕地手续的书面通知的当日。纳税人应当自纳税义务发生之日起三十日内申报缴纳耕地占用税。

自然资源主管部门凭耕地占用税完税凭证或者免税凭证和其他有关文件发放建设用地批准书。

条文解读

上述规定了耕地占用税的纳税义务发生时间和纳税期限。

政策链接

【纳税义务时间】关于纳税义务发生时间，为了更明确、具体，第十条将

《暂行细则》第三十一条第一款规定的："经批准占用耕地的，耕地占用税纳税义务发生时间为纳税人收到土地管理部门办理占用农用地手续通知的当天"修改为"纳税人收到自然资源主管部门办理占用耕地手续的书面通知的当日"。

《实施办法》第二十七条规定，未经批准占用耕地的，耕地占用税纳税义务发生时间为自然资源主管部门认定的纳税人实际占用耕地的当日。

因挖损、采矿塌陷、压占、污染等损毁耕地的纳税义务发生时间为自然资源、农业农村等相关部门认定损毁耕地的当日。

《征管事项公告》第四条规定，根据《耕地占用税法》第八条的规定，纳税人改变原占地用途，需要补缴耕地占用税的，其纳税义务发生时间为改变用途当日，具体为：经批准改变用途的，纳税义务发生时间为纳税人收到批准文件的当日；未经批准改变用途的，纳税义务发生时间为自然资源主管部门认定纳税人改变原占地用途的当日。

【纳税期限】关于纳税期限，第十条与《耕占税暂行条例》的规定一致，均为发生纳税义务发生之日起30日内。

【纳税地点】《实施办法》第二十八条规定，纳税人占用耕地，应当在耕地所在地申报纳税。

【申报资料】根据《征管事项公告》第七条规定，耕地占用税纳税人依法纳税申报时，应填报《财产和行为税纳税申报表》，同时依占用应税土地的不同情形分别提交下列材料：

（1）农用地转用审批文件复印件；

（2）临时占用耕地批准文件复印件；

（3）未经批准占用应税土地的，应提供实际占地的相关证明材料复印件。

其中（1）项和（2）项，纳税人提交的批准文书信息能够通过政府信息共享获取的，纳税人只需要提供上述材料的名称、文号、编码等信息供查询验证，不再提交材料复印件。

【纳税前置】第十条第二款规定，自然资源主管部门凭耕地占用税完税凭证或者免税凭证和其他有关文件发放建设用地批准书。延续了《暂行条例》第十二条："土地管理部门凭耕地占用税完税凭证或者免税凭证和其他有关文件发放建设用地批准书"的基本规定。

第十一条 纳税人因建设项目施工或者地质勘查临时占用耕地，应当依照本法的规定缴纳耕地占用税。纳税人在批准临时占用耕地期满之日起一年内依法复垦，恢复种植条件的，全额退还已经缴纳的耕地占用税。

条文解读

本条是关于临时占用耕地如何缴纳耕地占用税的规定。

本条与《耕占税暂行条例》第十三条："纳税人临时占用耕地，应当依照本条例的规定缴纳耕地占用税。纳税人在批准临时占用耕地的期限内恢复所占用耕地原状的，全额退还已经缴纳的耕地占用税"规定相比，为了促进临时占用耕地的单位、个人及时对所占耕地进行复垦，本条规定延续了对临时占地实行"先征后退"的办法，并根据《中华人民共和国土地管理法实施条例》相关规定，进一步明确了可全额退还已经缴纳的耕地占用税的条件：

一是限定了临时占用耕地可退税的范围，即"纳税人因建设项目施工或者地质勘查临时占用耕地"，使规定更加明确；

二是明确了可退税的时间要求，即"在批准临时占用耕地期满之日起一年内"依法复垦，恢复种植条件的。超出1年的不予退税。

政策链接

【临时占用耕地的定义】《实施办法》第十八条规定，临时占用耕地，是指经自然资源主管部门批准，在一般不超过2年内临时使用耕地并且没有修建永久性建筑物的行为。

依法复垦应由自然资源主管部门会同有关行业管理部门认定并出具验收合格确认书。

【因挖损、采矿塌陷、压占、污染等损毁耕地】《实施办法》第十九条规定："因挖损、采矿塌陷、压占、污染等损毁耕地属于税法所称的非农业建设，应依照税法规定缴纳耕地占用税；自自然资源、农业农村等相关部门认定损毁耕地之日起3年内依法复垦或修复，恢复种植条件的，比照税法第十一条规定办理退税"，本规定与《耕占税暂行细则》第二十三条规定："因污染、取土、采矿塌陷等损毁耕地的,比照条例第十三条规定的临时占用耕地的情况,由造成损毁的单位或者个人缴纳耕地占用税。超过2年未恢复耕地原状的,已征税款不予退还。"相比,期限增加了1年。

【复垦退税提供的资料】《征管事项公告》第十条规定,纳税人符合《耕地占用税法》第十一条、《实施办法》第十九条的规定申请退税的,纳税人应提供身份证明查验,并提交以下材料复印件:

(1) 税收缴款书、税收完税证明;
(2) 复垦验收合格确认书。

第十二条 占用园地、林地、草地、农田水利用地、养殖水面、渔业水域滩涂以及其他农用地建设建筑物、构筑物或者从事非农业建设的,依照本法的规定缴纳耕地占用税。

占用前款规定的农用地的,适用税额可以适当低于本地区按照本法第四条第二款确定的适用税额,但降低的部分不得超过百分之五十。具体适用税额由省、自治区、直辖市人民政府提出,报同级人民代表大会常务委员会决定,并报全国人民代表大会常务委员会和国务院备案。

占用本条第一款规定的农用地建设直接为农业生产服务的生产设施的,不缴纳耕地占用税。

条文解读

本条是关于占用其他农用地如何缴纳耕地占用税的规定。耕地以外的园地、林地、草地等其他农用地也是重要的农业资源,应作为保护的对象。同时,考虑到上述其他农用地在农业生产中地位和重要性与耕地有所区别,而且在地区间的分布差异较大,新的耕地占用税延续了原先的有关规定,依照规定征收耕地占用税,并可适当降低适用税额。但有以下变化:

一是规定了降低幅度。原《耕占税暂行条例》第十四条中,没有规定可以降低税额幅度,在《耕占税暂行细则》第二十九条规定"适用税额可以适当低于当地占用耕地的适用税额"。本条明确规定:"适用税额可以适当低于本地区按照本法第四条第二款确定的适用税额,但降低的部分不得超过百分之五十"。

二是税额确定程序改变。对于具体适用税额,原《耕占税暂行细则》第二十九条规定"按照各省、自治区、直辖市人民政府的规定"执行,本条修改为"由省、自治区、直辖市人民政府提出,报同级人民代表大会常务委员会决定,并报全国人民代表大会常务委员会和国务院备案"。

三是明确了执行依据。《耕占税暂行条例》第十四条规定,对于占用其他农业用地,"比照耕地"征收耕地占用税,本法表述为"依照本法"的规定缴纳耕地占用税。

政策链接

【园地、林地等的范围】《实施办法》第二十条至第二十六条对《耕地占用税法》第十二条第一款的园地、林地等用语做了解释,具体如下:

第二十条　园地,包括果园、茶园、橡胶园、其他园地。

前款的其他园地包括种植桑树、可可、咖啡、油棕、胡椒、药材等其他多年生作物的园地。

第二十一条　林地,包括乔木林地、竹林地、红树林地、森林沼泽、灌木林地、灌丛沼泽、其他林地,不包括城镇村庄范围内的绿化林木用地、铁路、公路征地范围内的林木用地,以及河流、沟渠的护堤林用地。

前款的其他林地包括疏林地、未成林地、迹地、苗圃等林地。

第二十二条　草地,包括天然牧草地、沼泽草地、人工牧草地,以及用于农业生产并已由相关行政主管部门发放使用权证的草地。

第二十三条　农田水利用地,包括农田排灌沟渠及相应附属设施用地。

第二十四条　养殖水面,包括人工开挖或者天然形成的用于水产养殖的河流水面、湖泊水面、水库水面、坑塘水面及相应附属设施用地。

第二十五条　渔业水域滩涂,包括专门用于种植或者养殖水生动植物的海水潮浸地带和滩地,以及用于种植芦苇并定期进行人工养护管理的苇田。

第二十六条　直接为农业生产服务的生产设施,是指直接为农业生产服务而建设的建筑物和构筑物。具体包括:储存农用机具和种子、苗木、木材等农业产品的仓储设施;培育、生产种子、种苗的设施;畜禽养殖设施;木材集材道、运材道;农业科研、试验、示范基地;野生动植物保护、护林、森林病虫害防治、森林防火、木材检疫的设施；专为农业生产服务的灌溉排水、供水、供电、供热、供气、通讯基础设施；农业生产者从事农业生产必需的食宿和管理设施；其他直接为农业生产服务的生产设施。

第十三条 税务机关应当与相关部门建立耕地占用税涉税信息共享机制和工作配合机制。县级以上地方人民政府自然资源、农业农村、水利等相关部门应当定期向税务机关提供农用地转用、临时占地等信息，协助税务机关加强耕地占用税征收管理。

税务机关发现纳税人的纳税申报数据资料异常或者纳税人未按照规定期限申报纳税的，可以提请相关部门进行复核，相关部门应当自收到税务机关复核申请之日起三十日内向税务机关出具复核意见。

条文解读

耕地占用税征管与农用地转用审批程序联系紧密，对自然资源、农业农村、水利等有关行政主管部门协助税务机关征税作出明确规定，有利于强化税收征管，堵塞税收漏洞。因此，本法增加了县级以上地方人民政府自然资源、农业农村、水利等相关部门应当定期向税务机关提供农用地转用、临时占地等信息的规定。同时规定，税务机关发现纳税人的纳税申报数据资料异常或者纳税人未按照规定期限申报纳税的，可以提请相关部门进行复核，相关部门应当自收到税务机关复核申请之日起三十日内向税务机关出具复核意见。

政策链接

【多部门协作的内容】《实施办法》第三十条规定，县级以上地方人民政府自然资源、农业农村、水利、生态环境等相关部门向税务机关提供的农用地转用、临时占地等信息，包括农用地转用信息、城市和村庄集镇按批次建设用地转而未供信息、经批准临时占地信息、改变原占地用途信息、未批先占农用地查处信息、土地损毁信息、土壤污染信息、土地复垦信息、草场使用和渔业养殖权证发放信息等。

各省、自治区、直辖市人民政府应当建立健全本地区跨部门耕地占用税部门协作和信息交换工作机制。

【纳税申报材料以自然资源等部门提供的为准】《实施办法》第三十一条规定，纳税人占地类型、占地面积和占地时间等纳税申报数据材料以自然资源等相关部门提供的相关材料为准；未提供相关材料或者材料信息不完整的，经主管税务机关提出申请，由自然资源等相关部门自收到申请之日起30日内出具认定意见。

【申报异常的情形】《实施办法》第三十二条规定，纳税人的纳税申报数据资料异常或者纳税人未按照规定期限申报纳税的，包括下列情形：

（1）纳税人改变原占地用途，不再属于免征或者减征耕地占用税情形，未按照规定进行申报的；

（2）纳税人已申请用地但尚未获得批准先行占地开工，未按照规定进行申报的；

（3）纳税人实际占用耕地面积大于批准占用耕地面积，未按照规定进行申报的；

（4）纳税人未履行报批程序擅自占用耕地，未按照规定进行申报的；

（5）其他应提请相关部门复核的情形。

第十四条　耕地占用税的征收管理，依照本法和《中华人民共和国税收征收管理法》的规定执行。

第十五条　纳税人、税务机关及其工作人员违反本法规定的，依照《中华人民共和国税收征收管理法》和有关法律法规的规定追究法律责任。

第十六条　本法自2019年9月1日起施行。2007年12月1日国务院公布的《中华人民共和国耕地占用税暂行条例》同时废止。

政策链接

【废止条款】根据《征管事项公告》，自2019年9月1日起，《国家税务总局关于农业税、牧业税、耕地占用税、契税征收管理暂参照〈中华人民共和国税收征收管理法〉执行的通知》（国税发〔2001〕110号）、《国家税务总局关于耕地占用税征收管理有关问题的通知》（国税发〔2007〕129号）、《国家税务总局关于发布〈耕地占用税管理规程（试行）〉的公告》（国家税务总局公告2016年第2号发布，国家税务总局公告2018年第31号修改）废止。

第五章

资源税

资源税是对在我国领域和管辖的其他海域开发应税资源的单位和个人征收的一种税。我国的资源税开征于1984年。

1993年国务院颁布《中华人民共和国资源税暂行条例》（国务院令第139号），确定普遍征收、从量定额计征的方法。经国务院批准，自2010年起先后实施原油、天然气、煤炭、稀土、钨、钼6个品目资源税从价计征改革。根据2011年9月30日《国务院关于修改〈中华人民共和国资源税暂行条例〉的决定》（国务院令第605号），修改后的《中华人民共和国资源税暂行条例》（以下简称《资源税暂行条例》）于2011年11月1日起施行。

2016年7月1日起，启动新一轮资源税改革，对《资源税税目税率幅度表》中列举名称的21种资源品目和未列举名称的其他金属矿实行从价计征。自2016年7月1日起，在河北省率先实施水资源税改革试点，2017年12月1日水资源税试点扩大到北京市、天津市、山西省、内蒙古自治区、河南省、山东省、四川省、陕西省、宁夏回族自治区。

2019年8月26日，第十三届全国人民代表大会常务委员会第十二次会议通过《中华人民共和国资源税法》（中华人民共和国主席令第三十三号，以下简称《资源税法》），自2020年9月1日起施行，共计十七条。

本章以《资源税法》为主线展开讲解资源税的具体规定。

第一节　征税范围和税率[①]

> **第一条**　在中华人民共和国领域和中华人民共和国管辖的其他海域开发应税资源的单位和个人，为资源税的纳税人，应当依照本法规定缴纳资源税。
>
> 应税资源的具体范围，由本法所附《资源税税目税率表》（以下称《税目税率表》）确定。

条文解读

本条规定了资源税的纳税义务人和征税范围。凡是在中华人民共和国领域和中华人民共和国管辖的其他海域开发应税资源的单位和个人，为资源税的纳税人。本法的规定与《资源税暂行条例》第一条："在中华人民共和国领域及管辖海域开采本条例规定的矿产品或者生产盐（以下称开采或者生产应税产品）的单位和个人，为资源税的纳税人"的规定相比，语言更加简练，不再局限于矿产品和盐，以"应税资源"概括。随着资源税改革进程，水资源及森林、草场、滩涂等其他自然资源都将陆续进入资源税的征税范围。

本条第二款规定了应税资源的具体范围，即根据《资源税法》所附的附件《税目税率表》确定，税目的分类较《资源税暂行条例》有了很大变化（见表5-1）。

[①] 为便于读者全面了解契税相关政策规定，本章仍部分引用了《资源税暂行条例》及其细则相关内容。具体政策执行请根据纳税义务发生时间确定。

表 5-1　　　　　　　　　　资源税税目税率表

税目			征税对象	税率
能源矿产	原油		原矿	6%
	天然气、页岩气、天然气水合物		原矿	6%
	煤		原矿或者选矿	2%-10%
	煤成（层）气		原矿	1%-2%
	铀、钍		原矿	4%
能源矿产	油页岩、油砂、天然沥青、石煤		原矿或者选矿	1%-4%
	地热		原矿	1%-20%或者每立方米1-30元
金属矿产	黑色金属	铁、锰、铬、钒、钛	原矿或者选矿	1%-9%
	有色金属	铜、铅、锌、锡、镍、锑、镁、钴、铋、汞	原矿或者选矿	2%-10%
		铝土矿	原矿或者选矿	2%-9%
		钨	选矿	6.5%
		钼	选矿	8%
		金、银	原矿或者选矿	2%-6%
		铂、钯、钌、锇、铱、铑	原矿或者选矿	5%-10%
		轻稀土	选矿	7%-12%
		中重稀土	选矿	20%
		铍、锂、锆、锶、铷、铯、铌、钽、锗、镓、铟、铊、铪、铼、镉、硒、碲	原矿或者选矿	2%-10%
非金属矿产	矿物类	高岭土	原矿或者选矿	1%-6%
		石灰岩	原矿或者选矿	1%-6%或者每吨（或者每立方米）1-10元
		磷	原矿或者选矿	3%-8%
		石墨	原矿或者选矿	3%-12%
		萤石、硫铁矿、自然硫	原矿或者选矿	1%-8%
		天然石英砂、脉石英、粉石英、水晶、工业用金刚石、冰洲石、蓝晶石、硅线石（矽线石）、长石、滑石、刚玉、菱镁矿、颜料矿物、天然碱、芒硝、钠硝石、明矾石、砷、硼、碘、溴、膨润土、硅藻土、陶瓷土、耐火粘土、铁矾土、凹凸棒石粘土、海泡石粘土、伊利石粘土、累托石粘土	原矿或者选矿	1%-12%

续表

税 目			征税对象	税率
非金属矿产	矿物类	叶蜡石、硅灰石、透辉石、珍珠岩、云母、沸石、重晶石、毒重石、方解石、蛭石、透闪石、工业用电气石、白垩、石棉、蓝石棉、红柱石、石榴子石、石膏	原矿或者选矿	2%-12%
		其他粘土（铸型用粘土飞砖瓦用粘土、陶粒用粘土、水泥配料用粘土、水泥配料用红土、水泥配料用黄土、水泥配料用泥岩飞保温材料用粘土）	原矿或者选矿	1%－5%或者每吨（或者每立方米）0.1-5元
	岩石类	大理岩、花岗岩、白云岩、石英岩、砂岩、辉绿岩、安山岩、闪长岩、板岩、玄武岩、片麻岩、角闪岩、页岩、浮石、凝灰岩、黑曜岩、霞石正长岩、蛇纹岩、麦饭石、泥灰岩、含钾岩石、含钾砂页岩、天然油石、橄榄岩、松脂岩、粗面岩、辉长岩、辉石岩、正长岩、火山灰、火山渣、泥炭	原矿或者选矿	1%-10%
		砂石	原矿成者选矿	1%－5%或者每吨（或者每立方米）0.1-5元
	宝玉石类	宝石、玉石、宝石级金刚石、玛瑙、黄玉、碧玺	原矿或者选矿	4%-20%
水气矿产		二氧化碳气、硫化氢气、氦气、氡气	原矿	2%-5%
		矿泉水	厚矿	1%-20%或者每立方米1-30元
盐		钠盐、钾盐、镁盐、锂盐	选矿	3%-15%
		天然卤水	原矿	3%-15%或者每吨（或者每立方米）1-10元
		海盐		2%-5%

政策链接

【单位】《中华人民共和国资源税暂行条例实施细则》（财政部令第66号，以下简称《实施细则》）第三条规定，条例第一条所称单位，是指企业、行政单位、事业单位、军事单位、社会团体及其他单位。

【个人】《实施细则》第三条规定，条例第一条所称个人，是指个体工商户和其他个人。

【征税范围】根据《税目税率表》，资源税税目的征税范围包括：能源矿产、金属矿产、非金属矿产、水气矿产和盐。具体见表5-1。

第二条 资源税的税目、税率，依照《税目税率表》执行。

《税目税率表》中规定实行幅度税率的，其具体适用税率由省、自治区、直辖市人民政府统筹考虑该应税资源的品位、开采条件以及对生态环境的影响等情况，在《税目税率表》规定的税率幅度内提出，报同级人民代表大会常务委员会决定，并报全国人民代表大会常务委员会和国务院备案。《税目税率表》中规定征税对象为原矿或者选矿的，应当分别确定具体适用税率。

条文解读

本条规定了资源税的税目、税率的调整权限。

本条第一款与《资源税暂行条例》第二条："资源税的税目、税率，依照本条例所附《资源税税目税率表》及财政部的有关规定执行。税目、税率的部分调整，由国务院决定。"相比，取消了国务院、财政部对资源税税目、税率进行调整和规定的权限，体现了税收法定原则。

关于在幅度内具体适用税率问题，本条第二款将调整确定权限下放给了各省级地方政府和同级人大。而《资源税暂行条例》第三条："纳税人具体适用的税率，在本条例所附《资源税税目税率表》规定的税率幅度内，根据纳税人所开采或者生产应税产品的资源品位、开采条件等情况，由财政部商国务院有关部门确定；财政部未列举名称且未确定具体适用税率的其他非金属矿原矿和有色金属矿原矿，由省、自治区、直辖市人民政府根据实际情况确定，报财政部和国家税务总局备案。"只是规定对未列举矿产的税率由地方政府确定，对于《资源税税目税率表》有规定的，要由财政部商国务院有关部门确定。

资源税的改革脉络

【由从量定额改为从价定率】在 2011 年《资源税暂行条例》和《实施细则》的《资源税税目税率表》中,大多数仍然是从量定额计算。在经过了近几年的资源税改革后,绝大多数资源税征税项目都改为从价定率征收。为了便于读者掌握改革发展进程,将改革前的《资源税税目税率表》(见表 5-2)列出,以供参考。

表 5-2 　　　　资源税税目税率表(2011 年版,部分不再适用)

税目		税率
一、原油		销售额的 5%~10%
二、天然气		销售额的 5%~10%
三、煤炭	焦煤	每吨 8~20 元
	其他煤炭	每吨 0.3~5 元
四、其他非金属矿原矿	普通非金属矿原矿	每吨或者每立方米 0.5~20 元
	贵重非金属矿原矿	每千克或者每克拉 0.5~20 元
五、黑色金属矿原矿		每吨 2~30 元
六、有色金属矿原矿	稀土矿	每吨 0.4~60 元
	其他有色金属矿原矿	每吨 0.4~30 元
七、盐	固体盐	每吨 10~60 元
	液体盐	每吨 2~10 元

【原油、天然气资源税改革历程】根据国务院决定,《财政部 国家税务总局关于原油、天然气资源税改革有关问题的通知》(财税〔2011〕114 号)规定,自 2011 年 11 月 1 日起,在全国实施原油、天然气资源税改革,对开采稠油、高凝油、高含硫天然气、低丰度油气资源及三次采油的陆上油气田企业,根据以前年度符合上述减税规定的原油、天然气销售额占其原油、天然气总销售额的比例,确定资源税综合减征率和实际征收率,实际征收率=5%-综合减征率。

上述文件自 2014 年 12 月 1 日起,被《财政部 国家税务总局关于调整原油、天然气资源税有关政策的通知》(财税〔2014〕73 号)废止。

根据国务院常务会议精神,《财政部 国家税务总局关于调整原油、天然气资源税有关政策的通知》(财税〔2014〕73号)规定,自2014年12月1日起,原油、天然气矿产资源补偿费费率降为零,相应将资源税适用税率由5%提高至6%。实际征收率调整为:实际征收率=6%-综合减征率。

上述文件自2020年9月1日起,被《财政部 税务总局关于资源税有关问题执行口径的公告》(财政部 税务总局公告2020年第34号)废止。

【煤炭资源税改革历程】根据《财政部 国家税务总局关于实施煤炭资源税改革的通知》(财税〔2014〕72号),为促进资源节约集约利用和环境保护,推动转变经济发展方式,规范资源税费制度,经国务院批准,自2014年12月1日起在全国范围内实施煤炭资源税从价计征改革,同时清理相关收费基金。

[该文件自2020年9月1日起,被《财政部 税务总局关于资源税有关问题执行口径的公告》(财政部 税务总局公告2020年第34号)废止。]

1. 关于计征方法

煤炭资源税实行从价定率计征。煤炭应税产品(以下简称应税煤炭)包括原煤和以未税原煤加工的洗选煤(以下简称洗选煤)。应纳税额的计算公式如下:

$$应纳税额 = 应税煤炭销售额 \times 适用税率$$

2. 关于适用税率

煤炭资源税税率幅度为2%~10%,具体适用税率由省级财税部门在上述幅度内,根据本地区清理收费基金、企业承受能力、煤炭资源条件等因素提出建议,报省级人民政府拟定。结合当前煤炭行业实际情况,现行税费负担较高的地区要适当降低负担水平。省级人民政府需将拟定的适用税率在公布前报财政部、国家税务总局审批。

跨省煤田的适用税率由财政部、国家税务总局确定。

【稀土、钨、钼资源税改革历程】《财政部 国家税务总局关于实施稀土、钨、钼资源税从价计征改革的通知》(财税〔2015〕52号)规定,经国务院批准,自2015年5月1日起实施稀土、钨、钼资源税清费立税、从价计征改革。

[该文件自2020年9月1日起,被《财政部 税务总局关于资源税有关问

题执行口径的公告》（财政部 税务总局公告 2020 年第 34 号）废止。］

1. 关于计征办法

稀土、钨、钼资源税由从量定额计征改为从价定率计征。稀土、钨、钼应税产品包括原矿和以自采原矿加工的精矿。

2. 关于适用税率

轻稀土按地区执行不同的适用税率，其中，内蒙古为 11.5%、四川为 9.5%、山东为 7.5%。中重稀土资源税适用税率为 27%。钨资源税适用税率为 6.5%。钼资源税适用税率为 11%。

【资源税全面改革历程】根据党中央、国务院决策部署，为深化财税体制改革，促进资源节约集约利用，加快生态文明建设，国家发布《财政部 国家税务总局关于全面推进资源税改革的通知》（财税〔2016〕53 号），自 2016 年 7 月 1 日起实施。

［该文件自 2020 年 9 月 1 日起，被《财政部 税务总局关于资源税有关问题执行口径的公告》（财政部 税务总局公告 2020 年第 34 号）废止。］

资源税改革的基本原则是：

1. 清费立税。着力解决当前存在的税费重叠、功能交叉问题，将矿产资源补偿费等收费基金适当并入资源税，取缔违规、越权设立的各项收费基金，进一步顺税费关系。

2. 合理负担。兼顾企业经营的实际情况和承受能力，借鉴煤炭等资源税费改革经验，合理确定资源税计税依据和税率水平，增强税收弹性，总体上不增加企业税费负担。

3. 适度分权。结合我国资源分布不均衡、地域差异较大等实际情况，在不影响全国统一市场秩序前提下，赋予地方适当的税政管理权。

4. 循序渐进。在煤炭、原油、天然气等已实施从价计征改革基础上，对其他矿产资源全面实施改革。积极创造条件，逐步对水、森林、草场、滩涂等自然资源开征资源税。

资源税改革的主要内容是：

1. 扩大资源税征收范围。

（1）开展水资源税改革试点工作。鉴于取用水资源涉及面广、情况复杂，为确保改革平稳有序实施，先在河北省开展水资源税试点。河北省开征水资源税试点工作，采取水资源费改税方式，将地表水和地下水纳入征税范围，实行从量定额计征，对高耗水行业、超计划用水以及在地下水超采地区取用地下水，适当提高税额标准，正常生产生活用水维持原有负担水平不变。在总结试点经验基础上，财政部、国家税务总局将选择其他地区逐步扩大试点范围，条件成熟后在全国推开。

（2）逐步将其他自然资源纳入征收范围。鉴于森林、草场、滩涂等资源在各地区的市场开发利用情况不尽相同，对其全面开征资源税条件尚不成熟，此次改革不在全国范围统一规定对森林、草场、滩涂等资源征税。各省、自治区、直辖市（以下统称省级）人民政府可以结合本地实际，根据森林、草场、滩涂等资源开发利用情况提出征收资源税的具体方案建议，报国务院批准后实施。

2. 实施矿产资源税从价计征改革。

（1）对《资源税税目税率幅度表》（见表5-3）中列举名称的21种资源品目和未列举名称的其他金属矿实行从价计征，计税依据由原矿销售量调整为原矿、精矿（或原矿加工品）、氯化钠初级产品或金锭的销售额。列举名称的21种资源品目包括：铁矿、金矿、铜矿、铝土矿、铅锌矿、镍矿、锡矿、石墨、硅藻土、高岭土、萤石、石灰石、硫铁矿、磷矿、氯化钾、硫酸钾、井矿盐、湖盐、提取地下卤水晒制的盐、煤层（成）气、海盐。

表5-3 资源税税目税率幅度表（财税〔2016〕53号）

序号	税目		征税对象	税率
1	金属矿	铁矿	精矿	1%~6%
2		金矿	金锭	1%~4%
3		铜矿	精矿	2%~8%
4		铝土矿	原矿	3%~9%
5		铅锌矿	精矿	2%~6%
6		镍矿	精矿	2%~6%
7		锡矿	精矿	2%~6%
8		未列举名称的其他金属矿产品	原矿或精矿	不超过20%

续表

序号	税目		征税对象	税率
9	非金属矿	石墨	精矿	3%~10%
10		硅藻土	精矿	1%~6%
11		高岭土	原矿	1%~6%
12		萤石	精矿	1%~6%
13		石灰石	原矿	1%~6%
14		硫铁矿	精矿	1%~6%
15		磷矿	原矿	3%~8%
16		氯化钾	精矿	3%~8%
17		硫酸钾	精矿	6%~12%
18		井矿盐	氯化钠初级产品	1%~6%
19		湖盐	氯化钠初级产品	1%~6%
20		提取地下卤水晒制的盐	氯化钠初级产品	3%~15%
21		煤层（成）气	原矿	1%~2%
22		粘土、砂石	原矿	每吨或立方米0.1~5元
23		未列举名称的其他非金属矿产品	原矿或精矿	从量税率每吨或立方米不超过30元；从价税率不超过20%
24		海盐	氯化钠初级产品	1%~5%

备注：

1. 铝土矿包括耐火级矾土、研磨级矾土等高铝粘土。

2. 氯化钠初级产品是指井矿盐、湖盐原盐、提取地下卤水晒制的盐和海盐原盐，包括固体和液体形态的初级产品。

3. 海盐是指海水晒制的盐，不包括提取地下卤水晒制的盐。

对经营分散、多为现金交易且难以控管的粘土、砂石，按照便利征管原则，仍实行从量定额计征。

（2）对《资源税税目税率幅度表》中未列举名称的其他非金属矿产品，按照从价计征为主、从量计征为辅的原则，由省级人民政府确定计征方式。

3. 全面清理涉及矿产资源的收费基金。

（1）在实施资源税从价计征改革的同时，将全部资源品目矿产资源补偿费费率降为零，停止征收价格调节基金，取缔地方针对矿产资源违规设立的各种收费基金项目。

（2）地方各级财政部门要会同有关部门对涉及矿产资源的收费基金进行全面清理。凡不符合国家规定、地方越权出台的收费基金项目要一律取消。

对确需保留的依法合规收费基金项目，要严格按规定的征收范围和标准执行，切实规范征收行为。

4. 合理确定资源税税率水平。

（1）对《资源税税目税率幅度表》中列举名称的资源品目，由省级人民政府在规定的税率幅度内提出具体适用税率建议，报财政部、国家税务总局确定核准。

（2）对未列举名称的其他金属和非金属矿产品，由省级人民政府根据实际情况确定具体税目和适用税率，报财政部、国家税务总局备案。

（3）省级人民政府在提出和确定适用税率时，要结合当前矿产企业实际生产经营情况，遵循改革前后税费平移原则，充分考虑企业负担能力。

【水资源税改革】为促进水资源节约、保护和合理利用，根据党中央、国务院决策部署，自2016年7月1日起在河北省实施水资源税改革试点，同时财政部、国家税务总局、水利部印发《水资源税改革试点暂行办法》（财税〔2016〕55号）供河北省执行；自2017年12月1日起在北京、天津、山西、内蒙古、山东、河南、四川、陕西、宁夏等9个省（自治区、直辖市）扩大水资源税改革试点，财政部、国家税务总局、水利部印发《扩大水资源税改革试点实施办法》（财税〔2017〕80号），适用于这9个省份的水资源税征收管理。

1. 水资源税征税对象。

水资源税的征税对象为地表水和地下水。

地表水是陆地表面上动态水和静态水的总称，包括江、河、湖泊（含水库）、雪山融水等水资源（财税〔2016〕55号文件的表述）。地表水是陆地表面上动态水和静态水的总称，包括江、河、湖泊（含水库）等水资源（财税〔2017〕80号文件的表述）。

地下水是埋藏在地表以下各种形式的水资源。

2. 水资源税纳税人和计税依据。

水资源税的纳税人为直接从江河、湖泊（含水库）和地下取用水资源的单位和个人。

3. 水资源税征收方式。

水资源税实行从量计征。

4. 水资源税税额标准。

按现行水资源费征收标准进行平转，明确试点省份最低平均税额为，地表水每立方米0.1~1.6元、地下水每立方米0.2~4元，总体不增加企业和居民正常生产生活用水负担。同时，为发挥水资源税调控作用，比照河北省试点政策，按不同取用水性质实行差别税额，对地下水超采地区取用地下水加征1~4倍；对超计划或超定额用水加征1~3倍；对特种行业从高征税；对超过规定限额的农业生产取用水、农村生活集中式饮水工程取用水等从低征税。具体适用税额，授权省级人民政府统筹考虑本地区水资源状况、经济社会发展水平和水资源节约保护的要求确定。考虑到对中央直属和跨省水电站征税涉及中央企业以及比邻省份之间的利益关系，对其仍延续现行水资源费政策，统一确定其水资源税税额为每千瓦·时0.5分钱；对跨省（区、市）界河水电站水力发电取用水水资源税税额，与涉及的非试点省份水资源费征收标准不一致的，按较高一方标准执行。

【矿泉水等水气矿产】根据《国家税务总局关于发布修订后的〈资源税若干问题的规定〉的公告》（国家税务总局公告2011年第63号）第十一条规定，矿泉水是含有符合国家标准的矿物质元素的一种水气矿产，可供饮用或医用等。此外，水气矿产还包括地下水、二氧化碳气、硫化氢气、氦气、氡气等。矿泉水等水气矿产属于"其他非金属矿原矿——未列举名称的其他非金属矿原矿"。

《资源税法》，将矿泉水列入《税目税率表》的"水气矿产中"，可以从量定额或者从价定率征收。

因此，矿泉水等水气矿产不是水资源税的征收范围，应注意二者的区别。

第二节 税款计算

第三条 资源税按照《税目税率表》实行从价计征或者从量计征。

《税目税率表》中规定可以选择实行从价计征或者从量计征的，具体计征方式由省、自治区、直辖市人民政府提出，报同级人民代表大会常务委员会决定，并报全国人民代表大会常务委员会和国务院备案。

实行从价计征的，应纳税额按照应税资源产品（以下称应税产品）

的销售额乘以具体适用税率计算。实行从量计征的，应纳税额按照应税产品的销售数量乘以具体适用税率计算。

应税产品为矿产品的，包括原矿和选矿产品。

第四条 纳税人开采或者生产不同税目应税产品的，应当分别核算不同税目应税产品的销售额或者销售数量；未分别核算或者不能准确提供不同税目应税产品的销售额或者销售数量的，从高适用税率。

第五条 纳税人开采或者生产应税产品自用的，应当依照本法规定缴纳资源税；但是，自用于连续生产应税产品的，不缴纳资源税。

政策链接

【销售额】根据《财政部 税务总局关于资源税有关问题执行口径的公告》（财政部 税务总局公告2020年第34号，以下简称2020年第34号公告）第一条规定，资源税应税产品（以下简称应税产品）的销售额，按照纳税人销售应税产品向购买方收取的全部价款确定，不包括增值税税款。

计入销售额中的相关运杂费用，凡取得增值税发票或者其他合法有效凭据的，准予从销售额中扣除。相关运杂费用是指应税产品从坑口或者洗选（加工）地到车站、码头或者购买方指定地点的运输费用、建设基金以及随运销产生的装卸、仓储、港杂费用。

【销售额】根据2020年第34号公告第四条规定，应税产品的销售数量，包括纳税人开采或者生产应税产品的实际销售数量和自用于应当缴纳资源税情形的应税产品数量。

【自用应税产品应当缴纳资源税】根据2020年第34号公告第二条规定，纳税人自用应税产品应当缴纳资源税的情形，包括纳税人以应税产品用于非货币性资产交换、捐赠、偿债、赞助、集资、投资、广告、样品、职工福利、利润分配或者连续生产非应税产品等。

【未分别或准确核算的从高适用税率】根据2020年第34号公告第六条规定，纳税人开采或者生产同一税目下适用不同税率应税产品的，应当分别核算不同税率应税产品的销售额或者销售数量；未分别核算或者不能准确提供不同税率应税产品的销售额或者销售数量的，从高适用税率。

【计税价格核定】根据2020年第34号公告第三条规定，纳税人申报的应税产品销售额明显偏低且无正当理由的，或者有自用应税产品行为而无销售额的，主管税务机关可以按下列方法和顺序确定其应税产品销售额：

（1）按纳税人最近时期同类产品的平均销售价格确定。

（2）按其他纳税人最近时期同类产品的平均销售价格确定。

（3）按后续加工非应税产品销售价格，减去后续加工环节的成本利润后确定。

（4）按应税产品组成计税价格确定。

组成计税价格=成本×（1+成本利润率）÷（1-资源税税率）

上述公式中的成本利润率由省、自治区、直辖市税务机关确定。

（5）按其他合理方法确定。

【混合销售和混合生产】根据2020年第34号公告第五条规定，纳税人外购应税产品与自采应税产品混合销售或者混合加工为应税产品销售的，在计算应税产品销售额或者销售数量时，准予扣减外购应税产品的购进金额或者购进数量；当期不足扣减的，可结转下期扣减。纳税人应当准确核算外购应税产品的购进金额或者购进数量，未准确核算的，一并计算缴纳资源税。

纳税人核算并扣减当期外购应税产品购进金额、购进数量，应当依据外购应税产品的增值税发票、海关进口增值税专用缴款书或者其他合法有效凭据。

根据《国家税务总局关于资源税征收管理若干问题的公告》（国家税务总局公告2020年第14号）第一条规定，纳税人以外购原矿与自采原矿混合为原矿销售，或者以外购选矿产品与自产选矿产品混合为选矿产品销售的，在计算应税产品销售额或者销售数量时，直接扣减外购原矿或者外购选矿产品的购进金额或者购进数量。

纳税人以外购原矿与自采原矿混合洗选加工为选矿产品销售的，在计算应税产品销售额或者销售数量时，按照下列方法进行扣减：

准予扣减的外购应税产品购进金额（数量）=外购原矿购进金额（数量）×（本地区原矿适用税率÷本地区选矿产品适用税率）

【以自采原矿接销售或者自用】根据2020年第34号公告第七条规定，纳税人以自采原矿（经过采矿过程采出后未进行选矿或者加工的矿石）直接销售，或者自用于应当缴纳资源税情形的，按照原矿计征资源税。

纳税人以自采原矿洗选加工为选矿产品（通过破碎、切割、洗选、筛分、磨矿、分级、提纯、脱水、干燥等过程形成的产品，包括富集的精矿和研磨成粉、粒级成型、切割成型的原矿加工品）销售，或者将选矿产品自用于应当缴纳资源税情形的，按照选矿产品计征资源税，在原矿移送环节不缴纳资源税。对于无法区分原生岩石矿种的粒级成型砂石颗粒，按照砂石税目征收资源税。

【特殊情况销售额的确定】《国家税务总局关于发布修订后的〈资源税若干问题的规定〉的公告》（国家税务总局公告2011年第63号）第一条规定：

（1）纳税人开采应税产品由其关联单位对外销售的，按其关联单位的销售额征收资源税。

（2）纳税人既有对外销售应税产品，又有将应税产品自用于除连续生产应税产品以外的其他方面的，则自用的这部分应税产品，按纳税人对外销售应税产品的平均价格计算销售额征收资源税。

（3）纳税人将其开采的应税产品直接出口的，按其离岸价格（不含增值税）计算销售额征收资源税。

【水资源税的税款计算】《扩大水资源税改革试点实施办法》（财税〔2017〕80号）规定，对一般取用水按照实际取用水量征税；对采矿和工程建设疏干排水按照排水量征税；对水力发电和火力发电贯流式（不含循环式）冷却取用水按照实际发电量征税。

适用税额，是指取水口所在地的适用税额。应纳税额的计算公式为：

应纳税额 = 实际取用水量（实际取用水量、实际发电量）×适用税额

城镇公共供水企业实际取用水量应当考虑合理损耗因素。

疏干排水是指在采矿和工程建设过程中破坏地下水层、发生地下涌水的活动。

火力发电贯流式冷却取用水，是指火力发电企业从江河、湖泊（含水库）等水源取水，并对机组冷却后将水直接排入水源的取用水方式。火力发电循环式冷却取用水，是指火力发电企业从江河、湖泊（含水库）、地下等水源取水并引入自建冷却水塔，对机组冷却后返回冷却水塔循环利用的取用水方式。

第三节 税收优惠

第六条 有下列情形之一的,免征资源税:

(一) 开采原油以及在油田范围内运输原油过程中用于加热的原油、天然气;

(二) 煤炭开采企业因安全生产需要抽采的煤成(层)气。

有下列情形之一的,减征资源税:

(一) 从低丰度油气田开采的原油、天然气,减征百分之二十资源税;

(二) 高含硫天然气、三次采油和从深水油气田开采的原油、天然气,减征百分之三十资源税;

(三) 稠油、高凝油减征百分之四十资源税;

(四) 从衰竭期矿山开采的矿产品,减征百分之三十资源税。

根据国民经济和社会发展需要,国务院对有利于促进资源节约集约利用、保护环境等情形可以规定免征或者减征资源税,报全国人民代表大会常务委员会备案。

第七条 有下列情形之一的,省、自治区、直辖市可以决定免征或者减征资源税:

(一) 纳税人开采或者生产应税产品过程中,因意外事故或者自然灾害等原因遭受重大损失;

(二) 纳税人开采共伴生矿、低品位矿、尾矿。

前款规定的免征或者减征资源税的具体办法,由省、自治区、直辖市人民政府提出,报同级人民代表大会常务委员会决定,并报全国人民代表大会常务委员会和国务院备案。

第八条 纳税人的免税、减税项目,应当单独核算销售额或者销售数量;未单独核算或者不能准确提供销售额或者销售数量的,不予免税或者减税。

条文解读

第六条和第七条规定了资源税免征和减征的情形。与《资源税暂行条例》第七条："有下列情形之一的，减征或者免征资源税：（一）开采原油过程中用于加热、修井的原油，免税。（二）纳税人开采或者生产应税产品过程中，因意外事故或者自然灾害等原因遭受重大损失的，由省、自治区、直辖市人民政府酌情决定减税或者免税。（三）国务院规定的其他减税、免税项目。"相比，本法的规定更加明晰。但是，这并不是此次颁布《资源税法》新增的优惠政策，这些优惠政策在之前大多已有规定。需要注意的是，对煤炭开采企业因安全生产需要抽采的煤成（层）气免征资源税是《资源税法》新增加的税收优惠政策。

另外，关于决定减税或者免税的权限问题，《资源税法》与《资源税暂行条例》的不同之处也应注意：一是虽然仍然授权国务院可以规定免征或者减征资源税，但增加了"报全国人民代表大会常务委员会备案"的程序；二是对于因意外事故或者自然灾害等原因遭受重大损失的减税或免税问题，《资源税暂行条例》的规定是省级人民政府酌情决定即可，《资源税法》对此进行了修改，规定由省、自治区、直辖市人民政府提出，报同级人民代表大会常务委员会决定，并报全国人民代表大会常务委员会和国务院备案；三是对于纳税人开采共伴生矿、低品位矿、尾矿的，规定了由省、自治区、直辖市决定免征或者减征资源税。

关于第六条规定中一些用语的含义，在《资源税法》第十六条进行了规定：

（1）低丰度油气田，包括陆上低丰度油田、陆上低丰度气田、海上低丰度油田、海上低丰度气田。陆上低丰度油田是指每平方公里原油可开采储量丰度低于二十五万立方米的油田；陆上低丰度气田是指每平方公里天然气可开采储量丰度低于二亿五千万立方米的气田；海上低丰度油田是指每平方公里原油可开采储量丰度低于六十万立方米的油田；海上低丰度气田是指每平方公里天然气可开采储量丰度低于六亿立方米的气田。

（2）高含硫天然气，是指硫化氢含量在每立方米三十克以上的天然气。

（3）三次采油，是指二次采油后继续以聚合物驱、复合驱、泡沫驱、气水交替驱、二氧化碳驱、微生物驱等方式进行采油。

（4）深水油气田，是指水深超过三百米的油气田。

(5)稠油,是指地层原油黏度大于或等于每秒五十毫帕或原油密度大于或等于每立方厘米零点九二克的原油。

(6)高凝油,是指凝固点高于四十摄氏度的原油。

(7)衰竭期矿山,是指设计开采年限超过十五年,且剩余可开采储量下降到原设计可开采储量的百分之二十以下或者剩余开采年限不超过五年的矿山。衰竭期矿山以开采企业下属的单个矿山为单位确定。

政策链接

【省级政府的制定税收优惠权限】《财政部 国家税务总局关于全面推进资源税改革的通知》(财税〔2016〕53号)第二条第(五)项第2点规定,对鼓励利用的低品位矿、废石、尾矿、废渣、废水、废气等提取的矿产品,由省级人民政府根据实际情况确定是否减税或免税,并制定具体办法。

上述文件自2020年9月1日起,被2020年第34号公告废止。

【煤炭资源税税收优惠】《财政部 国家税务总局关于实施煤炭资源税改革的通知》(财税〔2014〕72号)第四条规定的煤炭资源税税收优惠是:

(1)对衰竭期煤矿开采的煤炭,资源税减征30%。衰竭期煤矿,是指剩余可采储量下降到原设计可采储量的20%(含)以下,或者剩余服务年限不超过5年的煤矿。

(2)对充填开采置换出来的煤炭,资源税减征50%。

(3)纳税人开采的煤炭,同时符合上述减税情形的,纳税人只能选择其中一项执行,不能叠加适用。

上述文件自2020年9月1日起,被2020年第34号公告废止。

【煤炭资源税税收优惠的征管】为更好落实《财政部 国家税务总局关于实施煤炭资源税改革的通知》(财税〔2014〕72号)两项税收优惠政策,鉴于对衰竭期煤矿和充填开采置换煤炭的认定技术性、专业性较强,税务机关往往难以独立确认,为避免征纳争议、防范执法风险和纳税风险,需要煤炭行业部门予以相应的支持和协助。为此,国家税务总局与国家能源局共同研究起草并下发了《关于落实煤炭资源税优惠政策若干事项的公告》(国家税务总局 国家能源局公告2015年第21号),主要就以下事项进行了明确:

(1)对衰竭期煤矿开采的煤炭和充填开采置换出来的煤炭减税实行备案,

而不是实行减税审批制。

（2）衰竭期煤矿以煤炭企业下属的单个煤矿为单位确定，而不是按该煤炭企业所有的煤矿加总确定。

（3）衰竭期煤矿无法查找原设计可采储量的，衰竭期以剩余服务年限为准。剩余服务年限由剩余可采储量、最近一次核准或核定的生产能力、储量备用系数计算确定。

（4）明确了衰竭煤矿办理减税时应提供的备案资料。

（5）给出了充填开采的定义以及充填开采减税需要提供的备案资料。

（6）明确了如何计算充填开采置换出来的煤炭数量。

上述文件自2020年9月1日起，被2020年第34号公告废止。

【原油、天然气资源税税收优惠】根据《财政部 国家税务总局关于调整原油、天然气资源税有关政策的通知》（财税〔2014〕73号）第二条规定：

（1）对油田范围内运输稠油过程中用于加热的原油、天然气免征资源税。

（2）对稠油、高凝油和高含硫天然气资源税减征40%。

（3）对三次采油资源税减征30%。

（4）对低丰度油气田资源税暂减征20%。

（5）对深水油气田资源税减征30%。深水油气田，是指水深超过300米（不含）的油气田。

（6）符合上述减免税规定的原油、天然气划分不清的，一律不予减免资源税；同时符合上述两项及两项以上减税规定的，只能选择其中一项执行，不能叠加适用。

（7）财政部和国家税务总局根据国家有关规定及实际情况的变化适时对上述政策进行调整。

上述文件自2020年9月1日起，被2020年第34号公告废止。

【全面推开资源税改革的税收优惠】为落实《财政部 国家税务总局关于全面推进资源税改革的通知》（财税〔2016〕53号）、《财政部 国家税务总局关于资源税改革具体政策问题的通知》（财税〔2016〕54号）规定的资源税优惠政策，国家税务总局、国土资源部联合发布《关于落实资源税改革优惠政策若干事项的公告》（国家税务总局 国土资源部公告2017年第2号），规定了全面推进资源税改革期间资源税优惠政策事项：

（1）对符合条件的充填开采和衰竭期矿山减征资源税，实行备案管理制度。

（2）对依法在建筑物下、铁路下、水体下（以下简称"三下"）通过充填开采方式采出的矿产资源，资源税减征50%。"三下"的具体范围由省税务机关商同级国土资源主管部门确定。

（3）对实际开采年限在15年（含）以上的衰竭期矿山开采的矿产资源，资源税减征30%。衰竭期矿山是指剩余可采储量下降到原设计可采储量的20%（含）以下或剩余服务年限不超过5年的矿山。原设计可采储量不明确的，衰竭期以剩余服务年限为准。衰竭期矿山以开采企业下属的单个矿山为单位确定。

（4）纳税人应当单独核算不同减税项目的销售额或销售量，未单独核算的，不享受减税优惠。

（5）纳税人开采销售的应税矿产资源（同一笔销售业务）同时符合两项（含）以上资源税备案类减免税政策的，纳税人可选择享受其中一项优惠政策，不得叠加适用。

（6）本公告不适用于原油、天然气、煤炭、稀土、钨、钼，上述资源税税目的有关优惠政策仍按原文件执行。

（7）自公告发布之日（2017年1月24日）起施行。2016年7月1日至本公告施行日之间发生的尚未办理资源税减免备案的减免税事项，应当按本公告有关规定办理相关减免税事宜。

上述财税〔2016〕53号和财税〔2016〕54号文件自2020年9月1日起，被《财政部 税务总局关于资源税有关问题执行口径的公告》（财政部 税务总局公告2020年第34号）废止。

【水资源税的税收优惠】《扩大水资源税改革试点实施办法》（财税〔2017〕80号）第十五条规定，下列情形予以免征或者减征水资源税：

（1）规定限额内的农业生产取用水，免征水资源税；

（2）取用污水处理再生水，免征水资源税；

（3）除接入城镇公共供水管网以外，军队、武警部队通过其他方式取用水的，免征水资源税；

（4）抽水蓄能发电取用水，免征水资源税；

（5）采油排水经分离净化后在封闭管道回注的，免征水资源税；

（6）财政部、税务总局规定的其他免征或者减征水资源税情形。

【页岩气减征资源税】《财政部 税务总局关于对页岩气减征资源税的通知》（财税〔2018〕26号）规定，为促进页岩气开发利用，有效增加天然气供给，经国务院同意，自2018年4月1日至2021年3月31日，对页岩气资源税（按6%的规定税率）减征30%。

【继续执行的优惠政策】根据《财政部 税务总局关于继续执行的资源税优惠政策的公告》（财政部 税务总局公告2020年第32号）规定：

（1）对青藏铁路公司及其所属单位运营期间自采自用的砂、石等材料免征资源税。具体操作按《财政部 国家税务总局关于青藏铁路公司运营期间有关税收等政策问题的通知》（财税〔2007〕11号）第三条规定执行。

（2）自2018年4月1日至2021年3月31日，对页岩气资源税减征30%。具体操作按《财政部 国家税务总局关于对页岩气减征资源税的通知》（财税〔2018〕26号）规定执行。

（3）自2019年1月1日至2021年12月31日，对增值税小规模纳税人可以在50%的税额幅度内减征资源税。具体操作按《财政部 税务总局关于实施小微企业普惠性税收减免政策的通知》（财税〔2019〕13号）有关规定执行。

（4）自2014年12月1日至2023年8月31日，对充填开采置换出来的煤炭，资源税减征50%。

【既有享受减免税又有不享受减免税】根据2020年第34号公告第八条规定，纳税人开采或者生产同一应税产品，其中既有享受减免税政策的，又有不享受减免税政策的，按照免税、减税项目的产量占比等方法分别核算确定免税、减税项目的销售额或者销售数量。

【同时符合多项优惠政策】根据2020年第34号公告第九条规定，纳税人开采或者生产同一应税产品同时符合两项或者两项以上减征资源税优惠政策的，除另有规定外，只能选择其中一项执行。

【小微企业普惠性税收减免政策】具体内容，参见本书第一章第三节中"【小微企业普惠性税收减免政策】"。需要强调的是，部分省份试点期间，资源税的普惠性税收减免政策不包括水资源税。

【其他优惠政策】未明确列出的其他优惠政策，请查阅附录《财产行为税减免税政策代码目录（有效）》。

第四节　征收管理

第九条　资源税由税务机关依照本法和《中华人民共和国税收征收管理法》的规定征收管理。

税务机关与自然资源等相关部门应当建立工作配合机制，加强资源税征收管理。

第十条　纳税人销售应税产品，纳税义务发生时间为收讫销售款或者取得索取销售款凭据的当日；自用应税产品的，纳税义务发生时间为移送应税产品的当日。

条文解读

《资源税法》第十条是关于资源税纳税义务发生时间的规定，表述比较原则，与增值税和原营业税关于纳税义务发生时间的规定类似。销售应税产品，纳税义务发生时间为收讫销售款或者取得索取销售款凭据的当日；自用应税产品的，纳税义务发生时间为移送应税产品的当日。关于资源税纳税义务发生时间具体规定在《实施细则》第十一条中做了详细规定。

政策链接

【纳税义务发生时间】《实施细则》第十一条规定，条例第九条所称资源税纳税义务发生时间具体规定如下：

1. 纳税人销售应税产品，其纳税义务发生时间是：

（1）纳税人采取分期收款结算方式的，其纳税义务发生时间，为销售合同规定的收款日期的当天；

(2) 纳税人采取预收货款结算方式的，其纳税义务发生时间，为发出应税产品的当天；

(3) 纳税人采取其他结算方式的，其纳税义务发生时间，为收讫销售款或者取得索取销售款凭据的当天。

2. 纳税人自产自用应税产品的纳税义务发生时间，为移送使用应税产品的当天。

【特殊情形的纳税义务时间】《资源税征收管理规程》（国家税务总局公告2018年第13号，以下简称《管理规程》）第十二条规定：

(1) 资源税在应税产品销售或者自用环节计算缴纳。纳税人以自采原矿加工精矿产品的，在原矿移送使用时不缴纳资源税，在精矿销售或者自用时缴纳资源税。

(2) 纳税人以自采原矿直接加工为非应税产品或者以自采原矿加工的精矿连续生产非应税产品的，在原矿或者精矿移送环节计算缴纳资源税。

(3) 以应税产品投资、分配、抵债、赠与、以物易物等，在应税产品所有权转移时计算缴纳资源税。

《管理规程》自2020年9月1日起，被《国家税务总局关于资源税征收管理若干问题的公告》（国家税务总局公告2020年第14号）废止。

【水资源税的纳税义务发生时间】《扩大水资源税改革试点实施办法》（财税〔2017〕80号）第十七条规定，水资源税的纳税义务发生时间为纳税人取用水资源的当日。

第十一条　纳税人应当向应税产品开采地或者生产地的税务机关申报缴纳资源税。

条文解读

本条是关于纳税地点的规定，纳税人应当向应税产品开采地或者生产地的税务机关申报缴纳资源税。与《资源税暂行条例》相比有以下三个重要变化：

一是，删去了《资源税暂行条例》第十一条："收购未税矿产品的单位为资源税的扣缴义务人"的规定，《资源税法》未再规定代扣代缴；

二是，向应税产品开采地或者生产地的"税务机关"申报纳税，修改了《资源税暂行条例》第十二条向"主管税务机关"申报纳税的规定；

三是，删去了《资源税暂行条例》第十二条："纳税人在本省、自治区、直辖市范围内开采或者生产应税产品，其纳税地点需要调整的，由省、自治区、直辖市税务机关决定。"的规定。省级税务机关是否仍有一定的调整自主权，需等待新的规定。

政策链接

【纳税地点】根据2020年第34号公告第十条规定，纳税人应当在矿产品的开采地或者海盐的生产地缴纳资源税。

【水资源税的纳税地点】《扩大水资源税改革试点实施办法》（财税〔2017〕80号）第十九条规定，除本办法第二十一条规定的情形外，纳税人应当向生产经营所在地的税务机关申报缴纳水资源税。在试点省份内取用水，其纳税地点需要调整的，由省级财政、税务部门决定。

第二十条规定，跨省（区、市）调度的水资源，由调入区域所在地的税务机关征收水资源税。

第二十一条规定，跨省（区、市）水力发电取用水的水资源税在相关省份之间的分配比例，比照《财政部关于跨省区水电项目税收分配的指导意见》（财预〔2008〕84号）明确的增值税、企业所得税等税收分配办法确定。试点省份主管税务机关应当按照前款规定比例分配的水力发电量和税额，分别向跨省（区、市）水电站征收水资源税。跨省（区、市）水力发电取用水涉及非试点省份水资源费征收和分配的，比照试点省份水资源税管理办法执行。

【海洋原油、天然气】《财政部 国家税务总局关于调整原油、天然气资源税有关政策的通知》（财税〔2014〕73号）第四条规定，海洋原油、天然气资源税由国家税务总局海洋石油税务管理机构负责征收管理。开采海洋或陆上油气资源的中外合作油气田，按实物量计算缴纳资源税，以该油气田开采的原油、天然气扣除作业用量和损耗量之后的原油、天然气产量作为课税数量。中外合作油气田的资源税由作业者负责代扣，申报缴纳事宜由参与合作的中国石油公司负责办理。计征的原油、天然气资源税实物随同中外合作油气田的原油、天然气一并销售，按实际销售额（不含增值税）扣除其本身所发生的实际销售费用后入库。

上述文件自 2020 年 9 月 1 日起，被《财政部 税务总局关于资源税有关问题执行口径的公告》（财政部 税务总局公告 2020 年第 34 号）废止。

2020 年第 34 号公告第十一条规定，海上开采的原油和天然气资源税由海洋石油税务管理机构征收管理。

第十二条 资源税按月或者按季申报缴纳；不能按固定期限计算缴纳的，可以按次申报缴纳。

纳税人按月或者按季申报缴纳的，应当自月度或者季度终了之日起十五日内，向税务机关办理纳税申报并缴纳税款；按次申报缴纳的，应当自纳税义务发生之日起十五日内，向税务机关办理纳税申报并缴纳税款。

条文解读

本条是对资源税纳税期限的规定。《资源税法》修改了《资源税暂行条例》第十三条纳税期限可以为 1 日、3 日、5 日、10 日、15 日或者 1 个月并且由主管税务机关根据实际情况具体核定的规定，将纳税期限与其他税收实体法的纳税期限相统一。

政策链接

【按月、按季、按日或者按次】《管理规程》第十五条规定，各地税务机关应按照国务院深化"放管服"改革的总体要求和《资源税暂行条例》规定，明确纳税人按月、按季、按日或者按次申报缴纳资源税，进一步优化纳税服务。

《管理规程》自 2020 年 9 月 1 日起，被《国家税务总局关于资源税征收管理若干问题的公告》（国家税务总局公告 2020 年第 14 号）废止。

【资源税纳税申报表】【财产和行为税简并申报】《国家税务总局关于简并税费申报有关事项的公告》（国家税务总局公告 2021 年第 9 号）第一条规

定,自 2021 年 6 月 1 日起,纳税人申报缴纳城镇土地使用税、房产税、车船税、印花税、耕地占用税、资源税、土地增值税、契税、环境保护税、烟叶税中一个或多个税种时,使用《财产和行为税纳税申报表》。纳税人新增税源或税源变化时,需先填报《财产和行为税税源明细表》。

第十三条 纳税人、税务机关及其工作人员违反本法规定的,依照《中华人民共和国税收征收管理法》和有关法律法规的规定追究法律责任。

第十四条 国务院根据国民经济和社会发展需要,依照本法的原则,对取用地表水或者地下水的单位和个人试点征收水资源税。征收水资源税的,停止征收水资源费。

水资源税根据当地水资源状况、取用水类型和经济发展等情况实行差别税率。

水资源税试点实施办法由国务院规定,报全国人民代表大会常务委员会备案。

国务院自本法施行之日起五年内,就征收水资源税试点情况向全国人民代表大会常务委员会报告,并及时提出修改法律的建议。

条文解读

《资源税法》第十四条关于试点征收水资源税的规定,为国务院推进试点征收水资源税提供了法律依据,也留下了下一步改革的空间。

第十五条 中外合作开采陆上、海上石油资源的企业依法缴纳资源税。

2011 年 11 月 1 日前已依法订立中外合作开采陆上、海上石油资源合同的,在该合同有效期内,继续依照国家有关规定缴纳矿区使用费,不缴纳资源税;合同期满后,依法缴纳资源税。

条文解读

本条是关于中外合作开采陆上、海上石油资源依法缴纳资源税的规定。

本规定并不是《资源税法》的新规定。早在 2011 年,《国务院关于修改〈中华人民共和国对外合作开采海洋石油资源条例〉的决定》(国务院令 2011 年第 607 号,2011 年 9 月 21 日国务院第 173 次常务会议通过)即规定:"本决定自 2011 年 11 月 1 日起施行。1989 年 1 月 1 日经国务院批准财政部发布的《开采海洋石油资源缴纳矿区使用费的规定》同时废止。自本决定施行之日起,中外合作开采海洋石油资源的中国企业和外国企业依法缴纳资源税,不再缴纳矿区使用费。但是,本决定施行前已依法订立的中外合作开采海洋石油资源的合同,在已约定的合同有效期内,继续依照当时国家有关规定缴纳矿区使用费,不缴纳资源税;合同期满后,依法缴纳资源税。"

《国务院关于修改〈中华人民共和国对外合作开采陆上石油资源条例〉的决定》(国务院令 2011 年第 606 号,2011 年 9 月 21 日国务院第 173 次常务会议通过)规定:"本决定自 2011 年 11 月 1 日起施行。1990 年 1 月 15 日经国务院批准财政部发布,1995 年 7 月 28 日财政部、税务总局修订的《中外合作开采陆上石油资源缴纳矿区使用费暂行规定》同时废止。自本决定施行之日起,中外合作开采陆上石油资源的企业依法缴纳资源税,不再缴纳矿区使用费。但是,本决定施行前已依法订立的中外合作开采陆上石油资源的合同,在已约定的合同有效期内,继续依照当时国家有关规定缴纳矿区使用费,不缴纳资源税;合同期满后,依法缴纳资源税。"

第十六条 本法下列用语的含义是:

(一)低丰度油气田,包括陆上低丰度油田、陆上低丰度气田、海上低丰度油田、海上低丰度气田。陆上低丰度油田是指每平方公里原油可开采储量丰度低于二十五万立方米的油田;陆上低丰度气田是指每平方公里天然气可开采储量丰度低于二亿五千万立方米的气田;海上低丰度油田是指每平方公里原油可开采储量丰度低于六十万立方米的油田;海上低丰度气田是指每平方公里天然气可开采储量丰度低于六亿立方米的气田。

（二）高含硫天然气，是指硫化氢含量在每立方米三十克以上的天然气。

（三）三次采油，是指二次采油后继续以聚合物驱、复合驱、泡沫驱、气水交替驱、二氧化碳驱、微生物驱等方式进行采油。

（四）深水油气田，是指水深超过三百米的油气田。

（五）稠油，是指地层原油粘度大于或等于每秒五十毫帕或原油密度大于或等于每立方厘米零点九二克的原油。

（六）高凝油，是指凝固点高于四十摄氏度的原油。

（七）衰竭期矿山，是指设计开采年限超过十五年，且剩余可开采储量下降到原设计可开采储量的百分之二十以下或者剩余开采年限不超过五年的矿山。衰竭期矿山以开采企业下属的单个矿山为单位确定。

条文解读

本条是对《资源税法》第六条中资源税税收优惠涉及用语的含义进行的规定和界定。

第十七条 本法自2020年9月1日起施行。1993年12月25日国务院发布的《中华人民共和国资源税暂行条例》同时废止。

条文解读

本条规定了《资源税法》的施行时间，是2020年9月1日，1993年12月25日国务院发布的《中华人民共和国资源税暂行条例》同时废止。也就是说，在此之前，资源税的征收管理仍然按现行《资源税暂行条例》及其有关规定执行。

附：

扩大水资源税改革试点实施办法

(财税〔2017〕80号)

第一条 为全面贯彻落实党的十九大精神，按照党中央、国务院决策部署，加强水资源管理和保护，促进水资源节约与合理开发利用，制定本办法。

第二条 本办法适用于北京市、天津市、山西省、内蒙古自治区、河南省、山东省、四川省、陕西省、宁夏回族自治区（以下简称试点省份）的水资源税征收管理。

第三条 除本办法第四条规定的情形外，其他直接取用地表水、地下水的单位和个人，为水资源税纳税人，应当按照本办法规定缴纳水资源税。

相关纳税人应当按照《中华人民共和国水法》《取水许可和水资源费征收管理条例》等规定申领取水许可证。

第四条 下列情形，不缴纳水资源税：

（一）农村集体经济组织及其成员从本集体经济组织的水塘、水库中取用水的；

（二）家庭生活和零星散养、圈养畜禽饮用等少量取用水的；

（三）水利工程管理单位为配置或者调度水资源取水的；

（四）为保障矿井等地下工程施工安全和生产安全必须进行临时应急取用（排）水的；

（五）为消除对公共安全或者公共利益的危害临时应急取水的；

（六）为农业抗旱和维护生态与环境必须临时应急取水的。

第五条 水资源税的征税对象为地表水和地下水。

地表水是陆地表面上动态水和静态水的总称，包括江、河、湖泊（含水库）等水资源。

地下水是埋藏在地表以下各种形式的水资源。

第六条 水资源税实行从量计征，除本办法第七条规定的情形外，应纳税额的计算公式为：

$$应纳税额 = 实际取用水量 \times 适用税额$$

城镇公共供水企业实际取用水量应当考虑合理损耗因素。

疏干排水的实际取用水量按照排水量确定。疏干排水是指在采矿和工程建设过程中破坏地下水层、发生地下涌水的活动。

第七条 水力发电和火力发电贯流式（不含循环式）冷却取用水应纳税额的计算公式为：

$$应纳税额＝实际发电量×适用税额$$

火力发电贯流式冷却取用水，是指火力发电企业从江河、湖泊（含水库）等水源取水，并对机组冷却后将水直接排入水源的取用水方式。火力发电循环式冷却取用水，是指火力发电企业从江河、湖泊（含水库）、地下等水源取水并引入自建冷却水塔，对机组冷却后返回冷却水塔循环利用的取用水方式。

第八条 本办法第六条、第七条所称适用税额，是指取水口所在地的适用税额。

第九条 除中央直属和跨省（区、市）水力发电取用水外，由试点省份省级人民政府统筹考虑本地区水资源状况、经济社会发展水平和水资源节约保护要求，在本办法所附《试点省份水资源税最低平均税额表》规定的最低平均税额基础上，分类确定具体适用税额。

试点省份的中央直属和跨省（区、市）水力发电取用水税额为每千瓦时0.005元。跨省（区、市）界河水电站水力发电取用水水资源税税额，与涉及的非试点省份水资源费征收标准不一致的，按较高一方标准执行。

第十条 严格控制地下水过量开采。对取用地下水从高确定税额，同一类型取用水，地下水税额要高于地表水，水资源紧缺地区地下水税额要大幅高于地表水。

超采地区的地下水税额要高于非超采地区，严重超采地区的地下水税额要大幅高于非超采地区。在超采地区和严重超采地区取用地下水的具体适用税额，由试点省份省级人民政府按照非超采地区税额的2~5倍确定。

在城镇公共供水管网覆盖地区取用地下水的，其税额要高于城镇公共供水管网未覆盖地区，原则上要高于当地同类用途的城镇公共供水价格。

除特种行业和农业生产取用水外，对其他取用地下水的纳税人，原则上应当统一税额。试点省份可根据实际情况分步实施到位。

第十一条 对特种行业取用水，从高确定税额。特种行业取用水，是指洗车、洗浴、高尔夫球场、滑雪场等取用水。

第十二条 对超计划（定额）取用水，从高确定税额。

纳税人超过水行政主管部门规定的计划（定额）取用水量，在原税额基础上加征 1~3 倍，具体办法由试点省份省级人民政府确定。

第十三条 对超过规定限额的农业生产取用水，以及主要供农村人口生活用水的集中式饮水工程取用水，从低确定税额。

农业生产取用水，是指种植业、畜牧业、水产养殖业、林业等取用水。

供农村人口生活用水的集中式饮水工程，是指供水规模在 1000 立方米/天或者供水对象 1 万人以上，并由企事业单位运营的农村人口生活用水供水工程。

第十四条 对回收利用的疏干排水和地源热泵取用水，从低确定税额。

第十五条 下列情形，予以免征或者减征水资源税：

（一）规定限额内的农业生产取用水，免征水资源税；

（二）取用污水处理再生水，免征水资源税；

（三）除接入城镇公共供水管网以外，军队、武警部队通过其他方式取用水的，免征水资源税；

（四）抽水蓄能发电取用水，免征水资源税；

（五）采油排水经分离净化后在封闭管道回注的，免征水资源税；

（六）财政部、税务总局规定的其他免征或者减征水资源税情形。

第十六条 水资源税由税务机关依照《中华人民共和国税收征收管理法》和本办法有关规定征收管理。

第十七条 水资源税的纳税义务发生时间为纳税人取用水资源的当日。

第十八条 除农业生产取用水外，水资源税按季或者按月征收，由主管税务机关根据实际情况确定。对超过规定限额的农业生产取用水水资源税可按年征收。不能按固定期限计算纳税的，可以按次申报纳税。

纳税人应当自纳税期满或者纳税义务发生之日起 15 日内申报纳税。

第十九条 除本办法第二十一条规定的情形外，纳税人应当向生产经营所在地的税务机关申报缴纳水资源税。

在试点省份内取用水，其纳税地点需要调整的，由省级财政、税务部门决定。

第二十条 跨省（区、市）调度的水资源，由调入区域所在地的税务机关征收水资源税。

第二十一条 跨省（区、市）水力发电取用水的水资源税在相关省份之间的分配比例，比照《财政部关于跨省区水电项目税收分配的指导意见》（财预〔2008〕84号）明确的增值税、企业所得税等税收分配办法确定。

试点省份主管税务机关应当按照前款规定比例分配的水力发电量和税额，分别向跨省（区、市）水电站征收水资源税。

跨省（区、市）水力发电取用水涉及非试点省份水资源费征收和分配的，比照试点省份水资源税管理办法执行。

第二十二条 建立税务机关与水行政主管部门协作征税机制。

水行政主管部门应当将取用水单位和个人的取水许可、实际取用水量、超计划（定额）取用水量、违法取水处罚等水资源管理相关信息，定期送交税务机关。

纳税人根据水行政主管部门核定的实际取用水量向税务机关申报纳税。税务机关应当按照核定的实际取用水量征收水资源税，并将纳税人的申报纳税等信息定期送交水行政主管部门。

税务机关定期将纳税人申报信息与水行政主管部门送交的信息进行分析比对。征管过程中发现问题的，由税务机关与水行政主管部门联合进行核查。

第二十三条 纳税人应当安装取用水计量设施。纳税人未按规定安装取用水计量设施或者计量设施不能准确计量取用水量的，按照最大取水（排水）能力或者省级财政、税务、水行政主管部门确定的其他方法核定取用水量。

第二十四条 纳税人和税务机关、水行政主管部门及其工作人员违反本办法规定的，依照《中华人民共和国税收征收管理法》《中华人民共和国水法》等有关法律法规规定追究法律责任。

第二十五条 试点省份开征水资源税后，应当将水资源费征收标准降为零。

第二十六条 水资源税改革试点期间，可按税费平移原则对城镇公共供水征收水资源税，不增加居民生活用水和城镇公共供水企业负担。

第二十七条 水资源税改革试点期间，水资源税收入全部归属试点省份。

第二十八条 水资源税改革试点期间，水行政主管部门相关经费支出由同级财政预算统筹安排和保障。对原有水资源费征管人员，由地方人民政府统筹做好安排。

第二十九条 试点省份省级人民政府根据本办法制定具体实施办法，报财政部、税务总局和水利部备案。

第三十条 水资源税改革试点期间涉及的有关政策，由财政部会同税务总局、水利部等部门研究确定。

第三十一条 本办法自 2017 年 12 月 1 日起实施。

第六章

印花税

　　印花税是对经济活动中书立、领受、使用的应税经济凭证征收的一种税。印花税历史悠久，最早开始于1624年的荷兰。

　　新中国成立后，中央人民政府政务院发布《全国税政实施要则》，规定印花税为全国开征的14个税种之一。1950年公布《印花税暂行条例》，在全国范围内开征印花税，后来逐步缩小了征收范围和减少税目。1958年税制改革时，印花税并入工商统一税，不再单独征收。

　　党的十一届三中全会以后，随着对外开放、对内搞活方针的贯彻执行，我国的经济迅速发展。在经济活动中依法书立各种凭证已成为普遍现象，重新开征印花税具备了一定的客观条件。国务院于1988年8月6日颁布《中华人民共和国印花税暂行条例》（国务院令第11号，以下简称《印花税暂行条例》），自1988年10月1日起施行。

　　2021年6月10日，第十三届全国人民代表大会常务委员会第二十九次会议通过《中华人民共和国印花税法》（以下简称《印花税法》），共二十条，自2022年7月1日起施行。

　　本章以《印花税法》为主线展开讲解印花税的具体规定。

第一节　纳税义务人

第一条　在中华人民共和国境内书立应税凭证、进行证券交易的单位和个人,为印花税的纳税人,应当依照本法规定缴纳印花税。

在中华人民共和国境外书立在境内使用的应税凭证的单位和个人,应当依照本法规定缴纳印花税。

条文解读

本条规定印花税纳税义务人。有四个重要概念:一是在中华人民共和国境内;二是书立;三是应税凭证;四是单位和个人。下面分别进行解释。

与《印花税暂行条例》相比,本条最大的变化,是增加了境外书立境内使用的应税凭证也应当依法纳税的规定。类似内容《中华人民共和国印花税暂行条例施行细则》(财税字〔1988〕255号,以下简称《施行细则》)也进行了规定,本次将《印花税暂行条例》上升为《印花税法》,将该规定纳入了法条。

政策链接

【纳税人的具体规定】《财政部 税务总局关于印花税若干事项政策执行口径的公告》(财政部 税务总局公告2022年第22号,以下简称2022年第22号公告)第一条规定,关于纳税人的具体情形:

(一)书立应税凭证的纳税人,为对应税凭证有直接权利义务关系的单位和个人;

(二)采用委托贷款方式书立的借款合同纳税人,为受托人和借款人,不包括委托人;

(三)按买卖合同或者产权转移书据税目缴纳印花税的拍卖成交确认书纳税人,为拍卖标的的产权人和买受人,不包括拍卖人。

第二节　征税范围和税款计算

> 第二条　本法所称应税凭证，是指本法所附《印花税税目税率表》列明的合同、产权转移书据和营业账簿。
>
> 第三条　本法所称证券交易，是指转让在依法设立的证券交易所、国务院批准的其他全国性证券交易场所交易的股票和以股票为基础的存托凭证。
>
> 证券交易印花税对证券交易的出让方征收，不对受让方征收。
>
> 第四条　印花税的税目、税率，依照本法所附《印花税税目税率表》执行。

条文解读

以上三条规定印花税的征税范围。不在列举范围内的凭证不需缴纳印花税。

《印花税暂行条例》在第一条中规定，在中华人民共和国境内书立、领受"本条例所列举凭证"的单位和个人，应当按照本条例规定缴纳印花税；并在第二条对应税凭证进行了列举："第二条　下列凭证为应纳税凭证：（一）购销、加工承揽、建设工程承包、财产租赁、货物运输、仓储保管、借款、财产保险、技术合同或者具有合同性质的凭证；（二）产权转移书据；（三）营业账簿；（四）权利、许可证照；（五）经财政部确定征税的其他凭证。"《印花税法》在表述上进行了变化，通过《印花税税目税率表》对何为印花税"应税凭证"进行了列举。总体上看，《印花税暂行条例》和《印花税法》在征税范围上没有大的变化，删除了定额税率，增加了"证券交易"这一税目。而对"证券交易"征收印花税虽然没在《印花税暂行条例》中列举，但根据国务院的规定，自1997年即开始征收。

政策链接

【应税凭证的具体规定】 2022 年第 22 号公告第二条规定，关于应税凭证的具体情形：

（一）在中华人民共和国境外书立在境内使用的应税凭证，应当按规定缴纳印花税。包括以下几种情形：

1. 应税凭证的标的为不动产的，该不动产在境内；

2. 应税凭证的标的为股权的，该股权为中国居民企业的股权；

3. 应税凭证的标的为动产或者商标专用权、著作权、专利权、专有技术使用权的，其销售方或者购买方在境内，但不包括境外单位或者个人向境内单位或者个人销售完全在境外使用的动产或者商标专用权、著作权、专利权、专有技术使用权；

4. 应税凭证的标的为服务的，其提供方或者接受方在境内，但不包括境外单位或者个人向境内单位或者个人提供完全在境外发生的服务。

（二）企业之间书立的确定买卖关系、明确买卖双方权利义务的订单、要货单等单据，且未另外书立买卖合同的，应当按规定缴纳印花税。

（三）发电厂与电网之间、电网与电网之间书立的购售电合同，应当按买卖合同税目缴纳印花税。

【不属于应税凭证的范围】 2022 年第 22 号公告第二条第（四）项规定，下列情形的凭证，不属于印花税征收范围：

1. 人民法院的生效法律文书，仲裁机构的仲裁文书，监察机关的监察文书；

2. 县级以上人民政府及其所属部门按照行政管理权限征收、收回或者补偿安置房地产书立的合同、协议或者行政类文书；

3. 总公司与分公司、分公司与分公司之间书立的作为执行计划使用的凭证。

【合同】 根据《民法典》第四百六十四条规定："合同是民事主体之间设立、变更、终止民事法律关系的协议。"

【书面合同】 在《印花税税目税率表》中，对税目为合同的，标注为"书面合同"。《民法典》第四百六十九条第一款规定，当事人订立合同，可以采用书面形式、口头形式或者其他形式；根据第二款"书面形式是合同书、信件、电报、电传、传真等可以有形地表现所载内容的形式。"和第三款"以电子数据交换、电子邮件等方式能够有形地表现所载内容，并可以随时调取查用的数据电文，视为书面形式。"的规定，书面合同并非通俗理解的"书面"，对于电子形式的合同，也视为书面形式的合同。

【电子合同应征收印花税】根据《财政部 国家税务总局关于印花税若干政策的通知》（财税〔2006〕162号）第一条规定，对纳税人以电子形式签订的各类应税凭证应当按照凭证性质适用税率征收印花税。

【代理合同不征印花税】根据《国家税务局关于印花税若干具体问题的解释和规定的通知》（国税发〔1991〕155号）第十四条规定，在代理业务中，代理单位与委托单位之间签订的委托代理合同，凡仅明确代理事项、权限和责任的，不属于应税凭证，不贴印花。

【出版合同不征印花税】根据《国家税务局关于印花税若干具体问题的解释和规定的通知》（国税发〔1991〕155号）第十二条规定，出版合同不属于印花税《中华人民共和国印花税暂行条例》及其细则所列举征税的凭证，不计税贴花。

【证券（股票）交易印花税税率的历史变化】我国关于证券（股票）交易印花税税率经过了多次调整，主要有：

（1）《国务院关于调整证券（股票）交易印花税税率的通知》（国发明电〔1997〕3号）规定，国务院决定从1997年5月10日起，对买卖、继承、赠与所书立的股权转让书据，均依照书立时证券市场当日实际成交价格计算的金额，由立据双方当事人分别按5‰的税率缴纳印花税。调整证券（股票）交易印花税税率新增加的收入，全部作为中央财政收入。

（2）《国务院关于调整证券（股票）交易印花税税率的通知》（国发明电〔1998〕5号）规定，国务院决定从1998年6月12日起，对买卖、继承、赠与所书立的股权转让书据，均依照书立时证券市场当日实际成交价格计算的金额，由立据双方当事人分别按4‰的税率缴纳印花税。证券（股票）交易印花税税率调整后，中央财政与地方财政对该项税收的分享比例不变，仍为中央88%，地方12%。

（3）《财政部 国家税务总局关于调整证券（股票）交易印花税税率的通知》（财税〔2005〕11号）规定，经国务院批准，决定从2005年1月24日起，调整证券（股票）交易印花税税率。对买卖、继承、赠与所书立的A股、

B股股权转让书据,由立据双方当事人分别按1‰的税率缴纳证券(股票)交易印花税。

(4)《财政部 国家税务总局关于调整证券(股票)交易印花税税率的通知》(财税〔2007〕84号)规定,经国务院批准,从2007年5月30日起,调整证券(股票)交易印花税税率。对买卖、继承、赠与所书立的A股、B股股权转让书据,由立据双方当事人分别按3‰的税率缴纳证券(股票)交易印花税。

(5)《财政部 国家税务总局关于证券交易印花税改为单边征收问题的通知》(财税明电〔2008〕2号)规定,经国务院批准,财政部、国家税务总局决定从2008年9月19日起,调整证券(股票)交易印花税征收方式,将现行的对买卖、继承、赠与所书立的A股、B股股权转让书据按1‰的税率对双方当事人征收证券(股票)交易印花税,调整为单边征税,即对买卖、继承、赠与所书立的A股、B股股权转让书据的出让方按1‰的税率征收证券(股票)交易印花税,对受让方不再征税。

【按证券交易所的区域纳税】《财政部 国家税务总局 证监会关于沪港股票市场交易互联互通机制试点有关税收政策的通知》(财税〔2014〕81号)第四条规定,香港市场投资者通过沪港通买卖、继承、赠与上交所上市A股,按照内地现行税制规定缴纳证券(股票)交易印花税。内地投资者通过沪港通买卖、继承、赠与联交所(香港联合交易所)上市股票,按照香港特别行政区现行税法规定缴纳印花税。交易所的区域所在决定了按照该区域的税法规定计算缴纳印花税。

【证券交易印花税完税凭证】《国家税务总局关于证券交易印花税完税凭证有关问题的公告》(国家税务总局公告2014年第60号)规定,为妥善解决证券市场创新业务带来的证券交易印花税征收管理和税收票证管理问题,方便纳税人办理涉税事宜,保障纳税人对税款缴纳情况的知情权和取得完税凭证,根据《税收票证管理办法》(国家税务总局令第28号)的规定:

(1)证券交易场所和证券登记结算机构扣缴证券交易印花税,应当在证券公司给参与集中交易的投资者开具的"成交过户交割凭单"(以下简称交割单)、证券登记结算机构或证券公司给办理非集中交易过户登记的投资者开具的"过户登记确认书"(以下简称确认书)中注明应予扣收税款的计税金额、税率和扣收税款的金额,交割单、确认书应加盖开具单位的相关业务章戳。

已注明扣收税款信息的交割单、确认书可以作为纳税人已完税的证明。

（2）纳税人需要另外再开具正式完税凭证的，可以凭交割单或确认书，连同税务登记证副本或纳税人身份证明材料，向证券交易场所和证券登记结算机构所在地的主管税务机关要求开具《税收完税证明》。为保证纳税人依法取得正式完税凭证，证券交易场所和证券登记结算机构应当将扣缴证券交易印花税的纳税人明细信息及时报送主管税务机关。

（3）自 2014 年 12 月 1 日起施行。《国家税务总局关于向纳税人提供证券交易印花税完税凭证有关问题的批复》（国税函〔2008〕983 号）同时废止。

【北交所税收政策】根据《财政部 税务总局关于北京证券交易所税收政策适用问题的公告》（财政部 税务总局公告 2021 年第 33 号）规定，为支持进一步深化全国中小企业股份转让系统（以下称新三板）改革，将精选层变更设立为北京证券交易所（以下称北交所），按照平稳转换、有效衔接的原则，新三板精选层公司转为北交所上市公司，以及创新层挂牌公司通过公开发行股票进入北交所上市后，投资北交所上市公司涉及的个人所得税、印花税相关政策，暂按照现行新三板适用的税收规定执行。具体适用政策为：

《财政部 国家税务总局关于转让优先股有关证券（股票）交易印花税政策的通知》（财税〔2014〕46 号）《财政部 国家税务总局关于在全国中小企业股份转让系统转让股票有关证券（股票）交易印花税政策的通知》（财税〔2014〕47 号）、《财政部 国家税务总局关于调整证券（股票）交易印花税征收方式的通知》（财税明电〔2008〕2 号）。

【印花税税目税率表】《印花税税目税率表》对何为印花税的"应税凭证"进行了列举。参见表 6-1。为了与新法施行之前的印花税税率相比较，在表 6-2 中附列了《印花税暂行条例》的印花税税目税率表。新的《印花税税目税率表》与旧的《印花税税目税率表》相比，主要有以下三个变化：

一是，税目名称发生了变化，根据《民法典》对合同的分类，对印花税税目进行了进一步的精简和归类；

二是，税率进行了归并，将部分税目从适用万分之五税率降低为适用万分之三；将记载资金的账簿税率减半为万分之二点五；

三是，对征收范围进行了调整，增加了证券交易，删除了按本计算的营业账簿、权利许可证照等。

表 6-1　　　　　　　　　　　印花税税目税率表

税目		税率	备注
合同（指书面合同）	融资租赁合同	租金的万分之零点五	
	买卖合同	价款的万分之三	指动产买卖合同（不包括个人书立的动产买卖合同）
	承揽合同	报酬的万分之三	
	建设工程合同	价款的万分之三	
	运输合同	运输费用的万分之三	指货运合同和多式联运合同（不包括管道运输合同）
	技术合同	价款、报酬或者使用费的万分之三	不包括专利权、专有技术使用权转让书据
	租赁合同	租金的千分之一	
	保管合同	保管费的千分之一	
	仓储合同	仓储费的千分之一	
	财产保险合同	保险费的千分之一	不包括再保险合同
产权转移书据	土地使用权出让书据	价款的万分之五	转让包括买卖（出售）、继承、赠与、互换、分割
	土地使用权、房屋等建筑物和构筑物所有权转让（不包括土地承包经营权和土地经营权转移）	价款的万分之五	
	股权转让书据（不包括应缴纳证券交易印花税的）	价款的万分之五	
	商标专用权、著作权、专利权、专有技术使用权转让书据	价款的万分之三	
营业账簿		实收资本（股本）、资本公积合计金额的万分之二点五	
证券交易		成交金额的千分之一	

第五条　印花税的计税依据如下：

（一）应税合同的计税依据，为合同所列的金额，不包括列明的增值税税款；

（二）应税产权转移书据的计税依据，为产权转移书据所列的金额，不包括列明的增值税税款；

（三）应税营业账簿的计税依据，为账簿记载的实收资本（股本）、资本公积合计金额；

（四）证券交易的计税依据，为成交金额。

表6-2　　　　原印花税税目税率表（自2022年7月1日起废止）

税目	范围	税率	纳税义务人	说明
购销合同	包括供应、预购、采购、购销结合及协作、调剂、补偿、贸易等合同	按购销金额0.3‰贴花	立合同人	
加工承揽合同	包括加工、定做、修缮、修理、印刷、广告、测绘、测试等合同	按加工或承揽收入0.5‰贴花	立合同人	
建设工程勘察设计合同	包括勘察、设计合同	按收取费用0.5‰贴花	立合同人	
建筑安装工程承包合同	包括建筑、安装工程承包合同	按承包金额0.3‰贴花	立合同人	
财产租赁合同	包括租赁房屋、船舶、飞机、机动车辆、机械、器具、设备等合同	按租赁金额1‰贴花。税额不足1元，按1元贴花	立合同人	
货物运输合同	包括民用航空运输、铁路运输、海上运输、内河运输、公路运输和联运合同	按运输费用0.5‰贴花	立合同人	单据作为合同使用的，按合同贴花
仓储保管合同	包括仓储、保管合同	按仓储保管费用1‰贴花	立合同人	仓单或栈单作为合同使用的，按合同贴花

续表

税目	范围	税率	纳税义务人	说明
借款合同	银行及其他金融组织和借款人（不包括银行同业拆借）所签订的借款合同	按借款金额0.05‰贴花	立合同人	单据作为合同使用的，按合同贴花
财产保险合同	包括财产、责任、保证、信用等保险合同	按保险费收入1‰贴花	立合同人	单据作为合同使用的，按合同贴花
技术合同	包括技术开发、转让、咨询、服务等合同	按所载金额0.3‰贴花	立合同人	
产权转移书据	包括财产所有权和版权、商标专用权、专利权、专有技术使用权、土地使用权出让（转让）合同、商品房销售合同等	按所载金额0.5‰贴花	立据人	
营业账簿	生产、经营用账册	记载资金的账簿，按实收资本和资本公积的合计金额0.5‰贴花；其他账簿按件计税5元/件	立账簿人	
权利、许可证照	包括政府部门发给的房屋产权证、工商营业执照、商标注册证、专利证、土地使用证	按件贴花5元	领受人	

条文解读

本条规定了印花税的计税依据。实际上，印花税的计税依据，在表6-2的《印花税税目税率表》税率一列已经进行了规定。本条只是对一些特殊事项进行说明。一是是否包含增值税税款，本条明确进行规定，印花税计税依据不包括"列明的"增值税税款，也就是说，如果在合同金额中未单独列明增值税税款，则应就全部金额纳税；二是应税营业账簿的计税依据，为账簿记载的实收资本（股本）、资本公积合计金额，不包括盈余公积；三是证券交易的计税依据，为成交金额。

政策链接

【借款合同】根据《民法典》第六百六十七条规定，借款合同是借款人向贷款人借款，到期返还借款并支付利息的合同。需要注意的是，通过《印花税税目税率表》可知，纳入印花税计税范围的是"指银行业金融机构、经国务院银行业监督管理机构批准设立的其他金融机构与借款人（不包括同业拆借）的借款合同"，而不是所有的借款合同。一般单位、自然人之间的借款合同，是不需要缴纳印花的。借款合同印花税的计税依据是借款金额，税率为万分之零点五，新旧印花税法保持不变。

【融资租赁合同】根据《民法典》第七百三十五条规定，融资租赁合同是出租人根据承租人对出卖人、租赁物的选择，向出卖人购买租赁物，提供给承租人使用，承租人支付租金的合同。融资租赁本质上也是一种借款行为，因此，融资租赁合同印花税和借款合同印花税一致，计税依据是租金金额，税率为万分之零点五。

【买卖合同】根据《民法典》第五百九十五条规定，买卖合同是出卖人转移标的物的所有权于买受人，买受人支付价款的合同。在《印花税暂行条例》中对应的税目是购销合同。需要注意的是，买卖合同印花税的征税范围是动产买卖合同（不包括个人书立的动产买卖合同）。计税依据是价款，税率为万分之三。

【承揽合同】根据《民法典》第七百七十条规定，承揽合同是承揽人按照定作人的要求完成工作，交付工作成果，定作人支付报酬的合同。承揽包括加工、定作、修理、复制、测试、检验等工作。在《印花税暂行条例》中对应的税目是加工承揽合同。计税依据是价款，税率为万分之三。

【建设工程合同】根据《民法典》第七百八十八条规定，建设工程合同是承包人进行工程建设，发包人支付价款的合同。建设工程合同包括工程勘察、设计、施工合同。在《印花税暂行条例》中对应的税目是建设工程勘察设计合同和建筑安装工程合同。计税依据是价款，税率为万分之三。相比《印花税暂行条例》，税率有所变化，原建设工程勘察设计合同的税率为万分之五、建筑安装工程合同的税率为万分之三，《印花税法》将二者税率统一为万分之三。

【运输合同】根据《民法典》第八百零九条规定，运输合同是承运人将旅客或者货物从起运地点运输到约定地点，旅客、托运人或者收货人支付票款或者运输费用的合同。

需要注意的是，运输合同印花税的征税范围指货运合同和多式联运合同，不包括管道运输合同。

计税依据是价款，税率为万分之三。相比《印花税暂行条例》，税率有所变化，原建设工程勘察设计合同的税率为万分之五、建筑安装工程合同万分之三，《印花税法》将二者税率统一为万分之三。

【财产保险合同】根据《中华人民共和国保险法》的规定，保险合同是投保人与保险人约定保险权利义务关系的协议；人身保险是以人的寿命和身体为保险标的的保险；财产保险是以财产及其有关利益为保险标的的保险；保险人将其承担的保险业务，以分保形式部分转移给其他保险人的，为再保险。纳入印花税征税范围的是财产保险合同，不包括人身保险，也不包括再保险合同。

【计税依据是否包含增值税】在 2016 年 4 月 25 日国家税务总局关于营改增的视频会中明确："第四，关于印花税计税依据问题：这次两部委下发的《通知》中没有提到印花税计税依据问题。主要是营改增之前，这一问题就已明确，没有变化。各地执行口径仍按照印花税条例规定，依据合同所载金额确定计税依据。合同中所载金额和增值税分开注明的，按不含增值税的合同金额确定计税依据；未分开注明的，以合同所载金额为计税依据。"

第六条 应税合同、产权转移书据未列明金额的，印花税的计税依据按照实际结算的金额确定。

计税依据按照前款规定仍不能确定的，按照书立合同、产权转移书据时的市场价格确定；依法应当执行政府定价或者政府指导价的，按照国家有关规定确定。

第七条 证券交易无转让价格的，按照办理过户登记手续时该证券前一个交易日收盘价计算确定计税依据；无收盘价的，按照证券面值计算确定计税依据。

第八条　印花税的应纳税额按照计税依据乘以适用税率计算。

第九条　同一应税凭证载有两个以上税目事项并分别列明金额的，按照各自适用的税目税率分别计算应纳税额；未分别列明金额的，从高适用税率。

第十条　同一应税凭证由两方以上当事人书立的，按照各自涉及的金额分别计算应纳税额。

第十一条　已缴纳印花税的营业账簿，以后年度记载的实收资本（股本）、资本公积合计金额比已缴纳印花税的实收资本（股本）、资本公积合计金额增加的，按照增加部分计算应纳税额。

条文解读

第六条到第十一条，是《印花税法》新增加的内容。但是，该部分内容并非新的规定。类似的规定，在之前的《印花税暂行条例施行细则》及相关规定中已经进行了规定。本次《印花税法》将相关内容纳入法条之中，使其更具备了法定效力。

政策链接

【一份应税凭证涉及多方】2022年第22号公告第三条第（一）项规定，同一应税合同、应税产权转移书据中涉及两方以上纳税人，且未列明纳税人各自涉及金额的，以纳税人平均分摊的应税凭证所列金额（不包括列明的增值税税款）确定计税依据。

笔者认为，该条是对一份应税合同、应税产权转移书据的其中一方或多方涉及多个当事的人，如何进行纳税的规定。其中，对"一份"的理解，是指的一件。例如，某合同，甲乙双方各持一份，甲方为张三，乙方为李四、王五。如果，李四、王五对合同涉及的金额进行了约定，则李四、王五分别根据合同涉及的金额缴纳印花税；如果李四、王五未对合同涉及的金额进行约定，则平均分摊的应税凭证所列金额。

【合同所列金额与实际结算不一致】2022年第22号公告第三条第（二）项规定，应税合同、应税产权转移书据所列的金额与实际结算金额不一致，不变更应税凭证所列金额的，以所列金额为计税依据；变更应税凭证所列金额的，以变更后的所列金额为计税依据。已缴纳印花税的应税凭证，变更后所列金额增加的，纳税人应当就增加部分的金额补缴印花税；变更后所列金额减少的，纳税人可以就减少部分的金额向税务机关申请退还或者抵缴印花税。

根据《国家税务局关于印花税若干具体问题的规定》（国税地字〔1988〕25号）第九条规定，依照《印花税暂行条例》规定，纳税人应在合同签订时按合同所载金额计税贴花。因此，对已履行并贴花的合同，发现实际结算金额与合同所载金额不一致的，一般不再补贴印花。

【因增值税计算错误导致的税款错误】2022年第22号公告第三条第（三）项规定，纳税人因应税凭证列明的增值税税款计算错误导致应税凭证的计税依据减少或者增加的，纳税人应当按规定调整应税凭证列明的增值税税款，重新确定应税凭证计税依据。已缴纳印花税的应税凭证，调整后计税依据增加的，纳税人应当就增加部分的金额补缴印花税；调整后计税依据减少的，纳税人可以就减少部分的金额向税务机关申请退还或者抵缴印花税。

【未实际出资部分不纳税】2022年第22号公告第三条第（四）项规定，纳税人转让股权的印花税计税依据，按照产权转移书据所列的金额（不包括列明的认缴后尚未实际出资权益部分）确定。

【应税凭证为外币】2022年第22号公告第三条第（五）项规定，应税凭证金额为人民币以外的货币的，应当按照凭证书立当日的人民币汇率中间价折合人民币确定计税依据。

【多式联运货物的计算办法】2022年第22号公告第二条第（六）项规定，境内的货物多式联运，采用在起运地统一结算全程运费的，以全程运费作为运输合同的计税依据，由起运地运费结算双方缴纳印花税；采用分程结算运费的，以分程的运费作为计税依据，分别由办理运费结算的各方缴纳印花税。

【合同签订时无法确定金额时如何纳税】根据《国家税务局关于印花税若干具体问题的规定》（国税地字〔1988〕25号）第四条规定，有些合同在签订时无法确定计税金额，如技术转让合同中的转让收入，是按销售收入的一定比例收取或是按实现利润分成的；财产租赁合同，只是规定了月（天）租金标准而却无租赁期限的。对这类合同，可在签订时先按定额五元贴花，以后结算时再按实际金额计税，补贴印花。

《国家税务总局关于实施〈中华人民共和国印花税法〉等有关事项的公告》（国家税务总局公告2022年第14号，以下简称2022年第14号公告）第一条第（二）项规定，应税合同、产权转移书据未列明金额，在后续实际结算时确定金额的，纳税人应当于书立应税合同、产权转移书据的首个纳税申报期申报应税合同、产权转移书据书立情况，在实际结算后下一个纳税申报期，以实际结算金额计算申缴纳印花税。

笔者认为，在《印花税法》施行以后，应当按照2022年第14号公告的规定，未列明金额的合同在签订时，暂不缴纳印花税。

【未兑现合同如何纳税】根据《国家税务局关于印花税若干具体问题的规定》（国税地字〔1988〕25号）第七条规定，依照《印花税暂行条例》规定，合同签订时即应贴花，履行完税手续。因此，不论合同是否兑现或能否按期兑现，都一律按照规定贴花。

2022年第22号公告第三条第（七）项规定，未履行的应税合同、产权转移书据，已缴纳的印花税不予退还及抵缴税款。

【印花税退税问题】2022年第22号公告第三条第（八）项规定，纳税人多贴的印花税票，不予退还及抵缴税款。

2022年第22号公告第三条第（二）项、第（三）项规定，变更后或调整后计税依据减少的，纳税人可以就减少部分的金额向税务机关申请退还或者抵缴印花税。

笔者认为，笼统地说印花税不能退税是不对的。不予退还或者抵缴的范围，仅限于采取粘贴并勾画印花税票的方式进行缴纳印花税的情形；对于采取申报并缴纳方式缴纳印花税的，可以申请退还或者抵缴印花税。

【以物易物交易签订的合同】根据《国家税务局关于印花税若干具体问题的解释和规定的通知》（国税发〔1991〕155号）第三条规定，商品购销活动中，采用以货换货方式进行商品交易签订的合同，是反映既购又销双重经济行为的合同。因此，交易双方都应按合同所载的购、销合计金额计税贴花。合同未列明金额的，应按合同所载购、销数量依照国家牌价或市场价格计算应纳税金额。

笔者认为，虽然上述文件根据2022年第14号公告自2022年7月1日起废止,但并不意味着以货易货交易不再征收印花税。以货易货合同,仍然应根据该文件的所描述的含义,计算缴纳印花税。

【图书、报刊等征订凭证的印花税问题】根据《国家税务局关于图书、报刊等征订凭证征免印花税问题的通知》(国税地字〔1989〕142号)规定,图书、报纸、期刊以及音像制品的出版发行业务订立的征订发行合同及其订购单据(实际发生数)属于应纳印花税的经济凭证。图书、报刊等征订凭证,原则上应当按照"购销合同"缴纳印花税。但是出版发行业务比较特殊,使用的凭证也较复杂,国家税务总局有比较明确的征免规定,具体规定如下:

(1) 各类出版单位与发行单位之间订立的图书、报纸、期刊以及音像制品的征订凭证(包括订购单、订数单等),应由持证双方按规定纳税。

(2) 各类发行单位之间,以及发行单位与订阅单位或个人之间书立的征订凭证,暂免征印花税。

(3) 征订凭证适用印花税"购销合同"税目,计税金额按订购数量及发行单位的进货价格计算。

(4) 征订凭证发生次数频繁,为简化纳税手续,可由出版发行单位采取按期汇总方式,计算缴纳印花税。实行汇总缴纳以后,购销双方个别订立的协议均不再重复计税贴花。

【分别记载加工费与原材料金额合同的计税依据】根据《国家税务局关于印花税若干具体问题的规定》(国税地字〔1988〕25号)第一条规定,由受托方提供原材料的加工、定做合同,凡在合同中分别记载加工费金额与原材料金额的,应分别按"加工承揽合同""购销合同"计税,两项税额相加数,即为合同应贴印花;合同中不划分加工费金额与原材料金额的,应按全部金额,依照"加工承揽合同"计税贴花。

【出租门店、柜台等合同征收印花税】《国家税务局关于印花税若干具体问题的规定》(国税地字〔1988〕25号)第十一条规定,企业、个人出租门店、柜台等签订的合同,属于财产租赁合同,应按照规定贴花。

【租赁承包经营合同不征印花税】《国家税务局关于印花税若干具体问题的规定》(国税地字〔1988〕25号)第十条规定,企业与主管部门等签订的租赁承包经营合同,不属于财产租赁合同,不应贴花。

【融资租赁合同不属于财产租赁合同】根据《国家税务局关于对借款合同

贴花问题的具体规定》(国税地字〔1988〕30 号) 规定，银行及其金融机构经营的融资租赁业务，是一种以融物方式达到融资目的的业务，实际上是分期偿还的固定资金借款。因此，对融资租赁合同，可据合同所载的租金总额暂按"借款合同"计税贴花。

【货物运输单、仓储保管单、财产保险单、银行借据纳税规定】《国家税务局关于印花税若干具体问题的规定》(国税地字〔1988〕25 号) 第五条规定，对货物运输、仓储保管、财产保险、银行借款等，办理一项业务既书立合同，又开立单据的，只就合同贴花；凡不书立合同，只开立单据，以单据作为合同使用的，应按照规定贴花。

【货运凭证的范围】《国家税务局关于货运凭证征收印花税几个具体问题的通知》(国税发〔1990〕173 号) 第一条规定，在货运业务中，凡是明确承、托运双方业务关系的运输单据均属于合同性质的凭证。鉴于目前各类货运业务使用的单据，不够规范统一，不便计税贴花，为了便于征管，现规定以运费结算凭证作为各类货运的应税凭证。

【货运凭证的纳税人】《国家税务局关于货运凭证征收印花税几个具体问题的通知》(国税发〔1990〕173 号) 第二条规定，在货运业务中，凡直接办理承、托运运费结算凭证的双方，均为货运凭证印花税的纳税人。

代办承、托运业务的单位负有代理纳税的义务；代办方与委托方之间办理的运费清算单据，不缴纳印花税。

【国内联运凭证的计税依据】《国家税务局关于货运凭证征收印花税几个具体问题的通知》(国税发〔1990〕173 号) 第三条规定，对国内各种形式的货物联运，凡在起运地统一结算全程运费的，应以全程运费作为计税依据，由起运地运费结算双方缴纳印花税；凡分程结算运费的，应以分程的运费作为计税依据，分别由办理运费结算的各方缴纳印花税。

【国际货运凭证的征免税划分】《国家税务局关于货运凭证征收印花税几个具体问题的通知》(国税发〔1990〕173 号) 第四条规定：

(1) 由我国运输企业运输的，不论在我国境内、境外起运或中转分程运输，我国运输企业所持的一份运费结算凭证，均按本程运费计算应纳税额；托运方所持的一份运费结算凭证，按全程运费计算应纳税额。

(2) 由外国运输企业运输进出口货物的，外国运输企业所持的一份运费结算凭证免纳印花税；托运方所持的一份运费结算凭证应缴纳印花税。

（3）国际货运运费结算凭证在国外办理的，应在凭证转回我国境内时按规定缴纳印花税。

【货运凭证的代扣汇总缴纳】在货运业务中，《国家税务局关于货运凭证征收印花税几个具体问题的通知》（国税发〔1990〕173号）第六条关于代扣汇总缴纳的规定如下：

（1）运费结算付方应缴纳的印花税，应由运费结算收方或其代理方实行代扣汇总缴纳。

（2）运费结算凭证由交通运输管理机关或其指定的单位填开或审核的，当地税务机关应委托凭证填开或审核单位，对运费结算双方应缴纳的印花税，实行代扣汇总缴纳。

（3）在运费结算凭证费别栏目中应增列一项"印花税"，将应缴纳的印花税款填入"印花税"项目中。

为了方便代扣汇总缴纳，每份运费结算凭证应纳税额不足0.10元的免税，超过0.10元的按实计缴，计算到分。

（4）代扣印花税时，当地税务机关或代扣单位应在运费结算凭证上，加盖"印花税代扣专用章"（式样略）。专用章由县级以上（含县级）税务机关统一刻制。

【铁路货运凭证印花税】根据《国家税务总局 铁道部关于铁路货运凭证印花税若干问题的通知》（国税发〔2006〕101号）规定，为适应铁路体制改革和铁路网建设的发展变化，有利于铁路货运凭证印花税的征收和管理，现就铁路货运凭证征收印花税有关问题通知如下：

1. 纳税人

铁路货运业务中运费结算凭证载明的承、托运双方，均为货运凭证印花税的纳税人。

代办托运业务的代办方在向铁路运输企业交运货物并取得运费结算凭证时，应当代托运方缴纳印花税。代办方与托运方之间办理的运费结算清单，不缴纳印花税。

2. 应纳税凭证和计税依据

铁路货运运费结算凭证为印花税应税凭证，包括：

（1）货票（发站发送货物时使用）；

（2）运费杂费收据（到站收取货物运费时使用）；

（3）合资、地方铁路货运运费结算凭证（合资铁路公司、地方铁路单独计算核收本单位管内运费时使用）。

上述凭证中所列运费为印花税的计税依据，包括统一运价运费、特价或加价运费、合资和地方铁路运费、新路均摊费、电力附加费。对分段计费一次核收运费的，以结算凭证所记载的全程运费为计税依据；对分段计费分别核收运费的，以分别核收运费的结算凭证所记载的运费为计税依据。

3. 应纳税额的计算和税款代征

以运费金额按万分之五的税率分别计算承、托运双方的应纳税额。税额不足一角的免税，超过一角的四舍五入计算到角。

铁路运输企业在收取货物运杂费的同时必须代征托运方应纳的印花税，并记入运费结算凭证的"印花税"项目内，运费结算凭证不再加盖"印花税代扣专用章"。

4. 税款缴纳

铁路运输企业代征的托运方应纳的印花税与铁路运输企业应纳的印花税统一由各铁路运输企业汇总后按下列方式缴入国库。

（1）铁路局（含广铁集团、青藏铁路公司）应纳印花税，依照铁路体制改革前所属原汇总缴纳印花税单位2004年印花税款占铁路局印花税的比例计算（附表，本书略），按季向原汇总缴纳单位所在地的税务机关缴纳。对采用异地汇款方式缴纳税款的，原汇总缴纳单位所在地的税务机关应通知铁路局将税款直接汇入税务机关在国库开设的"待缴库税款"专户。

（2）集装箱和特货公司货运业务应纳的印花税向总机构所在地税务机关缴纳。

（3）合资铁路公司、地方铁路货运业务应纳的印花税向机构所在地税务机关缴纳。

5. 代征印花税手续费

税务机关根据国家有关规定，按代征印花税税款金额的5%付给铁路部门代征手续费。手续费由税务机关按规定及时给付，铁路部门不得从代征税款中直接扣除。

【财产保险合同的贴花问题】《国家税务局关于对保险公司征收印花税有关问题的通知》（国税地字〔1988〕37号）规定，根据《印花税暂行条例》

及其施行细则的规定，现将对保险公司征收印花税有关问题，具体明确如下：

（1）关于自有流动资金贴花问题。按照保险公司会计制度规定，"保险总准备金"科目反映的资金即为保险公司的自有流动资金。财政拨付的部分，在总公司和省分公司核算，利润中提留的部分，分别在各级公司核算。对保险总准备金，应由各级保险公司按其账面数额计税贴花。

（2）关于财产保险合同的贴花问题。目前，保险公司的财产保险分为企业财产保险、机动车辆保险、货物运输保险、家庭财产保险和农牧业保险五大类。为了支持农村保险事业的发展，照顾农牧业生产的负担，除对农林作物、牧业畜类保险合同暂不贴花外，对其他几类财产保险合同均应按照规定计税贴花。其中，家庭财产保险由单位集体办理的，均按确定的个人投保金额计税。

【借款合同的计税依据】根据《印花税税目税率表》，借款合同的计税依据为借款金额。单据作为合同使用的，按合同贴花。

根据《国家税务局关于对借款合同贴花问题的具体规定》（国税地字〔1988〕30号）的规定：

1. 以填开借据方式

关于以填开借据方式取得银行借款的借据贴花问题。目前，各地银行办理信贷业务的手续不够统一，有的只签订合同，有的只填开借据，也有的既签订合同又填开借据。为此规定：凡一项信贷业务既签订借款合同又一次或分次填开借据的，只就借款合同按所载借款金额计税贴花；凡只填开借据并作为合同使用的，应按照借据所载借款金额计税，在借据上贴花。

2. 流动资金周转性借款

关于对流动资金周转性借款合同的贴花问题。借贷双方签订的流动资金周转性借款合同，一般按年（期）签订，规定最高限额，借款人在规定的期限和最高限额内随借随还。为此，在签订流动资金周转借款合同时，应按合同规定的最高借款限额计税贴花。以后，只要在限额内随借随还，不再签订新合同的，就不另贴印花。

3. 抵押贷款合同

关于对抵押贷款合同的贴花问题。借款方以财产作抵押，与贷款方签订的抵押借款合同，属于资金信贷业务，借贷双方应按"借款合同"计税贴花。因借款方无力偿还借款而将抵押财产转移给贷款方，应就双方书立的产权转移书据，按"产权转移书据"计税贴花。

4. 融资租赁合同

关于对融资租赁合同的贴花问题。银行及其金融机构经营的融资租赁业务，是一种以融物方式达到融资目的的业务，实际上是分期偿还的固定资金借款。因此，对融资租赁合同，可据合同所载的租金总额暂按"借款合同"计税贴花。

5. 应税金额又有免税金额

关于借款合同中既有应税金额又有免税金额的计税贴花问题。有些借款合同，借款总额中既有应免税的金额，也有应纳税的金额。对这类"混合"借款合同，凡合同中能划分免税金额与应税金额的，只就应税金额计税贴花；不能划分清楚的，应按借款总金额计税贴花。

6. 与多家银行签订一个借款合同

关于对借款方与银团"多头"签订借款合同的贴花问题。在有的信贷业务中，贷方是由若干银行组成的银团，银团各方均承担一定的贷款数额，借款合同由借款方与银团各方共同书立，各执一份合同正本。对这类借款合同，借款方与贷款银团各方应分别在所执合同正本上按各自的借贷金额计税贴花。

7. 先签订分合同后签订总合同

关于对基建贷款中，先签订分合同，后签订总合同的贴花问题。有些基本建设贷款，先按年度用款计划分年签订借款分合同，在最后一年按总概算签订借款总合同，总合同的借款金额中包括各分合同的借款金额。对这类基建借款合同，应按分合同分别贴花，最后签订的总合同，只就借款总额扣除分合同借款金额后的余额计税贴花。

【专利申请权、非专利技术转让合同】《国家税务局关于对技术合同征收印花税问题的通知》（国税地字〔1989〕34号）第一条规定，技术转让包括：专利权转让、专利申请权转让、专利实施许可和非专利技术转让。为这些不同类型技术转让所书立的凭证，按照《印花税税目税率表》的规定，分别适用不同的税目、税率。其中，专利申请权转让，非专利技术转让所书立的合同，适用"技术合同"税目；专利权转让、专利实施许可所书立的合同、书据，适用"产权转移书据"税目。

【技术咨询合同的征税范围】《国家税务局关于对技术合同征收印花税问题的通知》（国税地字〔1989〕34号）第二条规定，技术咨询合同是当事人就有关项目的分析、论证、评价、预测和调查订立的技术合同。有关项目包括：

（1）有关科学技术与经济、社会协调发展的软科学研究项目；

（2）促进科技进步和管理现代化，提高经济效益和社会效益的技术项目；

（3）其他专业项目。对属于这些内容的合同，均应按照"技术合同"税目的规定计税贴花。

【法律、法规、会计、审计的咨询不属于技术咨询】《国家税务局关于对技术合同征收印花税问题的通知》（国税地字〔1989〕34号）第二条第三款规定，一般的法律、法规、会计、审计等方面的咨询不属于技术咨询，其所立合同不贴印花。

【技术服务合同的征税范围】《国家税务局关于对技术合同征收印花税问题的通知》（国税地字〔1989〕34号）第三条规定，技术服务合同的征税范围包括：技术服务合同、技术培训合同和技术中介合同。

（1）技术服务合同是当事人一方委托另一方就解决有关特定技术问题，如为改进产品结构、改良工艺流程、提高产品质量、降低产品成本、保护资源环境、实现安全操作、提高经济效益等，提出实施方案，进行实施指导所订立的技术合同。

以常规手段或者为生产经营目的进行一般加工、修理、修缮、广告、印刷、测绘、标准化测试以及勘察、设计等所书立的合同，不属于技术服务合同。

（2）技术培训合同是当事人一方委托另一方对指定的专业技术人员进行特定项目的技术指导和专业训练所订立的技术合同。

对各种职业培训、文化学习、职工业余教育等订立的合同，不属于技术培训合同，不贴印花。

（3）技术中介合同是当事人一方以知识、信息、技术为另一方与第三方订立技术合同进行联系、介绍、组织工业化开发所订立的技术合同。

【产权转移书据的形式】根据《印花税税目税率表》，产权转移书据包括：土地使用权出让书据；土地使用权、房屋等建筑物和构筑物所有权转让（不包括土地承包经营权和土地经营权转移）；股权转让书据（不包括应缴纳证券交易印花税的）；商标专用权、著作权、专利权、专有技术使用权转让书据。其中，转让包括买卖（出售）、继承、赠与、互换、分割等形式。

【记载资金的账簿按增加部分贴花】《施行细则》第八条规定，记载资金的账簿按固定资产原值和自有流动资金总额贴花后，以后年度资金总额比已贴花资金总额增加的，增加部分应按规定贴花。

【企业兼并的并入资金如何贴花】《国家税务局关于印花税若干具体问题的规定》(国税地字〔1988〕25号)第十九条规定，经企业主管部门批准的国营、集体企业兼并，对并入单位的资产，凡已按资金总额贴花的，接受单位对并入的资金不再补贴印花。

【营业账簿贴花的位置】《国家税务局关于印花税若干具体问题的规定》(国税地字〔1988〕25号)第二十一条规定，在营业账簿上贴印花税票，须在账簿首页右上角粘贴，不准粘贴在账夹上。

【权利许可证照的征税范围】《国家税务局地方税管理司关于对权利许可证照如何贴花问题的复函》(国税地函发〔1991〕2号)规定，为了明确印花税的征免范围，《印花税税目税率表》中对应纳税凭证采取正列举的办法，即对征税范围中列举的凭证征税，未列举的凭证则不征税。因此，权利许可证照的征税范围仅指政府部门发给的房屋产权证、工商营业执照、商标注册证、专利证、土地使用证。其他各种权利许可证照均不贴花。

第三节　税收优惠

第十二条　下列凭证免征印花税：
(一) 应税凭证的副本或者抄本；
(二) 依照法律规定应当予以免税的外国驻华使馆、领事馆和国际组织驻华代表机构为获得馆舍书立的应税凭证；
(三) 中国人民解放军、中国人民武装警察部队书立的应税凭证；
(四) 农民、家庭农场、农民专业合作社、农村集体经济组织、村民委员会购买农业生产资料或者销售农产品书立的买卖合同和农业保险合同；

（五）无息或者贴息借款合同、国际金融组织向中国提供优惠贷款书立的借款合同；

（六）财产所有权人将财产赠与政府、学校、社会福利机构、慈善组织书立的产权转移书据；

（七）非营利性医疗卫生机构采购药品或者卫生材料书立的买卖合同；

（八）个人与电子商务经营者订立的电子订单。

根据国民经济和社会发展的需要，国务院对居民住房需求保障、企业改制重组、破产、支持小型微型企业发展等情形可以规定减征或者免征印花税，报全国人民代表大会常务委员会备案。

条文解读

本条规定了免征印花税的范围。相对于《印花税暂行条例》，内容大幅增加：一方面，吸收了《印花税暂行条例》和《施行细则》中规定的税收优惠；另一方面，将一些在规范性文件中规定的印花税税收优惠也纳入了《印花税法》的法定优惠范围。提高了税收优惠的法定性。

政策链接

【副本或抄本】是指凭证的正式签署本已按规定缴纳了印花税，其副本或者抄本对外不发生权利义务关系，仅备存查的免贴印花。

【副本或抄本视同正本使用应补税】《施行细则》第十一条第二款规定，以副本或者抄本视同正本使用的，应另贴印花。根据《国家税务局关于印花税若干具体问题的规定》（国税地字〔1988〕25号）第十二条规定，纳税人的已缴纳印花税凭证的正本遗失或毁损，而以副本替代的，即为副本视同正本使用，应另贴印花。

【凭证书立人均可享受优惠】2022年第22号公告第四条第（一）项规定，对应税凭证适用印花税减免优惠的，书立该应税凭证的纳税人均可享受印花税减免政策，明确特定纳税人适用印花税减免优惠的除外。

笔者认为，该条规定，将对"应税凭证"进行税收优惠和对"纳税人"进行税收优惠进行了区分。对"应税凭证"进行税收优惠的，所有参与书立该凭证的纳税人均享受税收优惠，典型的情形就是《印花税法》第十二条第一款规定的凭证，所有参与书立第十二条第一款中列明的八类凭证的各方当事人，均可享受免征印花税的优惠政策。

对特定"纳税人"进行税收优惠的，只就特定纳税人的印花税进行减免，所有参与书立该凭证的其他纳税人不得享受该优惠政策。例如，根据《财政部 国家税务总局关于调整房地产交易环节税收政策的通知》（财税〔2008〕137号）第二条规定，对个人销售或购买住房暂免征收印花税，此时，只对销售或购买住房的个人免征印花税，对房地产公司、其他单位等纳税人，不免征。

【家庭农场】2022年第22号公告第四条第（二）项规定，享受印花税免税优惠的家庭农场，具体范围为以家庭为基本经营单元，以农场生产经营为主业，以农场经营收入为家庭主要收入来源，从事农业规模化、标准化、集约化生产经营，纳入全国家庭农场名录系统的家庭农场。

【学校】2022年第22号公告第四条第（三）项规定，享受印花税免税优惠的学校，具体范围为经县级以上人民政府或者其教育行政部门批准成立的大学、中学、小学、幼儿园，实施学历教育的职业教育学校、特殊教育学校、专门学校，以及经省级人民政府或者其人力资源社会保障行政部门批准成立的技工院校。

【社会福利机构】2022年第22号公告第四条第（四）项规定，享受印花税免税优惠的社会福利机构，具体范围为依法登记的养老服务机构、残疾人服务机构、儿童福利机构、救助管理机构、未成年人救助保护机构。

【慈善组织】2022年第22号公告第四条第（五）项规定，享受印花税免税优惠的慈善组织，具体范围为依法设立、符合《中华人民共和国慈善法》规定，以面向社会开展慈善活动为宗旨的非营利性组织。

【非营利性医疗卫生机构】2022年第22号公告第四条第（六）项规定，享受印花税免税优惠的非营利性医疗卫生机构，具体范围为经县级以上人民政府卫生健康行政部门批准或者备案设立的非营利性医疗卫生机构。

【电子商务经营者】2022年第22号公告第四条第（七）项规定，享受印花税免税优惠的电子商务经营者，具体范围按《中华人民共和国电子商务法》有关规定执行。

【微利、亏损企业不减免印花税】《国家税务局关于印花税若干具体问题的规定》（国税地字〔1988〕25号）第二十条规定，对微利、亏损企业不能减免印花税。但是，对微利、亏损企业记载资金的账簿，第一次贴花数额较大，难以承担的，经当地税务机关批准，可允许在三年内分次贴足印花。本规定虽然被《国家税务总局关于取消部分地方税务行政审批项目的通知》（国税函〔2007〕629号）和《国家税务总局关于公布全文失效废止、部分条款失效废止的税收规范性文件目录的公告》（国家税务总局公告2011年第2号）所废止，但废止的只是困难减免的审批事项，并不意味着微利、亏损企业从此可以减免印花税。

【农民专业合作社印花税优惠】《财政部 国家税务总局关于农民专业合作社有关税收政策的通知》（财税〔2008〕81号）第四条规定，自2008年7月1日起，对农民专业合作社与本社成员签订的农业产品和农业生产资料购销合同，免征印花税。所称农民专业合作社，是指依照《中华人民共和国农民专业合作社法》规定设立和登记的农民专业合作社。

根据《财政部 税务总局关于印花税法实施后有关优惠政策衔接问题的公告》（财政部 税务总局公告2022年第23号，以下简称2022年第23号公告），上述规定自2022年7月1日起废止。该政策废止后，上述情形符合《印花税法》第十二条规定的免税情形，纳税人可依法享受相关印花税优惠。

【部分国家储备商品印花税优惠】《财政部 税务总局关于部分国家储备商品有关税收政策的公告》（财政部 税务总局公告2019年第77号）第一条规定，自2019年1月1日至2021年12月31日，对商品储备管理公司及其直属库资金账簿免征印花税；对其承担商品储备业务过程中书立的购销合同免征印花税，对合同其他各方当事人应缴纳的印花税照章征收。本公告所称商品储备管理公司及其直属库，是指接受县级以上政府有关部门委托，承担粮（含大豆）、食用油、棉、糖、肉5种商品储备任务，取得财政储备经费或者补贴的商品储备企业。

根据《财政部 税务总局关于延续执行部分国家商品储备税收优惠政策的公告》（财政部 税务总局公告2022年第8号）上述规定执行期限延期至2023年12月31日。2022年1月1日以后已缴上述应予免税的款项，从企业应纳的相应税款中抵扣或者予以退税。

【飞机租赁企业购机购销合同印花税暂免征收】根据《财政部 国家税务

总局关于飞机租赁企业有关印花税政策的通知》（财税〔2014〕18 号）规定，为落实《国务院办公厅关于加快飞机租赁业发展的意见》（国办发〔2013〕108 号）的有关精神，促进飞机租赁业健康发展，自 2014 年 1 月 1 日起至 2018 年 12 月 31 日止，暂免征收飞机租赁企业购机环节购销合同印花税。

【国家石油储备基地建设有关税收政策】根据《财政部 国家税务总局关于国家石油储备基地建设有关税收政策的通知》（财税〔2005〕23 号）规定，对国家石油储备基地第一期项目建设过程中涉及的营业税、城市维护建设税、教育费附加、城镇土地使用税、印花税、耕地占用税和契税予以免征。上述免税范围仅限于应由国家石油储备基地缴纳的税收。国家石油储备基地第一期项目包括大连、黄岛、镇海、舟山 4 个储备基地。

根据 2022 年第 23 号公告，上述规定自 2022 年 7 月 1 日起失效。

【金融资产管理公司购销合同印花税政策】根据《财政部 国家税务总局关于中国信达等 4 家金融资产管理公司税收政策问题的通知》（财税〔2001〕10 号）规定，根据《国务院办公厅转发人民银行、财政部、证监会关于组建中国信达资产管理公司意见的通知》（国办发〔1999〕33 号）和《国务院办公厅转发人民银行、财政部、证监会关于组建中国华融资产管理公司、中国长城资产管理公司和中国东方资产管理公司意见的通知》（国办发〔1999〕66 号）的精神，经国务院批准，现对信达、华融、长城和东方资产管理公司（以下简称资产公司）在收购、承接和处置不良资产过程中有关税收政策问题通知如下：

（1）享受税收优惠政策的主体为经国务院批准成立的中国信达资产管理公司、中国华融资产管理公司、中国长城资产管理公司和中国东方资产管理公司，及其经批准分设于各地的分支机构。除另有规定者外，资产公司所属、附属企业，不享受资产公司的税收优惠政策。

（2）收购、承接不良资产是指资产公司按照国务院规定的范围和额度，对相关国有银行不良资产，以账面价值进行收购，同时继承债权、行使债权主体权利。具体包括资产公司承接、收购相关国有银行的逾期、呆滞、呆账贷款及其相应的抵押品；处置不良资产是指资产公司按照有关法律、法规，为使不良资产的价值得到实现而采取的债权转移的措施。具体包括运用出售、置换、资产重组、债转股、证券化等方法对贷款及其抵押品进行处置。

（3）对资产公司收购、承接和处置不良资产，免征购销合同和产权转移书据应缴纳的印花税。对涉及资产公司资产管理范围内的上市公司国有股权持有人变更的事项，免征印花税参照《国家税务总局关于上市公司国有股权无偿转让证券（股票）交易印花税问题的通知》（国税发〔1999〕124号）的有关规定执行。对资产公司成立时设立的资金账簿免征印花税。

（4）资产公司除收购、承接、处置不良资产业务外，从事其他经营业务或发生本通知未规定免税的应税行为，应一律依法纳税。

【供用气合同不征印花税】《国家税务总局办公厅关于答复华润（集团）有限公司有关涉税诉求的函》（税总办函〔2013〕580号）规定，华润燃气集团与用户签订的供用气合同不属于《印花税暂行条例》及其施行细则中列举的凭证，也不属于经财政部确定征税的其他凭证，无须缴纳印花税。

【安利公司的印花税问题】《国家税务总局关于安利（中国）日用品有限公司征收印花税有关问题的通知》（国税函〔2006〕749号）规定，鉴于各地对安利（中国）日用品有限公司（以下简称安利公司）征收印花税的政策执行不一致，根据《印花税暂行条例》及其实施细则的规定，现对安利公司征收印花税的有关问题，明确如下：

（1）安利公司的生产基地（广州总部）向其各地专卖店铺调拨产品的供货环节，由于没有发生购销业务，不予征收印花税。

（2）对于安利公司的经销商购进安利公司产品再向顾客销售的销售形式，由于经销商向安利公司买断产品再自行销售给顾客，并直接对客户开具发票，安利公司和经销商之间形成了购销关系。由安利公司与经销商按照签订的购销合同或者具有合同性质的凭证，在安利公司各专卖店铺及经销商所在地计算缴纳印花税。

（3）经销商、销售代表为安利公司提供代理销售服务，由于安利公司与经销商及销售代表之间只存在代理服务关系而不存在购销关系，不按购销合同征收印花税。

（4）各专卖店铺直接向顾客进行销售，无须签订购销合同，没有发生印花税应税行为，不按照购销金额或将交易单据视为购销合同征收印花税。

根据2022年第14号公告，上述规定自2022年7月1日起废止。

【支持北京冬奥会税收政策】《财政部 税务总局 海关总署关于北京2022年冬奥会和冬残奥会税收政策的通知》（财税〔2017〕60号）规定，为支持发展奥林匹克运动，确保北京2022年冬奥会和冬残奥会顺利举办：

（1）对北京2022年冬奥会和冬残奥会组织委员会（以下简称北京冬奥组委）使用的营业账簿和签订的各类合同等应税凭证，免征北京冬奥组委应缴纳的印花税。

（2）对国际奥委会、中国奥委会签订的与北京2022年冬奥会有关的各类合同，免征国际奥委会和中国奥委会应缴纳的印花税。

（3）对国际残奥委会取得的与北京2022年冬残奥会有关的收入免征增值税、消费税、企业所得税和印花税。

（4）对中国残奥委会根据《联合市场开发计划协议》取得的由北京冬奥组委分期支付的收入免征增值税、消费税、企业所得税和印花税。

（5）北京冬奥会测试赛赛事组委会取得的收入及发生的涉税支出比照执行北京冬奥组委的税收政策。

（6）对财产所有人将财产（物品）捐赠给北京冬奥组委所书立的产权转移书据免征应缴纳的印花税。

《财政部 税务总局 海关总署关于北京2022年冬奥会和冬残奥会税收优惠政策的公告》（财政部 税务总局 海关总署公告2019年第92号）第六条规定，自2019年11月11日起，对国际奥委会相关实体与北京冬奥组委签订的各类合同，免征国际奥委会相关实体应缴纳的印花税。

【支持2022亚运会和残运会】《财政部 税务总局 海关总署关于杭州2022年亚运会和亚残运会税收政策的公告》（财政部 税务总局 海关总署公告2020年第18号）规定，自2020年4月9日起，为支持筹办杭州2022年亚运会和亚残运会及其测试赛（以下统称杭州亚运会），对组委会使用的营业账簿和签订的各类合同等应税凭证，免征组委会应缴纳的印花税；对财产所有人将财产（物品）捐赠给组委会所书立的产权转移书据，免征印花税。

【支持第18届世界中学生运动会等】《财政部 税务总局 海关总署关于第18届世界中学生运动会等三项国际综合运动会税收政策的公告》（财政部 税务总局 海关总署公告2020年第19号）规定，为支持筹办2020年晋江第18届世界中学生运动会、2020年三亚第6届亚洲沙滩运动会、2021年成都第31届世界大学生运动会等三项国际综合运动会，自2020年1月1日起，对组委会使用的营业账簿和签订的各类合同等应税凭证，免征组委会应缴纳的印花税；对财产所有人将财产（物品）捐赠给组委会所书立的产权转移书据，免征印花税。

【农村饮水安全工程建设运营印花税优惠】《财政部 国家税务总局关于继续实行农村饮水安全工程建设运营税收优惠政策的通知》（财税〔2016〕19号）规定，自 2016 年 1 月 1 日至 2018 年 12 月 31 日，对饮水工程运营管理单位为建设饮水工程取得土地使用权而签订的产权转移书据，以及与施工单位签订的建设工程承包合同免征印花税。

上述所称饮水工程，是指为农村居民提供生活用水而建设的供水工程设施。饮水工程运营管理单位，是指负责饮水工程运营管理的自来水公司、供水公司、供水（总）站（厂、中心）、村集体、农民用水合作组织等单位。

对于既向城镇居民供水，又向农村居民供水的饮水工程运营管理单位，依据向农村居民供水收入占总供水收入的比例免征增值税；依据向农村居民供水量占总供水量的比例免征契税、印花税、房产税和城镇土地使用税。无法提供具体比例或所提供数据不实的，不得享受上述税收优惠政策。

根据《财政部 税务总局关于继续实行农村饮水安全工程税收优惠政策的公告》（财政部 税务总局公告 2019 年第 67 号）和《财政部 税务总局关于延长部分税收优惠政策执行期限的公告》（财政部 税务总局公告 2021 年第 6 号）规定，上述税收优惠政策执行期限延长至 2023 年 12 月 31 日。

上述优惠政策，根据《财政部 国家税务总局关于支持农村饮水安全工程建设运营税收政策的通知》（财税〔2012〕30 号），在 2011 年 1 月 1 日至 2015 年 12 月 31 日期间也执行。

【个人租房合同免征印花税】《财政部 国家税务总局关于廉租住房、经济适用住房和住房租赁有关税收政策的通知》（财税〔2008〕24 号）第二条第二项规定，对个人出租、承租住房签订的租赁合同，免征印花税。

【高校学生公寓租赁合同免征印花税】根据《财政部 国家税务总局关于继续执行高校学生公寓和食堂有关税收政策的通知》（财税〔2016〕82 号）、《财政部 税务总局关于高校学生公寓房产税、印花税政策的通知》（财税〔2019〕14 号）规定，自 2016 年 1 月 1 日至 2021 年 12 月 31 日，对高校学生公寓免征房产税；对与高校学生签订的高校学生公寓租赁合同免征印花税。高校学生公寓，是指为高校学生提供住宿服务，按照国家规定的收费标准收取住宿费的学生公寓。已征的按照本通知规定应予免征的房产税和印花税，分别从纳税人以后应缴纳的房产税和印花税中抵减或者予以退还。

根据《财政部 国家税务总局关于延长部分税收优惠政策执行期限的公

告》（财政部 税务总局公告 2022 年第 4 号）规定，上述优惠政策执行期限延长至 2023 年 12 月 31 日。

【运输部门承运快件行李、包裹开具的托运单据不贴印花】《国家税务局关于印花税若干具体问题的规定》（国税地字〔1988〕25 号）第六条规定，对铁路、公路、航运、水路承运快件行李、包裹开具的托运单据，暂免贴印花。

【特殊货运凭证的免税】《国家税务局关于货运凭证征收印花税几个具体问题的通知》（国税发〔1990〕173 号）第五条规定，关于特殊货运凭证的免税：

（1）军事物资运输。凡附有军事运输命令或使用专用的军事物资运费结算凭证，免纳印花税。

（2）抢险救灾物资运输。凡附有县级以上（含县级）人民政府抢险救灾物资运输证明文件的运费结算凭证，免纳印花税。

【农林作物、牧业畜类保险合同暂不贴花】《国家税务局关于对保险公司征收印花税有关问题的通知》（国税地字〔1988〕37 号）第二条规定，为了支持农村保险事业的发展，照顾农牧业生产的负担，对农林作物、牧业畜类保险合同暂不贴花。

【证券投资者保护基金公司印花税政策】根据《财政部 国家税务总局关于证券投资者保护基金有关印花税政策的通知》（财税〔2006〕104 号）规定，经国务院批准，对证券投资者保护基金有限责任公司（以下简称保护基金公司）及其管理的证券投资者保护基金（以下简称保护基金）以保护基金自有财产和接收的受偿资产与保险公司签订的财产保险合同，免征印花税。

对证券投资者保护基金有限责任公司（以下简称保护基金公司）及其管理的证券投资者保护基金（以下简称保护基金）与中国人民银行签订的再贷款合同、与证券公司行政清算机构签订的借款合同，免征印花税。

对证券投资者保护基金有限责任公司（以下简称保护基金公司）及其管理的证券投资者保护基金（以下简称保护基金）接收被处置证券公司财产签订的产权转移书据，免征印花税。

对与保护基金公司签订上述应税合同或产权转移书据的其他当事人照章征收印花税。

【保险保障基金印花税政策】为支持保险保障基金发展,增强行业经营风险防范能力,自2009年1月1日起,国家持续出台了《财政部 国家税务总局关于保险保障基金有关税收问题的通知》(财税〔2010〕77号)、《财政部 国家税务总局关于保险保障基金有关税收政策继续执行的通知》(财税〔2013〕81号)、《财政部 国家税务总局关于保险保障基金有关税收政策问题的通知》(财税〔2016〕10号)、《财政部 税务总局关于保险保障基金有关税收政策问题的通知》(财税〔2018〕41号)规定,以保险保障基金自有财产和接收的受偿资产与保险公司签订的财产保险合同免征印花税。在对保险公司进行风险处置过程和破产救助过程中签订的免征印花税。新设立的资金账簿免征印花税。

对与保险保障基金公司签订上述产权转移书据或应税合同的其他当事人照章征收印花税。在对保险公司进行风险处置过程中与中国人民银行签订的再贷款合同免征印花税。

【出售租赁资产及购回租赁资产的合同】《财政部 国家税务总局关于融资租赁合同有关印花税政策的通知》(财税〔2015〕144号)第二条规定,在融资性售后回租业务中,对承租人、出租人因出售租赁资产及购回租赁资产所签订的合同,不征收印花税。

【关于中国人民银行向专业银行发放贷款所签合同征免印花税问题】《国家税务局关于中国人民银行向专业银行发放贷款所签合同征免印花税问题的批复》(国税函发〔1993〕705号)规定:"根据印花税暂行条例和我局(88)国税地字第30号、国税发〔1991〕155号文件的规定,人民银行各级机构向专业银行发放的各种期限的贷款不属于银行同业拆借,所签订的合同或者借据应缴纳印花税。"

"对上述贷款中的日拆性贷款(在此专指20天内的贷款),由于其期限短,利息低,并且贷放和使用均有较强的政策性。因此,我们意见:对此类贷款所签的合同或借据,暂免征收印花税。"

根据2022年第14号公告,上述规定自2022年7月1日起废止。

【金融机构与小型微型企业借款合同免征印花税】《财政部 国家税务总局关于金融机构与小型微型企业签订借款合同免征印花税的通知》(财税〔2014〕78号)第一条规定,自2014年11月1日至2017年12月31日,对金融机构与小型、微型企业签订的借款合同免征印花税。

《财政部 税务总局关于支持小微企业融资有关税收政策的通知》(财税〔2017〕77号)第二条规定,自2018年1月1日至2020年12月31日,对金融机构与小型企业、微型企业签订的借款合同免征印花税。

上述小型、微型企业的认定,按照《工业和信息化部 国家统计局 国家发展和改革委员会 财政部关于印发〈中小企业划型标准规定〉的通知》(工信部联企业〔2011〕300号)的有关规定执行。

根据《财政部 税务总局关于延长部分税收优惠政策执行期限的公告》(财政部 税务总局公告2021年第6号)执行期限延长至2023年12月31日。根据2022年第23号公告,上述规定在《印花税法》施行以后继续执行。

【社保理事会证券(股票)交易印花税政策】《财政部 国家税务总局关于境内证券市场转持部分国有股充实全国社会保障基金有关证券(股票)交易印花税政策的通知》(财税〔2009〕103号)规定,经国务院批准,对有关国有股东按照《境内证券市场转持部分国有股充实全国社会保障基金实施办法》(财企〔2009〕94号)向全国社会保障基金理事会转持国有股,免征证券(股票)交易印花税。

《财政部 国家税务总局关于全国社会保障基金有关印花税政策的通知》(财税〔2003〕134号)规定,经国务院批准,2003年1月1日起,对全国社会保障基金理事会(以下简称社保理事会)管理的全国社会保障基金(以下简称社保基金)的有关证券(股票)交易印花税(以下简称印花税)政策通知如下:

(1)对社保理事会委托社保基金投资管理人运用社保基金买卖证券应缴纳的印花税实行先征后返。社保理事会定期向财政部、上海市和深圳市财政局提出返还印花税的申请,即按照中央与地方印花税分享比例,属于中央收入部分,向财政部提出申请;属于地方收入部分,向上海市和深圳市财政局提出申请。具体退税程序比照财政部、国家税务总局、中国人民银行《关于税制改革后对某些企业实行"先征后退"有关预算管理问题的暂行规定的通知》〔(94)财预字第55号〕的有关规定办理。

(2)对社保基金持有的证券,在社保基金证券账户之间的划拨过户,不属于印花税的征税范围,不征收印花税。

【社保基金印花税优惠政策】针对全国社会保障基金理事会(以下简称社保基金会)管理的全国社会保障基金(以下简称社保基金)有关投资业务的

印花税政策,《财政部 税务总局关于全国社会保障基金有关投资业务税收政策的通知》(财税〔2018〕94号)第三条规定,对社保基金会、社保基金投资管理人管理的社保基金转让非上市公司股权,免征社保基金会、社保基金投资管理人应缴纳的印花税。本规定自发布之日(2018年9月10日)起执行。发布前发生的社保基金有关投资业务,符合本规定且未缴纳相关税款的,按本规定执行;已缴纳的相关税款,不再退还。

【养老基金印花税优惠政策】针对全国社会保障基金理事会(以下简称社保基金会)受托投资的基本养老保险基金(以下简称养老基金)有关投资业务印花税税收政策,《财政部 税务总局关于基本养老保险基金有关投资业务税收政策的通知》(财税〔2018〕95号)第三条规定,对社保基金会及养老基金投资管理机构运用养老基金买卖证券应缴纳的印花税实行先征后返;养老基金持有的证券,在养老基金证券账户之间的划拨过户,不属于印花税的征收范围,不征收印花税。对社保基金会及养老基金投资管理机构管理的养老基金转让非上市公司股权,免征社保基金会及养老基金投资管理机构应缴纳的印花税。本规定自发布之日(2018年9月20日)起执行。发布前发生的养老基金有关投资业务,符合本规定且未缴纳相关税款的,按本规定执行;已缴纳的相关税款,不再退还。

【上市国有股权无偿转让暂不征收证券(股票)交易印花税】根据《国家税务总局关于办理上市公司国有股权无偿转让暂不征收证券(股票)交易印花税有关审批事项的通知》(国税函〔2004〕941号)规定:

(1)对经国务院和省级人民政府决定或批准进行的国有(含国有控股)企业改组改制而发生的上市公司国有股权无偿转让行为,暂不征收证券(股票)交易印花税。对不属于上述情况的上市公司国有股权无偿转让行为,仍应征收证券(股票)交易印花税。

(2)凡符合暂不征收证券(股票)交易印花税条件的上市公司国有股权无偿转让行为,由转让方或受让方按本通知附件《关于上市公司国有股权无偿转让暂不征收证券(股票)交易印花税申报文件的规定》的要求,报上市公司挂牌交易所所在地的国家税务局审批。[注:本"上市公司国有股权无偿转让免征证券(股票)交易印花税审批"被《国家税务总局关于公布已取消的22项税务非行政许可审批事项的公告》(国家税务总局公告2015年第58号)取消]。

【买卖封闭式证券投资基金免征印花税】《财政部 国家税务总局关于买卖

封闭式证券投资基金单位印花税问题的复函》(财税〔2002〕43号)规定，为继续扶植我国证券投资基金市场的发育和发展，对投资者（包括个人和机构）买卖封闭式证券投资基金，在2002年底前暂不征收印花税。《财政部 国家税务总局关于对买卖封闭式证券投资基金继续予以免征印花税的通知》(财税〔2004〕173号)规定，从2003年1月1日起，继续对投资者（包括个人和机构）买卖封闭式证券投资基金免征印花税。

根据2022年第23号公告，上述规定自2022年7月1日起废止。

【关于棚户区改造印花税优惠】《财政部 国家税务总局关于棚户区改造有关税收政策的通知》(财税〔2013〕101号)规定，对改造安置住房经营管理单位、开发商与改造安置住房相关的印花税以及购买安置住房的个人涉及的印花税予以免征。

在商品住房等开发项目中配套建造安置住房的，依据政府部门出具的相关材料、房屋征收（拆迁）补偿协议或棚户区改造合同（协议），按改造安置住房建筑面积占总建筑面积的比例免征印花税。

棚户区是指简易结构房屋较多、建筑密度较大、房屋使用年限较长、使用功能不全、基础设施简陋的区域，具体包括城市棚户区、国有工矿（含煤矿）棚户区、国有林区棚户区和国有林场危旧房、国有垦区危房。棚户区改造是指列入省级人民政府批准的棚户区改造规划或年度改造计划的改造项目；改造安置住房是指相关部门和单位与棚户区被征收人签订的房屋征收（拆迁）补偿协议或棚户区改造合同（协议）中明确用于安置被征收人的住房或通过改建、扩建、翻建等方式实施改造的住房。

财税〔2013〕101号文件自2013年7月4日起执行，同时废止《财政部 国家税务总局关于城市和国有工矿棚户区改造项目有关税收优惠政策的通知》(财税〔2010〕42号)中关于："对改造安置住房经营管理单位、开发商与改造安置住房相关的印花税以及购买安置住房的个人涉及的印花税予以免征。在商品住房等开发项目中配套建造安置住房的，依据政府部门出具的相关材料和拆迁安置补偿协议，按改造安置住房建筑面积占总建筑面积的比例免征城镇土地使用税、印花税"的规定。

【关于公共租赁住房印花税优惠】为鼓励公共租赁住房建设和运营，国家持续给予了税收优惠。

《财政部 国家税务总局关于廉租住房、经济适用住房和住房租赁有关税收政策的通知》（财税〔2008〕24号）第一条第四款规定，对廉租住房、经济适用住房经营管理单位与廉租住房、经济适用住房相关的印花税以及廉租住房承租人、经济适用住房购买人涉及的印花税予以免征。开发商在经济适用住房、商品住房项目中配套建造廉租住房，在商品住房项目中配套建造经济适用住房，如能提供政府部门出具的相关材料，可按廉租住房、经济适用住房建筑面积占总建筑面积的比例免征开发商应缴纳的印花税。

《财政部 国家税务总局关于促进公共租赁住房发展有关税收优惠政策的通知》（财税〔2014〕52号）规定，对公共租赁住房经营管理单位免征建设、管理公共租赁住房涉及的印花税。在其他住房项目中配套建设公共租赁住房，依据政府部门出具的相关材料，按公共租赁住房建筑面积占总建筑面积的比例免征建设、管理公共租赁住房涉及的印花税。对公共租赁住房经营管理单位购买住房作为公共租赁住房，免征契税、印花税；对公共租赁住房租赁双方免征签订租赁协议涉及的印花税。执行期限为2013年9月28日至2015年12月31日。同时废止《财政部 国家税务总局关于廉租住房、经济适用住房和住房租赁有关税收政策的通知》（财税〔2008〕24号）中有关廉租住房税收政策的规定。

《财政部 国家税务总局关于公共租赁住房税收优惠政策的通知》（财税〔2015〕139号）规定，对公共租赁住房经营管理单位免征建设、管理公共租赁住房涉及的印花税。在其他住房项目中配套建设公共租赁住房，依据政府部门出具的相关材料，按公共租赁住房建筑面积占总建筑面积的比例免征建设、管理公共租赁住房涉及的印花税。对公共租赁住房经营管理单位购买住房作为公共租赁住房，免征契税、印花税；对公共租赁住房租赁双方免征签订租赁协议涉及的印花税。享受上述税收优惠政策的公共租赁住房是指纳入省、自治区、直辖市、计划单列市人民政府及新疆生产建设兵团批准的公共租赁住房发展规划和年度计划，并按照《住房和城乡建设部 国家发展和改革委员会 财政部 国土资源部 中国人民银行 国家税务总局 中国银行监督管理委员会关于加快发展公共租赁住房的指导意见》（建保〔2010〕87号）和市、县人民政府制定的具体管理办法进行管理的公共租赁住房。执行期限为2016年1月1日至2018年12月31日。

根据《财政部 税务总局关于公共租赁住房税收优惠政策的公告》（财政部 税务总局公告2019年第61号）规定，自2019年1月1日至2020年12月31日，对公租房经营管理单位免征建设、管理公租房涉及的印花税。在其他住房项目中配套建设公租房,按公租房建筑面积占总建筑面积的比例免征建设、管理公租房涉及的印花税。对公租房经营管理单位购买住房作为公租房,免征契税、印花税;对公租房租赁双方免征签订租赁协议涉及的印花税。根据《财政部 税务总局关于延长部分税收优惠政策执行期限的公告》(财政部 税务总局公告2021年第6号),上述税收优惠政策执行期限延长至2023年12月31日。

【关于被撤销金融机构印花税优惠】《财政部 国家税务总局关于被撤销金融机构有关税收政策问题的通知》(财税〔2003〕141号)规定,对被撤销金融机构接收债权、清偿债务过程中签订的产权转移书据,免征印花税。被撤销金融机构是指经中国人民银行依法决定撤销的金融机构及其分设于各地的分支机构,包括被依法撤销的商业银行、信托投资公司、财务公司、金融租赁公司、城市信用社和农村信用社。除另有规定者外,被撤销的金融机构所属、附属企业,不享受本通知规定的被撤销金融机构的税收优惠政策。

【股权分置试点改革印花税优惠】《财政部 国家税务总局关于股权分置试点改革有关税收政策问题的通知》(财税〔2005〕103号)规定,为促进资本市场发展和股市全流通,推动股权分置改革试点的顺利实施,经国务院批准,股权分置改革过程中因非流通股股东向流通股股东支付对价而发生的股权转让,暂免征收印花税。

【国有经营性文化事业单位转企改制优惠政策】《财政部 国家税务总局 中宣部关于继续实施文化体制改革中经营性文化事业单位转制为企业若干税收政策的通知》(财税〔2014〕84号)规定,为贯彻落实《国务院办公厅关于印发文化体制改革中经营性文化事业单位转制为企业和进一步支持文化企业发展两个规定的通知》(国办发〔2014〕15号)有关规定,进一步深化文化体制改革,继续推进国有经营性文化事业单位转企改制,2014年1月1日至2018年12月31日期间,对经营性文化事业单位转制为企业,转制中资产评估增值、资产转让或划转涉及的企业所得税、增值税、营业税、城市维护建设税、印花税、契税等,符合现行规定的享受相应税收优惠政策。

《财政部 税务总局 中央宣传部关于继续实施文化体制改革中经营性文化事业单位转制为企业若干税收政策的通知》(财税〔2019〕16号)规定,自2019年1月1日至2023年12月31日,继续执行上述优惠政策。

【个人销售或购买住房免征】《财政部 国家税务总局关于调整房地产交易

环节税收政策的通知》（财税〔2008〕137号）第二条规定，对个人销售或购买住房暂免征收印花税。

【推进农村集体产权制度改革】根据《中共中央 国务院关于稳步推进农村集体产权制度改革的意见》规定，在农村集体产权制度改革中，免征因权利人名称变更登记、资产产权变更登记涉及的契税。免征签订产权转移书据涉及的印花税。

《财政部 国家税务总局关于支持农村集体产权制度改革有关税收政策的通知》（财税〔2017〕55号）第二条规定，对农村集体经济组织以及代行集体经济组织职能的村民委员会、村民小组进行资产清查核资收回集体资产而承受土地、房屋权属，免征契税。对因农村集体经济组织以及代行集体经济组织职能的村民委员会、村民小组进行清产核资收回集体资产而签订的产权转移书据，免征印花税。

【支持武汉军运会印花税政策】《财政部 税务总局 海关总署关于第七届世界军人运动会税收政策的通知》（财税〔2018〕119号）规定，为支持举办2019年武汉第七届世界军人运动会，自2018年11月5日起，对财产所有人将财产（物品）捐赠给武汉军运会执行委员会所书立的产权转移书据免征应缴纳的印花税。

根据2022年第23号公告，上述规定自2022年7月1日起失效。

【支持易地扶贫搬迁印花税政策】为贯彻落实《中共中央 国务院关于打赢脱贫攻坚战三年行动的指导意见》，助推易地扶贫搬迁工作，《财政部 国家税务总局关于易地扶贫搬迁税收优惠政策的通知》（财税〔2018〕135号）规定：

（1）对易地扶贫搬迁项目实施主体（以下简称项目实施主体）取得用于建设安置住房的土地，免征契税、印花税。

（2）对安置住房建设和分配过程中应由项目实施主体、项目单位缴纳的印花税，予以免征。

（3）在商品住房等开发项目中配套建设安置住房的，按安置住房建筑面积占总建筑面积的比例，计算应予免征的安置住房用地相关的契税、城镇土地使用税，以及项目实施主体、项目单位相关的印花税。

（4）对项目实施主体购买商品住房或者回购保障性住房作为安置住房房源的，免征契税、印花税。

（5）执行期限为2018年1月1日至2020年12月31日。自执行之日起的已征税款，除以贴花方式缴纳的印花税外，依申请予以退税。

根据《财政部 税务总局关于延长部分税收优惠政策执行期限的公告》（财政部 税务总局公告2021年第6号），本政策执行期限延长至2025年12月31日。

【营业账簿税收减免】《财政部 税务总局关于对营业账簿减免印花税的通知》（财税〔2018〕50号）规定，自2018年5月1日起，对按万分之五税率贴花的资金账簿减半征收印花税，对按件贴花5元的其他账簿免征印花税。

根据2022年第23号公告，上述规定自2022年7月1日起失效。《印花税法》施行以后，通过立法的形式确定，资金账簿印花税税率为万分之二点五，营业账簿不再按件征收印花税。

【企业改制过程中有关印花税政策】《财政部 国家税务总局关于企业改制过程中有关印花税政策的通知》（财税〔2003〕183号）规定，经县级以上人民政府及企业主管部门批准改制的企业，在改制过程中涉及的印花税政策通知如下：

（1）实行公司制改造的企业在改制过程中成立的新企业（重新办理法人登记的），其新启用的资金账簿记载的资金或因企业建立资本纽带关系而增加的资金，凡原已贴花的部分可不再贴花，未贴花的部分和以后新增加的资金按规定贴花。

公司制改造包括国有企业依《公司法》整体改造成国有独资有限责任公司；企业通过增资扩股或者转让部分产权，实现他人对企业的参股，将企业改造成有限责任公司或股份有限公司；企业以其部分财产和相应债务与他人组建新公司；企业将债务留在原企业，而以其优质财产与他人组建的新公司。

（2）以合并或分立方式成立的新企业，其新启用的资金账簿记载的资金，凡原已贴花的部分可不再贴花，未贴花的部分和以后新增加的资金按规定贴花。

合并包括吸收合并和新设合并。分立包括存续分立和新设分立。

（3）企业债权转股权新增加的资金按规定贴花。

（4）企业改制中经评估增加的资金按规定贴花。

（5）企业其他会计科目记载的资金转为实收资本或资本公积的资金按规定贴花。

（6）企业改制前签订但尚未履行完的各类应税合同，改制后需要变更执行主体的，对仅改变执行主体、其余条款未作变动且改制前已贴花的，不再贴花。

（7）企业因改制签订的产权转移书据免予贴花。

【特定企业特定行业优惠】 针对特定的企业和行业，根据《财政部 税务总局关于印花税法实施后有关优惠政策衔接问题的公告》（财政部 税务总局公告2022年第23号）的规定，继续有效。例如：

《国家税务总局关于中国石油天然气集团和中国石油化工集团使用的"成品油配置计划表"有关印花税问题的通知》（国税函〔2002〕424号）；

《国家税务总局关于中国海洋石油总公司使用的"成品油配置计划表"有关印花税问题的公告》（国家税务总局公告2012年第58号）；

《财政部 国家税务总局关于4家资产管理公司接收资本金项下的资产在办理过户时有关税收政策问题的通知》（财税〔2003〕21号）第一条和第二条中关于印花税的政策；

《财政部 国家税务总局关于中国东方资产管理公司处置港澳国际（集团）有限公司有关资产税收政策问题的通知》（财税〔2003〕212号）第二条第1项、第三条第1项、第四条第1项；

《财政部 国家税务总局关于信贷资产证券化有关税收政策问题的通知》（财税〔2006〕5号）第一条第（三）、（四）、（五）项；

《财政部 国家税务总局关于青藏铁路公司运营期间有关税收等政策问题的通知》（财税〔2007〕11号）第二条；

《财政部 国家税务总局关于外国银行分行改制为外商独资银行有关税收问题的通知》（财税〔2007〕45号）第三条；

《财政部 国家税务总局关于落实降低企业杠杆率税收支持政策的通知》（财税〔2016〕125号）第二条第（七）项中关于印花税的政策；

《财政部 国家税务总局 证监会关于深港股票市场交易互联互通机制试点有关税收政策的通知》（财税〔2016〕127号）第五条；

《财政部 人力资源社会保障部 国资委税务总局 证监会关于全面推开划转部分国有资本充实社保基金工作的通知》（财资〔2019〕49号）第五条第（二十四）项中关于印花税的政策；

《财政部 税务总局 海关总署关于北京2022年冬奥会和冬残奥会税收优惠政策的公告》（财政部 税务总局 海关总署公告2019年第92号）第六条。

【金融机构处置抵债资产免税政策】 参见第一章第三节房产税的相关政策。

【养老托育家政优惠政策】 参见第一章第三节房产税的相关政策。

【其他优惠政策】 本章下面未明确列出的其他优惠政策，请查阅附录《财产行为税减免税政策代码目录（有效）》。

第四节 征收管理

第十三条 纳税人为单位的，应当向其机构所在地的主管税务机关申报缴纳印花税；纳税人为个人的，应当向应税凭证书立地或者纳税人居住地的主管税务机关申报缴纳印花税。

不动产产权发生转移的，纳税人应当向不动产所在地的主管税务机关申报缴纳印花税。

第十四条 纳税人为境外单位或者个人，在境内有代理人的，以其境内代理人为扣缴义务人；在境内没有代理人的，由纳税人自行申报缴纳印花税，具体办法由国务院税务主管部门规定。

证券登记结算机构为证券交易印花税的扣缴义务人，应当向其机构所在地的主管税务机关申报解缴税款以及银行结算的利息。

第十五条 印花税的纳税义务发生时间为纳税人书立应税凭证或者完成证券交易的当日。

证券交易印花税扣缴义务发生时间为证券交易完成的当日。

第十六条 印花税按季、按年或者按次计征。实行按季、按年计征的，纳税人应当自季度、年度终了之日起十五日内申报缴纳税款；实行按次计征的，纳税人应当自纳税义务发生之日起十五日内申报缴纳税款。

证券交易印花税按周解缴。证券交易印花税扣缴义务人应当自每周终了之日起五日内申报解缴税款以及银行结算的利息。

条文解读

第十三条至第十六条，是关于印花税纳税地点、纳税义务发生时间、申报缴纳期限和扣缴的有关规定。

与之间的规定不同，《印花税法》第十三条对印花税的纳税地点做出了基本的规定，从之前的合同签订地、凭证书立地改为机构所在地。同时，对于一些特殊情形也做出了规定，纳税人为个人的，纳税地点为应税凭证书立地或者纳税人居住；不动产产权发生转移的，纳税地点为不动产所在地。

第十四条对扣缴义务人的情形作出了规定。即纳税人为境外单位或者个人，以其境内代理人为扣缴义务人；证券登记结算机构为证券交易印花税的扣缴义务人，向其机构所在地的申报解缴。根据 2022 年第 14 号公告规定，境外单位或者个人在境内没有代理人的，应自行向资产交付地、境内服务提供方或者接受方所在地（居住地）、书立应税凭证境内书立人所在地（居住地）主管税务机关申报缴纳；涉及不动产产权转移的，应当向不动产所在地主管税务机关申报缴纳。

第十五条和第十六条规定了印花税的纳税义务发生时间和申报缴纳期限，较好地解决了之前印花税法未明确规定缴纳期限造成的争议。

政策链接

【印花税核定征收】根据《国家税务总局关于进一步加强印花税征收管理有关问题的通知》（国税函〔2004〕150 号）第四条规定，根据《税收征管法》第三十五条规定和印花税的税源特征，为加强印花税征收管理，纳税人有下列情形的，税务机关可以核定纳税人印花税计税依据：

（1）未按规定建立印花税应税凭证登记簿，或未如实登记和完整保存应税凭证的；

（2）拒不提供应税凭证或不如实提供应税凭证致使计税依据明显偏低的；

（3）采用按期汇总缴纳办法的，未按税务机关规定的期限报送汇总缴纳印花税情况报告，经税务机关责令限期报告，逾期仍不报告的或者税务机关在检查中发现纳税人有未按规定汇总缴纳印花税情况的。

税务机关核定征收印花税，应向纳税人发放核定征收印花税通知书，注明核定征收的计税依据和规定的税款缴纳期限。

税务机关核定征收印花税，应根据纳税人的实际生产经营收入，参考纳税人各期印花税纳税情况及同行业合同签订情况，确定科学合理的数额或比例作为纳税人印花税计税依据。

各级税务机关应逐步建立印花税基础资料库，包括：分行业印花税纳税情况、分户纳税资料等，确定科学合理的评估模型，保证核定征收的及时、准确、公平、合理。

各省、自治区、直辖市、计划单列市税务机关可根据本通知要求，结合本地实际，制定印花税核定征收办法，明确核定征收的应税凭证范围、核定依据、纳税期限、核定额度或比例等，并报国家税务总局备案。

上述规定根据2022年第14号公告，自2022年7月1日起废止。印花税的征收管理，根据《税收征管法》的有关规定执行。

【应税合同未列明金额如何申报】根据2022年第14号公告规定，应税合同、产权转移书据未列明金额，在后续实际结算时确定金额的，纳税人应当于书立应税合同、产权转移书据的首个纳税申报期申报应税合同、产权转移书据书立情况，在实际结算后下一个纳税申报期，以实际结算金额计算申报缴纳印花税。

在首个纳税申报期申报《印花税税源明细表》时，计税金额可填写0。在实际结算后下一个纳税申报期，以实际结算金额计算申报缴纳印花税。

例6-1：纳税人甲按季申报缴纳印花税，2022年第三季度书立买卖合同5份，合同所列价款（不包括列明的增值税税款）共计100万元，书立建筑工程合同1份，合同所列价款（不包括列明的增值税税款）共计1000万元，书立产权转移书据1份，合同所列价款（不包括列明的增值税税款）共计500万元。

则纳税人甲2022年10月纳税申报期应缴纳印花税：（100×0.3‰+1000×0.3‰+500×0.5‰）×10000＝5800（元）

该纳税人应在书立应税合同、产权转移书据时，填写《印花税税源明细表》，如表6-3所示。

例6-2：纳税人乙按季申报缴纳印花税，2022年第三季度书立财产保险合同100万份，合同所列保险费（不包括列明的增值税税款）共计100000万元。

纳税人乙2022年10月纳税申报期应缴纳印花税：100000万元×1‰＝100（万元）。

该纳税人应在书立应税合同时，填写《印花税税源明细表》，如表6-4所示。

表 6-3　印花税税源明细表

纳税人识别号（统一社会信用代码）：
纳税人（缴费人）名称：纳税人甲

金额单位：人民币元（列至角分）

序号	应税凭证税务编号	应税凭证编号	*应税凭证名称	*申报期限类型	*应税凭证数量	*税目	子目	*税款所属期起	*税款所属期止	*应税凭证书立日期	*计税金额	实际结算日期	实际结算金额	*税率	减免性质代码和项目名称	对方书立人名称	对方书立人纳税人识别号（统一社会信用代码）	对方书立人涉及金额
1	纳税人甲1		办公桌椅买卖合同	按期申报	1	买卖合同		2022年7月1日	2022年9月30日	2022年7月2日	30000			0.3‰				
2	纳税人甲2		打印机买卖合同	按期申报	1	买卖合同		2022年7月1日	2022年9月30日	2022年7月2日	20000			0.3‰				
3	纳税人甲3		乘用车买卖合同	按期申报	1	买卖合同		2022年7月1日	2022年9月30日	2022年8月15日	500000			0.3‰				
4	纳税人甲4		电脑买卖合同	按期申报	1	买卖合同		2022年7月1日	2022年9月30日	2022年8月20日	50000			0.3‰				

第六章 印花税 227

续表

序号	应税凭证税务编号	应税凭证编号	*应税凭证名称	*申报期限类型	应税凭证数量	*税目	子目	*税款所属期起	*税款所属期止	*应税凭证书立日期	*计税金额	实际结算日期	实际结算金额	*税率	减免性质代码和项目名称	对方书立人信息		
																对方书立人名称	对方书立人纳税人识别号（统一社会信用代码）	对方书立人涉及金额
5	纳税人甲5		pvc塑料颗粒买卖合同	按期申报	1	买卖合同		2022年7月1日	2022年9月30日	2022年9月1日	400000			0.3‰				
6	纳税人甲6		××道路施工合同	按期申报	1	建设工程合同	施工合同	2022年7月1日	2022年9月30日	2022年9月10日	10000000			0.3‰				
7	纳税人甲7		股权转让协议	按次申报	1	产权转移书据	股权转让书据（不包括应缴纳证券交易印花税的）	2022年9月30日	2022年9月30日	2022年9月30日	5000000			0.5‰				

印花税税源明细表

表 6-4

纳税人识别号（统一社会信用代码）：

纳税人（缴费人）名称：　　纳税人乙

金额单位：人民币元（列至角分）

序号	应税凭证税务编号	应税凭证编号	*应税凭证名称	*申报期限类型	应税凭证数量	*税目	子目	*税款所属期起	*税款所属期止	*应税凭证书立日期	*计税金额	实际结算日期	实际结算金额	*税率	减免性质代码和项目名称	对方书立人信息			
																对方书立人名称	对方书立人纳税人识别号（统一社会信用代码）	对方书立人涉及金额	
1	纳税人乙1		财产保险合同	按期申报	1000000	财产保险合同		2022年7月1日	2022年9月30日	2022年9月30日	1000000000			1‰					
2																			
3																			

例 6-3：纳税人丙按季申报缴纳印花税，2022 年 8 月 25 日书立钢材买卖合同 1 份，合同列明了买卖钢材数量，并约定在实际交付钢材时，以交付当日市场报价确定成交价据以结算，2022 年 10 月 12 日按合同结算买卖钢材价款 100 万元，2023 年 3 月 7 日按合同结算买卖钢材价款 300 万元。

纳税人丙 2022 年 10 月纳税申报期应缴纳印花税：$0 \times 0.3‰ = 0$

纳税人丙 2023 年 1 月纳税申报期应缴纳印花税：$1000000 \times 0.3‰ = 300$（元）。

纳税人丙 2023 年 4 月纳税申报期应缴纳印花税：$3000000 \times 0.3‰ = 900$（元）。

该纳税人应在书立应税合同以及实际结算时，填写《印花税税源明细表》，分别在 2022 年 10 月（见表 6-5）、2023 年 1 月（见表 6-6）、2023 年 4 月（见表 6-7）进行纳税申报。

第十七条 印花税可以采用粘贴印花税票或者由税务机关依法开具其他完税凭证的方式缴纳。

印花税票粘贴在应税凭证上的，由纳税人在每枚税票的骑缝处盖戳注销或者画销。

印花税票由国务院税务主管部门监制。

条文解读

印花税票是印花税区别于其他税种的特色之一。鉴于在实际征管过程中，由于印花税票保管成本高，贴花纳税不方便，纳税人大多选择汇总申报纳税，较少采用贴花纳税。同时，随着现代信息技术发展，出现了大量电子凭证，难以再采用贴花的纳税方式。为降低征管成本、提升纳税便利度，并适应电子凭证发展需要，在 2018 年 11 月 1 日发布的《中华人民共和国印花税法（征求意见稿）》中，曾删去了印花税票的内容，印花税统一实行申报纳税方式，不再采用贴花的纳税方式。

表 6-5

印花税税源明细表

纳税人识别号（统一社会信用代码）：
纳税人（缴费人）名称：纳税人丙

金额单位：人民币元（列至角分）

序号	应税凭证税务编号	应税凭证编号	*应税凭证名称	*申报期限类型	应税凭证数量	*税目	子目	*税款所属期起	*税款所属期止	*应税凭证书立日期	*计税金额	实际结算日期	实际结算金额	*税率	减免性质代码和项目名称	对方书立人信息		
																对方书立人名称	对方书立人纳税人识别号（统一社会信用代码）	对方书立人涉及金额
1	纳税人丙1		钢材买卖合同	按期申报	1	买卖合同		2022年7月1日	2022年9月30日	2022年8月25日	0			0.3‰				
2																		
3																		

表6-6 印花税税源明细表

纳税人识别号（统一社会信用代码）：
纳税人（缴费人）名称：纳税人丙

金额单位：人民币元（列至角分）

序号	应税凭证税务编号	应税凭证编号	应税凭证名称	*申报期限类型	应税凭证数量	*税目	*税款所属期起	*税款所属期止	*应税凭证书立日期	*计税金额	实际结算日期	实际结算金额	*税率	减免性质代码和项目名称	对方书立人信息			
															对方书立人名称	对方书立人纳税人识别号（统一社会信用代码）	对方书立人涉及金额	
1	纳税人丙2		钢材买卖合同	按期申报	1	买卖合同	2022年10月1日	2022年12月31日	2022年10月12日	1000000	2022年10月12日	1000000	0.3‰					
2																		
3																		

表 6-7

印花税税源明细表

纳税人识别号（统一社会信用代码）：
纳税人（缴费人）名称：纳税人丙

金额单位：人民币元（列至角分）

序号	应税凭证税务编号	应税凭证编号	*应税凭证名称	*申报期限类型	应税凭证数量	*税目	子目	*税款所属期起	*税款所属期止	*应税凭证书立日期	*计税金额	实际结算日期	实际结算金额	*税率	减免性质代码和项目名称	对方书立人信息		
																对方书立人名称	对方书立人纳税人识别号（统一社会信用代码）	对方书立人涉及金额
1	纳税人丙3		钢材买卖合同	按期申报	1	买卖合同		2023年1月1日	2023年3月31日	2023年3月7日	3000000	2023年3月7日	3000000	0.3‰				
2																		
3																		

但在 2022 年 7 月 1 日正式施行的《印花税法》中保留了印花税票的有关内容，并规定印花税可以采用粘贴印花税票的方式缴纳。印花税票粘贴在应税凭证上的，由纳税人在每枚税票的骑缝处盖戳注销或者画销。

印花税票

【印花税票】印花税票是印有固定金额、专门用于征收印花税税款的有价证券，具有组织税收收入、证明完税、税收宣传等作用，由税务总局定期换版发行。为加强印花税票管理，增强公众识别能力，同时满足广大收藏爱好者的需要，在印花税票换版发行时，税务总局会同步向社会公告新版印花税票的图案题材、防伪措施及发行数量等内容。《施行细则》规定，印花税票的票面金额以人民币为单位，分为壹角、贰角、伍角、壹元、贰元、伍元、拾元、伍拾元、壹佰元九种。印花税票为有价证券，各地税务机关应按照国家税务局制定的管理办法严格管理。为适应税收事业的发展，有效发挥印花税票的作用，国家税务总局决定，2001 年、2003 年各改版印刷一次，从 2005 年开始，每年改版印刷。新版印花税票启用后，老版印花税票仍然可以使用。

第十八条 印花税由税务机关依照本法和《中华人民共和国税收征收管理法》的规定征收管理。

第十九条 纳税人、扣缴义务人和税务机关及其工作人员违反本法规定的，依照《中华人民共和国税收征收管理法》和有关法律、行政法规的规定追究法律责任。

第二十条 本法自 2022 年 7 月 1 日起施行。1988 年 8 月 6 日国务院发布的《中华人民共和国印花税暂行条例》同时废止。

第七章 土地增值税

土地增值税是以纳税人有偿转让国有土地使用权、地上的建筑物及其附着物（以下简称转让房地产）所取得的增值额为征税对象，依照规定税率征收的一种税。开征土地增值税，主要是国家运用税收杠杆引导房地产经营的方向，规范房地产市场的交易秩序，合理调节土地增值收益分配，维护国家权益，促进房地产开发的健康发展。对土地增值课税，主要目的是为了抑制炒买炒卖土地获取暴利的行为，以保护正当房地产开发的发展。

国务院于1993年12月13日发布了《中华人民共和国土地增值税暂行条例》（国务院令第138号，以下简称《土地增值税条例》），财政部于1995年1月27日颁布了《中华人民共和国土地增值税暂行条例实施细则》（财法字〔1995〕006号，以下简称《土地增值税实施细则》）。《土地增值税条例》自1994年1月1日起施行，共十五条。

本章以《土地增值税条例》为主线展开讲解土地增值税的具体规定。

第一节　征税范围和纳税义务人

> **第一条**　为了规范土地、房地产市场交易秩序，合理调节土地增值收益，维护国家权益，制定本条例。

条文解读

【为什么开征土地增值税】根据《国家税务总局关于印发〈土地增值税宣传提纲〉的通知》（国税函发〔1995〕110号，以下简称《土地增值税宣传提纲》）第二条规定，开征土地增值税，主要是国家运用税收杠杆引导房地产经营的方向，规范房地产市场的交易秩序，合理调节土地增值收益分配，维护国家权益，促进房地产开发的健康发展。具体为：

（1）开征土地增值税，是适应我国社会主义市场经济发展的新形势，增强国家对房地产开发和房地产交易市场调控的需要。改革开放前，我国土地管理制度一直采取行政划拨方式，土地实行无偿无限期使用，但不允许买卖土地。实践证明，这种土地使用管理制度不利于提高土地资源的使用效益。自1987年我国对土地使用制度进行改革，实行国有土地使用权的有偿出让和转让后，极大地促进了我国房地产业发展和房地产市场的建立，对提高土地使用效益，增加国家财政收入，改善城市基础设施和人民生活居住条件，以及带动国民经济相关产业的发展都产生了积极作用。但是，由于有关土地管理的各项制度滞后，以及行政管理上的偏差，在房地产业发展中也出现了一些问题。特别是1992年及1993年上半年，我国部分地区出现的房地产持续高温，炒买炒卖房地产情况严重，使得很多资金流向了房地产，极大地浪费了国家的资源和财力，国家土地资金收益大量流失，严重冲击和危害了国民经济的协调健康发展。为扭转这一局面，国家采取了一系列宏观调控措施，其中一项就是开征土地增值税，这也是社会主义市场经济发展的客观需要。

（2）对土地增值课税，其主要目的是抑制炒买炒卖土地获取暴利的行为，以保护正当房地产开发的发展。土地增值主要是两方面原因，一是自然增值，由于土地资源是有限的，随着社会经济的发展，生产和生活建设用地扩大，土地资源相对发生紧缺或改善了投资环境，导致土地价格上升。二是投资增值，把"生地"变为"熟地"，建成各种生产、生活、商业设施，形成土地增值。土地属国家所有，中华人民共和国成立以来，国家在城市建设方面投入了大量资金，搞了许多基础设施建设，这是土地增值的一个重要因素，对这部分土地增值收益，国家理应参与土地增值收益分配，并取得较大份额。征收土地增值税有利于减少国家土地资源增值收益的流失，同时，对投资房地产开发的合理收益给予保护，使其能够得到一定的回报，以促进房地产业的正常发展。但对炒买炒卖房地产获取暴利者，则要用高税率进行调节。这样就可以起到保护正当房地产开发的发展、遏制投机者牟取暴利的行为，维护国家整体利益的作用。

（3）规范国家参与土地增值收益的分配方式，增加国家财政收入，为经济建设积累资金。目前，我国涉及房地产交易市场的税收，主要有营业税（现在增值税）、企业所得税、个人所得税、契税等。这些税对转让房地产收益只起一般的调节作用，对房地产交易因土地增值所获得的过高收入起不到特殊的调节作用。开征土地增值税能对土地增值的过高收入进行调节，并为增加国家财政收入开辟新税源。土地增值收入属于地方财政收入，地方可集中财力用于地方经济建设，同时，开征土地增值税可以规范土地增值收益分配制度，统一各地土地增值收益收费标准。

总之，开征土地增值税对于维护国家利益，合理分配国家土地资源收入，促进房地产业和房地产市场健康发展都会产生积极作用。

【制定土地增值税所遵循的原则】《土地增值税宣传提纲》第三条指出，根据社会主义市场经济发展的客观需要和国家对房地产市场和房地产开发进行调控的要求，在研究制定土地增值税时遵循了以下三个原则：

（1）要有效地抑制炒买炒卖"地皮""楼花"等牟取暴利的投机行为，防止扰乱房地产开发和房地产市场发展的行为。土地增值税以转让房地产的增值额为计税依据，并实行四级超率累进税率，对增值率高的多征税，增值率低的少征税，充分体现对过高增值收益进行有效调节的作用。

（2）维护国家权益，防止国家土地增值收益流失，增加国家财政收入，土地资源属国家所有，国家为整治和开发国土投入了巨额资金，国家理应参与土地增值收益分配，增加国家财政收入，用于国家经济建设。

（3）保护从事正当房地产开发者的合法利益，使其得到一定的投资回报，促进房地产开发结构的调整。制定的土地增值税政策，对正当房地产开发者从事房地产开发的投资回报率和通胀因素是有照顾的，以区别于房地产交易的投机行为，这样一方面制约和抑制了房地产的投机和炒卖，另一方面又保护了正常的房地产开发，引导房地产业健康稳定地发展。

第二条　转让国有土地使用权、地上的建筑物及其附着物（以下简称转让房地产）并取得收入的单位和个人，为土地增值税的纳税义务人（以下简称纳税人），应当依照本条例缴纳土地增值税。

条文解读

本条是关于土地增值税征税范围和纳税义务人的规定。关于征税范围，《土地增值税宣传提纲》第四条指出，凡转让国有土地使用权、地上的建筑物及其附着物并取得收入的行为都应缴纳土地增值税。这样界定有三层含意：一是土地增值税仅对转让国有土地使用权的征收，对转让集体土地使用权的不征税。这是因为，根据《中华人民共和国土地管理法》的规定，国家为了公共利益，可以依照法律规定对集体土地实行征用，依法被征用后的土地属于国家所有。未经国家征用的集体土地不得转让。如要自行转让是一种违法行为。对这种违法行为应由有关部门依照相关法律来处理，而不应纳入土地增值税的征税范围。二是只对转让的房地产征收土地增值税，不转让的不征税。如房地产的出租，虽然取得了收入，但没有发生房地产的产权转让，不应属于土地增值税的征收范围。三是对转让房地产并取得收入的征税，对发生转让行为，而未取得收入的不征税。如通过继承、赠与方式转让房地产的，虽然发生了转让行为，但未取得收入，就不能征收土地增值税。

关于纳税义务人，《土地增值税宣传提纲》第七条指出，土地增值税的纳税义务人是有偿转让国有土地使用权、地上的建筑物及其附着物的单位和个人。包括各类企业单位、事业单位、机关、社会团体、个体工商业户以及其他单位和个人。根据《国务院关于外商投资企业和外国企业适用增值税、消费税、营业税等税收暂行条例的有关问题的通知》的规定，土地增值税也同样适用于涉外企业、单位和个人。因此，外商投资企业、外国企业、外国驻华机构、外国公民、华侨，以及港澳台同胞等，只要转让房地产并取得收入，就是土地增值税的纳税义务人，均应按《土地增值税条例》的规定照章纳税。

政策链接

【有偿转让】《土地增值税实施细则》第二条规定，条例第二条所称的转让国有土地使用权、地上的建筑物及其附着物取得收入，是指以出售或者其他方式有偿转让房地产的行为。不包括以继承、赠与方式无偿转让房地产的行为。

根据《财政部 国家税务总局关于土地增值税一些具体问题规定的通知》（财税字〔1995〕48号）第四条规定，《土地增值税实施细则》所称的"赠与"是指如下情况：

（1）房产所有人、土地使用权所有人将房屋产权、土地使用权赠与直系亲属或承担直接赡养义务人的。

（2）房产所有人、土地使用权所有人通过中国境内非营利的社会团体、国家机关将房屋产权、土地使用权赠与教育、民政和其他社会福利、公益事业的。上述社会团体是指中国青少年发展基金会、希望工程基金会、宋庆龄基金会、减灾委员会、中国红十字会、中国残疾人联合会、全国老年基金会、老区促进会以及经民政部门批准成立的其他非营利的公益性组织。

【国有土地使用权的取得】根据《中华人民共和国城镇国有土地使用权出让和转让暂行条例》（国务院令第55号）规定，国有土地使用权的取得，通常有出让、划拨、转让三种方式。土地使用权出让是指国家以土地所有者的身份将土地使用权在一定年限内让与土地使用者，并由土地使用者向国家支付土地使用权出让金的行为。出让国有土地使用权不属于土地增值税征收范围。划拨土地使用者通过各种方式依法无偿取得的土地使用权。划拨土地使用权，除专门规定的情况外，不得转让、出租、抵押。对于只转让划拨土地上的房产，不变更划拨土地权属的行为如何征收土地增值税，目前税务总局尚无明确规定，各地自行掌握。

【地上的建筑物及附着物】《土地增值税实施细则》第四条规定，条例第二条所称的地上的建筑物，是指建于土地上的一切建筑物，包括地上地下的各种附属设施。所称的附着物，是指附着于土地上的不能移动，一经移动即遭损坏的物品。

【单位和个人】《土地增值税实施细则》第六条规定，条例第二条所称的单位，是指各类企业单位、事业单位、国家机关和社会团体及其他组织。条例第二条所称个人，包括个体经营者。

关于单位和个人，《资源税暂行条例实施细则》（财政部令第 66 号）、《增值税暂行条例实施细则》（财政部 国家税务总局令 2008 年第 50 号）、《营业税暂行条例实施细则》（财政部 国家税务总局令 2008 年第 52 号）、《财政部 国家税务总局关于全面推开营业税改征增值税试点的通知》（财税〔2016〕36 号）中，对"单位和个人"的表述是一致的："单位，是指企业、行政单位、事业单位、军事单位、社会团体及其他单位。个人，是指个体工商户和其他个人。"因此，笔者认为，虽然《土地增值税实施细则》的表述与上述规定的表述不完全一致，但其范围应该是一致的。

【合作建房】根据《财政部 国家税务总局关于土地增值税一些具体问题规定的通知》（财税字〔1995〕48 号）第二条规定，对于一方出地，一方出资金，双方合作建房，建成后按比例分房自用的，暂免征收土地增值税；建成后转让的，应征收土地增值税。

【转让码头泊位、机场跑道等基础设施性质的建筑物】《国家税务总局关于转让地上建筑物土地增值税征收问题的批复》（国税函〔2010〕347 号）规定，根据《土地增值税暂行条例》规定，对转让码头泊位、机场跑道等基础设施性质的建筑物行为，应当征收土地增值税。

【以转让股权名义转让房地产】《国家税务总局关于以转让股权名义转让房地产行为征收土地增值税问题的批复》（国税函〔2000〕687 号）规定，鉴于深圳市能源集团有限公司和深圳能源投资股份有限公司一次性共同转让深圳能源（钦州）实业有限公司 100%的股权，且这些以股权形式表现的资产主要是土地使用权、地上建筑物及附着物，经研究，对此应按土地增值税的规定征税。

另外，根据《国家税务总局关于股权转让不征收营业税的通知》（国税函〔2000〕961 号）规定，1997 年初，深圳市能源集团有限公司和深圳能源投资股份有限公司共同在钦州市投资创办了深圳能源（钦州）实业开发有限公司（以下简称钦州公司），两家分别占有钦州公司75%和25%的股份。由于受国家产业政策调整的影响，这两家公司（以下简称转让方）于2000年5月将其拥有的钦州公司的全部股份转让给中国石油化工股份有限公司和广西壮族自治区石油总公司（后两家公司以下简称受让方）。在签定股权转让合同时，在合同中注明钦州公司原有的债务仍由转让方负责清偿。在上述企业股权转让行为中，转让方并未先将钦州公司这一独立法人解散，在清偿完钦州公司的债权债务后，将所剩余的不动产、无形资产及其他资产收归转让方所有，再以转让方的名义转让或销售，而只是将其拥有的钦州公司的股权转让给受让方。不论是转让方转让股权以前，还是在转让股权以后，钦州公司的独立法人资格并未取消，原属于钦州公司各项资产，均仍属于钦州公司这一独立法人所有。钦州公司股权转让行为发生后并未发生销售不动产或转让无形资产的行为。因此，按照税收法规规定，对于转让方转让钦州公司的股权行为，不论债权债务如何处置，均不属于营业税的征收范围，不征收营业税。

【利用股权转让方式让渡土地使用权】《国家税务总局关于天津泰达恒生转让土地使用权土地增值税征缴问题的批复》（国税函〔2011〕415号）明确："经研究，同意你局关于'北京国泰恒生投资有限公司利用股权转让方式让渡土地使用权，实质是房地产交易行为'的认定，应依照《土地增值税暂行条例》的规定，征收土地增值税。"

【将房地产作价入股再进行转让】《国家税务总局关于土地增值税相关政策问题的批复》（国税函〔2009〕387号）明确："鉴于广西玉柴营销有限公司在2007年10月30日将房地产作价入股后，于2007年12月6日、18日办理了房地产过户手续，同月25日即将股权进行了转让，且股权转让金额等同于房地产的评估值。因此，我局认为这一行为实质上是房地产交易行为，应按规定征收土地增值税。"

需要说明的是，根据《财政部 国家税务总局关于土地增值税一些具体问题规定的通知》（财税字〔1995〕48号）第一条规定："对于以房地产进行投资、联营的，投资、联营的一方以土地（房地产）作价入股进行投资或作为联营条件，将房地产转让到所投资、联营的企业中时，暂免征收土地增值税。对投资、联营企业将上述房地产再转让的，应征收土地增值税。"〔根据《财

政部 国家税务总局关于企业改制重组有关土地增值税政策的通知》（财税〔2015〕5号）规定，本条款自2015年1月1日起废止。〕

【未办理土地使用权证转让土地】《国家税务总局关于未办理土地使用权证转让土地有关税收问题的批复》（国税函〔2007〕645号）规定，土地使用者转让、抵押或置换土地，无论其是否取得了该土地的使用权属证书，无论其在转让、抵押或置换土地过程中是否与对方当事人办理了土地使用权属证书变更登记手续，只要土地使用者享有占有、使用、收益或处分该土地的权利，且有合同等证据表明其实质转让、抵押或置换了土地并取得了相应的经济利益，土地使用者及其对方当事人应当依照税法规定缴纳营业税、土地增值税和契税等相关税收。

【企业自用或用于出租】《国家税务总局关于房地产开发企业土地增值税清算管理有关问题的通知》（国税发〔2006〕187号）第三条规定，房地产开发企业将开发的部分房地产转为企业自用或用于出租等商业用途时，如果产权未发生转移，不征收土地增值税，在税款清算时不列收入，不扣除相应的成本和费用。

【以国有土地、房屋进行投资】关于单位、个人以国有土地、房屋进行投资并将不动产权属转移到被投资企业的土地增值税征免问题，经历了几个变化：

（1）《财政部 国家税务总局关于土地增值税一些具体问题规定的通知》（财税字〔1995〕48号）第一条规定，对于以房地产进行投资、联营的，投资、联营的一方以土地（房地产）作价入股进行投资或作为联营条件，将房地产转让到所投资、联营的企业中时，暂免征收土地增值税。对投资、联营企业将上述房地产再转让的，应征收土地增值税。

（2）《财政部 国家税务总局关于土地增值税若干问题的通知》（财税〔2006〕21号）第五条规定，对于以土地（房地产）作价入股进行投资或联营的，凡所投资、联营的企业从事房地产开发的，或者房地产开发企业以其建造的商品房进行投资和联营的，均不适用《财政部 国家税务总局关于土地增值税一些具体问题规定的通知》（财税字〔1995〕48号）第一条暂免征收土地增值税的规定。即：房地产开发企业不适用于这个优惠政策。

（3）《财政部 国家税务总局关于企业改制重组有关土地增值税政策的通知》（财税〔2015〕5号）第八条废止了上述财税字〔1995〕48号文件第一

条、财税〔2006〕21号文件第五条，同时又在第四条："单位、个人在改制重组时以国有土地、房屋进行投资，对其将国有土地、房屋权属转移、变更到被投资的企业，暂不征土地增值税"和第五条："上述改制重组有关土地增值税政策不适用于房地产开发企业"中，对此土地增值税优惠政策进行重新表述。

（4）至于为什么规定房地产开发企业不适用企业改制重组土地增值税政策，在《财政部税政司 国家税务总局财产行为税司关于企业改制重组土地增值税政策的解读》中做了解答：房地产开发企业不适用企业改制重组土地增值税政策不是一项新的规定。2006年，为减少税收政策漏洞，避免部分房地产开发企业以"改制"之名，行"转让房地产"之实，规避土地增值税，财政部 国家税务总局印发了《关于土地增值税若干问题的通知》（财税〔2006〕21号），规定房地产开发企业不得享受改制重组土地增值税优惠政策。考虑到在实际征管中，上述现象仍然存在，此次出台企业改制重组土地增值税优惠政策延续了这一规定。

第二节　税款计算

第三条　土地增值税按照纳税人转让房地产所取得的增值额和本条例第七条规定的税率计算征收。

第四条　纳税人转让房地产所取得的收入减除本条例第六条规定扣除项目金额后的余额，为增值额。

条文解读

第三条和第四条规定了土地增值税的计算方式。土地增值税的征税对象是转让国有土地使用权、地上的建筑物及其附着物所取得的增值额。增值额为纳税人转让房地产的收入减除规定的扣除项目金额后的余额。土地增值税按照增值额和第七条规定的税率计算征收。

第五条 纳税人转让房地产所取得的收入,包括货币收入、实物收入和其他收入。

政策链接

【收入的确认】《土地增值税实施细则》第五条规定,条例第二条所称的收入包括转让房地产的全部价款及有关的经济收益。

《土地增值税宣传提纲》第五条指出,转让房地产的收入包括货币收入、实物收入和其他收入,即与转让房地产有关的经济利益。对纳税人申报的转让房地产的收入,税务机关要进行核实,对隐瞒收入等情况要按评估价格确定其转让收入。

《土地增值税条例》第九条规定,纳税人有下列情形之一的,按照房地产评估价格计算征收:(1)隐瞒、虚报房地产成交价格的;(2)提供扣除项目金额不实的;(3)转让房地产的成交价格低于房地产评估价格,又无正当理由的。

《国家税务总局关于土地增值税清算有关问题的通知》(国税函〔2010〕220号)第一条规定,土地增值税清算时,已全额开具商品房销售发票的,按照发票所载金额确认收入;未开具发票或未全额开具发票的,以交易双方签订的销售合同所载的售房金额及其他收益确认收入。销售合同所载商品房面积与有关部门实际测量面积不一致,在清算前已发生补、退房款的,应在计算土地增值税时予以调整。

【营改增后土地增值税的应税收入】《财政部 国家税务总局关于营改增后契税、房产税、土地增值税、个人所得税计税依据问题的通知》(财税〔2016〕43号)第三条规定,土地增值税纳税人转让房地产取得的收入为不含增值税收入。

《国家税务总局关于营改增后土地增值税若干征管规定的公告》(国家税务总局公告2016年第70号)第一条第一款规定,营改增后,纳税人转让房地产的土地增值税应税收入不含增值税。适用增值税一般计税方法的纳税人,其转让房地产的土地增值税应税收入不含增值税销项税额;适用简易计税方法的纳税人,其转让房地产的土地增值税应税收入不含增值税应纳税额。

国家税务总局公告 2016 年第 70 号第五条规定，房地产开发企业在营改增后进行房地产开发项目土地增值税清算时，土地增值税应税收入=营改增前转让房地产取得的收入+营改增后转让房地产取得的不含增值税收入。

【预征土地增值税时的计征依据】《国家税务总局关于营改增后土地增值税若干征管规定的公告》（国家税务总局公告 2016 年第 70 号）第一条第二款规定，为方便纳税人，简化土地增值税预征税款计算，房地产开发企业采取预收款方式销售自行开发的房地产项目的，可按照以下方法计算土地增值税预征计征依据：土地增值税预征的计征依据=预收款－应预缴增值税税款。

【视同销售的计税收入】《国家税务总局关于营改增后土地增值税若干征管规定的公告》（国家税务总局公告 2016 年第 70 号）第二条规定，纳税人将开发产品用于职工福利、奖励、对外投资、分配给股东或投资人、抵偿债务、换取其他单位和个人的非货币性资产等，发生所有权转移时应视同销售房地产，其收入应按照《国家税务总局关于房地产开发企业土地增值税清算管理有关问题的通知》（国税发〔2006〕187 号）第三条规定执行。纳税人安置回迁户，其拆迁安置用房应税收入和扣除项目的确认，应按照《国家税务总局关于土地增值税清算有关问题的通知》（国税函〔2010〕220 号）第六条规定执行。

《国家税务总局关于房地产开发企业土地增值税清算管理有关问题的通知》（国税发〔2006〕187 号）第三条第（一）款规定，房地产开发企业将开发产品用于职工福利、奖励、对外投资、分配给股东或投资人、抵偿债务、换取其他单位和个人的非货币性资产等，发生所有权转移时应视同销售房地产，其收入按下列方法和顺序确认：

（1）按本企业在同一地区、同一年度销售的同类房地产的平均价格确定；

（2）由主管税务机关参照当地当年、同类房地产的市场价格或评估价值确定。

《国家税务总局关于印发〈土地增值税清算鉴证业务准则〉的通知》（国税发〔2007〕132 号）第二十三条规定，纳税人将开发的房地产用于职工福利、奖励、对外投资、分配给股东或投资人、抵偿债务、换取其他单位和个人的非货币性资产等，发生所有权转移时应视同销售房地产，其视同销售收入按下列方法和顺序审核确认：

（1）按本企业当月销售的同类房地产的平均价格核定。

（2）按本企业在同一地区、同一年度销售的同类房地产的平均价格确认。

（3）参照当地当年、同类房地产的市场价格或评估价值确认。

【拆迁安置房的收入确认问题】关于拆迁安置房计算土地增值税时的收入确认问题，《国家税务总局关于土地增值税清算有关问题的通知》（国税函〔2010〕220号）第六条规定：

（1）房地产企业用建造的本项目房地产安置回迁户的，安置用房视同销售处理，按《国家税务总局关于房地产开发企业土地增值税清算管理有关问题的通知》（国税函〔2006〕187号）第三条第（一）款规定确认收入，同时将此确认为房地产开发项目的拆迁补偿费。房地产开发企业支付给回迁户的补差价款，计入拆迁补偿费；回迁户支付给房地产开发企业的补差价款，应抵减本项目拆迁补偿费。

（2）开发企业采取异地安置，异地安置的房屋属于自行开发建造的，房屋价值按国税发〔2006〕187号文件第三条第（一）款的规定计算，计入本项目的拆迁补偿费；异地安置的房屋属于购入的，以实际支付的购房支出计入拆迁补偿费。

【转让加油站房地产的计税收入】根据《国家税务总局关于纳税人转让加油站房地产有关土地增值税计税收入确认问题的批复》（税总函〔2017〕513号），《成品油市场管理办法》（商务部令2006年第23号）第三十六条规定，成品油经营批准证书不得伪造、涂改，不得买卖、出租、转借或者以任何其他形式转让；第二十九条规定经营单位投资主体发生变化的，原经营单位应办理相应经营资格的注销手续，新经营单位应重新申办成品油经营资格。因此，对依法不得转让的成品油零售特许经营权作价或评估作价不应从转让加油站整体资产的收入金额中扣除。

【分期收款的外币收入如何折合人民币】《土地增值税实施细则》第二十条规定，土地增值税以人民币为计算单位。转让房地产所取得的收入为外国货币的，以取得收入当天或当月1日国家公布的市场汇价折合成人民币，据以计算应纳土地增值税税额。

《财政部 国家税务总局关于土地增值税一些具体问题规定的通知》（财税字〔1995〕48号）第十五条规定，对于以分期收款形式取得的外币收入，也应按实际收款日或收款当月 1 日国家公布的市场汇价折合人民币。

第六条 计算增值额的扣除项目:
(一) 取得土地使用权所支付的金额;
(二) 开发土地的成本、费用;
(三) 新建房及配套设施的成本、费用,或者旧房及建筑物的评估价格;
(四) 与转让房地产有关的税金;
(五) 财政部规定的其他扣除项目。

条文解读

本条是关于计算增值额时扣除项目的规定。本条字数虽然不多,但内容非常重要也非常关键。由于房地产开发项目实际情况非常复杂,本条和《土地增值税实施细则》以及相关规定仍然难为完全涵盖所有情况。因此,各地税务机关均出台了一些更加详细的规定。在实际的土地增值税征管过程中,税务人员应结合本地的专门性规定做好相关工作,防范执法风险。

【扣除应依据合法有效凭证】根据《国家税务总局关于房地产开发企业土地增值税清算管理有关问题的通知》(国税发〔2006〕187 号) 第四条第(一) 项规定,房地产开发企业办理土地增值税清算时计算与清算项目有关的扣除项目金额,应根据《土地增值税暂行条例》第六条及其实施细则第七条的规定执行。除另有规定外,扣除取得土地使用权所支付的金额、房地产开发成本、费用及与转让房地产有关税金,须提供合法有效凭证;不能提供合法有效凭证的,不予扣除。第四条第 (四) 项规定,房地产开发企业的预提费用,除另有规定外,不得扣除。

【扣除项目的具体规定】《土地增值税实施细则》第七条对《土地增值税暂行条例》第六条所列的计算增值额的扣除项目,进行了重新的分类,分成了 "取得土地使用权所支付的金额" "房地产开发成本" "房地产开发费用" "旧房及建筑物的评估价格" "与转让房地产有关的税金" "加计扣除规定" 六项。其中,对于从事房地产开发的纳税人转让新建的房地产项目，适用土地使用权所支付的金额、房地产开发成本、房地产开发费用、与转让房地产有关的税金、加计扣除规定五项；对于旧房及建筑物，适用土地使用权所支付的金额、旧房及建筑物的评估价格、与转让房地产有关的税金三项。

政策链接

1. 取得土地使用权所支付的金额

【取得土地使用权所支付的金额】《土地增值税实施细则》第七条第（一）项规定，取得土地使用权所支付的金额，是指纳税人为取得土地使用权所支付的地价款和按国家统一规定交纳的有关费用。

根据《土地增值税宣传提纲》第五条，取得土地使用权所支付的金额，包括纳税人为取得土地使用权所支付的地价款和按国家统一规定交纳的有关费用。具体为：以出让方式取得土地使用权的，为支付的土地出让金；以行政划拨方式取得土地使用权的，为转让土地使用权时按规定补交的出让金；以转让方式取得土地使用权的，为支付的地价款。

《国家税务总局关于修订土地增值税纳税申报表的通知》（税总函〔2016〕309号）规定，对《土地增值税纳税申报表（二）（从事房地产开发的纳税人清算适用)》第6栏"取得土地使用权所支付的金额"，按纳税人为取得该房地产开发项目所需要的土地使用权而实际支付（补交）的土地出让金（地价款）及按国家统一规定交纳的有关费用的数额填写。

【成片受让土地使用权分期分批开发转让房地产】《土地增值税实施细则》第九条规定，纳税人成片受让土地使用权后，分期分批开发、转让房地产的，其扣除项目金额的确定，可按转让土地使用权的面积占总面积的比例计算分摊，或按建筑面积计算分摊，也可按税务机关确认的其他方式计算分摊。

《国家税务总局关于广西土地增值税计算问题请示的批复》（国税函〔1999〕112号）规定，根据土地增值税立法精神，《土地增值税实施细则》第九条"纳税人成片受让土地使用权后，……可转让土地使用权的面积占总面积的比例分摊"中的"总面积"，是指可转让土地使用权的土地总面积。在土地开发中，因道路、绿化等公共设施用地是不能转让的，按《土地增值税实施细则》第七条规定，这些不能有偿转让的公共配套设施的费用是计算增值额的扣除项目。因此，在计算转让土地的增值额时，按实际转让土地的面积占可转让土地总面积来计算分摊，即：可转让土地面积为开发土地总面积减除不能转让的公共设施用地面积后的剩余面积。

【取得土地使用权时支付的契税】根据《国家税务总局关于土地增值税清算有关问题的通知》（国税函〔2010〕220号）第五条规定，房地产开发企业为取得土地使用权所支付的契税，应视同"按国家统一规定交纳的有关费用"，计入"取得土地使用权所支付的金额"中扣除。

【土地闲置费不得扣除】根据《国家税务总局关于土地增值税清算有关问题的通知》（国税函〔2010〕220号）第四条规定，房地产开发企业逾期开发缴纳的土地闲置费不得扣除。

2. 房地产开发成本

【房地产开发成本】《土地增值税实施细则》第七条第（二）项规定，房地产开发成本即纳税人房地产开发项目实际发生的成本，是指开发土地和新建房及配套设施（以下简称房地产开发）的成本，包括土地征用及拆迁补偿费、前期工程费、建筑安装工程费、基础设施费、公共配套设施费、开发间接费用。

【土地征用及拆迁补偿费】土地征用及拆迁补偿费，包括土地征用费、耕地占用税、劳动力安置费及有关地上、地下附着物拆迁补偿的净支出、安置动迁用房支出等。

【前期工程费】前期工程费，包括规划、设计、项目可行性研究和水文、地质、测绘、"三通一平"等支出。

【前期工程费】建筑安装工程费，是指以出包方式支付给承包单位的建筑安装工程费，以自营方式发生的建筑安装工程费。

【基础设施费】基础设施费，包括开发小区内道路、供水、供电、供气、排污、排洪、通讯、照明、环卫、绿化等工程发生的支出。

【公共配套设施费】公共配套设施费，包括不能有偿转让的开发小区内公共配套设施发生的支出。

【开发间接费用】开发间接费用，是指直接组织、管理开发项目发生的费用，包括工资、职工福利费、折旧费、修理费、办公费、水电费、劳动保护费、周转房摊销等。

要正确区分"开发间接费用"与下述"房地产开发费用"的区别。

【房地产开发企业安置回迁户时的成本扣除】根据《国家税务总局关于土地增值税清算有关问题的通知》（国税函〔2010〕220号）第六条规定：

（1）房地产企业用建造的本项目房地产安置回迁户的，安置用房视同销售处理，按《国家税务总局关于房地产开发企业土地增值税清算管理有关问题的通知》（国税发〔2006〕187号）第三条第（一）项规定确认收入，同时将此确认为房地产开发项目的拆迁补偿费。房地产开发企业支付给回迁户的补差价款，计入拆迁补偿费；回迁户支付给房地产开发企业的补差价款，应抵减本项目拆迁补偿费。

（2）开发企业采取异地安置，异地安置的房屋属于自行开发建造的，房屋价值按国税发〔2006〕187号文件第三条第（一）款的规定计算，计入本项目的拆迁补偿费；异地安置的房屋属于购入的，以实际支付的购房支出计入拆迁补偿费。

（3）货币安置拆迁的，房地产开发企业凭合法有效凭据计入拆迁补偿费。

【房地产开发成本可核定】《国家税务总局关于房地产开发企业土地增值税清算管理有关问题的通知》（国税发〔2006〕187号）第四条第（二）项规定，房地产开发企业办理土地增值税清算所附送的前期工程费、建筑安装工程费、基础设施费、开发间接费用的凭证或资料不符合清算要求或不实的，税务机关可参照当地建设工程造价管理部门公布的建安造价定额资料，结合房屋结构、用途、区位等因素，核定上述四项开发成本的单位面积金额标准，并据以计算扣除。具体核定方法由省税务机关确定。

【配套公建的扣除原则】《国家税务总局关于房地产开发企业土地增值税清算管理有关问题的通知》（国税发〔2006〕187号）第四条第（三）项规定，房地产开发企业开发建造的与清算项目配套的居委会和派出所用房、会所、停车场（库）、物业管理场所、变电站、热力站、水厂、文体场馆、学校、幼儿园、托儿所、医院、邮电通讯等公共设施，按以下原则处理：

（1）建成后产权属于全体业主所有的，其成本、费用可以扣除；

（2）建成后无偿移交给政府、公用事业单位用于非营利性社会公共事业的，其成本、费用可以扣除；

（3）建成后有偿转让的，应计算收入，并准予扣除成本、费用。

【房屋装修费用】《国家税务总局关于房地产开发企业土地增值税清算管

理有关问题的通知》（国税发〔2006〕187号）第四条第（四）项规定，房地产开发企业销售已装修的房屋，其装修费用可以计入房地产开发成本。

【房地产开发企业未支付的质量保证金】根据《国家税务总局关于土地增值税清算有关问题的通知》（国税函〔2010〕220号）第二条规定，房地产开发企业在工程竣工验收后，根据合同约定，扣留建筑安装施工企业一定比例的工程款，作为开发项目的质量保证金，在计算土地增值税时，建筑安装施工企业就质量保证金对房地产开发企业开具发票的，按发票所载金额予以扣除；未开具发票的，扣留的质保金不得计算扣除。

【多个房地产项目共同的成本费用】《国家税务总局关于房地产开发企业土地增值税清算管理有关问题的通知》（国税发〔2006〕187号）第四条第（五）项规定，属于多个房地产项目共同的成本费用，应按清算项目可售建筑面积占多个项目可售总建筑面积的比例或其他合理的方法，计算确定清算项目的扣除金额。

【应在发票备注栏注明建筑服务发生地】根据《国家税务总局关于营改增后土地增值税若干征管规定的公告》（国家税务总局公告2016年第70号）第五条规定，营改增后，土地增值税纳税人接受建筑安装服务取得的增值税发票，应按照《国家税务总局关于全面推开营业税改征增值税试点有关税收征收管理事项的公告》（国家税务总局公告2016年第23号）规定，在发票的备注栏注明建筑服务发生地县（市、区）名称及项目名称，否则不得计入土地增值税扣除项目金额。

3. 房地产开发费用

【房地产开发费用】根据会计制度规定，与房地产开发有关的费用直接计入当年损益，不按房地产项目进行归集或分摊。《土地增值税实施细则》第七条第（三）项规定，房地产开发费用即开发土地和新建房及配套设施的费用，是指与房地产开发项目有关的销售费用、管理费用、财务费用：

（1）财务费用中的利息支出，凡能够按转让房地产项目计算分摊并提供金融机构证明的，允许据实扣除，但最高不能超过按商业银行同类同期贷款利率计算的金额。其他房地产开发费用，按"取得土地使用权所支付的金额""房地产开发成本"两项计算的金额之和的5%以内计算扣除。

（2）凡不能按转让房地产项目计算分摊利息支出或不能提供金融机构证明的，房地产开发费用按"取得土地使用权所支付的金额""房地产开发成本"两项计算的金额之和的10%以内计算扣除。

（3）上述计算扣除的具体比例，由各省、自治区、直辖市人民政府规定。

【利息支出的特别规定】根据《国家税务总局关于土地增值税清算有关问题的通知》（国税函〔2010〕220号）第三条规定：

（1）财务费用中的利息支出，凡能够按转让房地产项目计算分摊并提供金融机构证明的，允许据实扣除，但最高不能超过按商业银行同类同期贷款利率计算的金额。其他房地产开发费用，在按照"取得土地使用权所支付的金额"与"房地产开发成本"金额之和的5%以内计算扣除。

（2）凡不能按转让房地产项目计算分摊利息支出或不能提供金融机构证明的，房地产开发费用在按"取得土地使用权所支付的金额"与"房地产开发成本"金额之和的10%以内计算扣除。

全部使用自有资金，没有利息支出的，按照以上方法扣除。

上述具体适用的比例按省级人民政府此前规定的比例执行。

（3）房地产开发企业既向金融机构借款，又有其他借款的，其房地产开发费用计算扣除时不能同时适用上述（1）、（2）项所述两种办法。

（4）土地增值税清算时，已经计入房地产开发成本的利息支出，应调整至财务费用中计算扣除。

根据《财政部 国家税务总局关于土地增值税一些具体问题规定的通知》（财税字〔1995〕48号）第八条规定：

（1）利息的上浮幅度按国家的有关规定执行，超过上浮幅度的部分不允许扣除。

（2）对于超过贷款期限的利息部分和加罚的利息不允许扣除。

4. 旧房及建筑物的评估价格

【转让旧房时扣除项目金额的确定】根据《财政部 国家税务总局关于土地增值税一些具体问题规定的通知》（财税字〔1995〕48号）第十条规定，转让旧房的，应按房屋及建筑物的评估价格、取得土地使用权所支付的地价款和按国家统一规定交纳的有关费用以及在转让环节缴纳的税金作为扣除项目金额计征土地增值税。对取得土地使用权时未支付地价款或不能提供已支付的地价款凭据的，不允许扣除取得土地使用权所支付的金额。

《土地增值税宣传提纲》第六条第（四）项指出，转让旧房及建筑物的，在计算其增值额时，允许扣除由税务机关参照评估价格确定的扣除项目金额

（即房屋及建筑物的重置成本价乘以成新度折扣率后的价值），以及在转让时交纳的有关税金。这主要是考虑到如果按原成本价作为扣除项目金额，不尽合理。而采用评估的重置成本价能够相对消除通货膨胀因素的影响，比较合理。

【旧房及建筑物的评估价格】《土地增值税实施细则》第七条第（四）项规定，旧房及建筑物的评估价格，是指在转让已使用的房屋及建筑物时，由政府批准设立的房地产评估机构评定的重置成本价乘以成新度折扣率后的价格。评估价格须经当地税务机关确认。

【新建房与旧房的界定】根据《财政部 国家税务总局关于土地增值税一些具体问题规定的通知》（财税字〔1995〕48号）第七条规定，新建房是指建成后未使用的房产。凡是已使用一定时间或达到一定磨损程度的房产均属旧房。使用时间和磨损程度标准可由省、自治区、直辖市财政厅（局）和地方税务局具体规定。

【不能取得评估价格可凭购房发票】《财政部 国家税务总局关于土地增值税若干问题的通知》（财税〔2006〕21号）第二条第一款规定，纳税人转让旧房及建筑物，凡不能取得评估价格，但能提供购房发票的，经当地税务部门确认，《土地增值税暂行条例》第六条第（一）、（三）项规定的扣除项目的金额，可按发票所载金额并从购买年度起至转让年度止每年加计5%计算。

【凭购房发票扣除的加计扣除问题】《国家税务总局关于土地增值税清算有关问题的通知》（国税函〔2010〕220号）第七条规定，《财政部 国家税务总局关于土地增值税若干问题的通知》（财税〔2006〕21号）第二条第一款规定"纳税人转让旧房及建筑物，凡不能取得评估价格，但能提供购房发票的，经当地税务部门确认，《土地增值税暂行条例》第六条第（一）、（三）项规定的扣除项目的金额，可按发票所载金额并从购买年度起至转让年度止每年加计5%计算"。计算扣除项目时"每年"按购房发票所载日期起至售房发票开具之日止，每满12个月计一年；超过一年，未满12个月但超过6个月的，可以视同为一年。

【营改增后旧房转让时的扣除计算问题】《国家税务总局关于营改增后土地增值税若干征管规定的公告》（国家税务总局公告2016年第70号）第六条规定，营改增后，纳税人转让旧房及建筑物，凡不能取得评估价格，但能提供购房发票的，《土地增值税暂行条例》第六条第一、三项规定的扣除项目的金额按照下列方法计算：

（1）提供的购房凭据为营改增前取得的营业税发票的，按照发票所载金额（不扣减营业税）并从购买年度起至转让年度止每年加计5%计算。

（2）提供的购房凭据为营改增后取得的增值税普通发票的，按照发票所载价税合计金额从购买年度起至转让年度止每年加计5%计算。

（3）提供的购房发票为营改增后取得的增值税专用发票的，按照发票所载不含增值税金额加上不允许抵扣的增值税进项税额之和，并从购买年度起至转让年度止每年加计5%计算。

【旧房购买时缴纳的契税】根据《财政部 国家税务总局关于土地增值税一些具体问题规定的通知》（财税字〔1995〕48号）第十一条规定，对于个人购入房地产再转让的，其在购入时已缴纳的契税，在旧房及建筑物的评估价中已包括了此项因素，在计征土地增值税时，不另作为"与转让房地产有关的税金"予以扣除。

《财政部 国家税务总局关于土地增值税若干问题的通知》（财税〔2006〕21号）第二条规定，纳税人转让旧房及建筑物，凡不能取得评估价格，但能提供购房发票的，对纳税人购房时缴纳的契税，凡能提供契税完税凭证的，准予作为"与转让房地产有关的税金"予以扣除，但不作为加计5%的基数。

【无评估价格也无购房发票实行核定征收】《财政部 国家税务总局关于土地增值税若干问题的通知》（财税〔2006〕21号）第二条第二款规定，对于转让旧房及建筑物，既没有评估价格，又不能提供购房发票的，税务机关可以根据《税收征收管理法》第三十五条的规定，实行核定征收。

【评估费用的扣除问题】根据《财政部 国家税务总局关于土地增值税一些具体问题规定的通知》（财税字〔1995〕48号）第十二条规定，纳税人转让旧房及建筑物时因计算纳税的需要而对房地产进行评估，其支付的评估费用允许在计算增值额时予以扣除。

对条例第九条规定的纳税人隐瞒、虚报房地产成交价格等情形而按房地产评估价格计算征收土地增值税所发生的评估费用，不允许在计算土地增值税时予以扣除。

5. 与转让房地产有关的税金

【与转让房地产有关的税金】《土地增值税实施细则》第七条第（五）项规定，与转让房地产有关的税金，是指在转让房地产时缴纳的营业税、城市维护建设税、印花税。因转让房地产交纳的教育费附加，也可视同税金予以扣除。

【地方教育费附加水利建设基金等扣除问题】对于纳税人缴纳的，与转让房地产有关的地方教育费附加、水利建设基金以及其他按规定缴纳费用的扣除问题，土地增值税并无明确规定。对此，应根据各地自行制定的规定进行扣除。

【营改增后与转让房地产有关的税金扣除问题】根据《国家税务总局关于营改增后土地增值税若干征管规定的公告》（国家税务总局公告2016年第70号）第三条规定，与转让房地产有关的税金扣除问题：

（1）营改增后，计算土地增值税增值额的扣除项目中"与转让房地产有关的税金"不包括增值税。

（2）营改增后，房地产开发企业实际缴纳的城市维护建设税（以下简称城建税）、教育费附加，凡能够按清算项目准确计算的，允许据实扣除。凡不能按清算项目准确计算的，则按该清算项目预缴增值税时实际缴纳的城建税、教育费附加扣除。

其他转让房地产行为的城建税、教育费附加扣除比照上述规定执行。

【营改增前、后与转让房地产有关的税金扣除问题】《国家税务总局关于营改增后土地增值税若干征管规定的公告》（国家税务总局公告2016年第70号）第四条规定，房地产开发企业在营改增后进行房地产开发项目土地增值税清算时，按以下方法确定相关金额：

与转让房地产有关的税金=营改增前实际缴纳的营业税、城建税、教育费附加+
营改增后允许扣除的城建税、教育费附加

【印花税的特别规定】根据《财政部 国家税务总局关于土地增值税一些具体问题规定的通知》（财税字〔1995〕48号）第九条规定，细则中规定允许扣除的印花税，是指在转让房地产时缴纳的印花税。房地产开发企业按照《施工、房地产开发企业财产制度》的有关规定，其缴纳的印花税列入管理费用，已相应予以扣除。其他的土地增值税纳税义务人在计算土地增值税时允许扣除在转让时缴纳的印花税。

《财政部关于印发〈增值税会计处理规定〉的通知》（财会〔2016〕22号）规定，全面试行营业税改征增值税后，"营业税金及附加"科目名称调整为"税金及附加"科目，该科目核算企业经营活动发生的消费税、城市维护建设税、资源税、教育费附加及房产税、土地使用税、车船使用税、印花税等相关税费。也就是说，根据财会〔2016〕22号，营改增以后印花税不再计入管理费用，而是记入"税金及附加"科目。

6. 财政部规定的其他扣除项目

【加计扣除规定】《土地增值税实施细则》第七条第（六）项规定，根据《土地增值税暂行条例》第六条第（五）项规定，对从事房地产开发的纳税人可按"取得土地使用权所支付的金额""房地产开发成本"两项计算的金额之和，加计20%的扣除。此处应注意，只有"从事房地产开发的纳税人"方可加计扣除。

【加计扣除的条件】《土地增值税宣传提纲》第六条规定，在具体计算增值额时，要区分以下三种情况进行处理：

（1）对取得土地或房地产使用权后，未进行开发即转让的，计算其增值额时，只允许扣除取得土地使用权时支付的地价款、缴纳的有关费用，以及在转让环节缴纳的税金。这样规定的目的主要是抑制"炒"买"炒"卖地皮的行为。

（2）对取得土地使用权后投入资金，将生地变为熟地转让的，计算其增值额时，允许扣除取得土地使用权时支付的地价款、缴纳的有关费用和开发土地所需成本再加计开发成本的20%以及在转让环节缴纳的税金。这样规定是为了鼓励投资者将更多的资金投向房地产开发。

（3）对取得土地使用权后进行房地产开发建造的，在计算其增值额时，允许扣除取得土地使用权时支付的地价款和有关费用、开发土地和新建房及配套设施的成本和规定的费用、转让房地产有关的税金，并允许加计20%的扣除。这可以使从事房地产开发的纳税人有一个基本的投资回报，以调动其从事正常房地产开发的积极性。

【代收费用的扣除问题】根据《财政部 国家税务总局关于土地增值税一些具体问题规定的通知》（财税字〔1995〕48号）第六条规定，对于县级及县级以上人民政府要求房地产开发企业在售房时代收的各项费用，如果代收费用是计入房价中向购买方一并收取的，可作为转让房地产所取得的收入计税；如果代收费用未计入房价中，而是在房价之外单独收取的，可以不作为转让房地产的收入。

对于代收费用作为转让收入计税的，在计算扣除项目金额时，可予以扣除，但不允许作为加计20%扣除的基数；对于代收费用未作为转让房地产的收入计税的，在计算增值额时不允许扣除代收费用。

第七条 土地增值税实行四级超率累进税率：

增值额未超过扣除项目金额50%的部分，税率为30%。

增值额超过扣除项目金额50%、未超过扣除项目金额100%的部分，税率为40%。

增值额超过扣除项目金额100%、未超过扣除项目金额200%的部分，税率为50%。

增值额超过扣除项目金额200%的部分，税率为60%。

条文解读

土地增值税采用四级超率累进税率，最低税率为30%，最高税率为60%。超率累进税率是以征税对象数额的相对率为累进依据，按超累方式计算和确定适用税率。在确定适用税率时，首先需要确定征税对象数额的相对率。即以增值额与扣除项目金额的比率（增值率）从低到高划分为4个级次：即增值额未超过扣除项目金额50%的部分；增值额超过扣除项目金额50%，未超过100%的部分；增值额超过扣除项目金额100%，未超过200%的部分；增值额超过扣除项目金额200%的部分，并分别适用30%、40%、50%、60%的税率。根据《土地增值税实施细则》第十条规定，四级超率累进税率中，每级"增值额未超过扣除项目金额"的比例，均包括本比例数。例如：增值额未超过项目金额50%的部分，包括50%在内，均适用30%的税率。

政策链接

【税款计算方法】如果增值额超过扣除项目金额50%以上，在计算增值额时，需要分别用各级增值额乘以适用税率，得出各级税额，然后再将各级税额相加，得出总税额。在实际征收中，为了方便计算，可按增值额乘以适用税率减去扣除项目金额乘以速算扣除系数的简便方法计算土地增值税税额。根据《土地增值税实施细则》第十条规定，具体公式如下：

（1）增值额未超过扣除项目金额50%

$$土地增值税税额=增值额\times30\%$$

（2）增值额超过扣除项目金额50%，未超过100%的

$$土地增值税税额=增值额\times40\%-扣除项目金额\times5\%$$

（3）增值额超过扣除项目金额100%，未超过200%的

$$土地增值税税额=增值额\times50\%-扣除项目金额\times15\%$$

（4）增值额超过扣除项目金额200%

$$土地增值税税额=增值额\times60\%-扣除项目金额\times35\%$$

公式中的5%、15%、35%为速算扣除系数，土地增值税税率表见表7-1。

表7-1　　　　　　　　　土地增值税税率表

级数	增值额与扣除项目金额的比率	税率（%）	速算扣除系数（%）
1	未超过50%的部分	30	0
2	超过50%，未超过100%的部分	40	5
3	超过100%，未超过200%的部分	50	15
4	超过200%的部分	60	35

【个人转让非住宅之发票扣除法】例7-1：2022年9月20日，法院依法拍卖赖某名下位于杭州市区的商铺一套，拍卖成交价1000万元。该商铺系赖某于2016年11月1日购买，发票显示购买价格为400万元，相对应的契税完税凭证显示赖某缴纳契税12万元。则本次拍卖赖某应缴纳的土地增值税为多少？

解析：（1）计税收入

①增值税。根据国家税务总局公告2016年第14号第四条规定，对于个人（不含个体户）转让其取得（不含自建）的不动产，以取得

的全部价款和价外费用扣除不动产购置原价或者取得不动产时的作价后的余额为销售额，按照5%的征收率计算应纳税额。

应缴纳的增值税=（拍卖价格-购置原价）÷（1+5%）×5%=28.57（万元）

②计税收入。根据财税〔2016〕43号文件第三条规定，在确定土地增值税的计税收入时，不包含增值税。

计税收入=拍卖价格-增值税=1000-28.57=971.43（万元）

（2）可扣除房产原值

根据财税〔2006〕21号文件第二条第一款、国税函〔2010〕220号文件第七条规定，自2011年11月1日购买至2017年9月20日被拍卖，已满5年10个月，可按6年计算。

可扣除房产原值=400×（1+6×5%）=520（万元）

（3）与转让房地产有关的税金

①应缴纳的城市维护建设税（7%）、教育费附加（3%）、地方教育附加（2%）合计：

城市维护建设税（7%）、教育费附加（3%）、地方教育附加（2%）合计=28.5714×12%=3.43（万元）

②购买时缴纳的契税12万元。需要注意的是，此处允许扣除的契税，指的是原不动产所有人赖某在当时购买时缴纳的契税，而不是本拍卖环节受让人需缴纳的契税。

③假设，不考虑各个环节的印花税问题，当地税务机关规定地方教育附加可视同税金扣除。则根据财法字〔1995〕6号第七条和财税〔2006〕21号文件第二条规定，与转让房地产有关的税金为：

与转让房地产有关的税金=3.43+12=15.43（万元）

需要注意的是，与转让房地产有关的税金不包含本次转让应缴纳的个人所得税。

（4）扣除项目金额

扣除项目金额=可扣除房产原值+与转让房地产有关的税金
=520+3.43+12=535.43（万元）

（5）增值额

增值额=计税收入-扣除项目金额=971.43-535.43=436（万元）

（6）增值率

增值率=增值额÷扣除项目金额=436÷535.43×100%=81.43%

（7）应缴纳的土地增值税

按速算扣除数计算，应缴纳的土地增值税=436×40%-535.43×5%=147.63（万元）。

【非房地产开发企业转让不动产之评估法】例7-2：2022年，某工业企业转让一栋六成新的住宅楼，取得转让收入2000万元（不含增值税），本次转让缴纳相关税费为120万元。因年代久远，无法取得建造成本和已支付的地价款凭据。经评估，转让时如建造同样的房子需1500万元。请计算本次住宅楼该企业应缴纳的土地增值税。

解析：（1）计税收入：2000万元

（2）可扣除房产原值：根据财税字〔1995〕48号文件第十条规定，可扣除的房产原值=1500×60%=900（万元）。

（3）与转让房地产有关的税金：120万元

（4）扣除项目金额=900+120=1020（万元）

（5）增值额=计税收入-扣除项目金额=2000-1020=980（万元）

（6）增值率=增值额÷扣除项目金额=980÷1020=96.08%

（7）应缴纳的土地增值税=980×40%-1020×5%=341（万元）

【房地产开发企业土地增值税清算】例7-3：某房地产开发企业开发的某房地产项目达到土地增值税清算条件后，提供的有关资料如表7-2所示，该房地产项目不能准确计算借款利息费用，试计算该项目应缴纳的土地增值税。假定当地对于不能准确计算借款利息的房地产开发费用扣除标准为10%，当地规定采取三分法（普通标准住房、普通标准住房、其他类型房地产）分类计算土地增值税。

表 7-2　　　　某房地产开发企业某房地产项目相关资料　　　　单位：元

项目	普通标准住房	非普通标准住房	商铺等其他类型
销售收入	929488634.53	198935949.00	697103452.59
分摊的土地出让金	119441895.97	62369251.57	203924250.17
分摊的房地产开发成本	525754467.79	56332059.28	187268182.16
房地产开发费用	借款利息支出不能准确计算		
转让环节缴纳的税金	48684074.25	11161477.19	37392117.02
已预缴的土地增值税	18589772.69	3978718.98	20913103.58

解析：（1）计算过程如表 7-3 所示：

表 7-3　　　　某房地产开发企业应清算土地增值税计算过程　　　　单位：元

序号	项目	普通标准住房	非普通标准住房	商铺等其他类型
1	销售收入	929488634.53	198935949.00	697103452.59
2	分摊的土地出让金	119441895.97	62369251.57	203924250.17
3	分摊的房地产开发成本	525754467.79	56332059.28	187268182.16
4	房地产开发费用=（2+3）×10%	64519636.38	11870131.09	39119243.23
5	转让环节缴纳的税金	48684074.25	11161477.19	37392117.02
6	加计扣除金额=（2+3）×20%	129039272.75	23740262.17	78238486.47
7	允许扣除合计=2+3+4+5+6	887439347.14	165473181.30	545942279.05
8	增值额=1-7	42049287.39	33462767.71	151161173.54
9	增值率=8/7（%）	4.74	20.22	27.69
10	适用税率（%）	0	30	30
11	应缴土地增值税	0	10038830.31	45348352.06
12	已预缴的土地增值税	18589772.69	3978718.98	20913103.58
13	应补缴的增值税=11-12	-18589772.69	6060111.33	24435248.48
14	本次清算应补缴的土地增值税合计：11905587.13			

(2) 说明：

①因为普通标准住房增值率为 4.74%，低于 20%，根据《土地增值税条例》第八条第（一）项："纳税人建造普通标准住宅出售，增值额未超过扣除项目金额20%的"免征土地增值税的规定，普通标准住房应缴土地增值税为 0 元；

②非普通标准住房和其他类型房地产的增值率分别为 20.22%、27.69%，低于 50%，因此适用 30%的税率；

③因为普通标准住房应缴土地增值税为 0 元，已预缴 18589772.69 元，因此，本类型房地产应退 18589772.69 元。非普通标准住房和其他类型房地产分别应补缴 6060111.33 元、24435248.48 元。

三者合计总共需补缴土地增值税：-18589772.69+6060111.33+24435248.48=11905587.12（元）。

例 7-4： 房地产开发企业与非房地产开发企业在土地增值税征管中的异同主要有哪些？

解析： （1）房地产开发企业不能享受企业改制重组土地增值税优惠政策。根据《财政部 税务总局关于继续实施企业改制重组有关土地增值税政策的通知》（财税〔2018〕57 号）第五条规定，改制重组有关土地增值税政策不适用于房地产转移任意一方为房地产开发企业的情形。

（2）房地产开发企业在计算扣除金额时，可以加计扣除20%，而其他单位和个人不允许加计扣除。这可以使从事房地产开发的纳税人有一个基本的投资回报，以调动其从事正常房地产开发的积极性。

（3）房地产开发企业与非房地产开发企业均可以适用《土地增值税条例》第八条第（一）项："纳税人建造普通标准住宅出售，增值额未超过扣除项目金额 20%的"免征土地增值税的规定。因为，目前并没有明确规定只有房地产开发企业才可享受此项税收优惠政策。

（4）地产开发企业销售自己开发的房地产产品，不一定都需要根据房地产开发项目土地增值税清算的有关规定计算缴纳土地增值税。对于房地产企业将自己开发的房地产产品转为自用或出租后再出售的，如果达到一定年限符合旧房标准的，应当按照转让旧房的计算方式进行土地增值税的计算和缴纳，根据评估价格以及土地价款等计算可扣除的金额。根据《国家税务总局关于修订土地增值税纳税申报表的通知》（税总函〔2016〕309号）：《土地增值税纳税申报表（三）（非从事房地产开发的纳税人适用)》的填表说明规定，本表适用于非从事房地产开发的纳税人，还适用于将开发产品转为自用、出租等用途且已达到主管税务机关旧房界定标准后，又将该旧房对外出售的从事房地产开发的纳税人。

第三节 税收优惠

> **第八条** 有下列情形之一的，免征土地增值税：
> （一）纳税人建造普通标准住宅出售，增值额未超过扣除项目金额20%的；
> （二）因国家建设需要依法征收、收回的房地产。

条文解读

根据《国务院关于废止和修改部分行政法规的决定》（国务院令第588号，2011年1月8日），本条中"征用"修改为"征收"。本条规定了土地增值税的减免税优惠，主要是两条：一是纳税人建造普通标准住宅出售，增值额未超过扣除项目金额20%的（含20%），免征土地增值税；二是因国家建设需要依法征收、收回的房地产，免征土地增值税。另外，《土地增值税实施细则》第十一条还规定了第三种情形，因城市市政规划、国家建设的需要而搬迁，由纳税人自行转让原房地产而取得的收入，免征土地增值税。另外，国家还规定了一些其他税收优惠。

根据《土地增值税宣传提纲》第九条对土地增值税的减免税政策的解读：
(1) 纳税人建造普通标准住宅出售，增值额未超过扣除项目金额20%的

（含20%），免征土地增值税。但增值额超过扣除项目金额20%的，应对其全部增值额计税（包括未超过扣除项目金额20%的部分）。这是考虑到我国人民居住条件仍然较差，对建造普通标准住宅而增值较低的予以免税，而对增值较高的就全部增值额征税，有利于控制普通标准住宅售价，促进和保证其健康发展。

（2）因国家建设需要依法征用、收回的房地产，免征土地增值税。这是因为政府在进行城市建设和改造时需要收回一些土地使用权或征用一些房产，国家要给予纳税人适当的经济补偿，免予征收土地增值税是应该的。

（3）因城市市政规划、国家建设的需要而搬迁，由纳税人自行转让原房地产而取得的收入，免征土地增值税。根据城市规划，污染、扰民企业（主要是指企业产生的过量废气、废水、废渣和噪声，使城市居民生活受到一定的危害）需要陆续搬迁到城外，有些企业因国家建设需要也要进行搬迁。这些企业要搬迁不是以盈利为目的，而是为城市规划需要，存在许多困难，如人员安置、搬迁资金不足等，而且大都是一些老企业，这个问题就更突出。为了使这些企业能够易地重建或重购房地产，对其自行转让原有房地产的增值收益，给予免征土地增值税是必要的。

政策链接

【普通标准住宅】《土地增值税实施细则》第十一条规定，条例第八条（一）项所称的普通标准住宅，是指按所在地一般民用住标准建造的居住用住宅。高级公寓、别墅、度假村等不属于普通标准住宅。普通标准住宅与其他住宅的具体划分界限由各省、自治区、直辖市人民政府规定。纳税人建造普通标准住宅出售，增值额未超过扣除项目金额之和百分之二十的，免征土地增值税；增值额超过扣除项目金额之和百分之二十的，应就其全部增值额按规定计税。

《财政部 国家税务总局关于土地增值税普通标准住宅有关政策的通知》（财税〔2006〕141号）规定，为贯彻落实《国务院办公厅转发建设部等部门关于调整住房供应结构稳定住房价格意见的通知》（国办发〔2006〕37号）精神，"普通标准住宅"的认定，可在各省、自治区、直辖市人民政府根据《国务院办公厅转发建设部等部门关于做好稳定住房价格工作意见的通知》（国办发〔2005〕26号）制定的"普通住房标准"的范围内从严掌握。

《国务院办公厅转发建设部等部门关于做好稳定住房价格工作意见的通

知》（国办发〔2005〕26号）中对普通住房的认定做出了比较原则性的规定，即：住宅小区建筑容积率1.0以上、单套建筑面积在120平方米以下，实际成交价格低于同级别土地上住房平均交易价格1.2倍以下，允许单套建筑面积和价格标准适当浮动，但向上浮动的比例不得超过上述标准的20%。符合这个标准的，属于普通住房，不符合的为非普通住房。具体普通标准住宅的标准，各地均根据国办发〔2005〕26号文件进行了明确规定，在政策执行时应根据各地规定的标准执行。

《国家税务总局关于房地产税收政策执行中几个具体问题的通知》（国税发〔2005〕172号）第六条规定，享受税收优惠政策普通住房的面积标准是指地方政府按国办发〔2005〕26号文件规定并公布的普通住房建筑面积标准。对于以套内面积进行计量的，应换算成建筑面积，判断该房屋是否符合普通住房标准。

【既建普通标准住宅又搞其他类型房地产开发】《财政部 国家税务总局关于土地增值税一些具体问题规定的通知》（财税字〔1995〕48号）第十三条规定，对纳税人既建普通标准住宅又搞其他房地产开发的，应分别核算增值额。不分别核算增值额或不能准确核算增值额的，其建造的普通标准住宅不能适用条例第八条（一）项的免税规定。

【城市实施规划、国家建设需要】《土地增值税实施细则》第十一条第三款规定，条例第八条（二）项所称的因国家建设需要依法征用、收回的房地产，是指因城市实施规划、国家建设的需要而被政府批准征用的房产或收回的土地使用权。

因城市实施规划、国家建设的需要而搬迁，由纳税人自行转让原房地产的，比照本规定免征土地增值税。

【个人转让住宅的免税】对于个人拥有的住宅在转让时，土地增值税的征免经历了一个变化的过程：

（1）《土地增值税实施细则》第十二条规定，个人因工作调动或改善居住条件而转让原自用住房，经向税务机关申报核准，凡居住满五年或五年以上的，免予征收土地增值税；居住满三年未满五年的，减半征收土地增值税。居住未满三年的，按规定计征土地增值税。

（2）《财政部 国家税务总局关于土地增值税一些具体问题规定的通知》（财税字〔1995〕48号）第五条规定，对个人之间互换自有居住用房地产的，经当地税务机关核实，可以免征土地增值税。

（3）《财政部 国家税务总局关于调整房地产市场若干税收政策的通知》（财税字〔1999〕210号，2011年2月21日废止）规定，经国务院批准，自1999年8月1日起，对居民个人拥有的普通住宅，在其转让时暂免征收土地增值税。注意：本条只是对"普通住宅"免征。

（4）《财政部 国家税务总局关于调整房地产交易环节税收政策的通知》（财税〔2008〕137号）第三条规定，经国务院批准，自2008年11月1日起，对个人销售住房暂免征收土地增值税。注意：本条将免征范围扩大到了个人拥有的全部住房，不再区分是否属于普通住宅。

截至目前，财税〔2008〕137号文件第三条依然有效，即对个人销售住房暂免征收土地增值税。但仅限个人拥有的住宅，对于个人拥有的其他不动产，如商铺、写字楼、车库以及单独转让的地下室等，均不在免税范围。

【对灾区的优惠政策】为支持和帮助受灾地区积极开展生产自救，重建家园，鼓励和引导社会各方面力量参与灾后恢复重建工作，在灾情发生后，国家均制定了支持灾后恢复重建有关税收政策：

《财政部 海关总署 国家税务总局关于支持鲁甸地震灾后恢复重建有关税收政策问题的通知》（财税〔2015〕27号）第三条规定，对政府为受灾居民组织建设的安居房建设用地，免征城镇土地使用税，转让时免征土地增值税。政策执行至2016年12月31日。

《财政部 海关总署 国家税务总局关于支持芦山地震灾后恢复重建有关税收政策问题的通知》（财税〔2013〕58号）规定，对政府为受灾居民组织建设的安居房建设用地，免征城镇土地使用税，转让时免征土地增值税。政策执行至2015年12月31日。

《财政部 海关总署 国家税务总局关于支持舟曲灾后恢复重建有关税收政策问题的通知》（财税〔2010〕107号）规定，对政府为受灾居民组织建设的安居房建设用地，免征城镇土地使用税，转让时免征土地增值税。政策执行至2012年12月31日。

《财政部 海关总署 国家税务总局关于支持玉树地震灾后恢复重建有关税收政策问题的通知》（财税〔2010〕59号）规定，对政府为受灾居民组织建设的安居房建设用地免征城镇土地使用税，转让时免征土地增值税。政策执行至2012年12月31日。

《财政部 海关总署 国家税务总局关于支持汶川地震灾后恢复重建有关税收政策问题的通知》（财税〔2008〕104号）规定，对政府为受灾居民组织建设的安居房建设用地免征城镇土地使用税，转让时免征土地增值税。本政策执行至2010年12月31日。

【支持2022亚运会和残运会的税收优惠】《财政部 税务总局 海关总署关于杭州2022年亚运会和亚残运会税收政策的公告》（财政部 税务总局 海关总署公告2020年第18号）规定，自2020年4月9日起，为支持筹办杭州2022年亚运会和亚残运会及其测试赛（以下统称杭州亚运会），对组委会赛后出让资产取得的收入，免征增值税和土地增值税。

【支持第18届世界中学生运动会等】《财政部 税务总局 海关总署关于第18届世界中学生运动会等三项国际综合运动会税收政策的公告》（财政部 税务总局 海关总署公告2020年第19号）规定，为支持筹办2020年晋江第18届世界中学生运动会、2020年三亚第6届亚洲沙滩运动会、2021年成都第31届世界大学生运动会等三项国际综合运动会，自2020年1月1日起，对组委会赛后出让资产取得的收入，免征增值税和土地增值税。

《财政部 税务总局 海关总署关于第七届世界军人运动会税收政策的通知》（财税〔2018〕119号）规定，对武汉军运会执行委员会赛后出让资产取得的收入，免征应缴纳的增值税、土地增值税。

《财政部 国家税务总局 海关总署关于北京2022年冬奥会和冬残奥会税收政策的通知》（财税〔2017〕60号）规定，对北京2022年冬奥会和冬残奥会组织委员会再销售所获捐赠物品和赛后出让资产取得收入，免征应缴纳的增值税、消费税和土地增值税。

《财政部 海关总署 国家税务总局关于第16届亚洲运动会等三项国际综合运动会税收政策的通知》（财税〔2009〕94号）规定，2010年广州第16届亚洲运动会组织委员会、2011年深圳第26届世界大学生夏季运动会执行局、2009年哈尔滨第24届世界大学生冬季运动会组织委员会赛后出让资产取得的收入，免征应缴纳的营业税和土地增值税。[根据2016年8月18日发布的《财政部关于公布废止和失效的财政规章和规范性文件目录（第十二批）的决定》（中华人民共和国财政部令第83号），本规定失效。]

《财政部 国家税务总局关于2010年上海世博会有关税收政策问题的通知》（财税〔2005〕180号）规定，对上海世博局在世博会结束后出让资产和委托上海世博（集团）公司出让归属于上海世博局的资产所取得的收入，免征上海世博局和上海世博（集团）公司应缴纳的营业税和土地增值税。[根据2016年8月18日发布的《财政部关于公布废止和失效的财政规章和规范性文件目录（第十二批）的决定》（中华人民共和国财政部令第83号），本规定失效。]

《财政部 国家税务总局 海关总署关于第29届奥运会税收政策问题的通知》（财税〔2003〕10号）规定，对第29届奥运会组委会再销售所获捐赠商品和赛后出让资产取得收入，免征应缴纳的增值税、消费税、营业税和土地增值税。[根据2011年2月21日发布的《财政部关于公布废止和失效的财政规章和规范性文件目录（第十一批）的决定》（中华人民共和国财政部令第62号），本规定失效。]

【对特定企业特定活动的税收优惠】财政部税务总局和有关部委等还针对某些特定企业特定行业特定活动制定了税收优惠政策：

《财政部 国家税务总局关于中国邮政储蓄银行改制上市有关税收政策的通知》（财税〔2013〕53号）规定，为支持中国邮政储蓄银行改制上市工作，经国务院批准，对中国邮政集团公司与原中国邮政储蓄银行有限责任公司之间划转、变更土地、房屋等资产权属交易涉及的土地增值税予以免征[《财政部 国家税务总局关于土地增值税若干问题的通知》（财税〔2006〕21号）第五条规定不予免征的情形除外]。

《财政部 国家税务总局关于中国中信集团公司重组改制过程中土地增值税等政策的通知》（财税〔2013〕3号）规定，为支持企业重组改制，根据国务院批复精神，在中信集团整体改制为中国中信集团有限公司（以下简称中信有限）过程中，对中信集团无偿转移到中信有限的房地产，以及中信集团无偿转移到中国中信股份有限公司（以下简称中信股份）的房地产，不征土地增值税。在中信集团通过股权投资方式将符合境外上市条件的资产等注入中信股份过程中，对中信集团涉及的土地增值税（房地产开发企业销售房地产除外），予以免征。

《财政部 国家税务总局关于中国邮政集团公司邮政速递物流业务重组改制有关税收问题的通知》（财税〔2011〕116号）规定，经国务院批准，对因中国邮政集团公司邮政速递物流业务重组改制，中国邮政集团公司向中国邮政速递物流股份有限公司、各省邮政公司向各省邮政速递物流有限公司转移房地产产权应缴纳的土地增值税，予以免征。对本通知到达之日前，已缴纳的应予免征的土地增值税，予以退税。

《财政部 国家税务总局关于中国联合网络通信集团有限公司转让 CDMA 网及其用户资产企业合并资产整合过程中涉及的增值税营业税印花税和土地增值税政策问题的通知》（财税〔2011〕13 号）规定，经国务院批准，对中国联合网络通信集团有限公司（原中国联合通信有限公司）、联通新时空通信有限公司（原联通新时空移动通信有限公司）、中国联合网络通信有限公司（原中国联通有限公司）向中国电信转让 CDMA 网络资产和业务过程中，转让房地产涉及的土地增值税，予以免征。对中国联合网络通信集团有限公司吸收合并中国网络通信集团公司、中国联合网络通信有限公司吸收合并中国网通（集团）有限公司过程中涉及的土地增值税，予以免征。对联通新国信通信有限公司在资产整合过程中，向中国联合网络通信集团有限公司（原中国联合通信有限公司）转让房地产涉及的土地增值税，予以免征。

《财政部 国家税务总局关于大秦铁路改制上市有关税收问题的通知》（财税〔2006〕32 号）规定，为支持铁路投融资体制改革，支持大秦铁路股份有限公司（以下简称大秦公司）重组改制和上市工作的顺利进行，经国务院批准，对原北京铁路局作为投资向大秦公司转移资产涉及的土地增值税予以免征；对太原铁路局向大秦公司出售原大同分局资产涉及土地增值税予以免征。

《财政部 国家税务总局关于中国建银投资有限责任公司有关税收政策问题的通知》（财税〔2005〕160 号）经国务院批准，重组分立过程中，原中国建设银行无偿划转给建银投资的货物、不动产，不征收增值税、营业税和土地增值税。

《财政部 国家税务总局关于中国东方资产管理公司处置港澳国际（集团）有限公司有关资产税收政策问题的通知》（财税〔2003〕212 号）规定，为了加快港澳国际（集团）有限公司的资产处置、清算及机构关闭工作，经国务院批准，对东方资产管理公司接收港澳国际（集团）有限公司的资产包括货物、不动产、有价证券等，免征东方资产管理公司销售转让该货物、不动产、有价证券等资产以及利用该货物、不动产从事融资租赁业务应缴纳的增值税、营业税、城市维护建设税、教育费附加和土地增值税。对港澳国际（集团）内地公司的资产，包括货物、不动产、有价证券、股权、债权等，在清理和被处置时，免征港澳国际（集团）内地公司销售转让该货物、不动产、有价证券、股权、债权等资产应缴纳的增值税、营业税、城市维护建设税、教育费附加和土地增值税。对港澳国际（集团）香港公司在中国境内的资产，包括货物、不动产、有价证券、股权、债权等，在清理和被处置时，免征港澳国际（集团）香港公司销售转让该货物、不动产、有价证券、股权、债权等资产应缴纳的增值税、营业税、预提所得税和土地增值税。

《财政部 国家税务总局关于被撤销金融机构有关税收政策问题的通知》（财税〔2003〕141号）规定，为了促进被撤销金融机构的清算工作，对被撤销金融机构财产用来清偿债务时，免征被撤销金融机构转让货物、不动产、无形资产、有价证券、票据等应缴纳的增值税、营业税、城市维护建设税、教育费附加和土地增值税。

《财政部 国家税务总局关于大连证券破产及财产处置过程中有关税收政策问题的通知》（财税〔2003〕88号）规定，经国务院批准，大连证券破产财产被清算组用来清偿债务时，免征大连证券销售转让货物、不动产、无形资产、有价证券、票据等应缴纳的增值税、营业税、城市维护建设税、教育费附加和土地增值税。

《财政部 国家税务总局关于中国信达等4家金融资产管理公司税收政策问题的通知》（财税〔2001〕10号）规定，经国务院批准，现对信达、华融、长城和东方资产管理公司（以下简称资产公司）在收购、承接和处置不良资产过程中对各公司回收的房地产在未处置前的闲置期间，免征房产税和城镇土地使用税。对资产公司转让房地产取得的收入，免征土地增值税。

《财政部 国家税务总局关于中国信达资产管理股份有限公司等4家金融资产管理公司有关税收政策问题的通知》（财税〔2013〕56号）规定，经国务院批准，现对中国信达资产管理股份有限公司（原中国信达资产管理公司）、中国华融资产管理股份有限公司（原中国华融资产管理公司）、中国长城资产管理公司和中国东方资产管理公司（以下统称资产公司）在收购、承接和处置政策性剥离不良资产和改制银行剥离不良资产过程中，中国信达资产管理股份有限公司、中国华融资产管理股份有限公司及其分支机构处置剩余政策性剥离不良资产比照执行《财政部 国家税务总局关于中国信达等4家金融资产管理公司税收政策问题的通知》（财税〔2001〕10号）。中国长城资产管理公司和中国东方资产管理公司如经国务院批准改制后，继承其权利、义务的主体及其分支机构处置剩余政策性剥离不良资产比照执行前款所列规范性文件规定的税收优惠政策。

《国家税务总局关于陕西省电力建设投资开发公司转让股权征税问题的批复》（国税函〔1997〕700号）规定，对陕西省电力建设投资开发公司将其拥有的部分股权转让的行为，暂不征收土地增值税。

【企业改制重组有关土地增值税政策】为支持企业改制重组，优化市场环境，财政部、税务总局先后发布多项税收政策：

（1）《财政部 国家税务总局关于土地增值税一些具体问题规定的通知》（财税字〔1995〕48号）第一条规定，对于以房地产进行投资、联营的，投资、联营的一方以土地（房地产）作价入股进行投资或作为联营条件，将房地产转让到所投资、联营的企业中时，暂免征收土地增值税。对投资、联营企业将上述房地产再转让的，应征收土地增值税。第三条规定，在企业兼并中，对被兼并企业将房地产转让到兼并企业中的，暂免征收土地增值税。以上两条规定根据财税〔2015〕5号文件自2015年1月1日起废止。

（2）为贯彻落实《国务院关于进一步优化企业兼并重组市场环境的意见》（国发〔2014〕14号），财政部和国家税务总局发布《关于企业改制重组有关土地增值税政策的通知》（财税〔2015〕5号），将企业在改制重组过程中涉及的土地增值税政策通知如下：

①按照《中华人民共和国公司法》的规定，非公司制企业整体改建为有限责任公司或者股份有限公司，有限责任公司（股份有限公司）整体改建为股份有限公司（有限责任公司）。对改建前的企业将国有土地、房屋权属转移、变更到改建后的企业，暂不征土地增值税。

本通知所称整体改建是指不改变原企业的投资主体，并承继原企业权利、义务的行为。

②按照法律规定或者合同约定，两个或两个以上企业合并为一个企业，且原企业投资主体存续的，对原企业将国有土地、房屋权属转移、变更到合并后的企业，暂不征土地增值税。

③按照法律规定或者合同约定，企业分设为两个或两个以上与原企业投资主体相同的企业，对原企业将国有土地、房屋权属转移、变更到分立后的企业，暂不征土地增值税。

④单位、个人在改制重组时以国有土地、房屋进行投资，对其将国有土地、房屋权属转移、变更到被投资的企业，暂不征土地增值税。

⑤上述改制重组有关土地增值税政策不适用于房地产开发企业。

⑥企业改制重组后再转让国有土地使用权并申报缴纳土地增值税时，应以改制前取得该宗国有土地使用权所支付的地价款和按国家统一规定缴纳的有关费用，作为该企业"取得土地使用权所支付的金额"扣除。企业在重组改制过程中经省级以上（含省级）国土管理部门批准，国家以国有土地使用权作价出资入股的，再转让该宗国有土地使用权并申报缴纳土地增值税时，应以该宗土地作价入股时省级以上（含省级）国土管理部门批准的评估价格，作为该企业"取得土地使用权所支付的金额"扣除。办理纳税申报时，企业应提供该宗土地作价入股时省级以上（含省级）国土管理部门的批准文件和批准的评估价格，不能提供批准文件和批准的评估价格的，不得扣除。

⑦企业按本通知有关规定享受相关土地增值税优惠政策的，应及时向主管税务机关提交相关房产、国有土地权证、价值证明等书面材料。

⑧本通知执行期限为2015年1月1日至2017年12月31日。《财政部 国家税务总局关于土地增值税一些具体问题规定的通知》（财税字〔1995〕48号）第一条、第三条，《财政部 国家税务总局关于土地增值税若干问题的通知》（财税〔2006〕21号）第五条同时废止。

（3）财税〔2015〕5号文件到期后，财政部和国家税务总局发布《关于继续实施企业改制重组有关土地增值税政策的通知》（财税〔2018〕57号），将继续执行企业在改制重组过程中涉及的土地增值税政策通知如下：

①按照《中华人民共和国公司法》的规定，非公司制企业整体改制为有限责任公司或者股份有限公司，有限责任公司（股份有限公司）整体改制为股份有限公司（有限责任公司），对改制前的企业将国有土地使用权、地上的建筑物及其附着物（以下称房地产）转移、变更到改制后的企业，暂不征土地增值税。

本通知所称整体改制是指不改变原企业的投资主体，并承继原企业权利、义务的行为。

②按照法律规定或者合同约定，两个或两个以上企业合并为一个企业，且原企业投资主体存续的，对原企业将房地产转移、变更到合并后的企业，暂不征土地增值税。

③按照法律规定或者合同约定，企业分设为两个或两个以上与原企业投资主体相同的企业，对原企业将房地产转移、变更到分立后的企业，暂不征

土地增值税。

④单位、个人在改制重组时以房地产作价入股进行投资，对其将房地产转移、变更到被投资的企业，暂不征土地增值税。

⑤上述改制重组有关土地增值税政策不适用于房地产转移任意一方为房地产开发企业的情形。

⑥企业改制重组后再转让国有土地使用权并申报缴纳土地增值税时，应以改制前取得该宗国有土地使用权所支付的地价款和按国家统一规定缴纳的有关费用，作为该企业"取得土地使用权所支付的金额"扣除。企业在改制重组过程中经省级以上（含省级）国土管理部门批准，国家以国有土地使用权作价出资入股的，再转让该宗国有土地使用权并申报缴纳土地增值税时，应以该宗土地作价入股时省级以上（含省级）国土管理部门批准的评估价格，作为该企业"取得土地使用权所支付的金额"扣除。办理纳税申报时，企业应提供该宗土地作价入股时省级以上（含省级）国土管理部门的批准文件和批准的评估价格，不能提供批准文件和批准的评估价格的，不得扣除。

⑦企业在申请享受上述土地增值税优惠政策时，应向主管税务机关提交房地产转移双方营业执照、改制重组协议或等效文件，相关房地产权属和价值证明、转让方改制重组前取得土地使用权所支付地价款的凭据（复印件）等书面材料。

⑧本通知所称不改变原企业投资主体、投资主体相同，是指企业改制重组前后出资人不发生变动，出资人的出资比例可以发生变动；投资主体存续，是指原企业出资人必须存在于改制重组后的企业，出资人的出资比例可以发生变动。

⑨本通知执行期限为2018年1月1日至2020年12月31日。

（4）财税〔2018〕57号文件到期后，财政部、税务总局发布了《关于继续实施企业改制重组有关土地增值税政策的公告》（财政部 税务总局公告2021年第21号）就继续执行有关土地增值税政策公告如下：

①企业按照《中华人民共和国公司法》有关规定整体改制，包括非公司制企业改制为有限责任公司或股份有限公司，有限责任公司变更为股份有限公司，股份有限公司变更为有限责任公司，对改制前的企业将国有土地使用权、地上的建筑物及其附着物（以下称房地产）转移、变更到改制后的企业，暂不征土地增值税。

本公告所称整体改制是指不改变原企业的投资主体，并承继原企业权利、义务的行为。

②按照法律规定或者合同约定，两个或两个以上企业合并为一个企业，且原企业投资主体存续的，对原企业将房地产转移、变更到合并后的企业，暂不征土地增值税。

③按照法律规定或者合同约定，企业分设为两个或两个以上与原企业投资主体相同的企业，对原企业将房地产转移、变更到分立后的企业，暂不征土地增值税。

④单位、个人在改制重组时以房地产作价入股进行投资，对其将房地产转移、变更到被投资的企业，暂不征土地增值税。

⑤上述改制重组有关土地增值税政策不适用于房地产转移任意一方为房地产开发企业的情形。

⑥改制重组后再转让房地产并申报缴纳土地增值税时，对"取得土地使用权所支付的金额"，按照改制重组前取得该宗国有土地使用权所支付的地价款和按国家统一规定缴纳的有关费用确定；经批准以国有土地使用权作价出资入股的，为作价入股时县级及以上自然资源部门批准的评估价格。按购房发票确定扣除项目金额的，按照改制重组前购房发票所载金额并从购买年度起至本次转让年度止每年加计5%计算扣除项目金额，购买年度是指购房发票所载日期的当年。

⑦纳税人享受上述税收政策，应按税务机关规定办理。

⑧本公告所称不改变原企业投资主体、投资主体相同，是指企业改制重组前后出资人不发生变动，出资人的出资比例可以发生变动；投资主体存续，是指原企业出资人必须存在于改制重组后的企业，出资人的出资比例可以发生变动。

⑨本公告执行期限为2021年1月1日至2023年12月31日。企业改制重组过程中涉及的土地增值税尚未处理的，符合本公告规定可按本公告执行。

【公共租赁住房税收优惠政策】《财政部 国家税务总局关于公共租赁住房税收优惠政策的通知》（财税〔2015〕139号）规定，2016年1月1日至2018年12月31日，对企事业单位、社会团体以及其他组织转让旧房作为公共租赁住房房源，且增值额未超过扣除项目金额20%的，免征土地增值税。

根据《财政部 税务总局关于公共租赁住房税收优惠政策的公告》（财政部 税务总局公告2019年第61号）和《财政部 税务总局关于延长部分税收优

惠政策执行期限的公告》（财政部 税务总局公告2021年第6号）规定，上述税收优惠政策执行期限延长至2023年12月31日。

《财政部 国家税务总局关于促进公共租赁住房发展有关税收优惠政策的通知》（财税〔2014〕52号）规定，2013年9月28日至2015年12月31日，对企事业单位、社会团体以及其他组织转让旧房作为公共租赁住房房源，且增值额未超过扣除项目金额20%的，免征土地增值税。

《财政部 国家税务总局关于支持公共租赁住房建设和运营有关税收优惠政策的通知》（财税〔2010〕88号）规定，对企事业单位、社会团体以及其他组织转让旧房作为公租房房源，且增值额未超过扣除项目金额20%的，免征土地增值税。本优惠政策因期满自2013年9月28日起停止执行。

《财政部 国家税务总局关于廉租住房、经济适用住房和住房租赁有关税收政策的通知》（财税〔2008〕24号）规定，企事业单位、社会团体以及其他组织转让旧房作为廉租住房、经济适用住房房源且增值额未超过扣除项目金额20%的，免征土地增值税。

【棚户区改造税收优惠政策】《财政部 国家税务总局关于棚户区改造有关税收政策的通知》（财税〔2013〕101号）规定，自2013年7月4日起，企事业单位、社会团体以及其他组织转让旧房作为改造安置住房房源且增值额未超过扣除项目金额20%的，免征土地增值税。

《财政部 国家税务总局关于城市和国有工矿棚户区改造项目有关税收优惠政策的通知》（财税〔2010〕42号）规定，自2010年1月1日起，企事业单位、社会团体以及其他组织转让旧房作为改造安置住房房源且增值额未超过扣除项目金额20%的，免征土地增值税。

【其他优惠政策】未明确列出的其他优惠政策，请查阅附录《财产行为税减免税政策代码目录（有效）》。

第四节　征收管理

第九条　纳税人有下列情形之一的，按照房地产评估价格计算征收：

（一）隐瞒、虚报房地产成交价格的；
（二）提供扣除项目金额不实的；
（三）转让房地产的成交价格低于房地产评估价格，又无正当理由的。

条文解读

本条规定了按照房地产评估价格计算征收土地增值税的情形。除本条规定的三种情形外，还有一种情形，即出售旧房及建筑物的也按房地产评估价格计算征收土地增值税。需要强调的是，本条中的按评估价格计算征收，并不是核定征收。关于土地增值税的核定征收，在下文中再展开介绍。

政策链接

【需要进行房地产评估的具体情形】《土地增值税实施细则》第十四条规定，条例第九条（一）项所称的隐瞒、虚报房地产成交价格，是指纳税人不报或有意低报转让土地使用权、地上建筑物及其附着物价款的行为。

条例第九条（二）项所称的提供扣除项目金额不实的，是指纳税人在纳税申报时不据实提供扣除项目金额的行为。

条例第九条（三）项所称的转让房地产的成交价格低于房地产评估价格，又无正当理由的，是指纳税人申报的转让房地产的实际成交价低于房地产评估机构评定的交易价，纳税人又不能提供凭据或无正当理由的行为。

隐瞒、虚报房地产成交价格，应由评估机构参照同类房地产的市场交易价格进行评估。税务机关根据评估价格确定转让房地产的收入。

提供扣除项目金额不实的，应由评估机构按照房屋重置成本价乘以成新度折扣率计算的房屋成本价和取得土地使用权时的基准地价进行评估。税务机关根据评估价格确定扣除项目金额。

转让房地产的成交价格低于房地产评估价格，又无正当理由的，由税务机关参照房地产评估价格确定转让房地产的收入。

【评估价格问题】《土地增值税实施细则》第十三条规定，条例第九条所称的房地产评估价格，是指由政府批准设立的房地产评估机构根据相同地段、同类房地产进行综合评定的价格。评估价格须经当地税务机关确认。

《财政部 国家税务总局 国家国有资产管理局关于转让国有房地产征收土

地增值税中有关房地产价格评估问题的通知》（财税字〔1995〕61号）第一条规定，凡转让国有土地使用权、地上建筑物及其附属物（以下简称房地产）的纳税人，按照土地增值税的有关规定，需要根据房地产的评估价格计税的，可委托经政府批准设立，并按照《国有资产评估管理办法》规定的由省以上国有资产管理部门授予评估资格的资产评估事务所、会计师事务所等种类资产评估机构受理有关转让房地产的评估业务。

《国家税务总局 国家土地管理局关于土地增值税若干征管问题的通知》（国税发〔1996〕4号）第四条规定，房地产所在地税务机关应根据条例和细则的有关规定，对应纳税土地的评估结果进行严格审核及确认，对不符合实际情况的评估结果不予采用，并将此评估结果抄送土地管理部门备案。

对于房地产所在地税务机关要求从事应纳税土地价格评估的评估机构提供与应税土地评估有关的评估资料的，土地评估机构应无偿提供，不得以任何借口予以拒绝。对土地评估机构不向税务机关提供与应纳税土地有关的真实土地评估资料，或有意提供虚假评估结果，造成纳税人不缴或少缴土地增值税的，一经发现要取消其应纳税土地的评估资格，对由于上述行为造成国家税收严重流失的，还要提请司法机关追究其应承担的经济责任和有关当事人的刑事责任。

【核定征收】《土地增值税实施细则》第十九条规定，纳税人未按规定提供房屋及建筑物产权、土地使用权证书，土地转让、房产买卖合同，房地产评估报告及其他与转让房地产有关资料的，按照《税收征管法》第三十五条的规定进行处理。

【核定征收的条件】《国家税务总局关于印发〈土地增值税清算管理规程〉的通知》（国税发〔2009〕91号）第三十四条规定，在土地增值税清算中符合以下条件之一的，可实行核定征收：

（1）依照法律、行政法规的规定应当设置但未设置账簿的；

（2）擅自销毁账簿或者拒不提供纳税资料的；

（3）虽设置账簿，但账目混乱或者成本资料、收入凭证、费用凭证残缺不全，难以确定转让收入或扣除项目金额的；

（4）符合土地增值税清算条件，企业未按照规定的期限办理清算手续，经税务机关责令限期清算，逾期仍不清算的；

（5）申报的计税依据明显偏低，又无正当理由的。

【旧房及建筑物转让的核定征收】《财政部 国家税务总局关于土地增值税若干问题的通知》（财税〔2006〕21号）第二条第二款规定，对于转让旧房及建筑物，既没有评估价格，又不能提供购房发票的，税务机关可以根据《税收征管法》第三十五条的规定，实行核定征收。

【核定征收率的规定】《国家税务总局关于加强土地增值税征管工作的通知》（国税发〔2010〕53号）第四条规定，核定征收必须严格依照税收法律法规规定的条件进行，任何单位和个人不得擅自扩大核定征收范围，严禁在清算中出现"以核定为主、一核了之""求快图省"的做法。凡擅自将核定征收作为本地区土地增值税清算主要方式的，必须立即纠正。对确需核定征收的，要严格按照税收法律法规的要求，从严、从高确定核定征收率。为了规范核定工作，核定征收率原则上不得低于5%，各省级税务机关要结合本地实际，区分不同房地产类型制定核定征收率。根据本规定，土地增值税核定征收率由各省自行确定，但不得低于5%。

> 第十条　纳税人应当自转让房地产合同签订之日起七日内房地产所在地主管税务机关办理纳税申报，并在税务机关核定的期限内缴纳土地增值税。

政策链接

【申报期限】自转让房地产合同签订之日起七日内办理申报。根据《土地增值税实施细则》第十五条（一）项规定，纳税人应在转让房地产合同签订后的七日内，到房地产所在地主管税务机关办理纳税申报，并向税务机关提交房屋及建筑物产权、土地使用权证书，土地转让、房产买卖合同，房地产评估报告及其他与转让房地产有关的资料。纳税人因经常发生房地产转让而难以在每次转让后申报的，经税务机关审核同意后，可以定期进行纳税申报，具体期限由税务机关根据情况确定。

【纳税期限】根据《财政部 国家税务总局关于土地增值税一些具体问题规定的通知》（财税字〔1995〕48号）第十六条规定，税务机关核定的纳税期限，应在纳税人签订房地产转让合同之后、办理房地产权属转让（即过户及登记）手续之前。

【纳税地点】根据《土地增值税条例》第十条规定，土地增值税应向房地产所在地主管税务机关办理纳税。根据《土地增值税实施细则》第十七条规定，房地产所在地，是指房地产的坐落地。纳税人转让房地产坐落两个或两个以上地区的，应按房地产所在地分别申报纳税。

【税额需经税务机关审核确认】土地增值税与其他税种有个很明显的区别，就是需要税务机关对土地增值税的税额进行审核确认。根据《土地增值税实施细则》第十五条第（二）项规定，纳税人按照税务机关核定的税额及规定的期限缴纳土地增值税。

【土地增值税预征】对于房地产开发项目，由于存在预售的情况，需要根据预收款情况对土地增值税进行预征，待项目达到清算条件后，再进行土地增值税清算，多退少补。根据《土地增值税实施细则》第十六条规定，纳税人在项目全部竣工结算前转让房地产取得的收入，由于涉及成本确定或其他原因，而无法据以计算土地增值税的，可以预征土地增值税，待该项目全部竣工、办理结算后再进行清算，多退少补。具体办法由各省、自治区、直辖市税务局根据当地情况制定。

《财政部 国家税务总局关于土地增值税若干问题的通知》（财税〔2006〕21号）第三条规定，各地要进一步完善土地增值税预征办法，根据本地区房地产业增值水平和市场发展情况，区别普通住房、非普通住房和商用房等不同类型，科学合理地确定预征率，并适时调整。工程项目竣工结算后，应及时进行清算，多退少补。

【土地增值税预征的计税依据】根据《国家税务总局关于营改增后土地增值税若干征管规定的公告》（国家税务总局公告2016年第70号）第一条第二款规定，土地增值税预征的计征依据=预收款−应预缴增值税税款。

【土地增值税预征率的确定】《国家税务总局关于加强土地增值税征管工作的通知》（国税发〔2010〕53号）第二条规定，预征是土地增值税征收管理工作的基础，是实现土地增值税调节功能、保障税收收入均衡入库的重要手段。除保障性住房外，东部地区省份预征率不得低于2%，中部和东北地区省份不得低于1.5%，西部地区省份不得低于1%，各地要根据不同类型房地产确定适当的预征率（地区的划分按照国务院有关文件的规定执行）。根据有关规定，各地税务机关都对预征率进行了规定。

例如，《北京市地方税务局 北京市住房和城乡建设委员会关于进一步做好房地产市场调控工作有关税收问题的公告》（北京市地方税务局 北京市住房和城乡建设委员会公告2013年第3号）规定，房地产开发企业销售新办理预售许可和现房销售备案的商品房取得的收入，按照预计增值率实行2%至8%的幅度预征率；容积率小于1.0的房地产开发项目，最低按照销售收入的5%预征土地增值税。《上海市地方税务局关于调整住宅开发项目土地增值税预征办法的公告》（上海市地方税务局公告2010年第1号）规定按不同的销售价格确定土地增值税预征率：除保障性住房外，住宅开发项目销售均价低于项目所在区域（区域按外环内、外环外划分）上一年度新建商品住房平均价格的，预征率为2%；高于但不超过1倍的，预征率为3.5%；超过1倍的，预征率为5%；《福建省税务局关于土地增值税若干政策问题的公告》（福建省税务局公告2018年第21号）规定，普通住房2%；非普通住房，福州市4%，其他设区市3%；非住房，福州市6%，其他设区市5%。其中非住房中的工业厂房2%，等等。

【未按规定预缴要加收滞纳金】《财政部 国家税务总局关于土地增值税若干问题的通知》（财税〔2006〕21号）第三条第二款规定，对未按预征规定期限预缴税款的，从限定的缴纳税款期限届满的次日起，加收滞纳金。

【土地增值税的清算】《国家税务总局关于印发〈土地增值税清算管理规程〉的通知》（国税发〔2009〕91号）第三条规定，土地增值税清算，是指纳税人在符合土地增值税清算条件后，依照税收法律、法规及土地增值税有关政策规定，计算房地产开发项目应缴纳的土地增值税税额，并填写《土地增值税清算申报表》，向主管税务机关提供有关资料，办理土地增值税清算手续，结清该房地产项目应缴纳土地增值税税款的行为。

【土地增值税清算纳税人的义务】《国家税务总局关于印发〈土地增值税清算管理规程〉的通知》（国税发〔2009〕91号）第四条规定，纳税人应当如实申报应缴纳的土地增值税税额，保证清算申报的真实性、准确性和完整性。

【土地增值税清算税务机关的职责】《国家税务总局关于印发〈土地增值税清算管理规程〉的通知》（国税发〔2009〕91号）第五条规定，主管税务机关应及时对纳税人清算申报的收入、扣除项目金额、增值额、增值率以及税款计算等情况进行审核，依法征收土地增值税。

【土地增值税清算的条件】《国家税务总局关于印发〈土地增值税清算管理规程〉的通知》（国税发〔2009〕91号）第九条规定，纳税人符合下列条件之一的，应进行土地增值税的清算：（1）房地产开发项目全部竣工、完成销售的；（2）整体转让未竣工决算房地产开发项目的；（3）直接转让土地使用权的。

第十条规定，对符合以下条件之一的，主管税务机关可要求纳税人进行土地增值税清算：（1）已竣工验收的房地产开发项目，已转让的房地产建筑面积占整个项目可售建筑面积的比例在85%以上，或该比例虽未超过85%，但剩余的可售建筑面积已经出租或自用的；（2）取得销售（预售）许可证满三年仍未销售完毕的；（3）纳税人申请注销税务登记但未办理土地增值税清算手续的；（4）省（自治区、直辖市、计划单列市）税务机关规定的其他情况。对前款所列第（3）项情形，应在办理注销登记前进行土地增值税清算。

第十一条规定，对于符合第九条规定，应进行土地增值税清算的项目，纳税人应当在满足条件之日起90日内到主管税务机关办理清算手续。对于符合第十条规定税务机关可要求纳税人进行土地增值税清算的项目，由主管税务机关确定是否进行清算；对于确定需要进行清算的项目，由主管税务机关下达清算通知，纳税人应当在收到清算通知之日起90日内办理清算手续。

【清算后再转让房地产的处理】《国家税务总局关于房地产开发企业土地增值税清算管理有关问题的通知》（国税发〔2006〕187号）第八条规定，在土地增值税清算时未转让的房地产，清算后销售或有偿转让的，纳税人应按规定进行土地增值税的纳税申报，扣除项目金额按清算时的单位建筑面积成本费用乘以销售或转让面积计算。

单位建筑面积成本费用＝清算时的扣除项目总金额÷清算的总建筑面积

【清算后应补缴的土地增值税不加收滞纳金】《国家税务总局关于土地增值税清算有关问题的通知》（国税函〔2010〕220号）第八条规定，纳税人按规定预缴土地增值税后，清算补缴的土地增值税，在主管税务机关规定的期限内补缴的，不加收滞纳金。

第十一条 土地增值税由税务机关征收。土地管理部门、房产管理部门应当向税务机关提供有关资料，并协助税务机关依法征收土地增值税。

第十二条 纳税人未按照本条例缴纳土地增值税的，土地管理部门、房产管理部门不得办理有关的权属变更手续。

条文解读

本条是关于多部门协作征收土地增值税的规定。为加强土地增值税的征管，第十二条专门规定的一个前置条件，即：办理权属变更手续前，应先缴纳土地增值税。在契税的征管规定中，也有类似规定。《契税暂行条例》（国务院令第224号）第十一条规定，纳税人应当持契税完税凭证和其他规定的文件材料，依法向土地管理部门、房产管理部门办理有关土地、房屋的权属变更登记手续。纳税人未出具契税完税凭证的，土地管理部门、房产管理部门不予办理有关土地、房屋的权属变更登记手续。同时，为了进一步加强房地产税收的管理，国家税务总局及有关部门还出台了一系列文件规定。

政策链接

【"先税后证"】"先税后证"是契税征管上的一个用语，在《国家税务总局关于进一步加强房地产税收管理的通知》（国税发〔2005〕82号）第一条中有"以契税管理先缴纳税款，后办理产权证书（简称'先税后证'）"的表述。同样，在土地增值税管理上，也存在类似规定。

《国家税务总局 国家土地管理局关于土地增值税若干征管问题的通知》（国税发〔1996〕4号）规定，凡是转让国有土地使用权、地上建筑物及其附属物（以下简称房地产）的纳税人，在向土地管理部门申请办理土地变更登记，提交土地估价报告，申报交易成交价的同时，应根据土地增值税的有关规定，在规定的期限内到主管税务机关办理土地增值税的纳税申报手续。对于已经完税的，由主管税务机关发给完税证明；对于免税的，由主管税务机关发给免税证明。土地管理部门凭税务部门出具的土地增值税完税（或免税）证明，办土地使用权的权属变更登记，更换《国有土地使用证》。凡未取得主管税务部门发放的完税（或免税）证明的，土地管理机关不予办理土地使用权的登记及过户手续，也不发放《国有土地使用证》。

《国家税务总局 建设部关于土地增值税征收管理有关问题的通知》（国税

发〔1996〕48号）凡是转让房地产的纳税人，应当根据土地增值税的有关规定，在规定的期限内到主管税务机关办理土地增值税的纳税登记和申报手续，经主管税务机关审核后，按照规定的期限缴纳土地增值税，对于已经完税的纳税人，由主管税务机关发给完税证明；对于不属于征税范围或应予免税的，由主管税务机关发给免税证明。凡没有取得主管税务部门发放的完税（或免税）证明的，房地产管理机关不予办理有关的权属变更手续，不予发放房地产权属证书。

【房地产税收一体化管理】《国家税务总局关于实施房地产税收一体化管理若干问题的通知》（国税发〔2005〕156号）第二条规定，在契税纳税申报环节，各地应要求纳税人报送销售不动产发票，受理后将发票复印件作为申报资料存档；对于未报送销售不动产发票的纳税人，应要求其补送，否则不予受理。各地要按照本通知的要求，在契税征收场所或房地产权属登记场所，代开销售不动产发票。要在代开销售不动产发票时，及时征收营业税及城市维护建设税和教育费附加、个人所得税、土地增值税、印花税等税收，并按国家规定的税款入库预算级次缴入国库。根据本项规定和前述规定，要办理不动产权属变更手续，首先应取得契税完税凭证；要取得契税完税凭证，应提供发票；要取得发票，应缴纳不动产转让环节的营业税（现为增值税）及城市维护建设税和教育费附加、个人所得税、土地增值税、印花税等。

但是有两个例外情形，即：《国家税务总局关于契税纳税申报有关问题的公告》（国家税务总局公告2015年第67号）第一条规定，根据人民法院、仲裁委员会的生效法律文书发生土地、房屋权属转移，纳税人不能取得销售不动产发票的，可持人民法院执行裁定书原件及相关材料办理契税纳税申报，税务机关应予受理。第二条规定，购买新建商品房的纳税人在办理契税纳税申报时，由于销售新建商品房的房地产开发企业已办理注销税务登记或者被税务机关列为非正常户等原因，致使纳税人不能取得销售不动产发票的，税务机关在核实有关情况后应予受理。

第十三条 土地增值税的征收管理，依据《中华人民共和国税收征收管理法》及本条例有关规定执行。

第十四条 本条例由财政部负责解释，实施细则由财政部制定。

第十五条　本条例自一九九四年一月一日起施行。各地区的土地增值费征收办法，与本条例相抵触的，同时停止执行。

附：

中华人民共和国土地增值税法（征求意见稿）

（财政部 国家税务总局　2019年7月16日）

第一条　在中华人民共和国境内转移房地产并取得收入的单位和个人，为土地增值税的纳税人，应当依照本法的规定缴纳土地增值税。

第二条　本法所称转移房地产，是指下列行为：

（一）转让土地使用权、地上的建筑物及其附着物。

（二）出让集体土地使用权、地上的建筑物及其附着物，或以集体土地使用权、地上的建筑物及其附着物作价出资、入股。

土地承包经营权流转，不征收土地增值税。

第三条　土地增值税按照纳税人转移房地产所取得的增值额和本法第八条规定的税率计算征收。

第四条　纳税人转移房地产所取得的收入减除本法第六条规定扣除项目金额后的余额，为增值额。

第五条　纳税人转移房地产所取得的收入，包括货币收入、非货币收入。

第六条　计算增值额时准予扣除的项目为：

（一）取得土地使用权所支付的金额；

（二）开发土地的成本、费用；

（三）新建房及配套设施的成本、费用或者旧房及建筑物的评估价格；

（四）与转移房地产有关的税金；

（五）国务院规定的其他扣除项目。

第七条　本法规定的收入、扣除项目的具体范围、具体标准由国务院确定。

第八条　土地增值税实行四级超率累进税率：

增值额未超过扣除项目金额50%的部分，税率为30%。

增值额超过扣除项目金额50%、未超过扣除项目金额100%的部分，税率为40%。

增值额超过扣除项目金额100%、未超过扣除项目金额200%的部分，税率为50%。

增值额超过扣除项目金额200%的部分，税率为60%。

第九条 纳税人有下列情形之一的，依法核定成交价格、扣除金额：

（一）隐瞒、虚报房地产成交价格的；

（二）提供扣除项目金额不实的；

（三）转让房地产的成交价格明显偏低，又无正当理由的。

第十条 出让集体土地使用权、地上的建筑物及其附着物，或以集体土地使用权、地上的建筑物及其附着物作价出资、入股，扣除项目金额无法确定的，可按照转移房地产收入的一定比例征收土地增值税。具体征收办法由省、自治区、直辖市人民政府提出，报同级人民代表大会常务委员会决定。

第十一条 下列情形，可减征或免征土地增值税：

（一）纳税人建造保障性住房出售，增值额未超过扣除项目金额20%的，免征土地增值税；

（二）因国家建设需要依法征收、收回的房地产，免征土地增值税；

（三）国务院可以根据国民经济和社会发展的需要规定其他减征或免征土地增值税情形，并报全国人民代表大会常务委员会备案。

第十二条 省、自治区、直辖市人民政府可以决定对下列情形减征或者免征土地增值税，并报同级人民代表大会常务委员会备案：

（一）纳税人建造普通标准住宅出售，增值额未超过扣除项目金额20%的；

（二）房地产市场较不发达、地价水平较低地区的纳税人出让集体土地使用权、地上的建筑物及其附着物，或以集体土地使用权、地上的建筑物及其附着物作价出资、入股的。

第十三条 土地增值税纳税义务发生时间为房地产转移合同签订的当日。

第十四条 纳税人应当向房地产所在地主管税务机关申报纳税。

第十五条 房地产开发项目土地增值税实行先预缴后清算的办法。从事房地产开发的纳税人应当自纳税义务发生月份终了之日起15日内，向税务机关报送预缴土地增值税纳税申报表，预缴税款。

从事房地产开发的纳税人应当自达到以下房地产清算条件起90日内，向税务机关报送土地增值税纳税申报表，自行完成清算，结清应缴税款或向税务机关申请退税：

（一）已竣工验收的房地产开发项目，已转让的房地产建筑面积占整个项目可售建筑面积的比例在85%以上，或该比例虽未超过85%，但剩余的可售建筑面积已经出租或自用的；

（二）取得销售（预售）许可证满三年仍未销售完毕的；

（三）整体转让未竣工决算房地产开发项目的；

（四）直接转让土地使用权的；

（五）纳税人申请注销税务登记但未办理土地增值税清算手续的；

（六）国务院税务主管部门确定的其他情形。

第十六条　非从事房地产开发的纳税人应当自房地产转移合同签订之日起30日内办理纳税申报并缴纳税款。

第十七条　税务机关应当与相关部门建立土地增值税涉税信息共享机制和工作配合机制。各级地方人民政府自然资源、住房建设、规划等有关行政主管部门应当向税务机关提供房地产权属登记、转移、规划等信息，协助税务机关依法征收土地增值税。

第十八条　纳税人未按照本法缴纳土地增值税的，不动产登记机构不予办理有关权属登记。

第十九条　土地增值税的征收管理，依据本法及《中华人民共和国税收征收管理法》的规定执行。

第二十条　土地增值税预征清算等办法，由国务院税务主管部门会同有关部门制定。各省、自治区、直辖市人民政府可根据本地实际提出具体办法，并报同级人民代表大会常务委员会决定。

第二十一条　纳税人、税务机关及其工作人员违反本法规定的，依照《中华人民共和国税收征收管理法》和有关法律法规的规定追究法律责任。

第二十二条　本法自　年　月　日起施行。1993年12月13日国务院公布的《中华人民共和国土地增值税暂行条例》同时废止。

关于《中华人民共和国土地增值税法（征求意见稿）》的说明

（财政部　国家税务总局　2019年7月16日）

按照党的十八届三中全会决定关于落实税收法定原则要求，以及健全地方税体系改革方案有关内容，财政部、税务总局联合起草了《中华人民共和国土地增值税法草案（征求意见稿）》（以下简称《征求意见稿》）。现将有关情况说明如下：

一、制定本法的必要性和可行性

1993年12月13日，国务院发布了《中华人民共和国土地增值税暂行条例》（以下简称《条例》），自1994年1月1日起对转让国有土地使用权、地上建筑物及附着物的单位和个人征收土地增值税。根据《条例》授权，财政部于1995年1月印发了《中华人民共和国土地增值税暂行条例实施细则》。《条例》施行20多年以来，税制比较健全，运行平稳，上升为法律的条件和时机已经成熟。

土地增值税立法是贯彻落实税收法定原则的重要步骤，也是健全地方税体系改革的重要内容，有利于完善土地增值税制度，增强权威性和执法刚性，发挥土地增值税筹集财政收入、调节土地增值收益分配、促进房地产市场健康稳定发展的作用，有利于健全我国的房地产税收体系、推进国家治理体系和治理能力现代化。

二、制定本法的总体考虑

从实际执行情况来看，现行土地增值税税制要素基本合理，征管制度比较健全，宜保持现行税制框架和税负水平总体不变，将《条例》上升为法律。同时，对不适应经济社会发展和改革要求的个别内容，进行适当调整。

三、税法主要内容

（一）关于征税范围。

《条例》规定，转让国有土地使用权及地上建筑物、构筑物并取得收入的单位和个人应缴纳土地增值税。在此基础上，《征求意见稿》将出让、转让集体土地使用权、地上的建筑物及其附着物（以下简称集体房地产）纳入征税范围。同时，拟将目前对集体房地产征收的土地增值收益调节金取消。

调整征税范围的主要考虑是为了与土地制度改革相衔接。为贯彻落实十八届三中全会决定要求，2014年，中共中央办公厅、国务院办公厅明确要求建立集体经营性建设用地（以下简称集建地）入市制度，并要求建立兼顾国家、集体、个人的土地增值收益分配机制，合理提高个人收益。2015年以来，全国33个试点地区开展了农村土地征收、集建地入市、宅基地制度改革三项改革试点，允许集建地入市和转让，实行与国有建设用地同等入市、同权同价。目前，试点地区通过征收土地增值收益调节金的过渡办法，对土地增值收益进行调节。《土地管理法》修订案已提请全国人大常委会初次审议，删去了从事非农业建设必须使用国有土地或者征为国有的原集体土地的规定。为了建立土地增值收益分配机制，使税制与建立城乡统一建设用地市场的土地制度改革相衔接，《征求意见稿》将集体房地产纳入了征税范围，同时，拟取消土地增值收益调节金，使立法前后集体房地产负担总体稳定。

（二）关于税率和计税依据。

《征求意见稿》延续了《条例》的规定，明确土地增值税仍实行四级超率累进税率，并以转移房地产所取得的增值额为计税依据。

（三）关于扣除项目。

《征求意见稿》将《条例》第六条第五项授权财政部规定的其他扣除项目调整为国务院规定的其他扣除项目。需要说明的是，考虑到集体、国有房地产的成本构成差异较大，且不同地区集建地入市方式、途径、形态、用途等差异也很大，成本构成和级差收益千差万别，再者集体房地产入市目前仍处于试点阶段，相关管理制度还在探索和逐步健全过程中，相关扣除项目难以做出统一规定。

（四）关于税收优惠。

《征求意见稿》在延续《条例》优惠规定的基础上，对个别政策做了适当调整。一是吸收了现行税收优惠政策中关于建造增值率低于20%的保障性住房免税的规定。二是增加授权国务院可规定减征或免征土地增值税的其他情形。主要考虑是国务院需要根据经济社会发展形势，相机决定一些阶段性、过渡性优惠政策，如企业改制重组土地增值税政策、房地产市场调控相关的土地增值税政策等。三是将建造增值率低于20%的普通住宅免税的规定，调整为授权省级政府结合本地实际决定减征或是免征，以体现因地制宜、因城施策的房地产市场调控政策导向，落实地方政府主体责任。四是增加授权省级人民政府对房地产市场较不发达、地价水平较低地区集体房地产减征或免征土地增值税的规定。主要原因是出让集建地级差收益的地区差异巨大，为了建立兼顾国家、集体、个人土地收益分配机制，适当下放税政管理权限，有必要授权省级政府因地制宜制定集体房地产相关税收优惠政策。

（五）关于纳税义务发生时间和申报纳税期限。

《征求意见稿》增加了关于纳税义务发生时间的规定，明确为房地产转移合同签订的当日。同时，为简化缴税程序、方便纳税人，《征求意见稿》调整了申报缴税期限。一是将《条例》中分开设置的纳税申报和缴纳税款两个时间期限合并为申报缴纳期限。二是将申报缴税期限由《条例》规定的房地产转移合同签订之日后 7 日内申报并在税务机关核定期限内缴税,调整为区分不同类型纳税人,规定不同的期限。对于从事房地产开发的纳税人,自纳税义务发生月份终了之日起 15 日内,申报预缴土地增值税;达到清算条件后 90 日内,申报清算土地增值税。对于其他纳税人,自纳税义务发生之日起 30 日内申报缴税。

(六)关于征收管理模式。

按照党中央、国务院关于深化放管服改革的有关要求,《征求意见稿》明确规定了房地产开发项目实行先预缴后清算的制度,并将现行税务机关根据纳税人提供的资料进行清算审核的做法,调整为从事房地产开发的纳税人应自行完成清算,结清应缴税款或向税务机关申请退税。

土地增值税清算管理规程

(国税发〔2009〕91 号)

第一章 总则

第一条 为了加强土地增值税征收管理,规范土地增值税清算工作,根据《中华人民共和国税收征收管理法》及其实施细则、《中华人民共和国土地增值税暂行条例》及其实施细则等规定,制定本规程(以下简称《规程》)。

第二条 《规程》适用于房地产开发项目土地增值税清算工作。

第三条 《规程》所称土地增值税清算,是指纳税人在符合土地增值税清算条件后,依照税收法律、法规及土地增值税有关政策规定,计算房地产开发项目应缴纳的土地增值税税额,并填写《土地增值税清算申报表》,向主管税务机关提供有关资料,办理土地增值税清算手续,结清该房地产项目应缴纳土地增值税税款的行为。

第四条 纳税人应当如实申报应缴纳的土地增值税税额,保证清算申报的真实性、准确性和完整性。

第五条 税务机关应当为纳税人提供优质纳税服务,加强土地增值税政策宣传辅导。

主管税务机关应及时对纳税人清算申报的收入、扣除项目金额、增值额、增值率以及税款计算等情况进行审核,依法征收土地增值税。

第二章 前期管理

第六条 主管税务机关应加强房地产开发项目的日常税收管理,实施项目管理。主管税务机关应从纳税人取得土地使用权开始,按项目分别建立档案、设置台账,对纳税人项目立项、规划设计、施工、预售、竣工验收、工程结算、项目清盘等房地产开发全过程情况实行跟踪监控,做到税务管理与纳税人项目开发同步。

第七条 主管税务机关对纳税人项目开发期间的会计核算工作应当积极关注,对纳税人分期开发项目或者同时开发多个项目的,应督促纳税人根据清算要求按不同期间和不同项目合理归集有关收入、成本、费用。

第八条 对纳税人分期开发项目或者同时开发多个项目的,有条件的地区,主管税务机关可结合发票管理规定,对纳税人实施项目专用票据管理措施。

第三章 清算受理

第九条 纳税人符合下列条件之一的,应进行土地增值税的清算。

(一)房地产开发项目全部竣工、完成销售的;

(二)整体转让未竣工决算房地产开发项目的;

(三)直接转让土地使用权的。

第十条 对符合以下条件之一的,主管税务机关可要求纳税人进行土地增值税清算。

(一)已竣工验收的房地产开发项目,已转让的房地产建筑面积占整个项目可售建筑面积的比例在85%以上,或该比例虽未超过85%,但剩余的可售建筑面积已经出租或自用的;

(二)取得销售(预售)许可证满三年仍未销售完毕的;

(三)纳税人申请注销税务登记但未办理土地增值税清算手续的;

(四)省(自治区、直辖市、计划单列市)税务机关规定的其他情况。

对前款所列第(三)项情形,应在办理注销登记前进行土地增值税清算。

第十一条 对于符合本规程第九条规定,应进行土地增值税清算的项目,纳税人应当在满足条件之日起90日内到主管税务机关办理清算手续。对于符合本规程第十条规定税务机关可要求纳税人进行土地增值税清算的项目,由主管税务机关确定是否进行清算;对于确定需要进行清算的项目,由主管税务机关下达清算通知,纳税人应当在收到清算通知之日起90日内办理清算手续。

应进行土地增值税清算的纳税人或经主管税务机关确定需要进行清算的纳税人，在上述规定的期限内拒不清算或不提供清算资料的，主管税务机关可依据《中华人民共和国税收征收管理法》有关规定处理。

第十二条 纳税人清算土地增值税时应提供的清算资料。

（一）土地增值税清算表及其附表（参考表样见附件，各地可根据本地实际情况制定）。

（二）房地产开发项目清算说明，主要内容应包括房地产开发项目立项、用地、开发、销售、关联方交易、融资、税款缴纳等基本情况及主管税务机关需要了解的其他情况。

（三）项目竣工决算报表、取得土地使用权所支付的地价款凭证、国有土地使用权出让合同、银行贷款利息结算通知单、项目工程合同结算单、商品房购销合同统计表、销售明细表、预售许可证等与转让房地产的收入、成本和费用有关的证明资料。主管税务机关需要相应项目记账凭证的，纳税人还应提供记账凭证复印件。

（四）纳税人委托税务中介机构审核鉴证的清算项目，还应报送中介机构出具的《土地增值税清算税款鉴证报告》。

第十三条 主管税务机关收到纳税人清算资料后，对符合清算条件的项目，且报送的清算资料完备的，予以受理；对纳税人符合清算条件、但报送的清算资料不全的，应要求纳税人在规定限期内补报，纳税人在规定的期限内补齐清算资料后，予以受理；对不符合清算条件的项目，不予受理。上述具体期限由各省、自治区、直辖市、计划单列市税务机关确定。主管税务机关已受理的清算申请，纳税人无正当理由不得撤消。

第十四条 主管税务机关按照本规程第六条进行项目管理时，对符合税务机关可要求纳税人进行清算情形的，应当作出评估，并经分管领导批准，确定何时要求纳税人进行清算的时间。对确定暂不通知清算的，应继续做好项目管理，每年作出评估，及时确定清算时间并通知纳税人办理清算。

第十五条 主管税务机关受理纳税人清算资料后，应在一定期限内及时组织清算审核。具体期限由各省、自治区、直辖市、计划单列市税务机关确定。

第四章 清算审核

第十六条 清算审核包括案头审核、实地审核。

案头审核是指对纳税人报送的清算资料进行数据、逻辑审核，重点审核项目归集的一致性、数据计算准确性等。

实地审核是指在案头审核的基础上，通过对房地产开发项目实地查验等方式，对纳税人申报情况的客观性、真实性、合理性进行审核。

第十七条 清算审核时，应审核房地产开发项目是否以国家有关部门审批、备案的项目为单位进行清算；对于分期开发的项目，是否以分期项目为单位清算；对不同类型房地产是否分别计算增值额、增值率，缴纳土地增值税。

第十八条 审核收入情况时，应结合销售发票、销售合同（含房管部门网上备案登记资料）、商品房销售（预售）许可证、房产销售分户明细表及其他有关资料，重点审核销售明细表、房地产销售面积与项目可售面积的数据关联性，以核实计税收入；对销售合同所载商品房面积与有关部门实际测量面积不一致，而发生补、退房款的收入调整情况进行审核；对销售价格进行评估，审核有无价格明显偏低情况。

必要时，主管税务机关可通过实地查验，确认有无少计、漏计事项，确认有无将开发产品用于职工福利、奖励、对外投资、分配给股东或投资人、抵偿债务、换取其他单位和个人的非货币性资产等情况。

第十九条 非直接销售和自用房地产的收入确定。

（一）房地产开发企业将开发产品用于职工福利、奖励、对外投资、分配给股东或投资人、抵偿债务、换取其他单位和个人的非货币性资产等，发生所有权转移时应视同销售房地产，其收入按下列方法和顺序确认：

1. 按本企业在同一地区、同一年度销售的同类房地产的平均价格确定；

2. 由主管税务机关参照当地当年、同类房地产的市场价格或评估价值确定。

（二）房地产开发企业将开发的部分房地产转为企业自用或用于出租等商业用途时，如果产权未发生转移，不征收土地增值税，在税款清算时不列收入，不扣除相应的成本和费用。

第二十条 土地增值税扣除项目审核的内容包括：

（一）取得土地使用权所支付的金额。

（二）房地产开发成本，包括：土地征用及拆迁补偿费、前期工程费、建筑安装工程费、基础设施费、公共配套设施费、开发间接费用。

（三）房地产开发费用。

（四）与转让房地产有关的税金。

（五）国家规定的其他扣除项目。

第二十一条 审核扣除项目是否符合下列要求：

（一）在土地增值税清算中，计算扣除项目金额时，其实际发生的支出应当取得但未取得合法凭据的不得扣除。

（二）扣除项目金额中所归集的各项成本和费用，必须是实际发生的。

（三）扣除项目金额应当准确地在各扣除项目中分别归集，不得混淆。

（四）扣除项目金额中所归集的各项成本和费用必须是在清算项目开发中直接发生的或应当分摊的。

（五）纳税人分期开发项目或者同时开发多个项目的，或者同一项目中建造不同类型房地产的，应按照受益对象，采用合理的分配方法，分摊共同的成本费用。

（六）对同一类事项，应当采取相同的会计政策或处理方法。会计核算与税务处理规定不一致的，以税务处理规定为准。

第二十二条 审核取得土地使用权支付金额和土地征用及拆迁补偿费时应当重点关注：

（一）同一宗土地有多个开发项目，是否予以分摊，分摊办法是否合理、合规，具体金额的计算是否正确。

（二）是否存在将房地产开发费用记入取得土地使用权支付金额以及土地征用及拆迁补偿费的情形。

（三）拆迁补偿费是否实际发生，尤其是支付给个人的拆迁补偿款、拆迁（回迁）合同和签收花名册或签收凭证是否一一对应。

第二十三条 审核前期工程费、基础设施费时应当重点关注：

（一）前期工程费、基础设施费是否真实发生，是否存在虚列情形。

（二）是否将房地产开发费用记入前期工程费、基础设施费。

（三）多个（或分期）项目共同发生的前期工程费、基础设施费，是否按项目合理分摊。

第二十四条 审核公共配套设施费时应当重点关注：

（一）公共配套设施的界定是否准确，公共配套设施费是否真实发生，有无预提的公共配套设施费情况。

（二）是否将房地产开发费用记入公共配套设施费。

（三）多个（或分期）项目共同发生的公共配套设施费，是否按项目合理分摊。

第二十五条 审核建筑安装工程费时应当重点关注：

（一）发生的费用是否与决算报告、审计报告、工程结算报告、工程施工合同记载的内容相符。

（二）房地产开发企业自购建筑材料时，自购建材费用是否重复计算扣除项目。

（三）参照当地当期同类开发项目单位平均建安成本或当地建设部门公布的单位定额成本，验证建筑安装工程费支出是否存在异常。

（四）房地产开发企业采用自营方式自行施工建设的，还应当关注有无虚列、多列施工人工费、材料费、机械使用费等情况。

（五）建筑安装发票是否在项目所在地税务机关开具。

第二十六条 审核开发间接费用时应当重点关注：

（一）是否存在将企业行政管理部门（总部）为组织和管理生产经营活动而发生的管理费用记入开发间接费用的情形。

（二）开发间接费用是否真实发生，有无预提开发间接费用的情况，取得的凭证是否合法有效。

第二十七条 审核利息支出时应当重点关注：

（一）是否将利息支出从房地产开发成本中调整至开发费用。

（二）分期开发项目或者同时开发多个项目的，其取得的一般性贷款的利息支出，是否按照项目合理分摊。

（三）利用闲置专项借款对外投资取得收益，其收益是否冲减利息支出。

第二十八条 代收费用的审核。

对于县级以上人民政府要求房地产开发企业在售房时代收的各项费用，审核其代收费用是否计入房价并向购买方一并收取；当代收费用计入房价时，审核有无将代收费用计入加计扣除以及房地产开发费用计算基数的情形。

第二十九条 关联方交易行为的审核。

在审核收入和扣除项目时，应重点关注关联企业交易是否按照公允价值和营业常规进行业务往来。

应当关注企业大额应付款余额，审核交易行为是否真实。

第三十条 纳税人委托中介机构审核鉴证的清算项目，主管税务机关应当采取适当方法对有关鉴证报告的合法性、真实性进行审核。

第三十一条 对纳税人委托中介机构审核鉴证的清算项目，主管税务机关未采信或部分未采信鉴证报告的，应当告知其理由。

第三十二条 土地增值税清算审核结束，主管税务机关应当将审核结果书面通知纳税人，并确定办理补、退税期限。

第五章 核定征收

第三十三条 在土地增值税清算过程中，发现纳税人符合核定征收条件的，应按核定征收方式对房地产项目进行清算。

第三十四条 在土地增值税清算中符合以下条件之一的，可实行核定征收。

（一）依照法律、行政法规的规定应当设置但未设置账簿的；

（二）擅自销毁账簿或者拒不提供纳税资料的；

（三）虽设置账簿，但账目混乱或者成本资料、收入凭证、费用凭证残缺不全，难以确定转让收入或扣除项目金额的；

（四）符合土地增值税清算条件，企业未按照规定的期限办理清算手续，经税务机关责令限期清算，逾期仍不清算的；

（五）申报的计税依据明显偏低，又无正当理由的。

第三十五条 符合上述核定征收条件的，由主管税务机关发出核定征收的税务事项告知书后，税务人员对房地产项目开展土地增值税核定征收核查，经主管税务机关审核合议，通知纳税人申报缴纳应补缴税款或办理退税。

第三十六条 对于分期开发的房地产项目，各期清算的方式应保持一致。

第六章 其他

第三十七条 土地增值税清算资料应按照档案化管理的要求，妥善保存。

第三十八条 本规程自 2009 年 6 月 1 日起施行，各省（自治区、直辖市、计划单列市）税务机关可结合本地实际，对本规程进行进一步细化。

第八章

环境保护税

为保证在社会主义现代化建设中，合理地利用自然环境，防治环境污染和生态破坏，为人民造成清洁适宜的生活和劳动环境，1979年颁布的《中华人民共和国环境保护法（试行）》确立了排污费制度。

1982年国务院颁布《征收排污费暂行办法》，同年7月1日起施行。2003年1月2日国务院公布的《排污费征收使用管理条例》，自2003年7月1日起施行。

2016年12月25日，第十二届全国人民代表大会常务委员会第二十五次会议通过《中华人民共和国环境保护税法》（中华人民共和国主席令第61号，以下简称《环保税法》），开征环境保护税，并自本法施行之日起，不再征收排污费。《环保税法》共二十八条，自2018年1月1日起施行。2017年12月30日，国务院公布《中华人民共和国环境保护税法实施条例》（国务院令第693号，以下简称《环保税实施条例》），2003年起施行的《排污费征收使用管理条例》同时废止。

本章以《环保税法》为主线展开讲解环境保护税的具体规定。

第一节 纳税义务人和征税范围

第一条 为了保护和改善环境,减少污染物排放,推进生态文明建设,制定本法。

条文解读

本条阐明了《环保税法》的立法宗旨。开征环境保护税的主要目的不是取得财政收入,而是用严格的法律制度保护生态环境,大力推进生态文明建设,使污染者和破坏生态者承担必要的污染治理和环境损害修复成本。

第二条 在中华人民共和国领域和中华人民共和国管辖的其他海域,直接向环境排放应税污染物的企业事业单位和其他生产经营者为环境保护税的纳税人,应当依照本法规定缴纳环境保护税。

条文解读

本条是对纳税义务人和征税空间范围的规定。

1. 纳税人构成要件

(1) 管辖效力。中华人民共和国领域是指我国行使国家主权的空间,包括领陆、领水、领空。中华人民共和国管辖的其他海域是指我国法律规定的领海毗连区和领海以外 200 海里的专属海洋经济区。

(2) 直接排放。环境保护税以直接向环境排放应税污染物作为应税行为。与之对应,《环保税法》第四条和《环保税实施条例》第四条规定了不属于直接向环境排放污染物,不缴纳环境保护税的三种情形。除此之外,其他排放应税污染物的行为应纳入征税范围，依法征收环境保护税。

2. 纳税人的识别

（1）基本规定。《环保税实施条例》第十九条规定，税务机关应当依据环境保护主管部门交送的排污单位信息进行纳税人识别。在环境保护主管部门交送的排污单位信息中没有对应信息的纳税人，由税务机关在纳税人首次办理环境保护税纳税申报时进行纳税人识别，并将相关信息交送环境保护主管部门。

（2）纳税人识别的途径。作为新开征的税种，同时考虑到环保监测管理的专业性，环境保护税纳税人的认定有一个循序渐进、逐步完善的过程。纳税人识别的三个途径：①环保部门交送；②纳税人主动申报；③联合环保部门税源清查。

3. 纳税人基础信息采集

以环保传递信息开展纳税人基础信息采集的一般程序为：环保信息交送→税务数据清选→确定纳税人身份→基础信息采集。

纳税人基础信息是环境保护税征收管理的基础。对纳税人基础信息进行一表采集，信息数据项要确保统一、规范、完整和准确。主管税务机关对环保部门传递的纳税人基础信息进行清选后，确定纳税人身份，然后采取适当方式推送给纳税人，确认和补充完善相关信息。

需要纳税人补充完善基础信息的，税务机关应一次性告知需补充完善内容，并在纳税人办理第一次纳税申报时或之前完成。

第三条 本法所称应税污染物，是指本法所附《环境保护税税目税额表》《应税污染物和当量值表》规定的大气污染物、水污染物、固体废物和噪声。

条文解读

本条是对征税对象的规定。

（1）应税大气污染物：税法所附污染当量值的大气污染物共44项，重点污染物为二氧化硫、氮氧化物、烟尘等。

（2）应税水污染物：《环保税法》所附污染当量值的第一类水污染物10

项；第二类水污染物和 pH 值、色度、大肠菌群数、余氯量水污染物 55 项。重点污染物为氨氮、化学需氧量、重金属等。

（3）应税固体废物：指税法附表《环境保护税税目税额表》列举品目，包括煤矸石、尾矿、危险废物、冶炼渣、粉煤灰、炉渣和其他固体废物。其他固体废物的具体范围，《环保税实施条例》第二条授权各省、自治区、直辖市人民政府提出，报请同级人民代表大会常务委员会决定，并报全国人民代表大会常务委员会和国务院备案。

（4）应税噪声：仅指工业噪声。

【燃烧产生废气中的颗粒物】《财政部 税务总局 生态环境部关于明确环境保护税应税污染物适用等有关问题的通知》（财税〔2018〕117 号）第一条规定，燃烧产生废气中的颗粒物，按照烟尘征收环境保护税。

【排放的扬尘、工业粉尘等颗粒物】《财政部 税务总局 生态环境部关于明确环境保护税应税污染物适用等有关问题的通知》（财税〔2018〕117 号）第一条规定，排放的扬尘、工业粉尘等颗粒物，除可以确定为烟尘、石棉尘、玻璃棉尘、炭黑尘的外，按照一般性粉尘征收环境保护税。

例 8-1：什么是污染当量值？

解析：污染当量值是指相当于 1 污染当量的污染物排放数量，每种应税大气污染物、水污染物的具体污染当量值，依照税法所附《应税污染物和当量值表》执行。

例 8-2：建筑施工、交通产生的噪声要缴税吗？

解析：根据 2018 年 2 月 6 日 15 时国家税务总局财产和行为税司的解答，"建筑施工噪声、交通噪声是影响人们工作生活的重要污染源之一。但考虑到对建筑施工噪声和交通噪声监测难度都比较大，例如，交通噪声具有瞬时性、流动性和隐蔽性等特点，不同建筑施工类型、工艺和位置产生的噪声也不同，很难统一标准，将其纳入环境保护税征税范围的条件尚不成熟。今后随着对噪声污染监测水平的提高，待具备征税条件时，再考虑是否将建筑施工噪声和交通噪声纳入征税范围"。

第四条 有下列情形之一的，不属于直接向环境排放污染物，不缴纳相应污染物的环境保护税：

（一）企业事业单位和其他生产经营者向依法设立的污水集中处理、生活垃圾集中处理场所排放应税污染物的；

（二）企业事业单位和其他生产经营者在符合国家和地方环境保护标准的设施、场所贮存或者处置固体废物的。

条文解读

本条是对不征收环境保护税的规定，主要有 3 种情形。

除本法本条规定的两种情形外，第三种情形是：根据《环保税实施条例》第四条规定，达到省级人民政府确定的规模标准并且有污染物排放口的畜禽养殖场，应当依法缴纳环境保护税；依法对畜禽养殖废弃物进行综合利用和无害化处理的，不属于直接向环境排放污染物，不缴纳环境保护税。

需要注意的是，工业污水集中处理场所与城乡污水集中处理场所的性质不同。工业污水集中处理场所主要治理负有纳税义务的生产经营污水，为企业生产经营者提供服务，属于民事委托关系。如对工业污水集中处理场所达标排放不征税，而对企业自行处理污水达标排放征收环境保护税，有失公平。为此，《环保税实施条例》规定对工业污水集中处理场所不享受达标排放免税的优惠。

例 8-3：城乡污水处理场所如何认定？

解析：根据《环保税实施条例》第三条规定，城乡污水集中处理场所，是指为社会公众提供生活污水处理服务的场所，不包括为工业园区、开发区等工业聚集区域内的企业事业单位和其他生产经营者提供污水处理服务的场所，以及企业事业单位和其他生产经营者自建自用的污水处理场所。

根据相关法律法规对城镇污水集中处理场所建设和运营的有关规定，以是否符合城乡排水和污水处理建设规划、是否由财政支付运营费用、是否执行《城镇污水处理厂污染物排放标准》（GB 18918—

2002）为依据，同时结合排污许可证、立项审批文件、环境影响评价文件等进行判定。

> **第五条** 依法设立的城乡污水集中处理、生活垃圾集中处理场所超过国家和地方规定的排放标准向环境排放应税污染物的，应当缴纳环境保护税。
>
> 企业事业单位和其他生产经营者贮存或者处置固体废物不符合国家和地方环境保护标准的，应当缴纳环境保护税。

条文解读

本条是对城乡污水处理场所、生活垃圾停止处理场所以及贮存或者处置固体废物不符合不征税条件，应当纳税的规定，概括起来就是，对城乡污水集中处理场所、生活垃圾集中处理场所、贮存或者处置固体废物：

达到国家和地方规定的排放标准——免税；

超过国家和地方规定的排放标准——征税。

【生活垃圾集中处理场所税收减免的适用】《财政部 税务总局 生态环境部关于明确环境保护税应税污染物适用等有关问题的通知》（财税〔2018〕117号）第二条规定，依法设立的生活垃圾焚烧发电厂、生活垃圾填埋场、生活垃圾堆肥厂，属于生活垃圾集中处理场所，其排放应税污染物不超过国家和地方规定的排放标准的，依法予以免征环境保护税。纳税人任何一个排放口排放应税大气污染物、水污染物的浓度值，以及没有排放口排放应税大气污染物的浓度值，超过国家和地方规定的污染物排放标准的，依法不予减征环境保护税。

例8-4：为什么对城乡污水、生活垃圾集中处理场所达标排放的污染物暂予免税？

解析：城乡污水和生活垃圾处理厂是污染治理单位，也可能是污染排放大户。但考虑到城乡污水和生活垃圾处理厂承担了部分公共服务职能，具有准公共服务性质，特别是目前许多城乡污水、生活垃圾集中处理场所运营较为困难，各级财政予以适当补贴。因此，为减轻城乡污水、垃圾集中处理场所的运营负担，调动其不断改进治污工艺和技术水平、减少污染物排放的积极性，税法规定对其暂免征收环境保护税。但同时附加一个条件，即不得超过国家和地方规定的排放标准；凡超过规定排放标准的，应一律照章征税。

例 8-5：为什么对工业污水集中处理场所达标排放的污染物不予免税？

解析：工业污水集中处理场所与城乡污水集中处理场所的性质不同。工业污水集中处理场所服务于工业园区内少数企业，由双方协商确定服务费用，具有商业性质且盈利状况好。为此，税法规定对工业污水集中处理场所排放的污染物予以征税。工业污水集中处理场所按要求须达标排放，达标排放污水所含污染物一般较少，为此，根据税法规定按污染当量数征税计算，工业污水集中处理场所税收负担不重。

第六条 环境保护税的税目、税额，依照本法所附《环境保护税税目税额表》执行。

应税大气污染物和水污染物的具体适用税额的确定和调整，由省、自治区、直辖市人民政府统筹考虑本地区环境承载能力、污染物排放现状和经济社会生态发展目标要求，在本法所附《环境保护税税目税额表》规定的税额幅度内提出，报同级人民代表大会常务委员会决定，并报全国人民代表大会常务委员会和国务院备案。

条文解读

本条是对税目、税额的规定。具体税额的规定，由各省、自治区、直辖市报同级人民代表大会常务委员会决定，并报全国人民代表大会常务委员会和国务院备案。

根据本法附表，税目税额如表 8-1 所示。

表 8-1　　　　　　　　　　环境保护税税目税额表

税目		计税单位	税额	备注
大气污染物		每污染当量	1.2元至12元	
水污染物		每污染当量	1.4元至14元	
固体废物	煤矸石	每吨	5元	
	尾矿	每吨	15元	
	危险废物	每吨	1000元	
	冶炼渣、粉煤灰、炉渣、其他固体废物（含半固态、液态废物）	每吨	25元	
噪声	工业噪声	超标1~3分贝	每月350元	1. 一个单位边界上有多处噪声超标，根据最高一处超标声级计算应纳税额；当沿边界长度超过100米有两处以上噪声超标，按照两个单位计算应纳税额。 2. 一个单位有不同地点作业场所的，应当分别计算应纳税额，合并计征。 3. 昼、夜均超标的环境噪声，昼、夜分别计算应纳税额，累计计征。 4. 声源一个月内超标不足15天的，减半计算应纳税额。 5. 夜间频繁突发和夜间偶然突发厂界超标噪声，按等效声级和峰值噪声两种指标中超标分贝值高的一项计算应纳税额
		超标4~6分贝	每月700元	
		超标7~9分贝	每月1400元	
		超标10~12分贝	每月2800元	
		超标13~15分贝	每月5600元	
		超标16分贝以上	每月11200元	

第二节　计税依据和应纳税额

第七条　应税污染物的计税依据，按照下列方法确定：

（一）应税大气污染物按照污染物排放量折合的污染当量数确定；

（二）应税水污染物按照污染物排放量折合的污染当量数确定；

（三）应税固体废物按照固体废物的排放量确定；

（四）应税噪声按照超过国家规定标准的分贝数确定。

条文解读

本条是对计税依据的规定。

（1）应税固体废物，是指不符合国家和地方环境保护标准贮存或者处置的固体废物量，不包括符合环保标准的综合利用的固体废物。

（2）应税污染物排放量的确定：

①应税大气污染物、水污染物：按照排放量折合的污染当量数确定（排放量/污染当量值）；

②应税固体废物：按照固体废物排放量（吨）确定。

固体废物的排放量=当期固体废物的产生量-当期固体废物的综合利用量-
当期固体废物的贮存量-当期固体废物的处置量

（3）应税噪声按照超过国家规定标准的分贝数确定。

①应税噪声的应纳税额为超过国家规定标准分贝数对应的具体适用税额。

②噪声超标分贝数不是整数值的，按四舍五入取整数。

③一个单位的同一监测点当月有多个监测数据超标的，以最高一次超标声级计算应纳税额。

④声源一个月内累计昼间超标不足15昼或者累计夜间超标不足15夜的，分别减半计算应纳税额。

（4）污染当量。根据《环保税法》第二十五条第（一）项，污染当量是指根据污染物或者污染排放活动对环境的有害程度以及处理的技术经济性，衡量不同污染物对环境污染的综合性指标或者计量单位。同一介质相同污染当量的不同污染物，其污染程度基本相当。

（5）排污系数。根据《环保税法》第二十五条第（二）项，排污系数是指在正常技术经济和管理条件下，生产单位产品所应排放的污染物量的统计平均值。

（6）物料衡算。根据《环保税法》第二十五条第（三）项，物料衡算，是指根据物质质量守恒原理对生产过程中使用的原料、生产的产品和产生的废物等进行测算的一种方法。

第八条 应税大气污染物、水污染物的污染当量数，以该污染物的排放量除以该污染物的污染当量值计算。每种应税大气污染物、水污染物的具体污染当量值，依照本法所附《应税污染物和当量值表》执行。

条文解读

本条是对污染当量数计算的规定。

污染当量数＝该污染物的排放量÷该污染物的污染当量值

其中：

色度的污染当量数＝污水排放量×色度超标倍数÷适用的污染当量值

畜禽养殖业水污染物的污染当量数＝（月初存栏量＋月末存栏量）÷2÷适用的污染当量值

【应税水污染物污染当量数的计算】根据《财政部 税务总局 生态环境部关于环境保护税有关问题的通知》（财税〔2018〕23号）第二条规定，应税水污染物的污染当量数，以该污染物的排放量除以该污染物的污染当量值计算。其中，色度的污染当量数，以污水排放量乘以色度超标倍数再除以适用的污染当量值计算。畜禽养殖业水污染物的污染当量数，以该畜禽养殖场的月均存栏量除以适用的污染当量值计算。畜禽养殖场的月均存栏量按照月初存栏量和月末存栏量的平均数计算。

【应税固体废物排放量计算】根据《财政部 税务总局 生态环境部关于环境保护税有关问题的通知》（财税〔2018〕23号）第三条规定，应税固体废物的排放量为当期应税固体废物的产生量减去当期应税固体废物贮存量、处置量、综合利用量的余额。纳税人应当准确计量应税固体废物的贮存量、处置量和综合利用量，未准确计量的，不得从其应税固体废物的产生量中减去。纳税人依法将应税固体废物转移至其他单位和个人进行贮存、处置或者综合利用的，固体废物的转移量相应计入其当期应税固体废物的贮存量、处置量或者综合利用量；纳税人接收的应税固体废物转移量，不计入其当期应税固体废物的产生量。纳税人对应税固体废物进行综合利用的，应当符合工业和信息化部制定的工业固体废物综合利用评价管理规范。

第九条 每一排放口或者没有排放口的应税大气污染物，按照污染当量数从大到小排序，对前三项污染物征收环境保护税。

每一排放口的应税水污染物，按照本法所附《应税污染物和当量值表》，区分第一类水污染物和其他类水污染物，按照污染当量数从大到小排序，对第一类水污染物按照前五项征收环境保护税，对其他类水污染物按照前三项征收环境保护税。

省、自治区、直辖市人民政府根据本地区污染物减排的特殊需要，可以增加同一排放口征收环境保护税的应税污染物项目数，报同级人民代表大会常务委员会决定，并报全国人民代表大会常务委员会和国务院备案。

条文解读

本条是对征税对象具体范围的规定。

需要注意的是，对其他类水污染物按照前三项征收环境保护税的排序，应当对第二类水污染物和pH值、色度、大肠菌群数、余氯量等污染物，按照污染当量数从大到小排序确定。同一排放口的化学需氧量（COD）、生化需氧量（BOD_5）和总有机碳（TOC），只征收一项。

例8-6：为什么只对每一排放口应税大气、水污染物污染当量数排在前3项或前5项的污染物征税？

解析：污水和废气中所含污染物种类较多，从监测技术和成本考虑，难以将每一排放口的所有污染物都纳入征税范围。对每一排放口应税大气、水污染物污染当量数排在前3项或前5项的污染物征税，已覆盖了主要污染物排放量，可以起到促进污染物减排的作用。同时，考虑到各地污染减排的特殊需要，《环保税法》给地方一定授权，明确省、自治区、直辖市人民政府可以增加同一排放口征收环境保护税的应税污染物项目数，报同级人民代表大会常务委员会决定，并报全国人民代表大会常务委员会和国务院备案。

第十条　应税大气污染物、水污染物、固体废物的排放量和噪声的分贝数，按照下列方法和顺序计算：

（一）纳税人安装使用符合国家规定和监测规范的污染物自动监测设备的，按照污染物自动监测数据计算；

（二）纳税人未安装使用污染物自动监测设备的，按照监测机构出具的符合国家有关规定和监测规范的监测数据计算；

（三）因排放污染物种类多等原因不具备监测条件的，按照国务院生态环境主管部门规定的排污系数、物料衡算方法计算；

（四）不能按照本条第一项至第三项规定的方法计算的，按照省、自治区、直辖市人民政府生态环境主管部门规定的抽样测算的方法核定计算。

条文解读

本条是对环境保护税计算方法的规定，同时也有严格按本条第（一）项至第（四）项的顺序进行计算的要求。根据《全国人民代表大会常务委员会关于修改〈中华人民共和国野生动物保护法〉等十五部法律的决定》（中华人民共和国主席令第十六号），将本法中的"环境保护主管部门"修改为"生态环境主管部门""海洋主管部门"修改为"生态环境主管部门"。

政策链接

【污染物排放量的排污系数和物料衡算方法】根据《环境保护部关于发布计算污染物排放量的排污系数和物料衡算方法的公告》（环境保护部公告2017年第81号），为贯彻落实《环保税法》有关要求，进一步明确污染物排放量计算方法：

（1）纳入排污许可管理的火电等17个行业排污单位，适用《纳入排污许可管理的火电等17个行业污染物排放量计算方法（含排污系数、物料衡算方法）（试行）》。

（2）未纳入排污许可管理的锡矿采选业等行业排污单位，适用《未纳入排污许可管理行业适用的排污系数、物料衡算方法（试行）》。

（3）除前两项外其他行业排污单位的污染物排放量计算方法，由各省级环境保护主管部门参考《环境保护部办公厅关于排污申报与排污费征收有关问题的通知》(环办〔2014〕80号)等排污费征收相关规定,按照科学合理原则制定,并报我部备案。

上述规定,根据《生态环境部 财政部 税务总局关于发布计算环境保护税应税污染物排放量的排污系数和物料衡算方法的公告》(生态环境部 财政部 税务总局公告2021年第16号),自2021年5月1日起废止。同时,进一步规范因排放污染物种类多等原因不具备监测条件的排污单位应税污染物排放量计算方法,该公告规定:

属于排污许可管理的排污单位,适用生态环境部发布的排污许可证申请与核发技术规范中规定的排(产)污系数、物料衡算方法计算应税污染物排放量;排污许可证申请与核发技术规范未规定相关排(产)污系数的,适用生态环境部发布的排放源统计调查制度规定的排(产)污系数方法计算应税污染物排放量。

不属于排污许可管理的排污单位,适用生态环境部发布的排放源统计调查制度规定的排(产)污系数方法计算应税污染物排放量。

上述情形中仍无相关计算方法的,由各省、自治区、直辖市生态环境主管部门结合本地实际情况,科学合理制定抽样测算方法。

【固体废物的计税依据】《环保税实施条例》第五条规定,应税固体废物的计税依据,按照固体废物的排放量确定。固体废物的排放量为当期应税固体废物的产生量减去当期应税固体废物的贮存量、处置量、综合利用量的余额。

前款规定的固体废物的贮存量、处置量,是指在符合国家和地方环境保护标准的设施、场所贮存或者处置的固体废物数量;固体废物的综合利用量,是指按照国务院发展改革、工业和信息化主管部门关于资源综合利用要求以及国家和地方环境保护标准进行综合利用的固体废物数量。

《环保税实施条例》第六条规定,纳税人有下列情形之一的,以其当期应税固体废物的产生量作为固体废物的排放量:

(1)非法倾倒应税固体废物;

(2)进行虚假纳税申报。

【大气污染物、水污染物的计税依据】《环保税实施条例》第七条规定,应税大气污染物、水污染物的计税依据,按照污染物排放量折合的污染当量数确定。

纳税人有下列情形之一的，以其当期应税大气污染物、水污染物的产生量作为污染物的排放量：

（1）未依法安装使用污染物自动监测设备或者未将污染物自动监测设备与环境保护主管部门的监控设备联网；

（2）损毁或者擅自移动、改变污染物自动监测设备；

（3）篡改、伪造污染物监测数据；

（4）通过暗管、渗井、渗坑、灌注或者稀释排放以及不正常运行防治污染设施等方式违法排放应税污染物；

（5）进行虚假纳税申报。

【多排放口需分别计算】《环保税实施条例》第八条规定，从两个以上排放口排放应税污染物的，对每一排放口排放的应税污染物分别计算征收环境保护税；纳税人持有排污许可证的，其污染物排放口按照排污许可证载明的污染物排放口确定。

【符合国家规定和监测规范的自测数据】《环保税实施条例》第九条规定，纳税人自行对污染物进行监测所获取的监测数据，符合国家有关规定和监测规范的，在计算环境保护税时视同监测机构出具的监测数据。

【自动检测设备故障时的处理】根据《财政部 税务总局 生态环境部关于明确环境保护税应税污染物适用等有关问题的通知》（财税〔2018〕117号）第三条第一项规定，纳税人按照规定须安装污染物自动监测设备并与生态环境主管部门联网的，当自动监测设备发生故障、设备维护、启停炉、停运等状态时，应当按照相关法律法规和《固定污染源烟气（SO_2、NO_x、颗粒物）排放连续监测技术规范》（HJ 75—2017）、《水污染源在线监测系统数据有效性判别技术规范》（HJ/T 356—2007）等规定，对数据状态进行标记，以及对数据缺失、无效时段的污染物排放量进行修约和替代处理，并按标记、处理后的自动监测数据计算应税污染物排放量。相关纳税人当月不能提供符合国家规定和监测规范的自动监测数据的，应当按照排污系数、物料衡算方法计算应税污染物排放量。纳入排污许可管理行业的纳税人，其应税污染物排放量的监测计算方法按照排污许可管理要求执行。

【安装自动检测设备但未联网】根据《财政部 税务总局 生态环境部关于明确环境保护税应税污染物适用等有关问题的通知》（财税〔2018〕117号）第三条第一项规定，纳税人主动安装使用符合国家规定和监测规范的污染物自动监测设备,但未与生态环境主管部门联网的,可以按照自动监测数据计算应税污染物排放量;不能提供符合国家规定和监测规范的自动监测数据的,应当按照监测机构出具的符合监测规范的监测数据或者排污系数、物料衡算方法计算应税污染物排放量。

【委托监测机构监测的处理】根据《财政部 税务总局 生态环境部关于明确环境保护税应税污染物适用等有关问题的通知》(财税〔2018〕117号)第三条第二项规定,纳税人委托监测机构监测应税污染物排放量的,应当按照国家有关规定制定监测方案,并将监测数据资料及时报送生态环境主管部门。监测机构实施的监测项目、方法、时限和频次应当符合国家有关规定和监测规范要求。监测机构出具的监测报告应当包括应税水污染物种类、浓度值和污水流量;应税大气污染物种类、浓度值、排放速率和烟气量;执行的污染物排放标准和排放浓度限值等信息。监测机构对监测数据的真实性、合法性负责,凡发现监测数据弄虚作假的,依照相关法律法规的规定追究法律责任。纳税人采用委托监测方式,在规定监测时限内当月无监测数据的,可以沿用最近一次的监测数据计算应税污染物排放量,但不得跨季度沿用监测数据。纳税人采用监测机构出具的监测数据申报减免环境保护税的,应当取得申报当月的监测数据;当月无监测数据的,不予减免环境保护税。有关污染物监测浓度值低于生态环境主管部门规定的污染物检出限的,除有特殊管理要求外,视同该污染物排放量为零。生态环境主管部门、计量主管部门发现委托监测数据失真或者弄虚作假的,税务机关应当按照同一纳税期内的监督性监测数据或者排污系数、物料衡算方法计算应税污染物排放量。

【应税大气污染物和水污染物排放量的监测计算】根据《财政部 税务总局 生态环境部关于环境保护税有关问题的通知》(财税〔2018〕23号)第一条规定,纳税人委托监测机构对应税大气污染物和水污染物排放量进行监测时,其当月同一个排放口排放的同一种污染物有多个监测数据的,应税大气污染物按照监测数据的平均值计算应税污染物的排放量;应税水污染物按照监测数据以流量为权的加权平均值计算应税污染物的排放量。在环境保护主管部门规定的监测时限内当月无监测数据的,可以跨月沿用最近一次的监测数据计算应税污染物排放量。纳入排污许可管理行业的纳税人,其应税污染物排放量的监测计算方法按照排污许可管理要求执行。

因排放污染物种类多等原因不具备监测条件的,纳税人应当按照《生态

环境部 财政部 税务总局关于发布计算环境保护税应税污染物排放量的排污系数和物料衡算方法的公告》(生态环境部 财政部 税务总局公告2021年第16号)的规定计算应税污染物排放量。其中,相关行业适用的排污系数方法中产排污系数为区间值的,纳税人结合实际情况确定具体适用的产排污系数值;纳入排污许可管理行业的纳税人按照排污许可证的规定确定。生态环境部尚未规定适用排污系数、物料衡算方法的,暂由纳税人参照缴纳排污费时依据的排污系数、物料衡算方法及抽样测算方法计算应税污染物的排放量。

【数据不一致的以环保部门为准】《环保税实施条例》第二十一条规定,纳税人申报的污染物排放数据与环境保护主管部门交送的相关数据不一致的,按照环境保护主管部门交送的数据确定应税污染物的计税依据。

【产排污系数法】产排污系数法是根据产品产量(或产值或原材料耗量)和相应的排污系数,求出某种污染物的排放量。

其适用范围是有适用的系数,或有可参比的系数。

$$污染物排放量 = 产品(原料)量 \times (产)排污系数$$

产污系数:生产单位产品(实用单位原料)所产生的污染物,直接排放到环境中的污染物排放系数。

排污系数:生产单位产品(使用单位原料)所产生的污染物经过末端治理设施削减后,排放到环境中的污染物排放系数。

当污染物未经过末端治理直排向环境排放时,排污系数与产污系数相同。

$$应纳税额 = 产品量(原料量) \times 系数 \div 污染当量值 \times 适用税额$$

【物料衡算法】物料衡算法是指根据物质质量守恒原理,对生产过程中使用的物料变化情况进行定量分析的一种方法。

$$投入物料量总和 = 产出物料量总和 = 主副产品和回收及综合利用的物质量总和 + 排出系统外的废物质量(包括可控制与不可控制生产性废物及工艺过程的泄漏等物料流失)$$

其适用范围是物质流向清晰,可计量。

【无组织排放应税大气污染物的处理】根据《财政部 税务总局 生态环境部关于明确环境保护税应税污染物适用等有关问题的通知》(财税〔2018〕

117号）第三条第三项规定，在建筑施工、货物装卸和堆存过程中无组织排放应税大气污染物的，按照生态环境部规定的排污系数、物料衡算方法计算应税污染物排放量；不能按照生态环境部规定的排污系数、物料衡算方法计算的，按照省、自治区、直辖市生态环境主管部门规定的抽样测算的方法核定计算应税污染物排放量。

【因环境违法行为受到行政处罚的处理】根据《财政部 税务总局 生态环境部关于明确环境保护税应税污染物适用等有关问题的通知》（财税〔2018〕117号）第三条第四项规定，纳税人因环境违法行为受到行政处罚的，应当依据相关法律法规和处罚信息计算违法行为所属期的应税污染物排放量。生态环境主管部门发现纳税人申报信息有误的，应当通知税务机关处理。

第十一条 环境保护税应纳税额按照下列方法计算：
（一）应税大气污染物的应纳税额为污染当量数乘以具体适用税额；
（二）应税水污染物的应纳税额为污染当量数乘以具体适用税额；
（三）应税固体废物的应纳税额为固体废物排放量乘以具体适用税额；
（四）应税噪声的应纳税额为超过国家规定标准的分贝数对应的具体适用税额。

条文解读

本条是对应纳税额计算方法的规定。

政策链接

【应税噪声应纳税额的计算】根据《财政部 税务总局 生态环境部关于环境保护税有关问题的通知》（财税〔2018〕23号）第四条规定，应税噪声的应纳税额为超过国家规定标准分贝数对应的具体适用税额。噪声超标分贝数不是整数值的，按四舍五入取整。一个单位的同一监测点当月有多个监测数据超标的，以最高一次超标声级计算应纳税额。声源一个月内累计昼间超标不足15昼或者累计夜间超标不足15夜的，分别减半计算应纳税额。

例 8-7：某煤炭厂 2022 年 3 月生产煤矸石 1000 吨，其中综合利用的煤矸石 800 吨（符合国家、地方环境保护标准和资源综合利用标准），另在符合国家和地方环境保护标准设施的地方贮存了 100 吨。请计算该厂 2022 年 3 月应缴的环境保护税（煤矸石税率为 5 元/吨）。

解析：根据《环保税法》第十二条第三款和第四款规定，纳税人在依法设立的城乡污水集中处理、生活垃圾集中处理场所排放相应应税污染物，不超过国家和地方规定的排放标准的以及综合利用的固体废物，符合国家和地方环境保护标准的，暂予免征环境保护税。

应纳税额 =（1000-800-100）×5 = 500（元）

故该厂 3 月应纳环境保护税 500 元。

例 8-8：某机械制造厂 2023 年 3 月在东厂区、西厂区生产时均存在夜间噪声超标。其中东厂区一个单位边界上有两处噪声超标，分别为超标 1~3 分贝、超标 7~9 分贝，超标天数为 20 天；西厂区沿边界长度 110 米有两处噪声超标，分别为超标 1~3 分贝、超标 7~9 分贝，两处超标天数为 10 天。请计算该厂 3 月应缴的环境保护税。

解析：根据《环境保护税税目税额表》《财政部 税务总局 生态环境部关于环境保护税有关问题的通知》（财税〔2018〕23 号）及相关规定，应税噪声的应纳税额为超过国家规定标准分贝数对应的具体适用税额。噪声超标分贝数不是整数值的，按四舍五入取整。一个单位的同一监测点当月有多个监测数据超标的，以最高一次超标声级计算应纳税额。声源一个月内累计昼间超标不足 15 昼或者累计夜间超标不足 15 夜的，分别减半计算应纳税额。

东厂区因为有两处噪声超标，应按最高一处超标声级计算，应纳税额即 1400 元。

西厂区沿边界长度超过 100 米有两处以上噪声超标，按两个单位计算；声源一个月内超标不足 15 天，减半计算。

应纳税额 =（1400+1400）÷2 = 1400（元）

故该厂 3 月合计应纳环境保护税 2800 元。

第三节 税收优惠

第十二条 下列情形，暂予免征环境保护税：
（一）农业生产（不包括规模化养殖）排放应税污染物的；
（二）机动车、铁路机车、非道路移动机械、船舶和航空器等流动污染源排放应税污染物的；
（三）依法设立的城乡污水集中处理、生活垃圾集中处理场所排放相应应税污染物，不超过国家和地方规定的排放标准的；
（四）纳税人综合利用的固体废物，符合国家和地方环境保护标准的；
（五）国务院批准免税的其他情形。
前款第五项免税规定，由国务院报全国人民代表大会常务委员会备案。

条文解读

本条是对免征税款的具体规定。
一是为支持农业发展，对农业生产排放的应税污染物暂予免税。但鉴于规模化养殖对农村环境影响较大，需要区别不同情况予以征免税，所以未将其列入免税范围。二是考虑到现行税制中已有车船税、消费税、车辆购置税等税种对机动车的生产和使用进行调节，对促进节能减排发挥了积极作用，因此，对机动车、船舶和航空器等流动污染源排放的应税污染物暂免征税。三是根据国家有关规定，达标排放污染物的城乡污水集中处理、生活垃圾集中处理场所免缴排污费，为保持政策的连续性，对依法设立的城乡污水集中处理、生活垃圾集中处理场所向环境达标排放的应税污染物暂予免税。四是为鼓励固体废物综合利用，减少污染物排放，对纳税人符合标准综合利用的固体废物暂免征税。五是国务院批准暂免征税的其他情形。

例 8-9：享受环境保护税减免税优惠的企业是否需要专门到税务机关办理减免税手续？

解析：根据 2018 年 2 月 6 日国家税务总局财产和行为税司解答，环境保护税减免税项目属于备案类减免。对符合减免税情形的纳税人，通过填报纳税申报表履行备案手续，无须专门办理减免税备案手续。减免税相关资料由纳税人留存备查。

> **第十三条** 纳税人排放应税大气污染物或者水污染物的浓度值低于国家和地方规定的污染物排放标准百分之三十的，减按百分之七十五征收环境保护税。纳税人排放应税大气污染物或者水污染物的浓度值低于国家和地方规定的污染物排放标准百分之五十的，减按百分之五十征收环境保护税。

条文解读

本条是对低于国家和地方规定排放减征税额的具体规定。

政策链接

《环保税实施条例》第十条规定，《环保税法》第十三条所称应税大气污染物或者水污染物的浓度值，是指纳税人安装使用的污染物自动监测设备当月自动监测的应税大气污染物浓度值的小时平均值再平均所得数值或者应税水污染物浓度值的日平均值再平均所得数值，或者监测机构当月监测的应税大气污染物、水污染物浓度值的平均值。

依照《环保税法》第十三条的规定减征环境保护税的，前款规定的应税大气污染物浓度值的小时平均值或者应税水污染物浓度值的日平均值，以及监测机构当月每次监测的应税大气污染物、水污染物的浓度值，均不得超过国家和地方规定的污染物排放标准。

《环保税实施条例》第十一条规定，依照《环保税法》第十三条的规定减征环境保护税的，应当对每一排放口排放的不同应税污染物分别计算。

【其他优惠政策】未明确列出的其他优惠政策，请查阅附录《财产行为税减免税政策代码目录（有效）》。

例 8-10：处理医疗垃圾的公司能否享受税法关于生活垃圾集中处理场所的税收优惠政策？

解析：根据 2018 年 2 月 6 日国家税务总局财产和行为税司的解答，医疗废物属于危险废物，不属于生活垃圾，不能享受生活垃圾集中处理场所的优惠政策。但危险废物作为固体废物的税目，在符合国家和地方环境保护标准的设施、场所贮存或者处置的，不属于直接向环境排放污染物，不缴纳相应污染物的环境保护税。

例 8-11：工业园区的污水处理厂是否需要缴纳环境保护税吗？

解析：根据 2018 年 2 月 6 日国家税务总局财产和行为税司解答，根据《环保税法》第十二条的规定，依法设立的城乡污水集中处理场所，不超过国家和地方规定的排放标准的，暂免征收环境保护税。根据《环保税实施条例》第三条规定，为工业园区、开发区等工业聚集区域内的企业事业单位和其他生产经营者提供污水处理服务的场所，不属于城乡污水集中处理场所，应当依法缴纳环境保护税。

第四节　征收管理

第十四条　环境保护税由税务机关依照《中华人民共和国税收征收管理法》和本法的有关规定征收管理。

生态环境主管部门依照本法和有关环境保护法律法规的规定负责对污染物的监测管理。

县级以上地方人民政府应当建立税务机关、生态环境主管部门和其他相关单位分工协作工作机制，加强环境保护税征收管理，保障税款及时足额入库。

第十五条 生态环境主管部门和税务机关应当建立涉税信息共享平台和工作配合机制。

生态环境主管部门应当将排污单位的排污许可、污染物排放数据、环境违法和受行政处罚情况等环境保护相关信息，定期交送税务机关。

税务机关应当将纳税人的纳税申报、税款入库、减免税额、欠缴税款以及风险疑点等环境保护税涉税信息，定期交送生态环境主管部门。

条文解读

第十四条、第十五条是对环境保护税征收主体、环境保护主管部门及相关单位分工协作工作机制的具体规定，体现了"企业申报、税务征收、环保协同、信息共享"的征管模式的具体规定。

政策链接

【涉税信息共享平台】《环保税实施条例》第十四条规定，国务院税务、环境保护主管部门制定涉税信息共享平台技术标准以及数据采集、存储、传输、查询和使用规范。

《环保税实施条例》第十五条规定，环境保护主管部门应当通过涉税信息共享平台向税务机关交送在环境保护监督管理中获取的下列信息：

（1）排污单位的名称、统一社会信用代码以及污染物排放口、排放污染物种类等基本信息；

（2）排污单位的污染物排放数据（包括污染物排放量以及大气污染物、水污染物的浓度值等数据）；

（3）排污单位环境违法和受行政处罚情况；

（4）对税务机关提请复核的纳税人的纳税申报数据资料异常或者纳税人未按照规定期限办理纳税申报的复核意见；

（5）与税务机关商定交送的其他信息。

《环保税实施条例》第十六条规定，税务机关应当通过涉税信息共享平台向环境保护主管部门交送下列环境保护税涉税信息：

(1) 纳税人基本信息；

(2) 纳税申报信息；

(3) 税款入库、减免税额、欠缴税款以及风险疑点等信息；

(4) 纳税人涉税违法和受行政处罚情况；

(5) 纳税人的纳税申报数据资料异常或者纳税人未按照规定期限办理纳税申报的信息；

(6) 与环境保护主管部门商定交送的其他信息。

【应税固体废物排放量纳税申报】根据《财政部 税务总局 生态环境部关于环境保护税有关问题的通知》（财税〔2018〕23号）第三条规定，纳税人申报纳税时，应当向税务机关报送应税固体废物的产生量、贮存量、处置量和综合利用量，同时报送能够证明固体废物流向和数量的纳税资料，包括固体废物处置利用委托合同、受委托方资质证明、固体废物转移联单、危险废物管理台账复印件等。有关纳税资料已在环境保护税基础信息采集表中采集且未发生变化的，纳税人不再报送。纳税人应当参照危险废物台账管理要求，建立其他应税固体废物管理台账，如实记录产生固体废物的种类、数量、流向以及贮存、处置、综合利用、接收转入等信息，并将应税固体废物管理台账和相关资料留存备查。

例 8-12：环境保护税征管涉及税务、环保两个部门，如果发生征纳税争议，纳税人行政复议或诉讼对象是谁？

解析：《环保税法》第十四条规定，环境保护税由税务机关依照税收征收管理法和本法的有关规定征收管理。环境保护主管部门依照本法和有关环境保护法律法规的规定负责对污染物的监测管理。《中华人民共和国行政复议法实施条例》第十一条规定，公民、法人或者其他组织对行政机关的具体行政行为不服，依照行政复议法和本条例的规定申请行政复议的，作出该具体行政行为的行政机关为被申请人。《中华人民共和国行政诉讼法》第二十六条规定，公民、法人或者其他组织直接向人民法院提起诉讼的，作出行政行为的行政机关是被告。根据上述法律法规的规定，如果发生征纳税争议，纳税人行政复议或诉讼对象是作出具体税收征管行政行为的税务机关。

第十六条 纳税义务发生时间为纳税人排放应税污染物的当日。

条文解读

本条是对纳税义务发生时间的规定。

第十七条 纳税人应当向应税污染物排放地的税务机关申报缴纳环境保护税。

条文解读

本条是对纳税地点的规定。

例 8-13：某火电企业总部在市区，但其电厂在该市所辖某县。该企业原来向市环保局缴纳废气排污费，改缴环境保护税后，应在哪里申报缴纳？

解析：根据 2018 年 2 月 6 日国家税务总局财产和行为税司的解答，纳税人应该向污染物排放地税务机关申报缴纳环境保护税。大气污染物排放地是指排放口所在地，所以应该向县主管税务机关申报缴纳环境保护税。

第十八条 环境保护税按月计算，按季申报缴纳。不能按固定期限计算缴纳的，可以按次申报缴纳。

纳税人申报缴纳时，应当向税务机关报送所排放应税污染物的种类、数量，大气污染物、水污染物的浓度值，以及税务机关根据实际需要要求纳税人报送的其他纳税资料。

第十九条 纳税人按季申报缴纳的，应当自季度终了之日起十五日内，向税务机关办理纳税申报并缴纳税款。纳税人按次申报缴纳的，应当自纳税义务发生之日起十五日内，向税务机关办理纳税申报并缴纳税款。

纳税人应当依法如实办理纳税申报，对申报的真实性和完整性承担责任。

条文解读

第十八条、第十九条是对申报资料、纳税期限等方面的具体规定。

政策链接

【环境保护税纳税申报表构成及适用范围】《国家税务总局关于简并税费申报有关事项的公告》（国家税务总局公告2021年第9号）第一条规定，自2021年6月1日起，纳税人申报缴纳城镇土地使用税、房产税、车船税、印花税、耕地占用税、资源税、土地增值税、契税、环境保护税、烟叶税中一个或多个税种时，使用《财产和行为税纳税申报表》。纳税人新增税源或税源变化时，需先填报《财产和行为税税源明细表》。

第二十条　税务机关应当将纳税人的纳税申报数据资料与生态环境主管部门交送的相关数据资料进行比对。

税务机关发现纳税人的纳税申报数据资料异常或者纳税人未按照规定期限办理纳税申报的，可以提请生态环境主管部门进行复核，生态环境主管部门应当自收到税务机关的数据资料之日起十五日内向税务机关出具复核意见。税务机关应当按照生态环境主管部门复核的数据资料调整纳税人的应纳税额。

第二十一条　依照本法第十条第四项的规定核定计算污染物排放量的，由税务机关会同生态环境主管部门核定污染物排放种类、数量和应纳税额。

条文解读

第二十条、第二十一条是对税务、生态环境主管部门在征管过程中职责的规定。主要是加强双方数据资料比对、复核以及核定工作的配合。

第二十二条 纳税人从事海洋工程向中华人民共和国管辖海域排放应税大气污染物、水污染物或者固体废物，申报缴纳环境保护税的具体办法，由国务院税务主管部门会同国务院生态环境主管部门规定。

条文解读

本条是对海洋工程环境保护税征收管理的规定。

例8-14：运回陆域处理的海洋工程应税污染物，如何申报缴纳环境保护税？

解析：根据2018年2月6日国家税务总局财产和行为税司的解答，纳税人运回陆域处理的海洋工程应税污染物，应当按照《环保税法》及其相关规定，向污染物排放地税务机关申报缴纳环境保护税。

第二十三条 纳税人和税务机关、生态环境主管部门及其工作人员违反本法规定的，依照《中华人民共和国税收征收管理法》《中华人民共和国环境保护法》和有关法律法规的规定追究法律责任。

条文解读

本条是对纳税人、税务部门、生态环境主管部门违法责任的规定。条文中未对违法责任做出细化规定，主要是由于《税收征管法》《环境保护法》等有关法律法规，对纳税人纳税、税务机关征税、生态环境主管部门监测污染物等工作中应承担的法律责任已做出了明确规定。

第二十四条 各级人民政府应当鼓励纳税人加大环境保护建设投入,对纳税人用于污染物自动监测设备的投资予以资金和政策支持。

第二十五条 本法下列用语的含义:

(一)污染当量,是指根据污染物或者污染排放活动对环境的有害程度以及处理的技术经济性,衡量不同污染物对环境污染的综合性指标或者计量单位。同一介质相同污染当量的不同污染物,其污染程度基本相当。

(二)排污系数,是指在正常技术经济和管理条件下,生产单位产品所应排放的污染物量的统计平均值。

(三)物料衡算,是指根据物质质量守恒原理对生产过程中使用的原料、生产的产品和产生的废物等进行测算的一种方法。

条文解读

第二十五条是对"污染当量""排污系数""物料衡算"用语的解释。

第二十六条 直接向环境排放应税污染物的企业事业单位和其他生产经营者,除依照本法规定缴纳环境保护税外,应当对所造成的损害依法承担责任。

第二十七条 自本法施行之日起,依照本法规定征收环境保护税,不再征收排污费。

第二十八条 本法自2018年1月1日起施行。

条文解读

第二十八条是对环境保护税开征时间的规定。

附:

环境保护税应税污染物和当量值表

一、第一类水污染物污染当量值

污染物	污染当量值(千克)
1. 总汞	0.0005
2. 总镉	0.005
3. 总铬	0.04
4. 六价铬	0.02
5. 总砷	0.02
6. 总铅	0.025
7. 总镍	0.025
8. 苯并(a)芘	0.0000003
9. 总铍	0.01
10. 总银	0.02

二、第二类水污染物污染当量值

污染物	污染当量值(千克)	备注
11. 悬浮物(SS)	4	
12. 生化需氧量(BOD_5)	0.5	同一排放口中的化学需氧量、生化需氧量和总有机碳,只征收一项
13. 化学需氧量(COD_{cr})	1	
14. 总有机碳(TOC)	0.49	
15. 石油类	0.1	
16. 动植物油	0.16	
17. 挥发酚	0.08	
18. 总氰化物	0.05	
19. 硫化物	0.125	

续表

污染物	污染当量值（千克）	备注
20. 氨氮	0.8	
21. 氟化物	0.5	
22. 甲醛	0.125	
23. 苯胺类	0.2	
24. 硝基苯类	0.2	
25. 阴离子表面活性剂（LAS）	0.2	
26. 总铜	0.1	
27. 总锌	0.2	
28. 总锰	0.2	
29. 彩色显影剂（CD-2）	0.2	
30. 总磷	0.25	
31. 单质磷（以P计）	0.05	
32. 有机磷农药（以P计）	0.05	
33. 乐果	0.05	
34. 甲基对硫磷	0.05	
35. 马拉硫磷	0.05	
36. 对硫磷	0.05	
37. 五氯酚及五氯酚钠（以五氯酚计）	0.25	
38. 三氯甲烷	0.04	
39. 可吸附有机卤化物（AOX）（以Cl计）	0.25	
40. 四氯化碳	0.04	
41. 三氯乙烯	0.04	
42. 四氯乙烯	0.04	
43. 苯	0.02	
44. 甲苯	0.02	
45. 乙苯	0.02	
46. 邻-二甲苯	0.02	
47. 对-二甲苯	0.02	
48. 间-二甲苯	0.02	
49. 氯苯	0.02	
50. 邻二氯苯	0.02	

续表

污染物	污染当量值（千克）	备注
51. 对二氯苯	0.02	
52. 对硝基氯苯	0.02	
53. 2,4-二硝基氯苯	0.02	
54. 苯酚	0.02	
55. 间-甲酚	0.02	
56. 2,4-二氯酚	0.02	
57. 2,4,6-三氯酚	0.02	
58. 邻苯二甲酸二丁酯	0.02	
59. 邻苯二甲酸二辛酯	0.02	·
60. 丙烯腈	0.125	
61. 总硒	0.02	

三、pH 值、色度、大肠菌群数、余氯量水污染物污染当量值

污染物		污染当量值	备注
1. pH 值	1. 0-1, 13-14 2. 1-2, 12-13 3. 2-3, 11-12 4. 3-4, 10-11 5. 4-5, 9-10 6. 5-6	0.06 吨污水 0.125 吨污水 0.25 吨污水 0.5 吨污水 1 吨污水 5 吨污水	pH5-6 指大于等于 5，小于 6；pH9-10 指大于 9，小于等于 10，其余类推
2. 色度		5 吨水·倍	
3. 大肠菌群数（超标）		3.3 吨污水	大肠菌群数和余氯量只征收一项
4. 余氯量（用氯消毒的医院废水）		3.3 吨污水	

四、禽畜养殖业、小型企业和第三产业水污染物污染当量值

（本表仅适用于计算无法进行实际监测或者物料衡算的畜禽养殖业、小型企业和第三产业等小型排污者的水污染物污染当量数）

类型		污染当量值	备注
禽畜养殖场	1. 牛	0.1 头	仅对存栏规模大于 50 头牛、500 头猪、5000 羽鸡鸭等的禽畜养殖场征收
	2. 猪	1 头	
	3. 鸡、鸭等家禽	30 羽	
4. 小型企业		1.8 吨污水	
5. 饮食娱乐服务业		0.5 吨污水	
6. 医院	消毒	0.14 床	医院病床数大于 20 张的按照本表计算污染当量
		2.8 吨污水	
	不消毒	0.07 床	
		1.4 吨污水	

五、大气污染物污染当量值

污染物	污染当量值（千克）
1. 二氧化硫	0.95
2. 氮氧化物	0.95
3. 一氧化碳	16.7
4. 氯气	0.34
5. 氯化氢	10.75
6. 氟化物	0.87
7. 氰化氢	0.005
8. 硫酸雾	0.6
9. 铬酸雾	0.0007
10. 汞及其化合物	0.0001
11. 一般性粉尘	4
12. 石棉尘	0.53
13. 玻璃棉尘	2.13
14. 碳黑尘	0.59
15. 铅及其化合物	0.02
16. 镉及其化合物	0.03
17. 铍及其化合物	0.0004
18. 镍及其化合物	0.13

续表

污染物	污染当量值（千克）
19. 锡及其化合物	0.27
20. 烟尘	2.18
21. 苯	0.05
22. 甲苯	0.18
23. 二甲苯	0.27
24. 苯并（a）芘	0.000002
25. 甲醛	0.09
26. 乙醛	0.45
27. 丙烯醛	0.06
28. 甲醇	0.67
29. 酚类	0.35
30. 沥青烟	0.19
31. 苯胺类	0.21
32. 氯苯类	0.72
33. 硝基苯	0.17
34. 丙烯腈	0.22
35. 氯乙烯	0.55
36. 光气	0.04
37. 硫化氢	0.29
38. 氨	9.09
39. 三甲胺	0.32
40. 甲硫醇	0.04
41. 甲硫醚	0.28
42. 二甲二硫	0.28
43. 苯乙烯	25
44. 二硫化碳	20

第九章

车船税

车船税是依照法律规定对在我国境内应税的车辆、船舶的所有人或者管理人，按照规定的税目、计税单位和年税额标准计算征收的一种税。

1951年中央人民政府政务院颁布《车船使用牌照税暂行条例》，在全国部分地区开征车船使用牌照税；1986年国务院颁布《中华人民共和国车船使用税暂行条例》（国发〔1986〕90号），开征车船使用税，但对外商投资企业、外国企业及外籍个人仍征收车船使用牌照税；2006年12月，国务院制定《中华人民共和国车船税暂行条例》，对包括外资企业和外籍个人在内的各类纳税人统一征收车船税。2011年2月25日，第十一届全国人民代表大会常务委员会第十九次会议通过《中华人民共和国车船税法》（中华人民共和国主席令第43号，以下简称《车船税法》），自2012年1月1日起施行，共十三条，原暂行条例同时废止。

本章以《车船税法》为主线展开讲解车船税的具体规定。

第一节　征税范围和税额

第一条　在中华人民共和国境内属于本法所附《车船税税目税额表》规定的车辆、船舶（以下简称车船）的所有人或者管理人，为车船税的纳税人，应当依照本法缴纳车船税。

条文解读

本条规定车船税的纳税义务人和征税范围，旧的车船税暂行条例规定，车船税的征税范围是依法应当在车船管理部门登记的车船，不需登记的单位内部作业车船不征税。《车船税法》除对依法应当在车船登记管理部门登记的车船继续征税外，将在机场、港口以及其他企业内部场所行驶或者作业且依法不需在车船登记管理部门登记的车船也纳入征收范围。上述应税车船的所有人或者管理人，为车船税的纳税人。其中，所有人是指在我国境内拥有车船的单位和个人；管理人是指对车船具有管理权或者使用权，不具有所有权的单位。上述单位，包括在中国境内成立的行政机关、企业、事业单位、社会团体以及其他组织；上述个人，包括个体工商户以及其他个人。

政策链接

【征税范围】《中华人民共和国车船税法实施条例》（国务院令第611号，以下简称《实施条例》）第二条规定，《车船税法》第一条所称车辆、船舶，是指：

（1）依法应当在车船登记管理部门登记的机动车辆和船舶；

（2）依法不需要在车船登记管理部门登记的在单位内部场所行驶或者作业的机动车辆和船舶。

【纳税义务人】《车船税法》第一条只是规定应税车船的所有人或者管理

人，为车船税的纳税人。对于所有人或管理人是什么，没有具体解释。《国家税务总局关于印发〈中华人民共和国车船税法宣传提纲〉的通知》（国税函〔2011〕712号）第四条："车船的所有人或者管理人是车船税的纳税义务人。其中，所有人是指在我国境内拥有车船的单位和个人；管理人是指对车船具有管理权或者使用权，不具有所有权的单位。上述单位，包括在中国境内成立的行政机关、企业、事业单位、社会团体以及其他组织；上述个人，包括个体工商户以及其他个人"对此作了解释。

【境内外租赁船舶征收车船税的问题】《国家税务总局关于车船税征管若干问题的公告》（国家税务总局公告2013年第42号）第七条规定，境内单位和个人租入外国籍船舶的，不征收车船税。境内单位和个人将船舶出租到境外的，应依法征收车船税。

第二条 车船的适用税额依照本法所附《车船税税目税额表》执行。

车辆的具体适用税额由省、自治区、直辖市人民政府依照本法所附《车船税税目税额表》规定的税额幅度和国务院的规定确定。

船舶的具体适用税额由国务院在本法所附《车船税税目税额表》规定的税额幅度内确定。

条文解读

对车船税适用税额，《车船税法》用附表《车船税税目税额表》进行了规定。同时又规定，车辆的具体适用税额由省、自治区、直辖市人民政府在《车船税税目税额表》规定的税额幅度和国务院的规定确定。而对于船舶的具体适用税额，省、自治区、直辖市人民政府没有决定权，是由国务院来规定。国务院在出台的《实施条例》中对船舶的具体适用税额进行了规定。

政策链接

【车船税税目税额表】《车船税法》用附表《车船税税目税额表》对于车船税的适用税额幅度进行了规定，见表9-1。

表 9-1　　　　　　　　　　车船税税目税额表

税目		计税单位	年基准税额	备注
乘用车〔按发动机汽缸容量（排气量）分档〕	1.0升（含）以下的	每辆	60元-360元	核定载客人数9人（含）以下
	1.0升以上至1.6升（含）的		300元-540元	
	1.6升以上至2.0升（含）的		360元-660元	
	2.0升以上至2.5升（含）的		660元-1200元	
	2.5升以上至3.0升（含）的		1200元-2400元	
	3.0升以上至4.0升（含）的		2400元-3600元	
	4.0升以上的		3600元-5400元	
商用车	客车	每辆	480元-1440元	核定载客人数9人以上，包括电车
	货车	整备质量每吨	16元-120元	包括半挂牵引车、三轮汽车和低速载货汽车等
挂车		整备质量每吨	按照货车税额50%计算	
其他车辆	专用作业车	整备质量每吨	16元-120元	不包括拖拉机
	轮式专用机械车	整备质量每吨	16元-120元	
摩托车		每辆	36元-180元	
船舶	机动船舶	净吨位每吨	3元-6元	拖船、非机动驳船分别按照机动船舶税额的50%计算
	游艇	艇身长度每米	600元-2000元	

【车辆的具体适用税额】车辆的具体适用税额，根据当地省、自治区、直辖市人民政府的规定执行。

【机动船舶的适用税额】国务院在《实施条例》第四条中对机动船舶的适用税额进行了规定，具体适用税额为：

（1）净吨位不超过200吨的，每吨3元；

（2）净吨位超过200吨但不超过2000吨的，每吨4元；

（3）净吨位超过2000吨但不超过10000吨的，每吨5元；

（4）净吨位超过10000吨的，每吨6元。

拖船按照发动机功率每 1 千瓦折合净吨位 0.67 吨计算征收车船税。

【游艇的适用税额】国务院在《实施条例》第五条中对游艇的适用税额进行了规定，具体适用税额为：

(1) 艇身长度不超过 10 米的，每米 600 元；
(2) 艇身长度超过 10 米但不超过 18 米的，每米 900 元；
(3) 艇身长度超过 18 米但不超过 30 米的，每米 1300 元；
(4) 艇身长度超过 30 米的，每米 2000 元；
(5) 辅助动力帆艇，每米 600 元。

【计税单位的确定依据】《实施条例》第六条规定，《车船税法》和《实施条例》所涉及的排气量、整备质量、核定载客人数、净吨位、千瓦、艇身长度，以车船登记管理部门核发的车船登记证书或者行驶证所载数据为准。

依法不需要办理登记的车船和依法应当登记而未办理登记或者不能提供车船登记证书、行驶证的车船，以车船出厂合格证明或者进口凭证标注的技术参数、数据为准；不能提供车船出厂合格证明或者进口凭证的，由主管税务机关参照国家相关标准核定，没有国家相关标准的参照同类车船核定。

《车船税法》所附《车船税税目税额表》中车辆、船舶的含义如下：

【乘用车】《实施条例》第二十六条第一款规定，乘用车，是指在设计和技术特性上主要用于载运乘客及随身行李，核定载客人数包括驾驶员在内不超过 9 人的汽车。

【客货两用车】《国家税务总局关于车船税征管若干问题的公告》（国家税务总局公告 2013 年第 42 号）第二条规定，客货两用车，又称多用途货车，是指在设计和结构上主要用于载运货物，但在驾驶员座椅后带有固定或折叠式座椅，可运载 3 人以上乘客的货车。客货两用车依照货车的计税单位和年基准税额计征车船税。

【商用车】《实施条例》第二十六条第二款规定，商用车，是指除乘用车外，在设计和技术特性上用于载运乘客、货物的汽车，划分为客车和货车。

【半挂牵引车】《实施条例》第二十六条第三款规定，半挂牵引车，是指装备有特殊装置用于牵引半挂车的商用车。

【三轮汽车】《实施条例》第二十六条第四款规定，三轮汽车，是指最高设计车速不超过每小时 50 公里，具有三个车轮的货车。

【低速载货汽车】《实施条例》第二十六条第五款规定，低速载货汽车，是指以柴油机为动力，最高设计车速不超过每小时 70 公里，具有四个车轮的货车。

【挂车】《实施条例》第二十六条第六款规定，挂车，是指就其设计和技术特性需由汽车或者拖拉机牵引，才能正常使用的一种无动力的道路车辆。

【专用作业车】《实施条例》第二十六条第七款规定，专用作业车，是指在其设计和技术特性上用于特殊工作的车辆。

《国家税务总局关于车船税征管若干问题的公告》（国家税务总局公告 2013 年第 42 号）第一条规定，对于在设计和技术特性上用于特殊工作，并装置有专用设备或器具的汽车，应认定为专用作业车，如汽车起重机、消防车、混凝土泵车、清障车、高空作业车、洒水车、扫路车等。以载运人员或货物为主要目的的专用汽车，如救护车，不属于专用作业车。

【轮式专用机械车】《实施条例》第二十六条第八款规定，轮式专用机械车，是指有特殊结构和专门功能，装有橡胶车轮可以自行行驶，最高设计车速大于每小时 20 公里的轮式工程机械车。

【摩托车】《实施条例》第二十六条第九款规定，摩托车，是指无论采用何种驱动方式，最高设计车速大于每小时 50 公里，或者使用内燃机，其排量大于 50 毫升的两轮或者三轮车辆。

【船舶】《实施条例》第二十六条第十款规定，船舶，是指各类机动、非机动船舶以及其他水上移动装置，但是船舶上装备的救生艇筏和长度小于 5 米的艇筏除外。其中，机动船舶是指用机器推进的船舶；拖船是指专门用于拖（推）动运输船舶的专业作业船舶；非机动驳船，是指在船舶登记管理部门登记为驳船的非机动船舶；游艇是指具备内置机械推进动力装置，长度在 90 米以下，主要用于游览观光、休闲娱乐、水上体育运动等活动，并应当具有船舶检验证书和适航证书的船舶。

第二节 税收优惠

第三条 下列车船免征车船税：
（一）捕捞、养殖渔船；
（二）军队、武装警察部队专用的车船；
（三）警用车船；
（四）悬挂应急救援专用号牌的国家综合性消防救援车辆和国家综合性消防救援专用船舶；
（五）依照法律规定应当予以免税的外国驻华使领馆、国际组织驻华代表机构及其有关人员的车船。

条文解读

本条是关于《车船税法》规定的法定减免税事项。主要是针对农业捕捞、养殖渔船，军队、武警以及警用和消防救援的车辆和船舶，对于这些免税车船的具体免税范围由《实施条例》来详细确定。另外，对法律规定的免税的外国驻华使领馆、国际组织驻华代表机构及其有关人员的拥有或管理的车船也进行免税。为适用国家消防救援改革，根据《全国人民代表大会常务委员会关于修改〈中华人民共和国建筑法〉等八部法律的决定》（中华人民共和国主席令第二十九号，2019年4月23日）规定，对《车船税法》第三条进行了修改，将"悬挂应急救援专用号牌的国家综合性消防救援车辆和国家综合性消防救援专用船舶"纳入了法定免税的范围。

政策链接

【捕捞、养殖渔船】《实施条例》第七条规定，《车船税法》第三条第一项所称的捕捞、养殖渔船，是指在渔业船舶登记管理部门登记为捕捞船或者养殖船的船舶。

【军队、武装警察部队专用的车船】《实施条例》第八条规定，《车船税法》第三条第二项所称的军队、武装警察部队专用的车船，是指按照规定在军队、武装警察部队车船登记管理部门登记，并领取军队、武警牌照的车船。

【警用车船】《实施条例》第九条规定，《车船税法》第三条第三项所称的警用车船，是指公安机关、国家安全机关、监狱、劳动教养管理机关和人民法院、人民检察院领取警用牌照的车辆和执行警务的专用船舶。

【国家综合性消防救援车辆专用号牌】根据《国务院办公厅关于国家综合性消防救援车辆悬挂应急救援专用号牌有关事项的通知》（国办发〔2018〕114号）规定，国家综合性消防救援车辆中符合执行和保障应急救援任务规定的悬挂专用号牌，主要包括灭火消防车、举高消防车、专勤消防车、战勤保障消防车、消防摩托车、应急救援指挥车、救援运输车、消防宣传车、火场勘查车等。应急部为专用号牌及配套行驶证件的核发主管单位。

第四条　对节约能源、使用新能源的车船可以减征或者免征车船税；对受严重自然灾害影响纳税困难以及有其他特殊原因确需减税、免税的，可以减征或者免征车船税。具体办法由国务院规定，并报全国人民代表大会常务委员会备案。

条文解读

本条规定的是由国务院规定并报全国人民代表大会常务委员会备案的可以减征或者免征事项。主要有两类，第一类是节约能源、使用新能源的车船可以减征或者免征车船税，这类事项国务院通过多部委不定期联合发文制定优惠政策、发布优惠车船目录清单来实施；第二类是受严重自然灾害影响纳税困难以及有其他特殊原因确需减税、免税的，国务院通过制定临时性的减免税决定来实施或者根据《实施条例》第十条第二款规定由省级政府确定并报国务院备案。

政策链接

【节约能源、使用新能源车船的减免税】《实施条例》第十条第一款规定，节约能源、使用新能源的车船可以免征或者减半征收车船税。免征或者减半征收车船税的车船的范围，由国务院财政、税务主管部门商国务院有关部门制订，报国务院批准。

《财政部 税务总局 工业和信息化部 交通运输部关于节能 新能源车船享受车船税优惠政策的通知》（财税〔2018〕74号）规定，经国务院批准，节约能源、使用新能源（以下简称节能、新能源）车船的车船税优惠政策如下：

1. 节能汽车减半

对节能汽车，减半征收车船税。

（1）减半征收车船税的节能乘用车应同时符合以下标准：

①获得许可在中国境内销售的排量为1.6升以下（含1.6升）的燃用汽油、柴油的乘用车（含非插电式混合动力、双燃料和两用燃料乘用车）；

②综合工况燃料消耗量应符合标准，具体要求见文件附件1。

（2）减半征收车船税的节能商用车应同时符合以下标准：

①获得许可在中国境内销售的燃用天然气、汽油、柴油的轻型和重型商用车（含非插电式混合动力、双燃料和两用燃料轻型和重型商用车）；

②燃用汽油、柴油的轻型和重型商用车综合工况燃料消耗量应符合标准，具体要求见文件附件2、附件3。

2. 新能源车船免征

对新能源车船，免征车船税。

（1）免征车船税的新能源汽车是指纯电动商用车、插电式（含增程式）混合动力汽车、燃料电池商用车。纯电动乘用车和燃料电池乘用车不属于车船税征税范围，对其不征车船税。

（2）免征车船税的新能源汽车应同时符合以下标准：

①获得许可在中国境内销售的纯电动商用车、插电式（含增程式）混合动力汽车、燃料电池商用车；

②符合新能源汽车产品技术标准，具体要求见文件附件；

③通过新能源汽车专项检测，符合新能源汽车标准，具体要求见文件附件；

④新能源汽车生产企业或进口新能源汽车经销商在产品质量保证、产品一致性、售后服务、安全监测、动力电池回收利用等方面符合相关要求，具体要求见文件附件。

（3）免征车船税的新能源船舶应符合以下标准：

船舶的主推进动力装置为纯天然气发动机。发动机采用微量柴油引燃方式且引燃油热值占全部燃料总热值的比例不超过5%的，视同纯天然气发动机。

3. 目录管理

符合上述标准的节能、新能源汽车，由工业和信息化部、税务总局不定期联合发布《享受车船税减免优惠的节约能源使用新能源汽车车型目录》（以下简称《目录》）予以公告。

4. 汽车企业可申请

汽车生产企业或进口汽车经销商可通过工业和信息化部节能与新能源汽车财税优惠目录申报管理系统，自愿提交节能车型报告、新能源车型报告，申请将其产品列入《目录》，并对申报资料的真实性负责。

5. 船舶由检验机构认定

船舶检验机构在核定检验船舶主推进动力装置时，对满足本通知新能源船舶标准的，在其船用产品证书上标注"纯天然气发动机"字段；在船舶建造检验时，对船舶主推进动力装置船用产品证书上标注有"纯天然气发动机"字段的，在其检验证书服务簿中标注"纯天然气动力船舶"字段。对使用未标记"纯天然气发动机"字段主推进动力装置的船舶，船舶所有人或者管理人认为符合本通知新能源船舶标准的，在船舶年度检验时一并向船舶检验机构提出认定申请，同时提交支撑材料，并对提供信息的真实性负责。船舶检验机构通过审核材料和现场检验予以确认，符合本通知新能源船舶标准的，在船舶检验证书服务簿中标注"纯天然气动力船舶"字段。

纳税人凭标注"纯天然气动力船舶"字段的船舶检验证书享受车船税免税优惠。

6. 部委制定标准

财政部、税务总局、工业和信息化部、交通运输部根据汽车和船舶技术进步、产业发展等因素适时调整节能、新能源车船的认定标准。

7. 目录用新废旧

本通知发布后，列入新公告的各批次《目录》（以下简称新《目录》）的节能、新能源汽车，自新《目录》公告之日起，按新《目录》和本通知相关规定享受车船税减免优惠政策。新《目录》公告后，第一批、第二批、第三批车船税优惠车型目录同时废止；新《目录》公告前已取得的列入第一批、第二批、第三批车船税优惠车型目录的节能、新能源汽车，不论是否转让，可继续享受车船税减免优惠政策。

8. 执行日期

本通知自发布之日 2018 年 7 月 10 日起执行。《财政部 国家税务总局 工业和信息化部关于节约能源 使用新能源车船车船税优惠政策的通知》（财税〔2015〕51 号）以及《财政部办公厅 税务总局办公厅 工业和信息化部办公厅关于加强〈享受车船税减免优惠的节约能源、使用新能源汽车车型目录〉管理工作的通知》（财办税〔2017〕63 号）同时废止。

工业和信息化部通过发布公告的形式，公布各批次《享受车船税减免优惠的节约能源使用新能源汽车车型目录》。

【困难减免及其他特殊减免权限下放省级政府】《实施条例》第十条第二款规定，对受地震、洪涝等严重自然灾害影响纳税困难以及其他特殊原因确需减免税的车船，可以在一定期限内减征或者免征车船税。具体减免期限和数额由省、自治区、直辖市人民政府确定，报国务院备案。

例如，《财政部 海关总署 国家税务总局关于第二届夏季青年奥林匹克运动会等三项国际综合运动会税收政策的通知》（财税〔2013〕11 号）第一条第八款规定："对组委会的车船，由江苏省、天津市人民政府根据车船税法实施条例第十条第二款的规定，确定相应车船税的具体减免期限和数额，并报国务院备案。"

又如，《湖南省地方税务局关于校车免征车船税有关事项的公告》（湖南省地方税务局公告 2017 年第 2 号）规定："经湖南省人民政府同意，自 2018 年 1 月 1 日起，全省范围内符合条件的中小学幼儿园校车，即符合《湖南省实施〈校车安全管理条例〉办法》（湖南省人民政府令第 277 号）规定，依法取得校车使用许可，用于接送义务教育阶段学生和幼儿园儿童上下学的 7 座以上载客汽车免征车船税。"

【国务院确定的其他减免】《实施条例》第二十四条规定，临时入境的外国车船和香港特别行政区、澳门特别行政区、台湾地区的车船，不征收车船税。

《实施条例》第二十五条规定，按照规定缴纳船舶吨税的机动船舶，自《车船税法》实施之日起 5 年内免征车船税。依法不需要在车船登记管理部门登记的机场、港口、铁路站场内部行驶或者作业的车船,自《车船税法》实施之日起 5 年内免征车船税。

因为《车船税法》自 2012 年 1 月 1 日起施行,因此,自 2017 年 1 月 1 日起,《实施条例》第二十五条规定的减免税事项开始恢复征收车船税。

【其他优惠政策】未明确列出的其他优惠政策,请查阅附录《财产行为税减免税政策代码目录(有效)》。

第五条 省、自治区、直辖市人民政府根据当地实际情况,可以对公共交通车船,农村居民拥有并主要在农村地区使用的摩托车、三轮汽车和低速载货汽车定期减征或者免征车船税。

条文解读

本条是关于《车船税法》规定由省、自治区、直辖市人民政府确定的车船税减征或者免征事项。主要是公交车、船以及由农村居民拥有并主要在农村地区使用的摩托车、三轮汽车和低速载货汽车等。例如,《山东省实施〈中华人民共和国车船税法〉办法》(山东省人民政府令 2011 年第 245 号)第四条规定:"本省境内的公共交通车船、农村居民拥有并主要在农村地区使用的摩托车、三轮汽车和低速载货汽车暂免征收车船税";又如,《海南省车船税征收管理办法》(海南省人民政府令 2013 年第 245 号)第四条规定:"公共交通车船同时符合下列条件的,暂免征收车船税:(1)依法取得营运资格;(2)执行政府定价或者政府指导价;(3)按照规定时间、线路和站点运营;(4)供公众乘用并承担部分社会公益性服务或者执行政府指令性任务。暂免征收车船税的公共交通车船的具体范围由省财政部门和省地方税务机关共同认定。"和第五条规定:"农村居民拥有的摩托车、三轮汽车和低速载货汽车同时符合下列条件的,暂免征收车船税:(1)车辆机动车行驶证上登记的地址为农村;(2)车辆所有人的户籍为农业户口。"等等。其他各地政府对此类减免也做了规定。

第三节 征收管理

> **第六条** 从事机动车第三者责任强制保险业务的保险机构为机动车车船税的扣缴义务人,应当在收取保险费时依法代收车船税,并出具代收税款凭证。

条文解读

本条是关于车船税扣缴义务人的规定。规定从事机动车第三者责任强制保险业务的保险机构为机动车车船税的扣缴义务人。保险机构在收取保险费时,履行代收代缴车船税的法定义务。需要说明的是,虽然《车船税法》使用的是扣缴义务人的说法,但保险机构实际履行的是代收代缴义务。

政策链接

【机动车车船税扣缴义务人】《实施条例》第十二条、第十三条规定,机动车车船税扣缴义务人在代收车船税时,应当在机动车交通事故责任强制保险的保险单以及保费发票上注明已收税款的信息,作为代收税款凭证。已完税或者依法减免税的车辆,纳税人应当向扣缴义务人提供登记地的主管税务机关出具的完税凭证或者减免税证明。

具体代征规定和具体办法根据《国家税务总局 中国保险监督管理委员会关于机动车车船税代收代缴有关事项的公告》(国家税务总局 中国保险监督管理委员会公告2011年第75号)执行。

【船舶车船税的委托代征】根据《国家税务总局 交通运输部关于发布〈船舶车船税委托代征管理办法〉的公告》(国家税务总局 交通运输部公告2013年第1号)规定,自2013年2月1日起,对于在交通运输部直属海事管理机构(以下简称海事管理机构)登记的应税船舶,其船籍港所在地的税务机关可以依据《船舶车船税委托代征管理办法》的规定委托当地海事管理机构代征车船税。《船舶车船税委托代征管理办法》共二十四条，根据《车船税法》及其实施条例、《税收征管法》及其实施细则以及税收票证和手续费管理等相关文件规定，制定了船舶车船税的委托征收、解缴、手续费支付和使用、信息共享等工作流程，明确了税务机关和海事管理机构在委托代征工作中的职责。

【发票备注栏注明代收车船税税款】《国家税务总局关于保险机构代收车船税开具增值税发票问题的公告》（国家税务总局公告2016年第51号）规定，自2016年5月1日起，保险机构作为车船税扣缴义务人，在代收车船税并开具增值税发票时，应在增值税发票备注栏中注明代收车船税税款信息。具体包括：保险单号、税款所属期（详细至月）、代收车船税金额、滞纳金金额、金额合计等。该增值税发票可作为纳税人缴纳车船税及滞纳金的会计核算原始凭证。

【滞纳金一并代收代缴】《实施条例》第十四条规定，纳税人没有按照规定期限缴纳车船税的，扣缴义务人在代收代缴税款时，可以一并代收代缴欠缴税款的滞纳金。

【车船税扣缴税款缴纳时间】《实施条例》第十八条规定，扣缴义务人应当及时解缴代收代缴的税款和滞纳金，并向主管税务机关申报。扣缴义务人向税务机关解缴税款和滞纳金时，应当同时报送明细的税款和滞纳金扣缴报告。扣缴义务人解缴税款和滞纳金的具体期限，由省、自治区、直辖市地方税务机关依照法律、行政法规的规定确定。

【代收代缴欠缴税款滞纳金的起算时间】《国家税务总局关于车船税征管若干问题的公告》（国家税务总局公告2013年第42号）第六条规定，车船税扣缴义务人代收代缴欠缴税款的滞纳金，从各省、自治区、直辖市人民政府规定的申报纳税期限截止日期的次日起计算。

第七条 车船税的纳税地点为车船的登记地或者车船税扣缴义务人所在地。依法不需要办理登记的车船，车船税的纳税地点为车船的所有人或者管理人所在地。

条文解读

本条是关于车船税纳税地点的规定。车船税属地管理，主要规定是：一是车船的登记地；二是车船税扣缴义务人所在地；三是对于不需要办理登记的车船车船税的纳税地点为车船的所有人或者管理人所在地。

第八条 车船税纳税义务发生时间为取得车船所有权或者管理权的当月。

条文解读

本条是关于纳税义务发生时间的规定，取得车船所有权或者管理权的当月即发生纳税义务，应依法纳税。

政策链接

【纳税义务发生时间】《实施条例》第二十一条规定，《车船税法》第八条所称取得车船所有权或者管理权的当月，应当以购买车船的发票或者其他证明文件所载日期的当月为准。

第九条 车船税按年申报缴纳。具体申报纳税期限由省、自治区、直辖市人民政府规定。

条文解读

本条是关于车船税纳税方式的规定。车船税按年申报缴纳，一年只申报一次，缴纳从1月1日至12月31日的车船税税款。对于年度中间取得的车船，缴纳从取得当月到年度结束月份的车船税。

政策链接

【纳税年度】《实施条例》第二十三条规定车船税按年申报，分月计算，一次性缴纳。纳税年度为公历1月1日至12月31日。

【适用税额的确定】《实施条例》第十七条规定，车辆车船税的纳税人按照纳税地点所在的省、自治区、直辖市人民政府确定的具体适用税额缴纳车船税。

【新车船购置的税额确定】《实施条例》第十九条第一款规定，购置的新车船，购置当年的应纳税额自纳税义务发生的当月起按月计算。应纳税额为年应纳税额除以12再乘以应纳税月份数。

【盗抢、报废、灭失可退税】《实施条例》第十九条第二款规定，在一个纳税年度内，已完税的车船被盗抢、报废、灭失的，纳税人可以凭有关管理机关出具的证明和完税凭证，向纳税所在地的主管税务机关申请退还自被盗抢、报废、灭失月份起至该纳税年度终了期间的税款。

【失而复得重新缴纳】《实施条例》第十九条第三款规定，已办理退税的被盗抢车船失而复得的，纳税人应当从公安机关出具相关证明的当月起计算缴纳车船税。

【转让不纳税】《实施条例》第二十条规定，已缴纳车船税的车船在同一纳税年度内办理转让过户的，不另纳税，也不退税。

【退货可退税】《国家税务总局关于车船税征管若干问题的公告》（国家税务总局公告2013年第42号）第四条规定，已经缴纳车船税的车船，因质量原因，车船被退回生产企业或者经销商的，纳税人可以向纳税所在地的主管税务机关申请退还自退货月份起至该纳税年度终了期间的税款。退货月份以退货发票所载日期的当月为准。

【计税标准】《国家税务总局关于车船税征管若干问题的公告》（国家税务总局公告2013年第42号）第三条规定，《车船税法》及其实施条例涉及的整备质量、净吨位、艇身长度等计税单位，有尾数的一律按照含尾数的计税单位据实计算车船税应纳税额。计算得出的应纳税额小数点后超过两位的可四舍五入保留两位小数。乘用车以车辆登记管理部门核发的机动车登记证书或者行驶证书所载的排气量毫升数确定税额区间。

例9-1：2022年1月，某客运公司购进客车20辆，购买当月即投入使用，并取得购货发票，缴纳了全年车船税。其中3辆客车因质量问题在5月退回厂家,6月取得退货发票,当地政府规定该型号客车的车船税税额为每辆1200元。则该客运公司退货应获得的车船税为多少?

解析:根据《国家税务总局关于车船税征管若干问题的公告》(国家税务总局公告2013年第42号)第四条规定,已经缴纳车船税的车船,车船因质量原因被退回生产企业或者经销商的,纳税人可以向纳税所在地的主管税务机关申请退还自退货月份起至该纳税年度终了期间的税款。退货月份以退货发票所载日期的当月为准。因此,车船税退税额=3×1200×(7÷12)=2100(元)。

例9-2:某公司2022年拥有船舶2艘,净吨位分别为300吨、164吨;拥有游艇1艘,艇身长度20米。则2022年全年该公司船舶和游艇应纳车船税为多少?假设当地规定的车船税税额如表9-2所示。

表9-2　　　　　某公司所在地车船税税额　　　　　单位:元

税目		计税单位	年税额	备注
船舶	机动船舶			拖船、非机动驳船分别按照机动船舶税额的50%计算
	净吨位小于或等于200吨	净吨位每吨	3	
	净吨位201吨至2000吨	净吨位每吨	4	
	净吨位2001吨至10000吨	净吨位每吨	5	
	净吨位10001吨及其以上	净吨位每吨	6	
	游艇			
	艇身长度不超过10米	艇身长度每米	600	
	艇身长度超过10米但不超过18米	艇身长度每米	900	
	艇身长度超过18米但不超过30米	艇身长度每米	1300	
	艇身长度超过30米	艇身长度每米	2000	
	辅助动力帆艇	艇身长度每米	600	

解析:该公司应缴纳的车船税合计为:300×4+164×3+20×1300=27692(元)。

> **第十条** 公安、交通运输、农业、渔业等车船登记管理部门、船舶检验机构和车船税扣缴义务人的行业主管部门应当在提供车船有关信息等方面，协助税务机关加强车船税的征收管理。
>
> 车辆所有人或者管理人在申请办理车辆相关登记、定期检验手续时，应当向公安机关交通管理部门提交依法纳税或者免税证明。公安机关交通管理部门核查后办理相关手续。

条文解读

本条主要是多部门配合加强车船税管理的规定。在办理车辆登记和检验手续时，公安机关有要求申请人提供车船税纳税或者免税证明的权利和义务。对于纳税人未提供纳税或者免税证明的，不予办理相关手续。

政策链接

【纳税前置】《实施条例》第二十二条规定，税务机关可以在车船登记管理部门、车船检验机构的办公场所集中办理车船税征收事宜。公安机关交通管理部门在办理车辆相关登记和定期检验手续时，经核查，对没有提供依法纳税或者免税证明的，不予办理相关手续。

《公安部关于修改〈机动车登记规定〉的决定》（公安部令2012年第124号）第七条规定，申请注册登记的，机动车所有人应当填写申请表，交验机动车，并提交以下证明、凭证：

（1）机动车所有人的身份证明；

（2）购车发票等机动车来历证明；

（3）机动车整车出厂合格证明或者进口机动车进口凭证；

（4）车辆购置税完税证明或者免税凭证；

（5）机动车交通事故责任强制保险凭证；

（6）车船税纳税或者免税证明；

（7）法律、行政法规规定应当在机动车注册登记时提交的其他证明、凭证。

第十一条 车船税的征收管理，依照本法和《中华人民共和国税收征收管理法》的规定执行。

第十二条 国务院根据本法制定实施条例。

第十三条 本法自 2012 年 1 月 1 日起施行。2006 年 12 月 29 日国务院公布的《中华人民共和国车船税暂行条例》同时废止。

政策链接

【实施条例】根据《车船税法》第十二条的授权，国务院制定了《实施条例》，自 2012 年 1 月 1 日起施行。

【管理规程】《车船税法》及其实施条例自 2012 年施行以来，完善了税源管控和征收措施，方便了广大纳税人，提高了车船税征管效率。但也遇到一些亟待明确或细化的问题。为进一步规范车船税管理，促进税务机关同其他部门协作，提高车船税管理水平，国家税务总局制定了《车船税管理规程（试行）》（国家税务总局公告 2015 年第 83 号），自 2016 年 1 月 1 日起施行。

《车船税管理规程（试行）》分为六章二十五条，主要明确了车船税管理所涉及的税源管理、税款征收、减免税和退税管理以及风险管理等事项，见本章附录。

附：

车船税管理规程（试行）

[国家税务总局公告 2015 年第 83 号发布，根据《国家税务总局关于修改部分税收规范性文件的公告》（国家税务总局公告 2018 年第 31 号）修订]

第一章 总则

第一条 为进一步规范车船税管理，提高车船税管理水平，促进税务机关同其他部门协作，根据《中华人民共和国车船税法》（以下简称车船税法）及其实施条例以及相关法律、法规，制定本规程。

第二条 车船税管理应当坚持依法治税原则，按照法定权限与程序，严格执行相关法律法规和税收政策，坚决维护税法的权威性和严肃性，切实保护纳税人合法权益。

税务机关应当根据车船税法和相关法律法规要求，提高税收征管质效，减轻纳税人办税负担，优化纳税服务，加强部门协作，实现信息管税。

第三条 本规程适用于车船税管理中所涉及的税源管理、税款征收、减免税和退税管理、风险管理等事项。税务登记、税收票证、税收计划、税收会计、税收统计、档案资料等其他有关管理事项按照相关规定执行。

第二章 税源管理

第四条 税务机关应当按照车船税统一申报表数据指标建立车船税税源数据库。

第五条 税务机关、保险机构和代征单位应当在受理纳税人申报或者代收代征车船税时，根据相关法律法规及委托代征协议要求，整理《车船税纳税申报表》《车船税代收代缴报告表》的涉税信息，并及时共享。

税务机关应当将自行征收车船税信息和获取的车船税第三方信息充实到车船税税源数据库中。同时要定期进行税源数据库数据的更新、校验、清洗等工作，保障车船税税源数据库的完整性和准确性。

第六条 税务机关应当积极同相关部门建立联席会议、合作框架等制度，采集以下第三方信息：

（一）保险机构代收车船税车辆的涉税信息；

（二）公安交通管理部门车辆登记信息；

（三）海事部门船舶登记信息；

（四）公共交通管理部门车辆登记信息；

（五）渔业船舶登记管理部门船舶登记信息；

（六）其他相关部门车船涉税信息。

第三章 税款征收

第七条 纳税人向税务机关申报车船税，税务机关应当受理，并向纳税人开具含有车船信息的完税凭证。

第八条 税务机关按第七条征收车船税的，应当严格依据车船登记地确定征管范围。依法不需要办理登记的车船，应当依据车船的所有人或管理人所在地确定征管范围。车船登记地或车船所有人或管理人所在地以外的车船税，税务机关不应征收。

第九条 保险机构应当在收取机动车第三者责任强制保险费时依法代收

车船税,并将注明已收税款信息的机动车第三者责任强制保险单及保费发票作为代收税款凭证。

第十条 保险机构应当按照本地区车船税代收代缴管理办法规定的期限和方式,及时向保险机构所在地的税务机关办理申报、结报手续,报送代收代缴税款报告表和投保机动车缴税的明细信息。

第十一条 对已经向主管税务机关申报缴纳车船税的纳税人,保险机构在销售机动车第三者责任强制保险时,不再代收车船税,但应当根据纳税人的完税凭证原件,将车辆的完税凭证号和出具该凭证的税务机关名称录入交强险业务系统。

对出具税务机关减免税证明的车辆,保险机构在销售机动车第三者责任强制保险时,不代收车船税,保险机构应当将减免税证明号和出具该证明的税务机关名称录入交强险业务系统。

纳税人对保险机构代收代缴税款数额有异议的,可以直接向税务机关申报缴纳,也可以在保险机构代收代缴税款后向税务机关提出申诉,税务机关应在接到纳税人申诉后按照本地区代收代缴管理办法规定的受理程序和期限进行处理。

第十二条 车船税联网征收系统已上线地区税务机关应当及时将征收信息、减免税信息、保险机构和代征单位汇总解缴信息等传递至车船税联网征收系统,与税源数据库历史信息进行比对核验,实现税源数据库数据的实时更新、校验、清洗,以确保车船税足额收缴。

第十三条 税务机关可以根据有利于税收管理和方便纳税的原则,委托交通运输部门的海事管理机构等单位在办理车船登记手续或受理车船年度检验信息报告时代征车船税,同时向纳税人出具代征税款凭证。

第十四条 代征单位应当根据委托代征协议约定的方式、期限及时将代征税款解缴入库,并向税务机关提供代征车船明细信息。

第十五条 代征单位对出具税务机关减免税证明或完税凭证的车船,不再代征车船税。代征单位应当记录上述凭证的凭证号和出具该凭证的税务机关名称,并将上述凭证的复印件存档备查。

代征单位依法履行委托代征税款职责时,纳税人不得拒绝。纳税人拒绝的,代征单位应当及时报告税务机关。

第四章 减免税退税管理

第十六条 税务机关应当依法减免车船税。保险机构、代征单位对已经办理减免税手续的车船不再代收代征车船税。

税务机关、保险机构、代征单位应当严格执行财政部、国家税务总局、工业和信息化部公布的节约能源、使用新能源车船减免税政策。对不属于车船税征税范围的纯电动乘用车和燃料电池乘用车,应当积极获取车辆的相关信息予以判断,对其征收了车船税的应当及时予以退税。

第十七条 税务机关应当将本地区车船税减免涉及的具体车船明细信息和相关减免税额存档备查。

第十八条 车船税退税管理应当按照税款缴库退库有关规定执行。

第十九条 已经缴纳车船税的车船,因质量原因,车船被退回生产企业或者经销商的,纳税人可以向纳税所在地的主管税务机关申请退还自退货月份起至该纳税年度终了期间的税款,退货月份以退货发票所载日期的当月为准。

地方税务机关与国家税务机关应当积极协作,落实国地税合作规范,在纳税人因质量原因发生车辆退货时,国家税务机关应当向地方税务机关提供车辆退货发票信息,减轻纳税人办税负担。[注:根据《国家税务总局关于修改部分税收规范性文件的公告》(国家税务总局公告2018年第31号)本文第十九条第二款删除。]

第二十条 已完税车辆被盗抢、报废、灭失而申请车船税退税的,由纳税人纳税所在地的主管税务机关按照有关规定办理。

第二十一条 纳税人在车辆登记地之外购买机动车第三者责任强制保险,由保险机构代收代缴车船税的,凭注明已收税款信息的机动车第三者责任强制保险单或保费发票,车辆登记地的主管税务机关不再征收该纳税年度的车船税,已经征收的应予退还。

第五章 风险管理

第二十二条 税务机关应当加强车船税风险管理,构建车船税风险管理指标体系,依托现代化信息技术,对车船税管理的风险点进行识别、监控、预警,做好风险应对处置工作。

税务机关应当根据国家税务总局关于财产行为税风险管理工作的要求开展车船税风险管理工作。

第二十三条 税务机关重点可以通过以下方式加强车船税风险管理:

(一)将申报已缴纳车船税车船的排量、整备质量、载客人数、吨位、艇身长度等信息与税源数据库中对应的信息进行比对,防范少征、错征税款风险;

（二）将保险机构、代征单位申报解缴税款与实际入库税款进行比对，防范少征、漏征风险；

（三）将备案减免税车船与实际减免税车船数量、涉及税款进行比对，防范减免税优惠政策落实不到位风险；

（四）将车船税联网征收系统车辆完税信息与本地区车辆完税信息进行比对，防范少征、漏征、重复征税风险等。

税务机关应当根据本地区车船税征管实际情况，设计适应本地区征管实际的车船税风险指标。

第六章　附则

第二十四条　各省、自治区、直辖市税务机关地方税务机关可根据本规程制定具体实施意见。

第二十五条　本规程自 2016 年 1 月 1 日起施行。

第十章 烟叶税

烟叶税是以纳税人收购烟叶的收购金额为计税依据征收的一种税。《中华人民共和国烟叶税法》（中华人民共和国主席令第八十四号）自 2018 年 7 月 1 日起施行，共十条，原 2006 年 4 月 28 日国务院公布的《中华人民共和国烟叶税暂行条例》（国务院令第 464 号）同时废止。

第一节 纳税义务人和征税范围

> **第一条** 在中华人民共和国境内,依照《中华人民共和国烟草专卖法》的规定收购烟叶的单位为烟叶税的纳税人。纳税人应当依照本法规定缴纳烟叶税。

条文解读

烟叶税纳税义务人是指在中华人民共和国境内收购烟叶的单位。而"收购烟叶的单位",是指依照《中华人民共和国烟草专卖法》的规定有权收购烟叶的烟草公司或者受其委托收购烟叶的单位。

需要关注的是,从《中华人民共和国烟叶税暂行条例》到《中华人民共和国烟叶税法》体现了"三变三不变"的特点。"三变"是指:一是计税依据调整,由收购金额调整为实际支付价款总额。原条例中收购金额包括收购价款和价外补贴两部分,而新税法把计税依据调整为实际支付的价款总额,包含了收购价款和价外补贴。二是纳税义务发生时间调整。由原条例的纳税义务发生之日起30日内申报纳税调整为新税法的纳税义务发生月终了之日起15天内申报纳税。三是纳税期限调整。由原条例按日计征调整为新税法的按月计征。"三不变"是指:一是基本条款都是10条不变;二是税制基本要素不变;三是维持20%税率不变。

> **第二条** 本法所称烟叶,是指烤烟叶、晾晒烟叶。

条文解读

烟叶税征税范围仅是晾晒烟叶和烤烟叶。

第二节　税款计算

> 第三条　烟叶税的计税依据为纳税人收购烟叶实际支付的价款总额。

条文解读

烟叶税计税依据是纳税人收购烟叶实际支付的价款总额，包含收购价款及各种价外补贴。

政策链接

【计税依据】《财政部 税务总局关于明确烟叶税计税依据的通知》（财税〔2018〕75号）规定，纳税人收购烟叶实际支付的价款总额包括纳税人支付给烟叶生产销售单位和个人的烟叶收购价款和价外补贴。其中，价外补贴统一按烟叶收购价款的10%计算。

> 第四条　烟叶税的税率为百分之二十。
> 第五条　烟叶税的应纳税额按照纳税人收购烟叶实际支付的价款总额乘以税率计算。

条文解读

烟叶税应纳税额按照纳税人收购烟叶实际支付的价款乘以规定的20%税率计算。

税款计算公式为：

$$应纳税额 = 收购烟叶实际支付的价款 \times 20\%$$

会计核算

采购烟叶所支付的烟叶税组成企业的采购成本,借记"材料采购""在途物资""原材料"等科目,贷记"银行存款""库存现金""其他货币资金"等科目。

第三节　征收管理

第六条　烟叶税由税务机关依照本法和《中华人民共和国税收征收管理法》的有关规定征收管理。

第七条　纳税人应当向烟叶收购地的主管税务机关申报缴纳烟叶税。

第八条　烟叶税的纳税义务发生时间为纳税人收购烟叶的当日。

第九条　烟叶税按月计征,纳税人应当于纳税义务发生月终了之日起十五日内申报并缴纳税款。

第十条　本法自 2018 年 7 月 1 日起施行。2006 年 4 月 28 日国务院公布的《中华人民共和国烟叶税暂行条例》同时废止。

条文解读

烟叶税的纳税地点为烟叶收购地,而不是机构所在地。

烟叶税的纳税义务发生时间,为纳税人收购烟叶的当日。

烟叶税的纳税限期与其他按月计征的税种一样均为纳税义务发生月终了之日起 15 日。纳税期限是指纳税人按照税法规定缴纳税款的期限。

第十一章

城市维护建设税

城市维护建设税（以下简称城建税）是对在中华人民共和国境内缴纳增值税、消费税的单位和个人征收的一种税。1985年1月1日起，施行《中华人民共和国城市维护建设税暂行条例》（国发〔1985〕19号，以下简称《城建税暂行条例》），开始征收城建税。

2020年8月11日第十三届全国人民代表大会常务委员会第二十一次会议通过《中华人民共和国城市维护建设税法》（中华人民共和国主席令第五十一号，以下简称《城建税法》），共十一条，自2021年9月1日起施行，《城建税暂行条例》同时废止。

本章以《城建税法》为主线展开讲解城建税的具体规定。

第一节 纳税义务人

> **第一条** 在中华人民共和国境内缴纳增值税、消费税的单位和个人，为城市维护建设税的纳税人，应当依照本法规定缴纳城市维护建设税。

条文解读

本条是对城建税纳税义务人的规定。需要注意的是，根据 2017 年 11 月 19 日起施行的《国务院关于废止〈中华人民共和国营业税暂行条例〉和修改〈中华人民共和国增值税暂行条例〉的决定》（国务院令第 691 号）规定，《营业税暂行条例》已被废止。营业税已退出历史舞台，但是，考虑到对营改增之前税收问题的评估、稽查等可能会涉及营业税，故税务部门如有查补营业税税款，其相应城市维护建设税也须按规定缴纳。

政策链接

【外资企业和个人应缴纳城市维护建设税】根据《国务院关于统一内外资企业和个人城市维护建设税和教育费附加制度的通知》（国发〔2010〕35 号）规定，自 2010 年 12 月 1 日起，外商投资企业、外国企业及外籍个人适用国务院 1985 年发布的《中华人民共和国城市维护建设税暂行条例》和 1986 年发布的《征收教育费附加的暂行规定》，1985 年及 1986 年以来国务院及国务院财税主管部门发布的有关城市维护建设税和教育费附加的法规、规章、政策同时适用于外商投资企业、外国企业及外籍个人。根据《财政部 国家税务总局关于对外资企业征收城市维护建设税和教育费附加有关问题的通知》（财税〔2010〕103 号）规定，自 2010 年 12 月 1 日起，对外商投资企业、外国企业及外籍个人（以下简称外资企业）征收城市维护建设税和教育费附加。对外资企业 2010 年 12 月 1 日（含）之后发生纳税义务的增值税、消费税、营业税（以下简称"三税"）征收城市维护建设税和教育费附加；对外资企业

2010年12月1日之前发生纳税义务的"三税",不征收城市维护建设税和教育费附加。

第二节 计税依据和税率

第二条 城市维护建设税以纳税人依法实际缴纳的增值税、消费税税额为计税依据。

城市维护建设税的计税依据应当按照规定扣除期末留抵退税退还的增值税税额。

城市维护建设税计税依据的具体确定办法,由国务院依据本法和有关税收法律、行政法规规定,报全国人民代表大会常务委员会备案。

第三条 对进口货物或者境外单位和个人向境内销售劳务、服务、无形资产缴纳的增值税、消费税税额,不征收城市维护建设税。

条文解读

本部分是关于城建税计税依据的规定,以纳税人依法实际缴纳的增值税、消费税税额为计税依据。城建税即是人们常说的"附加税",它是附随着流转税(消费税、增值税)而计算征收的。与《城建税暂行条例》相比,主要的变化有三个:

一是增加第二条第二款,即"城市维护建设税的计税依据应当按照规定扣除期末留抵退税退还的增值税税额",为避免增加留抵退税企业的负担,2018年,财政部、税务总局发文明确,对实行增值税期末留抵退税的纳税人,允许其从城建税的计税依据中扣除退还的增值税税额。《城建税法》将现行规定上升为法律,明确从城建税的计税依据中扣除期末留抵退税退还的增值税税额;

二是增加第二条第三款,授权国务院制定城市维护建设税计税依据的具体确定办法;

三是增加第三条，明确对进口货物或者境外单位和个人向境内销售劳务、服务、无形资产缴纳的增值税、消费税税额，不征收城市维护建设税。

政策链接

【增值税期末留抵退税的城市维护建设税问题】根据《财政部 国家税务总局关于集成电路企业增值税期末留抵退税有关城市维护建设税、教育费附加和地方教育附加政策的通知》（财税〔2017〕17号）规定，享受增值税期末留抵退税政策的集成电路企业，其退还的增值税期末留抵税额，应在城市维护建设税、教育费附加和地方教育附加的计税（征）依据中予以扣除。

《财政部 税务总局关于增值税期末留抵退税有关城市维护建设税、教育费附加和地方教育附加政策的通知》（财税〔2018〕80号）规定，为保证增值税期末留抵退税政策有效落实，自2018年7月27日起，对实行增值税期末留抵退税的纳税人，允许其从城市维护建设税、教育费附加和地方教育附加的计税（征）依据中扣除退还的增值税税额。

《财政部 税务总局关于2018年退还部分行业增值税留抵税额有关税收政策的通知》（财税〔2018〕70号）规定，为助力经济高质量发展，2018年对部分行业增值税期末留抵税额予以退还。具体规定如下：

（1）退还期末留抵税额的行业企业范围：退还增值税期末留抵税额的行业包括装备制造等先进制造业、研发等现代服务业和电网企业。

（2）退还期末留抵税额的纳税人条件：退还期末留抵税额纳税人的纳税信用等级为A级或B级。

（3）退还期末留抵税额的计算：纳税人向主管税务机关申请退还期末留抵税额，当期退还的期末留抵税额，以纳税人申请退税上期的期末留抵税额和退还比例计算，并以纳税人2017年底期末留抵税额为上限。

【计税依据为应当缴纳的两税税额】根据《财政部 税务总局关于城市维护建设税计税依据确定办法等事项的公告》（财政部 税务总局公告2021年第28号）第一条规定，城市维护建设税以纳税人依法实际缴纳的增值税、消费税税额（以下简称两税税额）为计税依据。

依法实际缴纳的两税税额，是指纳税人依照增值税、消费税相关法律法规和税收政策规定计算的应当缴纳的两税税额（不含因进口货物或境外单位和个人向境内销售劳务、服务、无形资产缴纳的两税税额），加上增值税免抵税额，扣除直接减免的两税税额和期末留抵退税退还的增值税税额后的金额。

直接减免的两税税额，是指依照增值税、消费税相关法律法规和税收政策规定，直接减征或免征的两税税额，不包括实行先征后返、先征后退、即征即退办法退还的两税税额。

教育费附加、地方教育附加计征依据与城市维护建设税计税依据一致。按上述规定执行。

> 第四条 城市维护建设税税率如下：
> （一）纳税人所在地在市区的，税率为百分之七；
> （二）纳税人所在地在县城、镇的，税率为百分之五；
> （三）纳税人所在地不在市区、县城或者镇的，税率为百分之一。
> 前款所称纳税人所在地，是指纳税人住所地或者与纳税人生产经营活动相关的其他地点，具体地点由省、自治区、直辖市确定。
> 第五条 城市维护建设税的应纳税额按照计税依据乘以具体适用税率计算。

条文解读

本部分虽是对城建税地区差别比例税率的规定，但也包含着征税范围的规定，即城市、县城、建制镇，以及税法规定征收"两税"的其他地区。

与《城建税暂行条例》相比，第四条增加了第二款，即关于纳税人所在地规定。考虑到城建税属于地方税，各地实际情况有所不同，《城建税法》没有对纳税人所在地作统一规定，授权各省、自治区、直辖市具体确定。确定纳税人所在地是为了确定城建税具体适用税率，与纳税地点不是一个概念，如海洋油气勘探开发所在地在海上，不属于市区、县城或者镇，适用1%税率，但其纳税地点不在海上。

政策链接

【行政区划变更】根据2021年第26号公告第四条规定，城建税纳税人按所在地在市区、县城、镇和不在上述区域适用不同税率。市区、县城、镇按照行政区划确定。

行政区划变更的,自变更完成当月起适用新行政区划对应的城建税税率,纳税人在变更完成当月的下一个纳税申报期按新税率申报缴纳。

【城市维护建设税税率的其他特别规定】城市维护建设税的适用税率,应按纳税人所在地的规定税率执行。但对下列几种情况,按相关规定税率缴纳城市维护建设税:

1. 代扣代缴代收代缴的城市维护建设税

根据《财政部关于城市维护建设税几个具体业务问题的补充规定》(财税字〔1985〕143号)第二条第(一)项规定,由受托方代扣代缴、代收代缴增值税、消费税、营业税的单位和个人,根据扣缴税款所在地适用税率,就地代扣代缴、代收代缴城市维护建设税。

2. 流动经营缴纳的城市维护建设税

根据《财政部关于城市维护建设税几个具体业务问题的补充规定》(财税字〔1985〕143号)第二条第(二)项规定,流动经营等无固定纳税地点的单位和个人,在经营地缴纳"三税"的,其城市维护建设税按经营地适用税率执行。

3. 异地预缴增值税的城市维护建设税

根据《财政部 国家税务总局关于纳税人异地预缴增值税有关城市维护建设税和教育费附加政策问题的通知》(财税〔2016〕74号)规定,2016年5月1日起,纳税人跨地区提供建筑服务、销售和出租不动产的,应在建筑服务发生地、不动产所在地预缴增值税时,以预缴增值税税额为计税依据,并按预缴增值税所在地的城市维护建设税适用税率和教育费附加征收率就地计算缴纳城市维护建设税和教育费附加。预缴增值税的纳税人在其机构所在地申报缴纳增值税时,以其实际缴纳的增值税税额为计税依据,并按机构所在地的城市维护建设税适用税率和教育费附加征收率就地计算缴纳城市维护建设税和教育费附加。

4. 中油公司的城市维护建设税

根据《国家税务总局 海洋石油税务管理局关于中国海洋石油总公司及其所属公司缴纳城市维护建设税有关问题的通知》(国税油发〔1994〕7号)规定,中油公司(中国海洋石油总公司)应按照《海洋石油税务管理局关于中国海洋石油总公司缴纳城市维护建设税和教育费附加的通知》(国税油函

〔1994〕12号）的规定，从1994年1月1日起以实际缴纳的增值税、消费税和营业税的税额为计税依据，缴纳城市维护建设税。具体适用税率由征收上述各税的税务分局依照城市维护建设税暂行条例及其有关规定判定。

中油公司自营油田生产的原油、天然气应随增值税按7%的税率，从1994年1月1日起缴纳城市维护建设税。

上述规定，根据2021年第26号公告，自2021年9月1日起废止。

5. 海上油（气）田的适用税率

根据《国家税务总局关于中外合作开采石油资源适用城市维护建设税、教育费附加有关事宜的公告》（国家税务总局公告2010年第31号）规定，开采海洋石油资源的中外合作油（气）田所在地在海上，根据《中华人民共和国城市维护建设税暂行条例》（国发〔1985〕19号）第四条的规定，其城市维护建设税适用1%的税率。

中国海洋石油总公司海上自营油（气）田按照上述规定执行。

上述规定，根据2021年第26号公告，自2021年9月1日起废止。

【工矿区的城市维护建设税税率】根据《财政部关于贯彻执行〈中华人民共和国城市维护建设税暂行条例〉几个具体问题的规定》（财税字〔1985〕69号）第九条规定，纳税人所在地为工矿区的，依照《城建税暂行条例》第四条规定，应根据行政区划分按照7%、5%、1%的税率缴纳城市维护建设税。

【撤县建市的城市维护建设税适用税率】根据《国家税务总局关于撤县建市城市维护建设税具体适用税率的批复》（税总函〔2016〕280号）规定，《中华人民共和国城市维护建设税暂行条例》对市区、县城和镇等分别规定了不同的城市维护建设税税率。撤县建市后，纳税人所在地在市区的，城市维护建设税适用税率为7%；纳税人所在地在市区以外其他镇的，城市维护建设税适用税率仍为5%。

例11-1：位于某市市区的甲企业（城建税适用税率为7%），2022年10月申报期，享受直接减免增值税优惠（不包含先征后退、即征即退，下同）后申报缴纳增值税50万元，9月已核准增值税免抵税额10万元（其中：涉及出口货物6万元，涉及增值税零税率应税服务4万元），9月收到增值税留抵退税额5万元，该企业10月应申报缴纳的城建税为：

应申报缴纳的城建税＝（50+6+4-5）×7%＝3.85（万元）

例11-2：位于某县县城的乙企业（城建税适用税率为5%），2022年10月申报期，享受直接减免增值税优惠后申报缴纳增值税90万元，享受直接减免消费税优惠后申报缴纳消费税30万元，该企业10月应申报缴纳的城建税为：

应申报缴纳的城建税＝（90+30）×5%＝6（万元）

例11-3：位于某市市区的甲企业（城建税适用税率为7%），2022年10月申报期，申报缴纳增值税100万元，其中50万元增值税是进口货物产生的，该企业10月应申报缴纳的城建税为：

应申报缴纳的城建税＝（100-50）×7%＝3.5（万元）

例11-4：位于某市市区的甲企业（城建税适用税率为7%），2022年9月收到增值税留抵退税200万元。2022年10月申报期，该企业申报缴纳增值税120万元（其中：按照一般计税方法100万元，按照简易计税方法20万元），该企业10月应申报缴纳的城建税为：

应申报缴纳的城建税＝（100-100）×7%+20×7%＝1.4（万元）

2022年11月申报期，该企业申报缴纳增值税200万元，均为按照一般计税方法产生的，该企业11月应申报缴纳的城建税为：

应申报缴纳的城建税＝（200-100）×7%＝7（万元）

例11-5：位于某市市区的甲企业（城建税适用税率为7%），由于申报错误未享受优惠政策，2022年12月申报期，申请退还了多缴的增值税和消费税共150万元，同时当月享受增值税即征即退税款100万元，该企业12月应退税的城建税为：

应申报缴纳的城建税＝150×7%＝10.5（万元）

第六条 根据国民经济和社会发展的需要，国务院对重大公共基础设施建设、特殊产业和群体以及重大突发事件应对等情形可以规定减征或者免征城市维护建设税，报全国人民代表大会常务委员会备案。

条文解读

本条是关于城建税税收优惠的规定，是本次《城建税法》新增加的条款，授权国务院对重大公共基础设施建设、特殊产业和群体以及重大突发事件应对等情形可以规定减征或者免征城市维护建设税，报全国人民代表大会常务委员会备案。基于城建税的"附加税"属性，单独针对城建税的税收优惠并不多，大多随着享受增值税、消费税的税收优惠而自然享受。

政策链接

【支持和促进重点群体创业就业】根据《财政部 税务总局 人力资源社会保障部关于继续实施支持和促进重点群体创业就业有关税收政策的通知》（财税〔2017〕49号）规定：

对持《就业创业证》（注明"自主创业税收政策"或"毕业年度内自主创业税收政策"）或《就业失业登记证》（注明"自主创业税收政策"或附着《高校毕业生自主创业证》）的人员从事个体经营的，在3年内按每户每年8000元为限额依次扣减其当年实际应缴纳的增值税、城市维护建设税、教育费附加、地方教育附加和个人所得税。限额标准最高可上浮20%，各省、自治区、直辖市人民政府可根据本地区实际情况在此幅度内确定具体限额标准，并报财政部和税务总局备案。

纳税人年度应缴纳税款小于上述扣减限额的，以其实际缴纳的税款为限；大于上述扣减限额的，以上述扣减限额为限。

对商贸企业、服务型企业、劳动就业服务企业中的加工型企业和街道社区具有加工性质的小型企业实体，在新增加的岗位中，当年新招用在人力资源社会保障部门公共就业服务机构登记失业半年以上且持《就业创业证》或《就业失业登记证》（注明"企业吸纳税收政策"）人员，与其签订1年以上期限劳动合同并依法缴纳社会保险费的，在3年内按实际招用人数予以定额依次扣减增值税、城市维护建设税、教育费附加、地方教育附加和企业所得税优惠。定额标准为每人每年4000元，最高可上浮30%，各省、自治区、直辖市人民政府可根据本地区实际情况在此幅度内确定具体定额标准，并报财政部和税务总局备案。

按上述标准计算的税收扣减额应在企业当年实际应缴纳的增值税、城市维护建设税、教育费附加、地方教育附加和企业所得税税额中扣减，当年扣减不完的，不得结转下年使用。

【城镇退役士兵税收优惠】根据《财政部 国家税务总局 民政部关于继续实施扶持自主就业退役士兵创业就业有关税收政策的通知》（财税〔2017〕46号）规定：

对自主就业退役士兵从事个体经营的，在3年内按每户每年8000元为限额依次扣减其当年实际应缴纳的增值税、城市维护建设税、教育费附加、地方教育附加和个人所得税。限额标准最高可上浮20%，各省、自治区、直辖市人民政府可根据本地区实际情况在此幅度内确定具体限额标准，并报财政部和税务总局备案。

纳税人年度应缴纳税款小于上述扣减限额的，以其实际缴纳的税款为限；大于上述扣减限额的，以上述扣减限额为限。纳税人的实际经营期不足一年的，应当以实际月份换算其减免税限额。换算公式为：

$$减免税限额 = 年度减免税限额 \div 12 \times 实际经营月数$$

对商贸企业、服务型企业、劳动就业服务企业中的加工型企业和街道社区具有加工性质的小型企业实体，在新增加的岗位中，当年新招用自主就业退役士兵，与其签订1年以上期限劳动合同并依法缴纳社会保险费的，在3年内按实际招用人数予以定额依次扣减增值税、城市维护建设税、教育费附加、地方教育附加和企业所得税优惠。定额标准为每人每年4000元，最高可上浮50%，各省、自治区、直辖市人民政府可根据本地区实际情况在此幅度内确定具体定额标准，并报财政部和税务总局备案。

纳税人按企业招用人数和签订的劳动合同时间核定企业减免税总额，在核定减免税总额内每月依次扣减增值税、城市维护建设税、教育费附加和地方教育附加。纳税人实际应缴纳的增值税、城市维护建设税、教育费附加和地方教育附加小于核定减免税总额的，以实际应缴纳的增值税、城市维护建设税、教育费附加和地方教育附加为限；实际应缴纳的增值税、城市维护建设税、教育费附加和地方教育附加大于核定减免税总额的，以核定减免税总额为限。

纳税年度终了，如果企业实际减免的增值税、城市维护建设税、教育费附加和地方教育附加小于核定的减免税总额，企业在企业所得税汇算清缴时扣减企业所得税。当年扣减不完的，不再结转以后年度扣减。计算公式为：

企业减免税总额＝∑每名自主就业退役士兵本年度在本企业工作月份÷12×定额标准

本通知所称自主就业退役士兵是指依照《退役士兵安置条例》（国务院 中央军委令第 608 号）的规定退出现役并按自主就业方式安置的退役士兵。

本通知的执行期限为 2017 年 1 月 1 日至 2019 年 12 月 31 日。本通知规定的税收优惠政策按照备案减免税管理，纳税人应向主管税务机关备案。税收优惠政策在 2019 年 12 月 31 日未享受满 3 年的，可继续享受至 3 年期满为止。

对《财政部 国家税务总局关于全面推开营业税改征增值税试点的通知》（财税〔2016〕36 号）附件 3 第三条第（一）项政策，纳税人在 2016 年 12 月 31 日未享受满 3 年的，可按现行政策继续享受至 3 年期满为止。

如果企业招用的自主就业退役士兵既适用本通知规定的税收优惠政策，又适用其他扶持就业的专项税收优惠政策，企业可选择适用最优惠的政策，但不能重复享受。

【重点群体和退役士兵的优惠限额提高】 2019 年，国家连续发布了《财政部 税务总局 人力资源社会保障部 国务院扶贫办关于进一步支持和促进重点群体创业就业有关税收政策的通知》（财税〔2019〕22 号）、《国家税务总局 人力资源社会保障部 国务院扶贫办 教育部关于实施支持和促进重点群体创业就业有关税收政策具体操作问题的公告》（国家税务总局公告 2019 年第 10 号）、《财政部 税务总局 退役军人部关于进一步扶持自主就业退役士兵创业就业有关税收政策的通知》（财税〔2019〕21 号），规定从 2019 年 1 月 1 日至 2021 年 12 月 31 日，将限额为 4000 元的提高到 6000 元、限额为 8000 元的提高到 12000 元，并将"建档立卡贫困人口"纳入支持和促进重点群体创业就业的税收优惠范围。

根据《财政部 税务总局 人力资源社会保障部 国家乡村振兴局关于延长部分扶贫税收优惠政策执行期限的公告》（财政部 税务总局 人力资源社会保障部 国家乡村振兴局公告 2021 年第 18 号），上述政策执行期限延长至 2025 年 12 月 31 日。

【重点群体税款减免顺序及额度】 根据《国家税务总局 人力资源社会保障部 国务院扶贫办 教育部关于实施支持和促进重点群体创业就业有关税收政策具体操作问题的公告》（国家税务总局公告 2019 年第 10 号）规定：

1. 重点群体个体经营税款减免顺序及额度

重点群体从事个体经营的，按照财税〔2019〕22 号文件第一条的规定，在年度减免税限额内，依次扣减增值税、城市维护建设税、教育费附加、地方教育附加和个人所得税。城市维护建设税、教育费附加、地方教育附加的计税依据是享受本项税收优惠政策前的增值税应纳税额。

纳税人的实际经营期不足 1 年的，应当以实际月数换算其减免税限额。换算公式为：

$$减免税限额 = 年度减免税限额 \div 12 \times 实际经营月数$$

纳税人实际应缴纳的增值税、城市维护建设税、教育费附加、地方教育附加和个人所得税小于减免税限额的，以实际应缴纳的增值税、城市维护建设税、教育费附加、地方教育附加和个人所得税税额为限；实际应缴纳的增值税、城市维护建设税、教育费附加、地方教育附加和个人所得税大于减免税限额的，以减免税限额为限。

2. 企业招用重点群体税款减免顺序及额度

（1）纳税人按本单位招用重点群体的人数及其实际工作月数核算本单位减免税总额，在减免税总额内每月依次扣减增值税、城市维护建设税、教育费附加和地方教育附加。城市维护建设税、教育费附加、地方教育附加的计税依据是享受本项税收优惠政策前的增值税应纳税额。

纳税人实际应缴纳的增值税、城市维护建设税、教育费附加和地方教育附加小于核算的减免税总额的，以实际应缴纳的增值税、城市维护建设税、教育费附加、地方教育附加为限；实际应缴纳的增值税、城市维护建设税、教育费附加和地方教育附加大于核算的减免税总额的，以核算的减免税总额为限。纳税年度终了，如果纳税人实际减免的增值税、城市维护建设税、教育费附加和地方教育附加小于核算的减免税总额，纳税人在企业所得税汇算清缴时，以差额部分扣减企业所得税。当年扣减不完的，不再结转以后年度扣减。

享受优惠政策当年，重点群体人员工作不满 1 年的，应当以实际月数换算其减免税总额。

$$减免税总额 = \sum 每名重点群体人员本年度在本企业工作月数 \div 12 \times 具体定额标准$$

（2）第 2 年及以后年度当年新招用人员、原招用人员及其工作时间按上述程序和办法执行。计算每名重点群体人员享受税收优惠政策的期限最长不超过 36 个月。

【黄金交易所会员单位】根据《财政部 国家税务总局关于黄金税收政策问题的通知》（财税〔2002〕142 号）第二条规定，黄金交易会员单位通过黄金交易所销售标准黄金（持有黄金交易所开具的《黄金交易结算凭证》），未发生实物交割的，免征增值税；发生实物交割的，由税务机关按照实际成交价格代开增值税专用发票，并实行增值税即征即退的政策，同时免征城市维护建设税、教育费附加。增值税专用发票中的单价、金额和税额的计算公式分别为：

$$单价 = 实际成交单价 \div (1+增值税税率)$$

$$金额 = 数量 \times 单价$$

$$税额 = 金额 \times 税率$$

实际成交单价是指不含黄金交易所收取的手续费的单位价格。

纳税人不通过黄金交易所销售的标准黄金不享受增值税即征即退和免征城市维护建设税、教育费附加政策。

根据《财政部 国家税务总局关于黄金期货交易有关税收政策的通知》（财税〔2008〕5 号）规定，经国务院批准，自 2008 年 1 月 1 日起，上海期货交易黄金期货交易发生实物交割时，比照现行上海黄金交易所黄金交易的税收政策执行。

上海期货交易所会员和客户通过上海期货交易所销售标准黄金（持上海期货交易所开具的《黄金结算专用发票》），发生实物交割但未出库的，免征增值税；发生实物交割并已出库的，由税务机关按照实际交割价格代开增值税专用发票，并实行增值税即征即退的政策，同时免征城市维护建设税和教育费附加。增值税专用发票中的单价、金额和税额的计算公式分别如下：

$$单价 = 实际交割单价 \div (1+增值税税率)$$

$$金额 = 数量 \times 单价$$

$$税额 = 金额 \times 税率$$

实际交割单价是指不含上海期货交易所收取的手续费的单位价格。

其中，标准黄金是指：成色为 AU9999、AU9995、AU999、AU995；规格为 50 克、100 克、1 公斤、3 公斤、12.5 公斤的黄金。

根据《财政部 税务总局关于继续执行的城市维护建设税优惠政策的公

告》(财政部 税务总局公告 2021 年第 27 号) 规定,上述优惠政策在《城建税法》施行后继续执行。

【被撤销金融机构清理及处置财产的税收问题】根据《财政部 国家税务总局关于被撤销金融机构有关税收政策问题的通知》(财税〔2003〕141 号) 规定:

享受税收优惠政策的主体是指经中国人民银行依法决定撤销的金融机构及其分设于各地的分支机构,包括被依法撤销的商业银行、信托投资公司、财务公司、金融租赁公司、城市信用社和农村信用社。除另有规定者外,被撤销的金融机构所属、附属企业,不享受本通知规定的被撤销金融机构的税收优惠政策。

被撤销金融机构清理和处置财产可享受以下税收优惠政策:对被撤销金融机构财产用来清偿债务时,免征被撤销金融机构转让货物、不动产、无形资产、有价证券、票据等应缴纳的增值税、营业税、城市维护建设税、教育费附加和土地增值税。

本通知自《金融机构撤销条例》生效之日起开始执行。凡被撤销金融机构在《金融机构撤销条例》生效之日起进行的财产清理和处置的涉税政策均按本通知执行。本通知发布前,属免征事项的应纳税款不再追缴,已征税款不予退还。

【国家重大水利工程建设基金】根据《财政部 国家税务总局关于免征国家重大水利工程建设基金的城市维护建设税和教育费附加的通知》(财税〔2010〕44 号) 规定,经国务院批准,为支持国家重大水利工程建设,对国家重大水利工程建设基金免征城市维护建设税和教育费附加。

根据《财政部 税务总局关于继续执行的城市维护建设税优惠政策的公告》(财政部 税务总局公告 2021 年第 27 号) 规定,上述优惠政策在《城建税法》施行后继续执行。

【养老托育家政优惠政策】参见第一章第三节房产税的相关政策。

【小微企业普惠性税收减免政策】具体内容,参见本书第一章第三节中"【小微企业普惠性税收减免政策】"。

【经营性文化事业单位转制为企业免税政策】具体内容,参见本书第一章第三节中"【经营性文化事业单位转制为企业免税政策】"。

【其他优惠政策】 未明确列出的其他优惠政策，请查阅附录《财产行为税减免税政策代码目录（有效）》。

第三节　征收管理

第七条　城市维护建设税的纳税义务发生时间与增值税、消费税的纳税义务发生时间一致，分别与增值税、消费税同时缴纳。

第八条　城市维护建设税的扣缴义务人为负有增值税、消费税扣缴义务的单位和个人，在扣缴增值税、消费税的同时扣缴城市维护建设税。

条文解读

第七条是关于城建税纳税义务发生时间的规定，是《城建税法》新增加的规定。由于《城建税暂行条例》没有明确的对城建税的纳税义务发生时间进行规定，只是笼统的规定与增值税、消费税同时缴纳，造成有些税务机关和纳税人对城建税纳税义务发生时间有一些不一致的认识。《城建税法》明确规定，城市维护建设税的纳税义务发生时间与增值税、消费税的纳税义务发生时间一致，解决了对追缴、补缴增值税、消费税时是否同时追征城建税并加收滞纳金的争议。

第八条是关于城建税扣缴义务人和扣缴时间的规定，负有增值税、消费税扣缴义务的单位和个人为城市维护建设税的扣缴义务人，在扣缴增值税、消费税的同时扣缴城市维护建设税。

政策链接

【比照两税管理】 根据 2021 年第 26 号公告第七条规定，城建税的征收管理等事项，比照两税的有关规定办理。

【城市维护建设税的纳税期限】 由于城市维护建设税的纳税人在缴纳两税时同时缴纳，所以其纳税期限与两税的纳税期限一致。即城市维护建设税，分别与消费税、增值税同时缴纳。

根据 2021 年第 26 号公告第五条规定，城建税的纳税义务发生时间与两税的纳税义务发生时间一致，分别与两税同时缴纳。同时缴纳是指在缴纳两税时，应当在两税同一缴纳地点、同一缴纳期限内，一并缴纳对应的城建税。

采用委托代征、代扣代缴、代收代缴、预缴、补缴等方式缴纳两税的，应当同时缴纳城建税。

前款所述代扣代缴，不含因境外单位和个人向境内销售劳务、服务、无形资产代扣代缴增值税情形。

【城市维护建设税的扣缴义务人】根据《国务院办公厅对〈中华人民共和国城市维护建设税暂行条例〉第五条的解释的复函》（国办函〔2004〕23号）规定，《中华人民共和国城市维护建设税暂行条例》第五条中的"征收、管理"，包括城市维护建设税的代扣代缴、代收代缴，一律比照增值税、消费税、营业税的有关规定办理。根据《国家税务总局关于转发国务院办公厅对〈中华人民共和国城市维护建设税暂行条例〉第五条的解释的复函的通知》（国税函〔2004〕420号）规定，根据国务院办公厅对《中华人民共和国城市维护建设税暂行条例》第五条解释的精神，增值税、消费税、营业税的代扣代缴、代收代缴义务人同时也是城市维护建设税的代扣代缴、代收代缴义务人。

【城市维护建设税的纳税地点】纳税人缴纳增值税、消费税的纳税地点，就是城市维护建设税的纳税地点。同时应当注意：

（1）代扣代缴、代收代缴义务人在代扣代缴、代收代缴增值税、消费税的同时，就地代扣代缴、代收代缴城市维护建设税。

（2）对从事临时经营的单位和个人，缴纳临时经营的增值税、消费税的同时，就地计算缴纳城市维护建设税。

（3）自 2016 年 5 月 1 日起纳税人跨地区提供建筑服务、销售和出租不动产的，应在建筑服务发生地、不动产所在地预缴增值税时，就地计算缴纳城市维护建设税。

【跨省油田和管道局的纳税地点问题】根据《财政部税务总局关于跨省油田和管道局缴纳城市维护建设税问题的答复》（财税地字〔1985〕5号）规定，跨省油田和管道局的纳税地点是：

（1）跨省开采的油田，下属生产单位与核算单位不在一个省内的，应由核算单位计算，随同增值税一并汇拨油井所在地，由油井在缴纳增值税时，一并缴纳城市维护建设税。

(2) 管道局应缴纳的城市维护建设税，由取得收入的各管理局所在地缴纳营业税时一并缴纳。

【集中缴税企业的纳税地点】根据《财政部关于贯彻执行〈中华人民共和国城市维护建设税暂行条例〉几个具体问题的规定》（财税字〔1985〕69号）第一条规定，凡由中央主管部门集中缴纳产品税、增值税、营业税的单位，如铁路运输、人民银行、工商银行、农业银行、中国银行、建设银行等五个银行总行和保险总公司等单位，在其缴纳产品税、增值税、营业税的同时，应按规定缴纳城市维护建设税。税款作为中央预算收入。

【中国铁路总公司的分支机构预征1%增值税所应缴纳的城市维护建设税的纳税地点】根据《国家税务总局关于中国铁路总公司及其分支机构缴纳城市维护建设税、教育费附加问题的通知》（税总发〔2014〕17号）规定，自2014年1月1日起，按照《财政部 国家税务总局关于铁路运输企业汇总缴纳增值税的通知》（财税〔2013〕111号）附件1中所列中国铁路总公司的分支机构预征1%增值税所应缴纳的城市维护建设税和教育费附加，由中国铁路总公司按季向北京市国家税务局缴纳。

上述规定，根据2021年第26号公告，自2021年9月1日起废止。

【出口产品退还增值税消费税不退还城市维护建设税】根据《财政部关于城市维护建设税几个具体业务问题的补充规定》（财税字〔1985〕143号）第三条规定，对出口产品退还增值税、消费税的，不退还已缴纳的城市维护建设税。

【多缴退还】根据2021年第26号公告第六条第一款规定，因纳税人多缴发生的两税退税，同时退还已缴纳的城建税。

【"两税""即征即退"不退还城市维护建设税】根据《财政部 国家税务总局关于增值税、营业税、消费税实行先征后返等办法有关城市维护建设税和教育费附加政策的通知》（财税〔2005〕72号）规定，对增值税、消费税实行先征后返、先征后退、即征即退办法的，除另有规定外，对随"两税"附征的城市维护建设税和教育费附加，一律不予退（返）还。

根据2021年第26号公告第六条第二款规定，"两税"实行先征后返、先征后退、即征即退的，除另有规定外，不予退还随"两税"附征的城建税。

"另有规定"主要指在增值税实行即征即退等情形下，城建税可以给予免税的特殊规定，比如，《财政部 国家税务总局关于黄金税收政策问题的通知》（财税〔2002〕142号）规定，黄金交易所会员单位通过黄金交易所销售标准黄金（持有黄金交易所开具的《黄金交易结算凭证》），发生实物交割的，由税务机关按照实际成交价格代开增值税专用发票，并实行增值税即征即退的政策，同时免征城建税。

【减免"两税"而发生的退税退城市维护建设税】根据《财政部关于城市维护建设税几个具体业务问题的补充规定》（财税字〔1985〕143号）第三条规定，对由于减免增值税、消费税而发生的退税，应同时退还已缴纳的城市维护建设税和教育费附加。

【免抵退税的城市维护建设税政策】根据《财政部 国家税务总局关于生产企业出口货物实行免抵退税办法后有关城市维护建设税、教育费附加政策的通知》（财税〔2005〕25号）规定，自2005年1月1日起，经国家税务局正式审核批准的当期免抵的增值税税额应纳入城市维护建设税和教育费附加的计征范围，分别按规定的税（费）率征收城市维护建设税和教育费附加。2005年1月1日前，已按免抵的增值税税额征收的城市维护建设税和教育费附加不再退还，未征的不再补征。

生产企业出口货物纳入城建税和教育费附加计税依据的当期免抵增值税税额，应根据当地国税征收机关退税部门审核盖章（或网上确认同意预免抵）后的《生产企业出口退（免）税申报汇总表》中的"当期免抵税额"确定。

根据2021年第26号公告第三条规定，对增值税免抵税额征收的城建税，纳税人应在税务机关核准免抵税额的下一个纳税申报期内向主管税务机关申报缴纳。

【个人保险代理人应缴纳的城市维护建设税】根据《国家税务总局关于个人保险代理人税收征管有关问题的公告》（国家税务总局公告2016年第45号）第一条规定，个人保险代理人为保险企业提供保险代理服务应当缴纳的增值税和城市维护建设税、教育费附加、地方教育附加，税务机关可以根据《国家税务总局关于发布〈委托代征管理办法〉的公告》（国家税务总局公告2013年第24号）的有关规定，委托保险企业代征。

例 11-6：雪之光会计师事务所注册地在吉林省长春市区，为小规模纳税人，纳税期为按季申报，2022 年第 3 季度收入为 103 万元，增值税和城市维护建设税如何计算？

解析：城市维护建设税应纳税额是纳税人实际缴纳的增值税、消费税税额与适用税率的乘积。该所应申报缴纳的增值税 = $103 \div 1.03 \times 3\% = 3$（万元）。

由于长春市区的城市维护建设税税率为 7%，故该所应申报缴纳城市维护建设税 = $3 \times 7\% = 0.21$（万元）。

会计核算

根据《财政部关于印发〈增值税会计处理规定〉的通知》（财会〔2016〕22 号）规定，全面试行营业税改征增值税后，"营业税金及附加"科目名称调整为"税金及附加"科目，该科目核算企业经营活动发生的消费税、城市维护建设税、资源税、教育费附加及房产税、城镇土地使用税、车船税、印花税等相关税费；利润表中的"营业税金及附加"项目调整为"税金及附加"项目。

（1）计提城市维护建设税时：

借：税金及附加

　　贷：应交税金——城市维护建设税

（2）缴纳城市维护建设税时：

借：应交税金——城市维护建设税

　　贷：银行存款

第九条 城市维护建设税由税务机关依照本法和《中华人民共和国税收征收管理法》的规定征收管理。

第十条 纳税人、税务机关及其工作人员违反本法规定的，依照《中华人民共和国税收征收管理法》和有关法律法规的规定追究法律责任。

第十一条 本法自 2021 年 9 月 1 日起施行。1985 年 2 月 8 日国务院发布的《中华人民共和国城市维护建设税暂行条例》同时废止。

政策链接

【城市维护建设税管理规程】为进一步规范城市维护建设税管理,根据《税收征管法》及其实施细则、《城建税暂行条例》等相关法律法规,2017年12月9日,国家税务总局印发了《城市维护建设税管理规程(试行)》(税总发〔2017〕142号,以下简称《规程》),自2018年1月1日起施行。《规程》共有六章二十二条,适用于城市维护建设税税源管理、合作征税、减免税管理、风险管理等事项。

第十二章

教育费附加和文化事业建设费

教育费附加是国家为扶持教育事业发展，征收后专用于教育事业的政府性基金。

本章以《征收教育费附加的暂行规定》为主线展开讲解教育费附加和地方教育附加的具体规定。

第一节　教育费附加的缴费人

第一条　为贯彻落实《中共中央关于教育体制改革的决定》，加快发展地方教育事业，扩大地方教育经费的资金来源，特制定本规定。

条文解读

本条说明征收教育费附加的目的，是扩大地方教育经费的资金来源，加快发展地方教育事业。

教育费附加现行有效的征收依据，是经过多次修订后的《征收教育费附加的暂行规定》（国发〔1986〕50号），共十三条。

第二条　凡缴纳消费税、增值税、营业税的单位和个人，除按照《国务院关于筹措农村学校办学经费的通知》（国发〔1984〕174号文）的规定，缴纳农村教育事业费附加的单位外，都应当依照本规定缴纳教育费附加。

条文解读

本条是对缴费人的规定。凡缴纳增值税、消费税、营业税的单位和个人，都是教育费附加的缴费人。同时根据《国务院关于统一内外资企业和个人城市维护建设税和教育费附加制度的通知》（国发〔2010〕35号）、《财政部 国家税务总局关于对外资企业征收城市维护建设税和教育费附加有关问题的通知》（财税〔2010〕103号）、《国家税务总局关于做好统一内外资企业和个人城市维护建设税和教育费附加制度有关工作的通知》（国税函〔2010〕587号）的规定，对外商投资企业、外国企业及外籍个人（以下简称外资企业）

2010年12月1日（含）之后发生纳税义务的增值税、消费税、营业税征收城市维护建设税和教育费附加。

第二节　教育费附加的计费依据与费率

第三条　教育费附加，以各单位和个人实际缴纳的增值税、营业税、消费税的税额为计征依据，教育费附加率为3%，分别与增值税、营业税、消费税同时缴纳。

除国务院另有规定者外，任何地区、部门不得擅自提高或者降低教育费附加率。

条文解读

本条涵盖教育费附加的费率、计费依据、政策优惠的规定。教育费附加率历经从1%到2%再到现费率3%的变化。随着税制改革，计费依据由其实际缴纳的产品税、增值税、营业税的税额到实际缴纳的消费税、增值税、营业税的税额再到实际缴纳的消费税、增值税的税额变化。缴纳时间与缴纳增值税、营业税、消费税相同。

教育费附加根据1986年国务院颁布的《征收教育费附加的暂行规定》（国发〔1986〕50号）开征，以各单位和个人实际缴纳的产品税、营业税、消费税为基数，教育费附加率为1%。

1990年6月，国务院修改《征收教育费附加的暂行规定》，教育费附加率为2%。1994年，国务院发布的《关于教育费附加征收问题的紧急通知》（国发明电〔1994〕2号）规定，从1994年1月1日起，教育费附加率提高为3%。

2005年10月1日，《国务院关于修改〈征收教育费附加的暂行规定〉的决定》（国务院令第448号），将第三条中的"产品税"改为"消费税"，将第三条第二款"对从事生产卷烟和生产烟叶产品的单位，减半征收教育费附加"删除。

2010年12月1日起,《国务院关于统一内外资企业和个人城市维护建设税和教育费附加制度的通知》(国发〔2010〕35号)施行,统一内外资企业的教育费附加征收。

2011年1月8日,根据《国务院关于废止和修改部分行政法规的决定》(国务院令第588号),国务院对《征收教育费附加的暂行规定》进行了第三次修订,将《征收教育费附加的暂行规定》第二条、第六条中的"产品税"修改为"消费税"。

> **第四条** 依照现行有关规定,除铁道系统、中国人民银行总行、各专业银行总行、保险总公司的教育附加随同营业税上缴中央财政外,其余单位和个人的教育费附加,均就地上缴地方财政。

条文解读

本条规定了教育费附加的缴费地点,基本上规定是跟随实际缴纳的消费税、增值税、营业税同地缴纳,全额划交地方财政。

政策链接

【生产卷烟和经营烟叶产品的单位的教育费附加问题】根据《财政部 国家税务总局关于对从事生产卷烟的单位征收教育费附加有关问题的通知》(财综明电〔2005〕1号)规定,自2005年10月1日起,对从事生产卷烟的单位全额征收教育费附加,即从事生产卷烟的单位缴纳的增值税、消费税税款所属期为2005年10月1日以后的,一律按其实际缴纳增值税、消费税税额的3%征收教育费附加。取消对从事生产卷烟和经营烟叶产品的单位的减半征收教育费附加政策。

【异地预缴增值税的教育费附加问题】根据《财政部 国家税务总局关于纳税人异地预缴增值税有关城市维护建设税和教育费附加政策问题的通知》(财税〔2016〕74号)规定,纳税人跨地区提供建筑服务、销售和出租不动产,应在建筑服务发生地、不动产所在地预缴增值税时,以预缴增值税税额为依据,并按预缴增值税所在地的城市维护建设税适用税率和教育费附加征收率就地计算缴纳城市维护建设税和教育费附加。

预缴增值税的纳税人在其机构所在地申报缴纳增值税时,以其实际缴纳的增值税税额为计税依据,并按机构所在地的城市维护建设税适用税率和教育费附加征收率就地计算缴纳城市维护建设税和教育费附加。

【教育费附加的优惠政策】根据《财政部 国家税务总局关于扩大有关政府性基金免征范围的通知》(财税〔2016〕12号)规定,自2016年2月1日起,将免征教育附加、地方教育附加、水利建设基金的范围由现月销售额或营业额不超过3万元,季销售额或营业额不超过10万元的缴纳义务人扩大到月销售或营业额不超过10万元,季销售额或营业额不超过30万元的缴纳义务人。

由于教育费附加的优惠政策与城市维护建设税的优惠政策有很多类似,此处不再重复介绍。

【产教融合型企业抵免】《财政部关于调整部分政府性基金有关政策的通知》(财税〔2019〕46号)第三条规定,自2019年1月1日起,纳入产教融合型企业建设培育范围的试点企业,兴办职业教育的投资符合本通知规定的,可按投资额的30%比例,抵免该企业当年应缴教育费附加和地方教育附加。试点企业属于集团企业的,其下属成员单位(包括全资子公司、控股子公司)对职业教育有实际投入的,可按本通知规定抵免教育费附加和地方教育附加。

允许抵免的投资是指试点企业当年实际发生的,独立举办或参与举办职业教育的办学投资和办学经费支出,以及按照有关规定与职业院校稳定开展校企合作,对产教融合实训基地等国家规划布局的产教融合重大项目建设投资和基本运行费用的支出。

试点企业当年应缴教育费附加和地方教育附加不足抵免的,未抵免部分可在以后年度继续抵免。试点企业有撤回投资和转让股权等行为的,应当补缴已经抵免的教育费附加和地方教育附加。

【其他优惠政策】未明确列出的其他优惠政策,请查阅附录《财产行为税减免税政策代码目录(有效)》。

第三节　教育费附加的征收管理

第五条　教育费附加由税务机关负责征收。

教育费附加纳入预算管理，作为教育专项资金，根据"先收后支、列收列支、收支平衡"的原则使用和管理。地方各级人民政府应当依照国家有关规定，使预算内教育事业费逐步增长，不得因教育费附加纳入预算专项资金管理而抵顶教育事业费拨款。

第六条　教育费附加的征收管理，按照消费税、增值税、营业税的有关规定办理。

条文解读

本条规定了教育费附加的征收机关和征收管理等诸多内容。因为教育费附加是附加于消费税、增值税（营业税）征收的，因此，其征收管理按照"两税"的有关规定办理。

第七条　企业缴纳的教育费附加，一律在销售收入（或营业收入）中支付。

第八条　地方征收的教育费附加，按专项资金管理，由教育部门统筹安排，提出分配方案，商同级财政部门同意后，用于改善中小学教学设施和办学条件，不得用于职工福利和发放奖金。

铁道系统、中国人民银行总行、各专业银行总行、保险总公司随同营业税上缴的教育费附加，由国家教育委员会按年度提出分配方案，商财政部同意后，用于基础教育的薄弱环节。

地方征收的教育费附加，主要留归当地安排使用。省、自治区、直辖市可根据各地征收教育费附加的实际情况，适当提取一部分数额，用于地区之间的调剂、平衡。

第九条 地方各级教育部门每年应定期向当地人民政府、上级主管部门和财政部门，报告教育费附加的收支情况。

第十条 凡办有职工子弟学校的单位，应当先按本规定缴纳教育费附加；教育部门可根据它们办学的情况酌情返还给办学单位，作为对所办学校经费的补贴。办学单位不得借口缴纳教育费附加而撤并学校，或者缩小办学规模。

第十一条 征收教育费附加以后，地方各级教育部门和学校，不准以任何名目向学生家长和单位集资，或者变相集资，不准以任何借口不让学生入学。

对违反前款规定者，其上级教育部门要予以制止，直接责任人员要给予行政处分。单位和个人有权拒缴。

第十二条 本规定由财政部负责解释。各省、自治区、直辖市人民政府可结合当地实际情况制定实施办法。

第十三条 本规定从1986年7月1日起施行。

会计核算

根据财政部《增值税会计处理规定》（财会〔2016〕22号）规定，全面试行营业税改征增值税后，"营业税金及附加"科目名称调整为"税金及附加"科目，该科目核算企业经营活动发生的消费税、城市维护建设税、资源税、教育费附加及房产税、城镇土地使用税、车船使用税、印花税等相关税费；利润表中的"营业税金及附加"项目调整为"税金及附加"项目。因此，会计核算如下。

（1）计提教育费附加时：

借：营业税金及附加

　　贷：应交税费——应交教育费附加

（2）申报缴纳时：

借：应交税费——应交教育费附加

　　贷：银行存款

例12-1：增值税小规模纳税人缴纳随增值税、消费税附征的附加税费也实行按季申报吗？

解析：是的。根据《国家税务总局关于合理简并纳税人申报缴税次数的公告》（国家税务总局公告2016年第6号）第一条规定，增值税小规模纳税人缴纳增值税、消费税、文化事业建设费，以及随增值税、消费税附征的城市维护建设税、教育费附加等税费，原则上实行按季申报。

例12-2：对减免、退还增值税、消费税的，能否减免、退还教育费附加？

解析：根据《城建税暂行条例》及《征收教育费附加的暂行规定》规定，由于城市维护建设税与教育费附加按实际缴纳的增值税、消费税为计税依据，所以对于增值税、消费税减免下，同样减免城市维护建设税及教育费附加。

但对增值税、消费税实行先征后返、先征后退、即征即退办法有关附征的城市维护建设税和教育费附加，依据《财政部 国家税务总局关于增值税、营业税、消费税实行先征后返等办法有关城建税和教育费附加政策的通知》（财税〔2005〕72号）规定，除另有规定外，一律不予退（返）还。

例12-3：某单位是小规模增值税纳税人，月收入3万元以下，增值税在申报时自动减免不用缴纳，增值税附加的城市维护建设税、地方教育附加等税金是否也同时减免不用申报缴纳？

解析：《城建税暂行条例》第三条规定，城市维护建设税，以纳税人实际缴纳的增值税税额为计税依据，分别与增值税同时缴纳。《征收教育费附加的暂行规定》第三条规定，教育费附加，以各单位和个人实际缴纳的增值税、消费税的税额为计征依据，教育费附加率为3%，分别与增值税、消费税同时缴纳。

根据上述规定，小微企业免征增值税的，同时免征城市维护建设税、教育费附加、地方教育附加等税费。

例12-4：对于辅导期一般纳税人预缴增值税是否预缴城市维护建设税及教育费附加？

解析：根据《城建税暂行条例》及《征收教育费附加的暂行规

定》规定，由于城市维护建设税与教育费附加按实际缴纳的增值税、消费税为计税依据，所以对于辅导期一般纳税人预缴增值税不需要预缴城市维护建设税及教育费附加。

例 12-5：一般纳税人企业是否可以享受月销售额不超过 10 万元免征教育费附加、地方教育附加的优惠政策？

解析：《财政部 国家税务总局关于扩大有关政府性基金免征范围的通知》（财税〔2016〕12 号）第一条规定，将免征教育费附加、地方教育附加、水利建设基金的范围由现月销售额或营业额不超过 3 万元，季销售额或营业额不超过 9 万元的缴纳义务人扩大到月销售额或营业额不超过 10 万元，季销售额或营业额不超过 30 万元的缴纳义务人。

因此，一般纳税人可以享受月销售额不超过 10 万元免征教育费附加、地方教育附加的优惠政策。

第四节　地方教育附加

地方教育附加是指根据国家有关规定，为实施"科教兴省"战略，增加地方教育的资金投入，促进本各省、自治区、直辖市教育事业发展，开征的一项地方政府性基金。该收入主要用于各地方的教育经费的投入补充。

地方教育附加不是全国统一开征的费种，其开征依据是《中华人民共和国教育法》（1995）第七章（教育投入与条件保障）第五十七条的规定："省、自治区、直辖市人民政府根据国务院的有关规定，可以决定开征用于教育的地方附加费，专款专用。"

据此，内蒙古自治区政府于 1995 年 9 月 1 日开征地方教育附加费，此后，陆续有省、直辖市开征地方教育附加。

为贯彻落实《国家中长期教育改革和发展规划纲要（2010—2020 年）》，财政部于 2010 年下发了《关于统一地方教育附加政策有关问题的通知》（财综〔2010〕98 号），要求统一开征地方教育附加，具体的开征时间由各省自已制定方案后于 2010 年 12 月 31 日前报财政部审批。

2011 年 7 月 1 日发布的《国务院关于进一步加大财政教育投入的意见》要求，全面开征地方教育附加，各地区要加强收入征管，依法足额征收，不得随意减免。

地方教育附加现行统一执行的是《财政部关于统一地方教育附加政策有关问题的通知》（财综〔2010〕98 号），该通知共四条，全文如下。

各省、自治区、直辖市财政厅（局），新疆生产建设兵团财务局：

为贯彻落实《国家中长期教育改革和发展规划纲要（2010—2020 年）》，进一步规范和拓宽财政性教育经费筹资渠道，支持地方教育事业发展，根据国务院有关工作部署和具体要求，现就统一地方教育附加政策有关事宜通知如下：

一、统一开征地方教育附加。尚未开征地方教育附加的省份，省级财政部门应按照《教育法》的规定，根据本地区实际情况尽快研究制定开征地方教育附加的方案，报省级人民政府同意后，由省级人民政府于 2010 年 12 月 31 日前报财政部审批。

二、统一地方教育附加征收标准。地方教育附加征收标准统一为单位和个人（包括外商投资企业、外国企业及外籍个人）实际缴纳的增值税、营业税和消费税税额的 2%。已经财政部审批且征收标准低于 2% 的省份，应将地方教育附加的征收标准调整为 2%，调整征收标准的方案由省级人民政府于 2010 年 12 月 31 日前报财政部审批。

三、各省、自治区、直辖市财政部门要严格按照《教育法》规定和财政部批复意见，采取有效措施，切实加强地方教育附加征收使用管理，确保基金应收尽收，专项用于发展教育事业，不得从地方教育附加中提取或列支征收或代征手续费。

四、凡未经财政部或国务院批准，擅自多征、减征、缓征、停征，或者侵占、截留、挪用地方教育附加的，要依照《财政违法行为处罚处分条例》（国务院令第 427 号）和《违反行政事业性收费和罚没收入收支两条线管理规定行政处分暂行规定》（国务院令第 281 号）追究责任人的行政责任；构成犯罪的，依法追究刑事责任。

条文解读

【统一开征时间】本通知规定了各省级人民政府（含自治区、直辖市）在2010年12月31日前开征地方教育附加，以统一各省征与不征的原不平衡状态。

【统一征收标准】地方教育附加征收标准统一为单位和个人（包括外商投资企业、外国企业及外籍个人）实际缴纳的增值税、营业税和消费税税额的2%。已经财政部审批且征收标准低于2%的省份，应将地方教育附加的征收标准调整为2%，调整征收标准的方案由省级人民政府于2010年12月31日前报财政部审批。

【征收管理】因为教育费附加是附加于消费税、增值税（营业税）征收的，因此，虽然没有明确规定，但对于地方教育附加，各级税务机关在征收管理时与教育费附加是同等管理的。由于相应的征收管理、优惠政策等与教育费附加政策执行一致的口径，为避免重复，对地方教育附加的相关政策不再引用。

第五节 文化事业建设费

政策链接

【征收依据】文化事业建设费也是一直由税务机关负责征收一个规费。征收依据是《国务院关于进一步完善文化经济政策的若干规定》（国发〔1996〕37号）。国发〔1996〕37号文件第一条规定，为引导和调控文化事业的发展，从1997年1月16日起，在全国范围内开征文化事业建设费（地方已开征的不重复征收）：

（1）各种营业性的歌厅、舞厅、卡拉OK歌舞厅、音乐茶座和高尔夫球、台球、保龄球等娱乐场所，按营业收入的3%缴纳文化事业建设费。

广播电台、电视台和报纸、刊物等广告媒介单位以及户外广告经营单位，按经营收入的3%缴纳文化事业建设费。

(2) 文化事业建设费由地方税务机关在征收娱乐业、广告业的营业税时一并征收。中央和国家机关所属单位缴纳的文化事业建设费，由地方税务机关征收后全额上缴中央金库。地方缴纳的文化事业建设费，全额缴入省级金库。

(3) 文化事业建设费纳入财政预算管理，分另抽中央和省级建立专项资金，用于文化事业建设。文化事业建设费的具体管理和使用办法，由财政部门会同有关主管部门制定。

【缴纳义务人和费率】《财政部 国家税务总局关于印发〈文化事业建设费征收管理暂行办法〉的通知》（财税字〔1997〕95号，根据《财政部 国家税务总局关于营业税改征增值税试点有关文化事业建设费政策及征收管理问题的补充通知》（财税〔2016〕60号），本通知自2016年5月1日起废止）规定，在中华人民共和国境内依照《中华人民共和国营业税暂行条例》的规定缴纳娱乐业、广告业营业税的单位和个人，为文化事业建设费的缴纳义务人（以下简称缴费人），应当依照本办法的规定缴纳文化事业建设费。文化事业建设费的费率为3%。文化事业建设费按缴费人应当缴纳娱乐业、广告业营业税的营业额和规定的费率计算应缴费额。文化事业建设费由地方税务局在征收娱乐业、广告业营业税时一并征收。

《财政部 国家税务总局关于营业税改征增值税试点有关文化事业建设费政策及征收管理问题的通知》（财税〔2016〕25号）规定，在中华人民共和国境内提供广告服务的广告媒介单位和户外广告经营单位，应按照本通知规定缴纳文化事业建设费。中华人民共和国境外的广告媒介单位和户外广告经营单位在境内提供广告服务，在境内未设有经营机构的，以广告服务接受方为文化事业建设费的扣缴义务人。缴纳文化事业建设费的单位（以下简称缴纳义务人）应按照提供广告服务取得的计费销售额和3%的费率计算应缴费额。计费销售额，为缴纳义务人提供广告服务取得的全部含税价款和价外费用，减除支付给其他广告公司或广告发布者的含税广告发布费后的余额。缴纳义务人减除价款的，应当取得增值税专用发票或国家税务总局规定的其他合法有效凭证，否则，不得减除。

《财政部 国家税务总局关于营业税改征增值税试点有关文化事业建设费政策及征收管理问题的补充通知》（财税〔2016〕60号）规定，在中华人民共和国境内提供娱乐服务的单位和个人（以下称缴纳义务人），应按照本通知以及《财政部 国家税务总局关于营业税改征增值税试点有关文化事业建设费政策及征收管理问题的通知》（财税〔2016〕25号）的规定缴纳文化事业建设费。缴纳义务人应按照提供娱乐服务取得的计费销售额和3%的费率计算娱乐服务应缴费额。娱乐服务计费销售额，为缴纳义务人提供娱乐服务取得的全部含税价款和价外费用。

【缴纳义务发生时间和缴纳地点】《财政部 国家税务总局关于营业税改征增值税试点有关文化事业建设费政策及征收管理问题的通知》（财税〔2016〕25号）规定，文化事业建设费的缴纳义务发生时间和缴纳地点，与缴纳义务人的增值税纳税义务发生时间和纳税地点相同。文化事业建设费的扣缴义务发生时间，为缴纳义务人的增值税纳税义务发生时间。

文化事业建设费的扣缴义务人应当向其机构所在地或者居住地主管税务机关申报缴纳其扣缴的文化事业建设费。

文化事业建设费的缴纳期限与缴纳义务人的增值税纳税期限相同。

文化事业建设费扣缴义务人解缴税款的期限，应按照前款规定执行。

【优惠政策】《财政部 国家税务总局关于营业税改征增值税试点有关文化事业建设费政策及征收管理问题的补充通知》（财税〔2016〕60号）第三条规定，未达到增值税起征点的缴纳义务人，免征文化事业建设费。

《财政部关于调整部分政府性基金有关政策的通知》（财税〔2019〕46号）第一条规定，自2019年7月1日至2024年12月31日，对归属中央收入的文化事业建设费，按照缴纳义务人应缴费额的50%减征；对归属地方收入的文化事业建设费，各省（区、市）财政、党委宣传部门可以结合当地经济发展水平、宣传思想文化事业发展等因素，在应缴费额50%的幅度内减征。各省（区、市）财政、党委宣传部门应当将本地区制定的减征政策文件抄送财政部、中共中央宣传部。

附录：

财产行为税减免税政策代码目录（有效）

更新日期：2023 年 5 月 10 日

说明：

1. 本表所列政策为税收法律法规规定、国务院制定或经国务院批准，由财政部、国家税务总局等中央机关发布的现行有效的减免税政策。地方政府或部门依照法律法规制定发布的减免税政策，以各地税务机关发布的内容为准。
2. 现行有效的减免税政策未在本表中单独列示的，在减免税业务办理过程中，可选用相应收入种类下减免政策大类为"支持其他各项事业"，减免政策小类为"其他"的减免性质代码。
3. "减免性质代码"按减免收入种类、政策优惠领域类别分政策条款编制代码，用于减免税申报、备案、核准、减免退税等业务办理中"减免性质代码"栏目的填报。享受增值税、消费税、营业税减免同时减免城市维护建设税、教育费附加和地方教育附加的，城市维护建设税、教育费附加和地方教育附加相应减免政策代码可以采用税种全文适用同一代码。
4. 未列明"优惠条款"的，表示政策对当前行对应税种全文适用。
5. "减免项目名称"是减免税政策条款的简称，用于减免税申报、备案、核准、减免退税等业务办理中"减免项目"等栏目的填报。
6. "关联政策条款"列有明示的，表示所列政策号与当前行政策条款属同一减免项目、办理相应减免事项采用当前行减免性质代码。
7. 本表将根据政策发布、废止等调整情况，适时更新。

序号	收入种类	减免政策大类	减免政策小类	减免性质代码	政策名称	优惠条款	减免项目名称	关联政策条款
1	资源税	改善民生	救灾及重建	06011602	《中华人民共和国资源税法》中华人民共和国主席令第33号	第七条（一）款	意外事故或者自然灾害等原因遭受重大损失减免资源税	
2	资源税	促进区域发展	西部开发	06033301	《财政部 税务总局关于继续执行的资源税优惠政策的公告》财政部 税务总局公告2020年第32号	第一条	青藏铁路自采自用砂石等免征资源税	《财政部 国家税务总局关于青藏铁路公司运营期间有关税收政策问题的通知》财税〔2007〕11号

续表

序号	收入种类	减免政策大类	减免政策小类	减免性质代码	政策名称	优惠条款	减免项目名称	关联政策条款
3	资源税	促进小微企业发展	其他	06049901	《财政部 税务总局关于进一步实施小微企业"六费"减免政策的公告》财政部 税务总局公告2022年第10号		增值税小规模纳税人资源税减征	
4	资源税	促进小微企业发展	其他	06049902	《财政部 税务总局关于进一步实施小微企业"六费"减免政策的公告》财政部 税务总局公告2022年第10号		个体工商户城市资源税减征	
5	资源税	促进小微企业发展	其他	06049903	《财政部 税务总局关于进一步实施小微企业"六费"减免政策的公告》财政部 税务总局公告2022年第10号		小型微利企业城市资源税减征	
6	资源税	节能环保	资源综合利用	06064012	《中华人民共和国资源税法》中华人民共和国主席令第33号	第六条第一段第(二)款	煤炭开采企业因安全生产需要抽采的煤成(层)气免征资源税	
7	资源税	节能环保	资源综合利用	06064013	《中华人民共和国资源税法》中华人民共和国主席令第33号	第七条第(二)款	开采共生矿减免资源税	
8	资源税	节能环保	资源综合利用	06064014	《中华人民共和国资源税法》中华人民共和国主席令第33号	第七条第(二)款	开采低品位矿减免资源税	

续表

序号	收入种类	减免政策大类	减免政策小类	减免性质代码	政策名称	优惠条款	减免项目名称	关联政策条款
9	资源税	节能环保	资源综合利用	06064015	《中华人民共和国资源税法》中华人民共和国主席令第33号	第七条第（二）款	开采尾矿减免资源税	
10	资源税	节能环保	资源综合利用	06064016	《财政部 税务总局关于继续执行的资源税优惠政策的公告》财政部 税务总局公告2020年第32号	第四条	充填开采置换出来的煤炭减征资源税	
11	资源税	节能环保	资源综合利用	06064017	《中华人民共和国资源税法》中华人民共和国主席令第33号	第六条第二款第（四）款	衰竭期矿山开采的矿产品减征资源税	
12	资源税	节能环保	资源综合利用	06064018	《中华人民共和国资源税法》中华人民共和国主席令第33号	第七条第（二）款	开采伴生矿减免资源税	
13	资源税	节能环保	资源综合利用	06064019	《财政部 国家税务总局关于印发〈扩大水资源税改革试点实施办法〉的通知》财税〔2017〕80号	第十五条第一款	规定限额内的农业生产用水免征水资源税	
14	资源税	节能环保	资源综合利用	06064020	《财政部 国家税务总局关于印发〈扩大水资源税改革试点实施办法〉的通知》财税〔2017〕80号	第十五条第二款	取用污水处理再生水免征水资源税	

续表

序号	收入种类	减免政策大类	减免政策小类	减免性质代码	政策名称	优惠条款	减免项目名称	关联政策条款
15	资源税	节能环保	资源综合利用	06064021	《财政部 国家税务总局关于印发〈扩大水资源税改革试点实施办法〉的通知》财税〔2017〕80号	第十五条第四款	抽水蓄能发电取用水免征水资源税	
16	资源税	节能环保	资源综合利用	06064022	《财政部 国家税务总局关于印发〈扩大水资源税改革试点实施办法〉的通知》财税〔2017〕80号	第十五条第五款	采油排水经分离净化后在封闭管道回注的免征水资源税	
17	资源税	支持文化教育体育	体育	06102901	《财政部 税务总局海关总署关于北京2022年冬奥会和冬残奥会税收政策的通知》财税〔2017〕60号	第三条（八）款	对用于北京2022年冬奥会场馆的水资源免征水资源税	
18	资源税	支持其他各项事业	其他	06129912	《财政部 税务总局关于继续执行的资源税优惠政策的公告》财政部 税务总局公告2020年第32号	第二条	页岩气减征30%资源税	《财政部 国家税务总局关于对页岩气减征资源税的通知》财税〔2018〕26号；《财政部 税务总局关于延长部分税收优惠政策执行期限的公告》财政部 税务总局公告2021年第6号
19	资源税	支持其他各项事业	其他	06129913	《中华人民共和国资源税法》中华人民共和国主席令第33号	第六条第一款（一）	开采原油以及在油田范围内运输原油过程中用于加热的原油、天然气免征资源税	

续表

序号	收入种类	减免政策大类	减免政策小类	减免性质代码	政策名称	优惠条款	减免项目名称	关联政策条款
20	资源税	支持其他各项事业	其他	06129914	《中华人民共和国资源税法》中华人民共和国主席令第33号	第六条第二段第（一）款	低丰度油气田开采的原油、天然气减征资源税	
21	资源税	支持其他各项事业	其他	06129915	《中华人民共和国资源税法》中华人民共和国主席令第33号	第六条第二段第（二）款	高含硫天然气减征资源税	
22	资源税	支持其他各项事业	其他	06129916	《中华人民共和国资源税法》中华人民共和国主席令第33号	第六条第二段第（二）款	三次采油减征资源税	
23	资源税	支持其他各项事业	其他	06129917	《中华人民共和国资源税法》中华人民共和国主席令第33号	第六条第二段第（三）款	稠油减征资源税	
24	资源税	支持其他各项事业	其他	06129918	《中华人民共和国资源税法》中华人民共和国主席令第33号	第六条第二段第（三）款	高凝油减征资源税	
25	资源税	支持其他各项事业	其他	06129919	《中华人民共和国资源税法》中华人民共和国主席令第33号	第六条第二段第（二）款	深水油气田开采的原油、天然气减征资源税	
26	资源税	支持其他各项事业	其他	06129920	《财政部 税务总局关于对超深水油气免征资源税的通知》财税〔2022〕34号		对水深超过900米的油气田开采的原油、天然气免征资源税	

续表

序号	收入种类	减免政策大类	减免政策小类	减免性质代码	政策名称	优惠条款	减免项目名称	关联政策条款
27	城市维护建设税	改善民生	军转择业	07011803	《财政部 税务总局 退役军人部关于进一步扶持自主就业退役士兵创业就业有关税收政策的通知》财税〔2019〕21号	第一条	退役士兵从事个体经营扣减城市维护建设税优惠	《财政部 税务总局关于延长部分税收优惠政策执行期限的公告》财政部 税务总局公告2022年第4号
28	城市维护建设税	改善民生	军转择业	07011804	《财政部 税务总局 退役军人部关于进一步扶持自主就业退役士兵创业就业有关税收政策的通知》财税〔2019〕21号	第二条	企业招用退役士兵扣减城市维护建设税优惠	《财政部 税务总局关于延长部分税收优惠政策执行期限的公告》财政部 税务总局公告2022年第4号
29	城市维护建设税	改善民生	再就业扶持	07013610	《财政部 税务总局 人力资源社会保障部 国务院扶贫办关于进一步支持和促进重点群体创业就业有关税收政策的通知》财税〔2019〕22号	第一条	建档立卡贫困人口从事个体经营扣减城市维护建设税	《财政部 税务总局 人力资源社会保障部 国家乡村振兴局关于延长部分扶贫税收优惠政策执行期限的公告》财政部 税务总局 人力资源社会保障部 国家乡村振兴局公告2021年第18号
30	城市维护建设税	改善民生	再就业扶持	07013611	《财政部 税务总局 人力资源社会保障部 国务院扶贫办关于进一步支持和促进重点群体创业就业有关税收政策的通知》财税〔2019〕22号	第一条	登记失业半年以上人员、零就业家庭、享受城市低保登记失业人员、毕业年度内高校毕业生从事个体经营扣减城市维护建设税	《财政部 税务总局 人力资源社会保障部 国家乡村振兴局关于延长部分扶贫税收优惠政策执行期限的公告》财政部 税务总局 人力资源社会保障部 国家乡村振兴局公告2021年第18号

续表

序号	收入种类	减免政策大类	减免政策小类	减免性质代码	政策名称	优惠条款	减免项目名称	关联政策条款
31	城市维护建设税	改善民生	再就业扶持	07013612	《财政部 税务总局 人力资源社会保障部 国务院扶贫办关于进一步支持和促进重点群体创业就业有关税收政策的通知》财税〔2019〕22号	第二条	企业招用建档立卡贫困人口就业扣减城市维护建设税	《财政部 税务总局 人力资源社会保障部 国家乡村振兴局关于延长部分扶贫税收优惠政策执行期限的公告》财政部 税务总局 人力资源社会保障部 国家乡村振兴局公告2021年第18号
32	城市维护建设税	改善民生	再就业扶持	07013613	《财政部 税务总局 人力资源社会保障部 国务院扶贫办关于进一步支持和促进重点群体创业就业有关税收政策的通知》财税〔2019〕22号	第二条	企业招用登记失业半年以上人员就业扣减城市维护建设税	《财政部 税务总局 人力资源社会保障部 国家乡村振兴局关于延长部分扶贫税收优惠政策执行期限的公告》财政部 税务总局 人力资源社会保障部 国家乡村振兴局公告2021年第18号
33	城市维护建设税	促进小微企业发展	其他	07049901	《财政部 税务总局关于进一步实施小微企业"六税两费"减免政策的公告》财政部 税务总局公告2022年第10号		增值税小规模纳税人城市维护建设税减征	
34	城市维护建设税	促进小微企业发展	其他	07049902	《财政部 税务总局关于进一步实施小微企业"六税两费"减免政策的公告》财政部 税务总局公告2022年第10号		个体工商户城市维护建设税减征	

续表

序号	收入种类	减免政策大类	减免政策小类	减免性质代码	政策名称	优惠条款	减免项目名称	关联政策条款
35	城市维护建设税	促进小微企业发展	其他	07049903	《财政部 税务总局关于进一步实施小微企业"六税两费"减免政策的公告》财政部 税务总局公告2022年第10号		小型微利企业城市维护建设税减征	
36	城市维护建设税	节能环保	资源综合利用	07064002	《财政部 国家税务总局关于免征国家重大水利工程建设基金的城市维护建设税和教育费附加的通知》财税〔2010〕44号		国家重大水利工程建设基金免征城市维护建设税	
37	城市维护建设税	支持其他各项事业	其他	07129999	其他		其他	
38	房产税	改善民生	救灾及重建	08011601	《财政部 国家税务总局关于认真落实抗震救灾及灾后重建税收政策的通知》财税〔2008〕62号	第三条	地震毁损不堪利危险房屋免房产税	
39	房产税	改善民生	救灾及重建	08011607	抗击疫情地方减免房产税		抗击疫情地方减免房产税	
40	房产税	改善民生	救灾及重建	08011608	《国家发展改革委等14部门印发〈关于促进服务业领域困难行业恢复发展的若干政策〉的通知》发改财金〔2022〕271号		出租方为承租方减免租金减免房产税	

续表

序号	收入种类	减免政策大类	减免政策小类	减免性质代码	政策名称	优惠条款	减免项目名称	关联政策条款
41	房产税	改善民生	住房	08011701	《财政部 国家税务总局关于调整住房租赁市场税收政策的通知》财税〔2000〕125号	第一条	按政府规定价格出租的公有住房和廉租住房免征房产税	1.《财政部 国家税务总局关于廉租住房经济适用住房和住房租赁有关税收政策的通知》(财税〔2008〕24号)第二条第(三)、(四)项 2.《财政部 国家税务总局关于企事业单位向职工、自有自住出租自有住房和营业税政策的通知》(财税〔2013〕94号)
42	房产税	改善民生	住房	08011702	《财政部 国家税务总局关于廉租住房经济适用住房和住房租赁有关税收政策的通知》财税〔2008〕24号	第一条第一项	廉租住房租金收入免征房产税	
43	房产税	改善民生	住房	08011706	《财政部 税务总局关于公共租赁住房税收优惠政策的公告》财政部 税务总局公告2019年第61号	第七条	公共租赁住房免征房产税	《财政部 税务总局关于延长部分税收优惠政策执行期限的公告》财政部 税务总局公告2021年第6号

续表

序号	收入种类	减免政策大类	减免政策小类	减免性质代码	政策名称	优惠条款	减免项目名称	关联政策条款
44	房产税	改善民生	住房	08011707	《财政部 税务总局 住房城乡建设部关于完善住房租赁有关税收政策的公告》财政部 税务总局 住房城乡建设部公告 2021 年第 24 号	第二条	向专业化规模化住房租赁企业出租住房减按 4% 征收房产税	
45	房产税	改善民生	住房	08011708	《财政部 税务总局 住房城乡建设部关于完善住房租赁有关税收政策的公告》财政部 税务总局 住房城乡建设部公告 2021 年第 24 号	第二条	向个人出租住房减按 4% 征收房产税	
46	房产税	改善民生	住房	08011709	《财政部 税务总局 住房城乡建设部关于完善住房租赁有关税收政策的公告》财政部 税务总局 住房城乡建设部公告 2021 年第 24 号	第三条	向个人出租符合条件的保障性租赁住房减按 4% 征收房产税	
47	房产税	改善民生	住房	08011710	《财政部 税务总局 住房城乡建设部关于完善住房租赁有关税收政策的公告》财政部 税务总局 住房城乡建设部公告 2021 年第 24 号	第三条	向专业化规模化住房租赁企业出租符合条件的保障性租赁住房减按 4% 征收房产税	

续表

序号	收入种类	减免政策大类	减免政策小类	减免性质代码	政策名称	优惠条款	减免项目名称	关联政策条款
48	房产税	改善民生	社会保障	08012701	《财政部 国家税务总局关于对老年服务机构有关税收政策问题的通知》财税〔2000〕97号	第一条	非营利性老年服务机构自用房产免征房产税	
49	房产税	改善民生	社会保障	08012702	《财政部 税务总局 发展改革委 民政部 商务部 卫生健康委等关于养老、托育、家政等社区家庭服务业税费优惠政策的公告》财政部公告2019年第76号	第二条	社区养老、托育、家政机构免征房产税	
50	房产税	改善民生	其他	08019902	《中华人民共和国房产税暂行条例》国发〔1986〕90号	第六条	企业纳税困难减免房产税	
51	房产税	改善民生	其他	08019904	《财政部 税务总局关于继续实行农产品批发市场 农贸市场房产税 城镇土地使用税优惠政策的通知》财税〔2019〕12号	第一条	农产品批发市场、农贸市场房产免征房产税	
52	房产税	鼓励高新技术	科技发展	08021906	《财政部 国家税务总局关于非营利性科研机构税收政策的通知》财税〔2001〕5号	第二条第三项	非营利性科研机构自用的房产免征房产税	《财政部 税务总局关于延长部分税收优惠政策执行期限的公告》财政部 税务总局公告2022年第4号

续表

序号	收入种类	减免政策大类	减免政策小类	减免性质代码	政策名称	优惠条款	减免项目名称	关联政策条款
53	房产税	鼓励高新技术	科技发展	08021910	《财政部 税务总局 科技部 教育部关于科技企业孵化器、大学科技园和众创空间税收政策的通知》财税〔2018〕120号	第一条	科技企业孵化器、大学科技园和众创空间免征房产税	《财政部 税务总局关于延长部分税收优惠政策执行期限的公告》财政部 税务总局公告2022年第4号
54	房产税	鼓励高新技术	科研机构转制	08022001	《财政部 国家税务总局关于转制科研机构有关税收政策执行期限的通知》财税〔2005〕14号	第一条	转制科研机构的科研开发用房免征房产税	《财政部 国家税务总局关于转制科研机构有关税收政策问题的通知》（财税〔2003〕137号）第一条、第二条
55	房产税	促进区域发展	西部开发	08033301	《财政部 国家税务总局关于青藏铁路公司运营期间有关税收政策问题的通知》财税〔2007〕11号	第五条	青藏铁路公司及所属单位自用房产免征房产税	
56	房产税	促进小微企业发展	其他	08049901	《财政部 税务总局关于进一步实施小微企业"六税两费"减免政策的公告》财政部 税务总局公告2022年第10号		增值税小规模纳税人房产税减征	
57	房产税	促进小微企业发展	其他	08049902	《财政部 税务总局关于进一步实施小微企业"六税两费"减免政策的公告》财政部 税务总局公告2022年第10号		个体工商户房产税减征	

续表

序号	收入种类	减免政策大类	减免政策小类	减免性质代码	政策名称	优惠条款	减免项目名称	关联政策条款
58	房产税	促进小微企业发展	其他	08049903	《财政部 税务总局关于进一步实施小微企业"六税两费"减免政策的公告》财政部 税务总局公告2022年第10号		小型微利企业房产税减征	
59	房产税	转制升级	企业发展	08052401	《财政部 国家税务总局关于大秦铁路改制上市有关税收问题的通知》财税〔2006〕32号	第四条	大秦公司完全按市场化运作前其自用房产免征房产税	
60	房产税	节能环保	资源综合利用	08064003	《财政部 国家税务总局关于延续供热企业增值税、房产税、城镇土地使用税优惠政策的通知》财税〔2019〕38号	第二条	为居民供热所使用的厂房免征房产税	《财政部 税务总局关于延长部分税收优惠政策执行期限的公告》财政部 税务总局公告2021年第6号
61	房产税	支持金融资本市场	金融市场	08081501	《财政部 国家税务总局关于撤销金融机构有关税收政策的通知》财税〔2003〕141号	第二条第二项	被撤销金融机构清算期间房地产免征房产税	
62	房产税	支持金融资本市场	金融市场	08081502	《财政部 税务总局 金融监管总局关于金融机构、金融资产管理公司不良债权以物抵债有关税收政策的公告》财政部 税务总局公告2022年第31号	第四条	金融机构抵债不动产减免房产税	

续表

序号	收入种类	减免政策大类	减免政策小类	减免性质代码	政策名称	优惠条款	减免项目名称	关联政策条款
63	房产税	支持金融资本市场	资本市场	08083902	《财政部 国家税务总局关于中国东方资产管理公司处置港澳国际（集团）有限公司有关税收政策问题的通知》财税〔2003〕212号	第三条	东方资产管理公司接收港澳国际（集团）有限公司的房地产免征房产税	
64	房产税	支持金融资本市场	资本市场	08083904	《财政部 国家税务总局关于中国信达资产管理股份有限公司等4家金融资产管理公司有关税收政策问题的通知》财税〔2013〕56号	第一条	四家金融资产管理公司及分支机构处置不良资产免征房产税	《财政部 国家税务总局关于中国信达等4家金融资产管理公司税收政策的通知》（财税〔2001〕10号）第三条第五款
65	房产税	支持三农	农村建设	08092303	《财政部 国家税务总局关于继续实行农村饮水安全工程税收优惠政策的公告》财政部 税务总局公告2019年第67号	第三条	农村饮水工程运营管理单位房产免征房产税	《财政部 国家税务总局关于延长部分税收优惠政策执行期限的公告》财政部 税务总局公告2021年第6号
66	房产税	支持文化教育体育	教育	08101401	《财政部 国家税务总局关于教育税收政策的通知》财税〔2004〕39号	第二条	学校、托儿所、幼儿园自用的房产免征房产税	《财政部 国家税务总局关于房产税若干具体问题的解释和暂行规定》（财税地字〔1986〕8号）第十条
67	房产税	支持文化教育体育	教育	08101407	《财政部 税务总局关于高校学生公寓房产税 印花税政策的通知》财税〔2019〕14号	第一条	高校学生公寓免征房产税	《财政部 税务总局关于延长部分税收优惠政策执行期限的公告》财政部 税务总局公告2022年第4号

续表

序号	收入种类	减免政策大类	减免政策小类	减免性质代码	政策名称	优惠条款	减免项目名称	关联政策条款
68	房产税	支持文化教育体育	体育	08102901	《财政部 国家税务总局关于体育场馆房产税和城镇土地使用税政策的通知》财税〔2015〕130号		符合条件的体育场馆减免房产税	
69	房产税	支持文化教育体育	文化	08103208	《关于继续实施文化体制改革中经营性文化事业单位转制为企业若干税收政策的通知》财税〔2019〕16号	第一条第（二）项	转制文化企业自用房产免征房产税	
70	房产税	支持其他各项事业	飞机制造	08120401	《财政部 税务总局关于民用航空发动机、新支线飞机和大型客机税收政策的公告》财政部 税务总局公告2019年第88号	第一条	大型民用客机发动机、中大功率民用涡轴涡桨发动机研制项目自用房产免征房产税	
71	房产税	支持其他各项事业	飞机制造	08120402	《财政部 税务总局关于民用航空发动机、新支线飞机和大型客机税收政策的公告》财政部 税务总局公告2019年第88号	第三条	从事大型客机研制项目的纳税人及其全资子公司自用房产免征房产税	《财政部 税务总局关于延长部分税收优惠政策执行期限的公告》财政部 税务总局公告2021年第6号
72	房产税	支持其他各项事业	交通运输	08121302	《财政部 国家税务总局关于明确房产税城镇土地使用税的铁路运输企业范围的补充通知》财税〔2006〕17号	第一条	铁路运输企业免征房产税	

续表

序号	收入种类	减免政策大类	减免政策小类	减免性质代码	政策名称	优惠条款	减免项目名称	关联政策条款
73	房产税	支持其他各项事业	交通运输	08121303	《财政部 国家税务总局关于明确免征房产税城镇土地使用税的铁路运输企业范围及有关问题的通知》财税〔2004〕36号	第二条	地方铁路运输企业免征房产税	
74	房产税	支持其他各项事业	交通运输	08121304	《财政部 国家税务总局关于股改及合资铁路运输企业房产税、城镇土地使用税有关政策的通知》财税〔2009〕132号		股改铁路运输企业及合资铁路运输公司自用房产免征房产税	
75	房产税	支持其他各项事业	商品储备	08122604	《关于延续执行部分国家商品储备税收优惠政策的公告》财政部 税务总局公告2022年第8号	第二条	商品储备管理公司及其直属库自用房产免征房产税	
76	房产税	支持其他各项事业	医疗卫生	08123401	《财政部 国家税务总局关于血站有关税收问题的通知》财税字〔1999〕264号	第一条	血站自用的房产免征房产税	
77	房产税	支持其他各项事业	医疗卫生	08123402	《财政部 国家税务总局关于医疗卫生机构有关税收政策的通知》财税〔2000〕42号	第一条第（五）项	非营利性医疗机构、疾病控制机构和妇幼保健机构等卫生机构自用的房产免征房产税	

续表

序号	收入种类	减免政策大类	减免政策小类	减免性质代码	政策名称	优惠条款	减免项目名称	关联政策条款
78	房产税	支持其他各项事业	医疗卫生	08123404	《财政部 国家税务总局关于医疗机构有关税收政策的通知》财税〔2000〕42号	第二条第（一）项、第三条第（二）项	营利性医疗机构自用的房产，免征三年房产税	
79	房产税	支持其他各项事业	公检法	08125001	《财政部税务总局关于对劳改单位所属免征房产税问题的补充通知》（87）财税地字第029号	第一、二条	劳教单位的自用房产免征房产税	
80	房产税	支持其他各项事业	公检法	08125002	《财政部税务总局关于对劳教单位征免房产税问题的通知》（87）财税地字第021号	第一、二、三条	司法部门所属监狱等房产免征房产税	
81	房产税	支持其他各项事业	其他	08129903	《财政部若干具体问题的解释和暂行规定》（86）财税地字第008号	第十六条	毁损房屋和危险房屋免征房产税	
82	房产税	支持其他各项事业	其他	08129906	《财政部税务总局关于房产税和车船使用税几个业务问题的解释与规定》（87）财税地字第003号	第三条	工商行政管理部门的集贸市场用房免征房产税	

续表

序号	收入种类	减免政策大类	减免政策小类	减免性质代码	政策名称	优惠条款	减免项目名称	关联政策条款
83	房产税	支持其他各项事业	其他	08129907	《财政部税务总局关于房管部门经租的居民住房暂缓征收房产税的通知》(87)财税地字第030号		房管部门经租非营业用房免征房产税	
84	房产税	支持其他各项事业	其他	08129913	《财政部 国家税务总局关于具备房屋功能的地下建筑征收房产税的通知》财税[2005]181号	第二条	地下建筑减征房产税	
85	房产税	支持其他各项事业	其他	08129915	《财政部税务总局关于房产税若干具体问题的解释和暂行规定》(86)财税地字第008号	第二十一条	基建工地临时性房屋免征房产税	
86	房产税	支持其他各项事业	其他	08129916	《财政部税务总局关于房产税若干具体问题的解释和暂行规定》(86)财税地字第008号	第二十四条	大修停用的房产免征房产税	
87	房产税	支持其他各项事业	其他	08129999	其他		其他	
88	印花税	改善民生	住房	09011701	《财政部 国家税务总局关于调整房地产交易环节税收政策的通知》财税[2008]137号	第二条	对个人销售或购买住房暂免征收印花税	

续表

序号	收入种类	减免政策大类	减免政策小类	减免性质代码	政策名称	优惠条款	减免项目名称	关联政策条款
89	印花税	改善民生	住房	09011702	《财政部 国家税务总局关于廉租住房经济适用住房和住房租赁有关税收政策的通知》财税〔2008〕24号	第一条（四）项	对廉租住房、经济适用住房经营管理单位与廉租住房承租人、经济适用住房购买人涉及的印花税以及廉租住房、经济适用住房承租人、经济适用住房购买人涉及的印花税予以免征	
90	印花税	改善民生	住房	09011704	《财政部 国家税务总局关于棚户区改造有关税收政策的通知》财税〔2013〕101号	第一条	保障性住房免征印花税	
91	印花税	改善民生	住房	09011706	《财政部 国家税务总局关于廉租住房经济适用住房和住房租赁有关税收政策的通知》财税〔2008〕24号	第一条（四）项	对开发商建造廉租房和经济适用住房有关印花税予以免征	
92	印花税	改善民生	住房	09011707	《财政部 国家税务总局关于廉租住房经济适用住房和住房租赁有关税收政策的通知》财税〔2008〕24号	第二条（二）项	免征个人出租承租住房签订的租赁合同印花税	
93	印花税	改善民生	住房	09011711	《财政部 国家税务总局关于易地扶贫搬迁税收优惠政策的通知》财税〔2018〕135号	第二条（一）款	易地扶贫搬迁实施主体取得安置住房土地免征印花税	《财政部 税务总局关于延长部分税收优惠政策执行期限的公告》财政部 税务总局公告2021年第6号

续表

序号	收入种类	减免政策大类	减免政策小类	减免性质代码	政策名称	优惠条款	减免项目名称	关联政策条款
94	印花税	改善民生	住房	09011712	《财政部 国家税务总局关于易地扶贫搬迁税收优惠政策的通知》财税〔2018〕135号	第二条（二）款	易地扶贫搬迁安置住房建设和分配过程中免征印花税	《财政部 税务总局关于延长部分税收优惠政策执行期限的公告》财政部 税务总局公告2021年第6号
95	印花税	改善民生	住房	09011713	《财政部 国家税务总局关于易地扶贫搬迁税收优惠政策的通知》财税〔2018〕135号	第二条（五）款	易地扶贫搬迁房源免征安置住房印花税	《财政部 税务总局关于延长部分税收优惠政策执行期限的公告》财政部 税务总局公告2021年第6号
96	印花税	改善民生	住房	09011714	《财政部 税务总局关于公共租赁住房税收优惠政策的公告》财政部 税务总局公告2019年第61号	第二条、第三条	对公租房经营管理单位建造、管理公租房，购买住房作为公租房免征印花税	《财政部 税务总局关于延长部分税收优惠政策执行期限的公告》财政部 税务总局公告2021年第6号
97	印花税	改善民生	住房	09011715	《财政部 税务总局关于公共租赁住房税收优惠政策的公告》财政部 税务总局公告2019年第61号	第三条	对公共租赁住房双方免征租赁协议印花税	《财政部 税务总局关于延长部分税收优惠政策执行期限的公告》财政部 税务总局公告2021年第6号
98	印花税	改善民生	社会保障	09012701	《国家税务局关于印花税若干具体问题的规定》国税地字第025（88）号	第三条	房地产管理部门与个人订立的租房合同免征印花税	

续表

序号	收入种类	减免政策大类	减免政策小类	减免性质代码	政策名称	优惠条款	减免项目名称	关联政策条款
99	印花税	改善民生	社会保障	09012702	《国家税务总局关于印花税若干具体问题的规定》(88)国税地字第025号	第六条	铁路、公路、航运、水路承运快件行李、包裹开具的托运单据免征印花税	
100	印花税	改善民生	社会保障	09012703	《财政部 税务总局关于全国社会保障基金有关投资业务税收政策的通知》财税〔2018〕94号	第三条	社保基金会、社保基金投资管理人管理的社保基金转让非上市公司股权，免征印花税	
101	印花税	改善民生	社会保障	09012704	《财政部 税务总局关于基本养老保险基金有关投资业务税收政策的通知》财税〔2018〕95号	第三条	社保基金会、养老基金投资管理机构管理的养老基金转让非上市公司股权，免征印花税	
102	印花税	改善民生	社会保障	09012705	《财政部 人力资源社会保障部 国资委 税务总局 证监会关于全面推开划转部分国有资本充实社保基金工作的通知》财资〔2019〕49号	附件第五条第(二十四)项	划转非上市公司股份的，对划出方与划入方签订的产权转移书据免征印花税	
103	印花税	改善民生	社会保障	09012706	《财政部 人力资源社会保障部 国资委 税务总局 证监会关于全面推开划转部分国有资本充实社保基金工作的通知》财资〔2019〕49号	附件第五条第(二十四)项	划转上市公司股份和全国中小企业股份转让系统挂牌公司股份的，免证券交易印花税	

续表

序号	收入种类	减免政策大类	减免政策小类	减免性质代码	政策名称	优惠条款	减免项目名称	关联政策条款
104	印花税	改善民生	社会保障	09012707	《财政部 人力资源社会保障部 国家税务总局 国资委 证监会关于全面推开划转部分国有资本充实社保基金工作的通知》财资〔2019〕49号	附件第五条第（二十四）项	对划入方因承接划转股权而增加的实收资本和资本公积，免征印花税	
105	印花税	促进区域发展	西部开发	09033301	《财政部 国家税务总局关于青藏铁路公司运营期间有关税收政策问题的通知》财税〔2007〕11号	第二条	青藏铁路公司及其所属单位营业账簿免征印花税	
106	印花税	促进小微企业发展	金融市场	09041503	《财政部 税务总局关于支持小微企业融资有关税收政策的通知》财税〔2017〕77号	第二条	对金融机构与小型企业、微型企业签订的借款合同免征印花税	
107	印花税	促进小微企业发展	其他	09049901	《财政部 税务总局关于进一步实施小微企业"六税两费"减免政策的公告》财政部 税务总局公告2022年第10号		增值税小规模纳税人印花税减征	《财政部 税务总局关于延长部分税收优惠政策执行期限的公告》财政部 税务总局公告2021年第6号
108	印花税	促进小微企业发展	其他	09049902	《财政部 税务总局关于进一步实施小微企业"六税两费"减免政策的公告》财政部 税务总局公告2022年第10号		个体工商户印花税减征	

续表

序号	收入种类	减免政策大类	减免政策小类	减免性质代码	政策名称	优惠条款	减免项目名称	关联政策条款
109	印花税	促进小微企业发展	其他	09049903	《财政部 税务总局关于进一步实施小微企业"六费"减免税政策的公告》财政部 税务总局公告2022年第10号		小型微利企业印花税减征	
110	印花税	转制升级	企业发展	09052401	《财政部 国家税务总局关于中国邮政储蓄银行改制上市有关税收政策的通知》财税〔2013〕53号	第五条	企业改制、重组过程中印花税予以免征	
111	印花税	转制升级	企业重组改制	09052501	《财政部 国家铁路总局关于组建中国铁路总公司有关印花税政策的通知》财税〔2015〕57号		对中国铁路总公司改革过程中涉及的印花税进行减免	
112	印花税	转制升级	其他	09059901	《财政部 国家税务总局关于明确中国邮政速递物流集团公司邮政速递业务重组过程中有关契税和印花税政策的通知》财税〔2010〕92号	第二、三、四条	企业改制、重组过程中印花税予以免征	
113	印花税	转制升级	其他	09059902	《财政部 国家税务总局关于企业改制过程中有关印花税政策的通知》财税〔2003〕183号		企业改制、重组过程中印花税予以免征	

续表

序号	收入种类	减免政策大类	减免政策小类	减免性质代码	政策名称	优惠条款	减免项目名称	关联政策条款
114	印花税	转制升级	其他	09059903	《财政部 国家税务总局关于中国联合网络通信集团有限公司转让 CDMA 网及其用户资产 企业合并资产整合过程中涉及的增值税 营业税印花税和土地增值税政策问题的通知》财税 [2011] 13 号	第五、六、七条	对企业改制、资产整合过程中涉及的所有产权转移书据及股权转让协议印花税予以免征	
115	印花税	转制升级	其他	09059904	《财政部 国家税务总局关于中国联合网络通信集团有限公司转让 CDMA 网及其用户资产 企业合并资产整合过程中涉及的增值税 营业税印花税和土地增值税政策问题的通知》财税 [2011] 13 号	第八条	对联通新时空移动通信有限公司接受中国联通集团公司固定资产通信资本金增加资本金涉及的印花税予以免征	
116	印花税	转制升级	其他	09059905	《财政部 国家税务总局关于中国移动集团股权公积转增资本及盈余公积转增实收资本有关印花税政策的通知》财税 [2012] 62 号	第一、二条	对 2011 年中国移动增加的资本公积、股权公积转增实收资本印花税予以免征	
117	印花税	支持金融资本市场	金融市场	09081502	《财政部 国家税务总局关于买卖封闭式证券投资基金继续予以免征印花税的通知》财税 [2004] 173 号		买卖封闭式证券投资基金免征印花税	

续表

序号	收入种类	减免政策大类	减免政策小类	减免性质代码	政策名称	优惠条款	减免项目名称	关联政策条款
118	印花税	支持金融资本市场	金融市场	09081503	《财政部 国家税务总局关于股权分置改革试点改革有关税收政策问题的通知》财税〔2005〕103号	第一条	股权分置改革过程中发生的股权转让免征证印花税	
119	印花税	支持金融资本市场	金融市场	09081504	《财政部 国家税务总局关于国家开发银行缴纳印花税问题的复函》财税字〔1995〕47号	第一条	贴息贷款合同免征印花税	
120	印花税	支持金融资本市场	金融市场	09081505	《财政部 国家税务总局关于境内证券市场转让国有股充实全国社会保障基金有关证券（股票）交易印花税政策的通知》财税〔2009〕103号		国有股东向全国社会保障基金理事会转持国有股（股票）交易印花税	
121	印花税	支持金融资本市场	金融市场	09081509	《财政部国银行分行改制为外商独资银行有关税收问题的通知》财税〔2007〕45号	第三条	企业改制、重组过程中印花税予以免征	
122	印花税	支持金融资本市场	金融市场	09081510	《财政部 国家税务总局关于信贷资产证券化有关税收政策问题的通知》财税〔2006〕5号	第一条	信贷资产证券化免征印花税	

续表

序号	收入种类	减免政策大类	减免政策小类	减免性质代码	政策名称	优惠条款	减免项目名称	关联政策条款
123	印花税	支持金融资本市场	金融市场	09081512	《财政部 国家税务总局关于证券投资者保护基金有关印花税政策的通知》财税〔2006〕104号		证券投资者保护基金征印花税	
124	印花税	支持金融资本市场	金融市场	09081516	《财政部 国家税务总局关于被撤销金融机构有关税收政策的通知》财税〔2003〕141号	第二条第1项	被撤销金融机构接收债权、清偿债务签订的产权转移书据免征印花税	
125	印花税	支持金融资本市场	金融市场	09081518	《财政部 税务总局关于保险保障基金有关税收政策问题的通知》财税〔2018〕41号	第二条第一款	新设立的资金账簿免征印花税	《财政部 税务总局关于延长部分税收优惠政策执行期限的公告》财政部 税务总局公告2021年第6号
126	印花税	支持金融资本市场	金融市场	09081519	《财政部 税务总局关于保险保障基金有关税收政策问题的通知》财税〔2018〕41号	第二条第二款	对保险公司进行风险处置过程中救助破产和破产救助过程中签订的产权转移书据免征印花税	《财政部 税务总局关于延长部分税收优惠政策执行期限的公告》财政部 税务总局公告2021年第6号
127	印花税	支持金融资本市场	金融市场	09081520	《财政部 税务总局关于保险保障基金有关税收政策问题的通知》财税〔2018〕41号	第二条第三款	对保险公司进行风险处置过程中与中国人民银行签订的再贷款合同免征印花税	《财政部 税务总局关于延长部分税收优惠政策执行期限的公告》财政部 税务总局公告2021年第6号

续表

序号	收入种类	减免政策大类	减免政策小类	减免性质代码	政策名称	优惠条款	减免项目名称	关联政策条款
128	印花税	支持金融资本市场	金融市场	09081521	《财政部 税务总局关于保险保障基金有关税收政策问题的通知》财税〔2018〕41号	第二条第四款	以保险保障基金自有财产和接收的受偿财产与保险公司签订的财产保险合同免征印花税	《财政部 税务总局关于延长部分税收优惠政策执行期限的公告》财政部 税务总局公告2021年第6号
129	印花税	支持金融资本市场	金融市场	09081522	《中华人民共和国印花税法》中华人民共和国主席令第89号	第十二条第（五）项	无息或者贴息借款合同免征印花税	
130	印花税	支持金融资本市场	金融市场	09081523	《中华人民共和国印花税法》中华人民共和国主席令第89号	第十二条第（五）项	国际金融组织向中国提供优惠贷款书立的借款合同免征印花税	
131	印花税	支持金融资本市场	金融市场	09081524	《财政部 税务总局关于银行业金融机构、金融资产管理公司不良债权以物抵债有关税收政策的公告》财政部 税务总局公告2022年第31号	第二条	银行业金融机构接收、处置抵债资产过程中涉及的合同、产权转移书据和营业账簿免征印花税	
132	印花税	支持金融资本市场	金融市场	09081525	《财政部 税务总局关于银行业金融机构、金融资产管理公司不良债权以物抵债有关税收政策的公告》财政部 税务总局公告2022年第31号	第二条	金融资产管理公司接收、处置抵债资产过程中涉及的合同、产权转移书据和营业账簿免征印花税	

续表

序号	收入种类	减免政策大类	减免政策小类	减免性质代码	政策名称	优惠条款	减免项目名称	关联政策条款
133	印花税	支持金融资本市场	资本市场	09083901	《财政部 国家税务总局关于4家资产管理公司接收资本项下的资产在办理过户时有关税收政策问题的通知》财税〔2003〕21号		国有商业银行转给金融资产管理公司的资产免征印花税	
134	印花税	支持金融资本市场	资本市场	09083902	《财政部 国家税务总局关于开放式证券投资基金有关税收问题的通知》财税〔2002〕128号	第三条	证券投资基金免征印花税	
135	印花税	支持金融资本市场	资本市场	09083903	《财政部 国家税务总局关于中国信达等4家金融资产管理公司税收政策问题的通知》财税〔2001〕10号		金融资产管理公司收购、承接、处置不良资产免征印花税	
136	印花税	支持金融资本市场	资本市场	09083904	《中国人民银行 农业部 国家发展计划委员会 财政部 国家税务总局关于农村信用社接收农村合作基金会财产权过户税费的通知》银发〔2000〕21号		农村信用社接收农村合作基金会财产权转移书免征印花税	
137	印花税	支持金融资本市场	资本市场	09083906	《财政部 国家税务总局关于中国信达资产管理股份有限公司等4家金融资产管理公司有关税收政策问题的通知》财税〔2013〕56号	第一条	对中国信达资产管理股份有限公司、中国华融资产管理股份有限公司及其分支机构处置不良资产以及剥离性出让上市公司股权免征印花税	

续表

序号	收入种类	减免政策大类	减免政策小类	减免性质代码	政策名称	优惠条款	减免项目名称	关联政策条款
138	印花税	支持三农	农村建设	09092306	《财政部 税务总局关于支持农村集体产权制度改革有关税收政策的通知》财税〔2017〕55号	第二条第二款	农村集体经济组织清产核资免征印花税	
139	印花税	支持三农	农村建设	09092307	《财政部 税务总局关于继续实行农村饮水工程税收优惠政策的公告》财政部 税务总局公告2019年第67号	第二条	饮水工程运营管理单位为建设饮水工程取得土地使用权所签订的产权转移书据,以及与施工单位签订的建设工程承包合同免征印花税	《财政部 税务总局关于延长部分税收优惠政策执行期限的公告》财政部 税务总局公告2021年第6号
140	印花税	支持三农	农村建设	09092308	《中华人民共和国印花税法》中华人民共和国主席令第89号	第十二条第(四)项	农民、家庭农场、农民专业合作社、农村集体经济组织、村民委员会购买农业生产资料或者销售农产品书立的买卖合同免征印花税	
141	印花税	支持三农	农村建设	09092309	《中华人民共和国印花税法》中华人民共和国主席令第89号	第十二条第(四)项	农民、家庭农场、农民专业合作社、农村集体经济组织、村民委员会购买农业生产资料或者销售农产品书立的农业保险合同免征印花税	
142	印花税	支持文化教育体育	教育	09101401	《财政部 国家税务政策的通知》财税〔2004〕39号	第二条	对财产所有人将财产赠给学校所书立的书据免征印花税	

续表

序号	收入种类	减免政策大类	减免政策小类	减免性质代码	政策名称	优惠条款	减免项目名称	关联政策条款
143	印花税	支持文化教育体育	教育	09101406	《财政部 税务总局关于高校学生公寓房产税 印花税政策的通知》财税〔2019〕14号	第二条	高校学生公寓租赁合同免征印花税	《财政部 税务总局关于延长部分税收优惠政策执行期限的公告》财政部 税务总局公告2022年第4号
144	印花税	支持文化教育体育	体育	09102905	《财政部 税务总局 海关总署关于北京2022年冬奥会和冬残奥会税收政策的通知》财税〔2017〕60号	第一条第（九）款	对北京冬奥组委、北京冬奥会测试赛事组委会使用的营业账簿和签订的各类合同免征印花税	
145	印花税	支持文化教育体育	体育	09102906	《财政部 税务总局 海关总署关于北京2022年冬奥会和冬残奥会税收政策的通知》财税〔2017〕60号	第一条第（二）款	对国际奥委会签订的与北京2022年冬奥会有关的各类合同，免征印花税	
146	印花税	支持文化教育体育	体育	09102907	《财政部 税务总局 海关总署关于北京2022年冬奥会和冬残奥会税收政策的通知》财税〔2017〕60号	第一条第（三）款	对中国奥委会签订的与北京2022年冬奥会有关的各类合同，免征印花税	
147	印花税	支持文化教育体育	体育	09102908	《财政部 税务总局 海关总署关于北京2022年冬奥会和冬残奥会税收政策的通知》财税〔2017〕60号	第一条第（五）款	对国际残奥委会取得的与北京2022年冬奥组委有关的收入免征印花税	
148	印花税	支持文化教育体育	体育	09102909	《财政部 税务总局 海关总署关于北京2022年冬奥会和冬残奥会税收政策的通知》财税〔2017〕60号	第一条第（六）款	对中国残奥委会取得的由北京2022年冬奥组委分拨支付的收入免征印花税	

续表

序号	收入种类	减免政策大类	减免政策小类	减免性质代码	政策名称	优惠条款	减免项目名称	关联政策条款
149	印花税	支持文化教育体育	体育	0910 2910	《财政部 税务总署 海关总署关于北京2022年冬奥会和冬残奥会税收政策的通知》（财税〔2017〕60号）	第三条第（四）款	对财产所有人将财产捐赠给北京冬奥组委所立的产权转移书据免征印花税	
150	印花税	支持文化教育体育	体育	0910 2911	《财政部 税务总署 海关总署关于第七届世界军人运动会税收政策的通知》（财税〔2018〕119号）	第二条第（三）项	对财产所有人将财产捐赠给执委会所立的产权转移书据免征应缴纳的印花税	
151	印花税	支持文化教育体育	体育	0910 2912	《财政部 税务总署 海关总署关于北京2022年冬奥会和冬残奥会税收优惠政策的公告》财政部公告2019年第92号	第六条	国际奥委会相关实体与北京冬奥组委签订的各类合同，免征国际奥委会相关实体应缴纳的印花税	
152	印花税	支持文化教育体育	体育	0910 2913	《财政部 税务总署 海关总署关于杭州2022年亚运会和亚残运会税收政策的公告》财政部公告2020年第18号	第七条	对杭州2022年亚运会及其测试赛组委会使用的营业账簿和签订的各类合同等应纳税凭证，免征亚运会组委会应缴纳的印花税	
153	印花税	支持文化教育体育	体育	0910 2914	《财政部 税务总署 海关总署关于杭州2022年亚运会和亚残运会税收政策的公告》财政部公告2020年第18号	第八条	对财产所有人将财产（物品）捐赠给杭州2022年亚运会及亚残运会及其测试赛组委会所立的产权转移书据，免征印花税	

续表

序号	收入种类	减免政策大类	减免政策小类	减免性质代码	政策名称	优惠条款	减免项目名称	关联政策条款
154	印花税	支持文化教育体育	体育	09102915	《财政部 税务总署关于第18届世界中学生运动会等三项国际综合运动会税收政策的公告》财政部公告2020年第19号	第七条	对三项国际综合运动会的执行委员会、组委会签订的各类合同等应税凭证免征、组委会应缴纳的印花税	
155	印花税	支持文化教育体育	体育	09102916	《财政部 税务总署关于第18届世界中学生运动会等三项国际综合运动会税收政策的公告》财政部公告2020年第19号	第八条	对财产所有人将财产（物品）捐赠给三项国际综合运动会所执行的委员会、组委会书立的产权转移书据，免征印花税	
156	印花税	支持文化教育体育	文化	09103201	《国家税务总局关于图书报刊等征订凭证免征印花税问题的通知》（89）国税地字第142号	第二条	发行单位之间、发行单位与订阅单位或个人之间书立的征订凭证，暂免征印花税	
157	印花税	支持文化教育体育	文化	09103204	《关于继续实施文化体制改革中经营性文化事业单位转制为企业若干税收政策的通知》财税〔2019〕16号	第一条第（四）项	文化单位转制为企业时的印花税优惠	
158	印花税	支持其他各项事业	公益	09120602	《中华人民共和国印花税法》中华人民共和国主席令第89号	第十二条第（六）项	财产所有人将财产赠与政府、学校、社会福利机构、慈善组织的产权转移书据免征印花税	

续表

序号	收入种类	减免政策大类	减免政策小类	减免性质代码	政策名称	优惠条款	减免项目名称	关联政策条款
159	印花税	支持其他各项事业	国防建设	09120702	《中华人民共和国印花税法》中华人民共和国主席令第89号	第十二条第（三）项	中国人民解放军、中国人民武装警察部队书立的应税凭证免征印花税	
160	印花税	支持其他各项事业	交通运输	09123101	《国家税务总局关于印花税征收几个具体问题的通知》国税发[1990]173号		特殊货运凭证免征印花税	
161	印花税	支持其他各项事业	商品储备	09122602	《财政部 国家税务总局关于国家石油储备基地一期项目建设有关税收政策的通知》财税[2005]23号	第一条	对国家石油储备基地一期项目建设过程中涉及的印花税，予以免征	
162	印花税	支持其他各项事业	商品储备	09122606	《关于延续执行部分国家商品储备税收优惠政策的公告》财政部 税务总局公告2022年第8号	第一条	商品储备管理公司及其直属库承担商品储备业务资金账簿免征印花税	
163	印花税	支持其他各项事业	商品储备	09122607	《关于延续执行部分国家商品储备税收优惠政策的公告》财政部 税务总局公告2022年第8号	第一条	商品储备管理公司及其直属库承担商品储备业务购销合同免征印花税	
164	印花税	支持其他各项事业	外籍人员	09123101	《中华人民共和国印花税法》中华人民共和国主席令第89号	第十二条第（二）项	依照法律规定应予以免税的外国驻华使馆、领事馆和国际组织驻华代表机构为获得馆舍书立的应税凭证免征印花税	

续表

序号	收入种类	减免政策大类	减免政策小类	减免性质代码	政策名称	优惠条款	减免项目名称	关联政策条款
165	印花税	支持其他各项事业	医疗卫生	09123402	《中华人民共和国印花税法》中华人民共和国主席令第89号	第十二条第（七）项	非营利性医疗卫生机构采购药品或者卫生材料书立的买卖合同免征印花税	
166	印花税	支持其他各项事业	其他	09129908	《中华人民共和国印花税法》中华人民共和国主席令第89号	第十二条第（一）项	应税凭证的副本或者抄本免征印花税	
167	印花税	支持其他各项事业	其他	09129909	《中华人民共和国印花税法》中华人民共和国主席令第89号	第十二条第（八）项	个人与电子商务经营者订立的电子订单免征印花税	
168	印花税	支持其他各项事业	其他	09129999	其他		其他	
169	城镇土地使用税	改善民生	救灾及重建	10011605	《财政部 国家税务总局关于认真落实抗震救灾及灾后重建税收政策问题的通知》财税〔2008〕62号	第六条	地震造成纳税困难免土地税	
170	城镇土地使用税	改善民生	救灾及重建	10011607	抗击疫情地方减免城镇土地使用税		抗击疫情地方减免城镇土地使用税	
171	城镇土地使用税	改善民生	救灾及重建	10011608	《国家发展改革委等14部门印发〈关于促进服务业领域困难行业恢复发展的若干政策〉的通知》发改财金〔2022〕271号		出租方为承租方减免租金减免城镇土地使用税	

续表

序号	收入种类	减免政策大类	减免政策小类	减免性质代码	政策名称	优惠条款	减免项目名称	关联政策条款
172	城镇土地使用税	改善民生	住房	10011705	《财政部 国家税务总局关于棚户区改造有关税收政策的通知》财税〔2013〕101号	第一条	棚户区改造安置住房建设用地免土地税	
173	城镇土地使用税	改善民生	住房	10011708	《财政部 国家税务总局关于易地扶贫搬迁税收优惠政策的通知》财税〔2018〕135号	第二条第（三）款	易地扶贫搬迁安置住房用地免征城镇土地使用税	《财政部 税务总局关于延长部分税收优惠政策执行期限的公告》财政部 税务总局公告2021年第6号
174	城镇土地使用税	改善民生	住房	10011709	《财政部 税务总局关于公共租赁住房税收优惠政策的公告》财政部 税务总局公告2019年第61号	第一条	公共租赁住房用地免土地税	《财政部 税务总局关于延长部分税收优惠政策执行期限的公告》财政部 税务总局公告2021年第6号
175	城镇土地使用税	改善民生	社会保障	10012701	《财政部 国家税务总局关于安置残疾人就业单位城镇土地使用税等政策的通知》财税〔2010〕121号	第一条	安置残疾人就业单位用地减免土地税	
176	城镇土地使用税	改善民生	社会保障	10012702	《财政部 国家税务总局关于对老年服务机构有关税收政策问题的通知》财税〔2000〕97号	第一条	福利性非营利性老年服务机构用地免土地税	

续表

序号	收入种类	减免政策大类	减免政策小类	减免性质代码	政策名称	优惠条款	减免项目名称	关联政策条款
177	城镇土地使用税	改善民生	社会保障	10012703	《财政部 税务总局 发展改革委 民政部 商务部 卫生健康委等关于养老、托育、家政等社区家庭服务业税费优惠政策的公告》财政部公告2019年第76号	第二条	社区养老、托育、家政机构免征城镇土地使用税	
178	城镇土地使用税	改善民生	其他	10019902	《国家税务局关于印发〈关于土地使用税若干具体问题的补充规定〉的通知》（89）国税地字第140号	第五条	农贸市场（集贸市场）用地免土地税	
179	城镇土地使用税	改善民生	其他	10019903	《国家税务局关于印发〈关于土地使用税若干具体问题的补充规定〉的通知》（89）国税地字第140号	第七条	落实私房政策后的房屋用地减免土地税	
180	城镇土地使用税	改善民生	其他	10019908	《财政部 税务总局关于继续实行农产品批发市场 农贸市场房产税 城镇土地使用税优惠政策的通知》财税〔2019〕12号	第一条	农产品批发市场、农贸市场用地免土地税	
181	城镇土地使用税	改善民生	其他	10019909	《财政部 税务总局关于继续实施物流企业大宗商品仓储设施用地城镇土地使用税优惠政策的公告》财政部 税务总局公告2020年第16号	第一条	大宗商品仓储设施用地城镇土地使用税优惠	《财政部 税务总局关于延长部分税收优惠政策执行期限的公告》财政部 税务总局公告2022年第4号

续表

序号	收入种类	减免政策大类	减免政策小类	减免性质代码	政策名称	优惠条款	减免项目名称	关联政策条款
182	城镇土地使用税	鼓励高新技术	科技发展	10021901	《财政部 国家税务总局关于非营利性科研机构税收政策的通知》财税〔2001〕5号	第二条第（三）款	非营利性科研机构自用土地免土地税	
183	城镇土地使用税	鼓励高新技术	科技发展	10021910	《财政部 税务总局 科技部教育部关于科技企业孵化器 大学科技园和众创空间税收政策的通知》财税〔2018〕120号	第一条	科技企业孵化器、大学科技园和众创空间免征城镇土地使用税	《财政部 税务总局关于延长部分税收优惠政策执行期限的公告》财政部 税务总局公告2022年第4号
184	城镇土地使用税	鼓励高新技术	科研机构转制	10022002	《财政部 国家税务总局关于转制科研机构有关税收政策问题的通知》财税〔2003〕137号	第一条	转制科研机构的科研开发自用土地免土地税	
185	城镇土地使用税	促进区域发展	西部开发	10033301	《财政部 国家税务总局关于青藏铁路公司运营期间有关税收政策问题的通知》财税〔2007〕11号	第五条	青藏铁路公司及其所属单位自用土地免土地税	
186	城镇土地使用税	促进小微企业发展	其他	10049901	《财政部 税务总局关于进一步实施小微企业"六税两费"减免政策的公告》财政部 税务总局公告2022年第10号		增值税小规模纳税人城镇土地使用税减征	

续表

序号	收入种类	减免政策大类	减免政策小类	减免性质代码	政策名称	优惠条款	减免项目名称	关联政策条款
187	城镇土地使用税	促进小微企业发展	其他	10049902	《财政部 税务总局关于进一步实施小微企业"六税两费"减免政策的公告》财政部 税务总局公告2022年第10号		个体工商户城镇土地使用税减征	
188	城镇土地使用税	促进小微企业发展	其他	10049903	《财政部 税务总局关于进一步实施小微企业"六税两费"减免政策的公告》财政部 税务总局公告2022年第10号		小型微利企业城镇土地使用税减征	
189	城镇土地使用税	转制升级	企业发展	10052401	《财政部 国家税务总局关于大秦铁路改制上市有关税收问题的通知》财税[2006]32号	第四条	大秦公司市场化运作前其自用土地免土地税	
190	城镇土地使用税	转制升级	企业发展	10052402	《财政部 国家税务总局关于广深铁路股份有限公司改制上市和资产收购有关税收问题的通知》财税[2008]12号	第四条	广深公司承租广铁集团铁路运输用地免土地税	
191	城镇土地使用税	转制升级	企业发展	10052403	《国家税务总局关于印发干具体问题的补充规定》的通知》（89）国税地字第140号	第十条	企业搬迁原场地不使用的免土地税	

续表

序号	收入种类	减免政策大类	减免政策小类	减免性质代码	政策名称	优惠条款	减免项目名称	关联政策条款
192	城镇土地使用税	节能环保	环境保护	10061001	《国家税务局关于印发〈关于土地使用税若干具体问题的补充规定〉的通知》(89)国税地字第140号	第十三条	企业厂区以外的公共绿化用地免土地税	
193	城镇土地使用税	节能环保	资源综合利用	10064004	《财政部 税务总局关于延续供热企业增值税房产税城镇土地使用税优惠政策的通知》财税〔2019〕38号	第二条	居民供热使用土地免土地税	《财政部 税务总局关于延长部分税收优惠政策执行期限的公告》财政部 税务总局公告2021年第6号
194	城镇土地使用税	节能环保	电力建设	10064201	《国家税务局关于电力行业免征土地使用税问题的规定》(89)国税地字第013号	第一、二、三条	电力行业部分用地免土地税	
195	城镇土地使用税	节能环保	电力建设	10064202	《国家税务局对核工业总公司所属企业土地使用税征免问题的若干规定》(89)国税地字第007号	第一条	核工业总公司所属企业部分用地免土地税	
196	城镇土地使用税	节能环保	电力建设	10064203	《财政部 国家税务总局关于核电站用地征免城镇土地使用税的通知》财税〔2007〕124号	第二条	核电站应税土地在基建期内减半征收土地使用税	

续表

序号	收入种类	减免政策大类	减免政策小类	减免性质代码	政策名称	优惠条款	减免项目名称	关联政策条款
197	城镇土地使用税	节能环保	电力建设	10064204	《财政部 国家税务总局关于核电站用地征免城镇土地使用税的通知》财税[2007] 124号	第一条	核电站部分用地免征土地税	
198	城镇土地使用税	支持金融资本市场	金融市场	10081501	《财政部 税务总局关于银行业金融机构、金融资产管理公司不良债权以物抵债有关税收政策的公告》财政部 税务总局公告2022年第31号	第四条	金融机构抵债不动产减免城镇土地使用税	
199	城镇土地使用税	支持金融资本市场	资本市场	10083902	《财政部 国家税务总局关于中国东方资产管理公司处置港澳国际（集团）有限公司有关税收政策问题的通知》财税[2003] 212号	第二条第（三）款、第三条第（二）款	接收港澳国际（集团）有限公司的房产	
200	城镇土地使用税	支持金融资本市场	资本市场	10083903	《财政部 国家税务总局关于被撤销金融机构有关税收政策问题的通知》财税[2003] 141号	第二条第（二）款	被撤销金融机构清算期间自有的或从债务方接收的房地产	《财政部 国家税务总局关于大连证券破产及财产处置过程中有关税收政策问题的通知》（财税[2003] 88号）第二条
201	城镇土地使用税	支持金融资本市场	资本市场	10083905	《财政部 国家税务总局关于中国信达资产管理公司等4家金融资产管理公司有关税收政策问题的通知》财税[2013] 56号	第一条	4家金融资产公司处置房地产免土地税	《财政部 国家税务总局关于中国信达等4家金融资产管理公司税收政策问题的通知》财税[2001] 10号

续表

序号	收入种类	减免政策大类	减免政策小类	减免性质代码	政策名称	优惠条款	减免项目名称	关联政策条款
202	城镇土地使用税	支持三农	农村建设	10092303	《财政部 税务总局关于继续实行农村饮水安全工程税收优惠政策的公告》财政部 税务总局公告2019年第67号	第三条	农村饮水工程运营管理单位自用土地免土地税	《财政部 税务总局关于延长部分税收优惠政策执行期限的公告》财政部 税务总局公告2021年第6号
203	城镇土地使用税	支持文化教育体育	教育	10101401	《财政部 国家税务总局关于教育税收政策的通知》财税〔2004〕39号	第二条	学校、托儿所、幼儿园自用土地免土地税	《国家税务局关于检发〈关于土地使用税若干具体问题的解释和暂行规定〉的通知》（国税地字〔1988〕15号）第十七、十八条
204	城镇土地使用税	支持文化教育体育	体育	10102901	《财政部 国家税务总局关于体育场馆房产税和城镇土地使用税政策的通知》财税〔2015〕130号		符合条件的体育场馆减免城镇土地使用税	
205	城镇土地使用税	支持其他各项事业	飞机制造	10120401	《财政部 税务总局关于民用航空发动机、新支线飞机和大型客机税收政策的公告》财政部 税务总局公告2019年第88号	第一条	大型民用客机发动机、中大功率民用涡轴涡桨发动机研制项目自用土地免征城镇土地使用税	
206	城镇土地使用税	支持其他各项事业	飞机制造	10120402	《财政部 税务总局关于民用航空发动机、新支线飞机和大型客机税收政策的公告》财政部 税务总局公告2019年第88号	第三条	从事大型客机研制项目的纳税人及其全资子公司自用土地免征城镇土地使用税	《财政部 税务总局关于延长部分税收优惠政策执行期限的公告》财政部 税务总局公告2021年第6号

续表

序号	收入种类	减免政策大类	减免政策小类	减免性质代码	政策名称	优惠条款	减免项目名称	关联政策条款
207	城镇土地使用税	支持其他各项事业	交通运输	10121301	《财政部 国家税务总局关于调整铁路系统房产税城镇土地使用税政策的通知》财税〔2003〕149号	第一条	铁道部所属铁路运输企业自用土地免土地税	
208	城镇土地使用税	支持其他各项事业	交通运输	10121303	《财政部 国家税务总局关于明确免征房产税土地使用税的铁路运输企业范围及有关问题的通知》财税〔2004〕36号	第二条	地方铁路运输企业自用土地免土地税	
209	城镇土地使用税	支持其他各项事业	交通运输	10121304	《国家税务总局关于港口用地征免土地使用税问题的规定》（89）国税地字第123号	第一条	港口的码头用地免土地税	
210	城镇土地使用税	支持其他各项事业	交通运输	10121305	《国家税务局关于对民航机场用地征免土地使用税问题的规定》（89）国税地字第032号	第一、二条	民航机场规定用地免土地税	
211	城镇土地使用税	支持其他各项事业	交通运输	10121306	《财政部 国家税务总局关于股改及合资铁路运输企业房产税、城镇土地使用税有关政策的通知》财税〔2009〕132号		股改铁路运输企业及合资铁路运输公司自用的房产免土地税	

续表

序号	收入种类	减免政策大类	减免政策小类	减免性质代码	政策名称	优惠条款	减免项目名称	关联政策条款
212	城镇土地使用税	支持其他各项事业	交通运输	10121308	《国家税务局关于印发〈关于土地使用税若干具体问题的补充规定〉的通知》（89）国税地字第140号	第十一条	厂区外未加隔离的企业铁路专用线用地免土地税	
213	城镇土地使用税	支持其他各项事业	交通运输	10121310	《财政部 税务总局关于继续对城市公交站场 道路运输场 城市轨道交通系统减免城镇土地使用税优惠政策的通知》财税〔2019〕11号	第一条	城市公交站场等运营用地免征城镇土地使用税	《财政部 税务总局关于延长部分税收优惠政策执行期限的公告》财政部 税务总局公告2022年第4号
214	城镇土地使用税	支持其他各项事业	商品储备	10122602	《财政部 国家税务总局关于国家石油储备基地建设有关税收政策的通知》财税〔2005〕23号	第一条	国家石油储备基地第一期项目用地免土地税	
215	城镇土地使用税	支持其他各项事业	商品储备	10122606	《关于延续执行部分国家商品储备税收优惠政策的公告》财政部 税务总局公告2022年第8号	第二条	商品储备管理公司及其直属库自用土地免征城镇土地使用税	
216	城镇土地使用税	支持其他各项事业	医疗卫生	10123401	《财政部 国家税务总局关于血站有关税收问题的通知》财税字〔1999〕264号	第一条	血站自用的土地免土地税	

续表

序号	收入种类	减免政策大类	减免政策小类	减免性质代码	政策名称	优惠条款	减免项目名称	关联政策条款
217	城镇土地使用税	支持其他各项事业	医疗卫生	10123402	《财政部 国家税务总局关于医疗卫生机构有关税收政策的通知》财税[2000]42号	第一条第（五）项、第三（二）项	非营利性医疗、疾病控制、妇幼保健机构自用的土地免土地税	
218	城镇土地使用税	支持其他各项事业	医疗卫生	10123403	《财政部 国家税务总局关于医疗卫生机构有关税收政策的通知》财税[2000]42号	第二条第（一）项	营利性医疗机构自用的土地3年内免土地税	
219	城镇土地使用税	支持其他各项事业	公检法	10125002	《国家税务局关于印发〈关于土地使用税若干具体问题的补充规定〉的通知》（89）国税地字第140号	第一条	免税单位无偿使用的土地免土地税	
220	城镇土地使用税	支持其他各项事业	公检法	10125003	《国家税务局关于对司法部所属的劳改劳教单位免土地使用税问题的规定》（89）国税地字第119号	第一、二、三条	劳改劳教单位相关用地免土地税	
221	城镇土地使用税	支持其他各项事业	其他	10129901	《财政部 国家税务总局关于房产税城镇土地使用税有关问题的通知》财税[2009]128号	第四条	地下建筑用地暂按50%征收免土地税	

续表

序号	收入种类	减免政策大类	减免政策小类	减免性质代码	政策名称	优惠条款	减免项目名称	关联政策条款
222	城镇土地使用税	支持其他各项事业	其他	10129902	《财政部 国家税务总局关于房产税城镇土地使用税有关政策的通知》财税[2006]186号	第三条	采摘观光的种植养殖土地免土地税	
223	城镇土地使用税	支持其他各项事业	其他	10129906	《国家税务局关于水利设施用地征免土地税问题的规定》(89)国税地字第014号	第一、二条	水利设施及其管护用地免土地税	
224	城镇土地使用税	支持其他各项事业	其他	10129907	《国家税务局关于土地使用税若干具体问题的补充规定》(89)国税地字第140号	第八条	防火防爆防毒等安全用地免土地税	
225	城镇土地使用税	支持其他各项事业	其他	10129909	《国家税务局关于对矿山企业征免土地使用税问题的通知》(89)国税地字第122号	第一、二条	矿山企业生产专用地免土地税	《国家税务局关于建材企业的采石场、排土场等用地征免土地使用税问题的批复》(国税函发[1990]853号)
226	城镇土地使用税	支持其他各项事业	其他	10129910	《国家征地免税对煤炭企业用地征免土地使用税问题的规定》(89)国税地字第089号	第一条	煤炭企业规定用地免土地税	

续表

序号	收入种类	减免政策大类	减免政策小类	减免性质代码	政策名称	优惠条款	减免项目名称	关联政策条款
227	城镇土地使用税	支持其他各项事业	其他	10129911	《国家税务总局关于对盐场、盐矿征免城镇土地使用税问题的通知》（89）国税地字第141号	第二条	盐场的盐滩盐矿的矿井用地免用土地税	
228	城镇土地使用税	支持其他各项事业	其他	10129913	《国家税务总局关于林业系统免征土地使用税问题的通知》国税函发〔1991〕1404号	第一条	林业系统相关用地免土地税	
229	城镇土地使用税	支持其他各项事业	其他	10129917	《国务院关于修改〈中华人民共和国城镇土地使用税暂行条例〉的决定》中华人民共和国国务院令第483号	第七条	纳税人困难性减免土地税	
230	城镇土地使用税	支持其他各项事业	其他	10129918	《国务院关于修改〈中华人民共和国城镇土地使用税暂行条例〉的决定》中华人民共和国国务院令第483号	第六条	开山填海整治土地和改造废弃土地免土地税	
231	城镇土地使用税	支持其他各项事业	其他	10129919	《财政部 国家税务总局关于房改房用地未办理土地使用权过户期间城镇土地使用税政策的通知》财税〔2013〕44号		企业已售房改房占免土地税	

续表

序号	收入种类	减免政策大类	减免政策小类	减免性质代码	政策名称	优惠条款	减免项目名称	关联政策条款
232	城镇土地使用税	支持其他各项事业	其他	10129920	《财政部 国家税务总局关于廉租住房经济适用住房和住房租赁有关税收政策的通知》财税〔2008〕24号	第一条第二款	廉租房用地免土地税	
233	城镇土地使用税	支持其他各项事业	其他	10129921	《财政部 国家税务总局关于企业范围内荒山、林地、湖泊等占地城镇土地使用税有关政策的通知》财税〔2014〕1号		企业的荒山、林地、湖泊等占地减半征收土地税	
234	城镇土地使用税	支持其他各项事业	其他	10129924	《财政部 国家税务总局关于石油天然气生产企业城镇土地使用税政策的通知》财税〔2015〕76号		石油天然气生产企业部分用地免土地税	
235	城镇土地使用税	支持其他各项事业	其他	10129999	其他		其他	
236	土地增值税	改善民生	住房	11011702	《财政部 国家税务总局关于廉租住房经济适用住房和住房租赁有关税收政策的通知》财税〔2008〕24号	第一条第（三）款	转让旧房作为经济适用住房房源项目增值额未超过扣除项目金额20%的，免征土地增值税	
237	土地增值税	改善民生	住房	11011704	《中华人民共和国土地增值税暂行条例》中华人民共和国国务院令第138号	第八条第（一）项	普通标准住宅增值率不超过20%的土地增值税减免	

续表

序号	收入种类	减免政策大类	减免政策小类	减免性质代码	政策名称	优惠条款	减免项目名称	关联政策条款
238	土地增值税	改善民生	住房	11011707	《财政部 国家税务总局关于棚户区改造有关税收政策的通知》财税〔2013〕101号	第二条	转让旧房作为保障性住房项目增值额未超过扣除项目金额20%的免征土地增值税	
239	土地增值税	改善民生	住房	11011710	《财政部 税务总局关于公共租赁住房税收优惠政策的公告》财政部 税务总局公告2019年第61号	第四条	转让旧房作为公共租赁住房房源，且增值额未超过扣除项目金额20%的免征土地增值税	《财政部 税务总局关于延长部分税收优惠政策执行期限的公告》财政部 税务总局公告2021年第6号
240	土地增值税	转制升级	企业发展	11052401	《财政部 国家税务总局关于中国邮政储蓄银行改制上市有关税收政策的通知》财税〔2013〕53号	第四条	对企业改制、资产整合过程中涉及的土地增值税予以免征	
241	土地增值税	转制升级	企业重组改制	11052501	《财政部 国家税务总局关于中国邮政集团公司邮政速递物流业务重组改制有关税收问题的通知》财税〔2011〕116号	第二条	对企业改制、资产整合过程中涉及的土地增值税予以免征	
242	土地增值税	转制升级	其他	11059901	《财政部 国家税务总局关于中国中信集团公司重组改制过程中土地增值税等政策的通知》财税〔2013〕3号	第一条	对企业改制、资产整合过程中涉及的土地增值税予以免征	

续表

序号	收入种类	减免政策大类	减免政策小类	减免性质代码	政策名称	优惠条款	减免项目名称	关联政策条款
243	土地增值税	转制升级	其他	11059902	《财政部 国家税务总局关于中国联合网络通信集团有限公司转让CDMA网及其用户资产过程中资产整合涉及的增值税印花税营业税和土地增值税政策问题的通知》财税〔2011〕13号	第九、十、十一条	对企业改制、资产整合过程中涉及的土地增值税子以免征	
244	土地增值税	支持金融资本市场	资本市场	11083901	《财政部 国家税务总局关于中国信达等4家金融资产管理公司税收政策问题的通知》财税〔2001〕10号		对企业改制、资产整合过程中涉及的土地增值税子以免征	
245	土地增值税	支持金融资本市场	资本市场	11083902	《财政部 国家税务总局关于中国东方资产管理公司处置港澳国际（集团）有限公司有关资产税收政策问题的通知》财税〔2003〕212号	第二条第4项、第三条第4项、第四条	对企业改制、资产整合过程中涉及的土地增值税子以免征	
246	土地增值税	支持金融资本市场	资本市场	11083903	《财政部 国家税务总局关于中国信达等4家金融资产管理公司有关税收政策问题的通知》财税〔2013〕56号	第一条	对企业改制、资产整合过程中涉及的土地增值税子以免征	

续表

序号	收入种类	减免政策大类	减免政策小类	减免性质代码	政策名称	优惠条款	减免项目名称	关联政策条款
247	土地增值税	支持文化教育体育	体育	11102903	《财政部 税务总局 海关总署关于北京2022年冬奥会和冬残奥会税收政策的通知》财税〔2017〕60号	第一条第(八)款	对北京冬奥组委、北京冬奥会测试赛赛事组委会再销售物品和出让资产免征土地增值税	
248	土地增值税	支持文化教育体育	体育	11102904	《财政部 税务总局 海关总署关于第七届世界军人运动会税收政策的通知》财税〔2018〕119号	第一条第(五)项	对执委会出让资产取得的收入，免征应缴纳的土地增值税	
249	土地增值税	支持文化教育体育	体育	11102905	《财政部 税务总局 海关总署关于杭州2022年亚运会和亚残运会税收政策的公告》财政部公告2020年第18号	第六条	对杭州2022年亚运会和亚残运会及其测试赛组委会出让资产取得的收入，免征土地增值税	
250	土地增值税	支持文化教育体育	体育	11102906	《财政部 税务总局 海关总署关于第18届世界中学生运动会等第三项国际综合运动会税收政策的公告》财政部公告2020年第19号	第六条	对2020年晋江第18届世界中学生运动会的执行委员会、组委会取得的收入，免征土地增值税	
251	土地增值税	支持文化教育体育	体育	11102907	《财政部 税务总局 海关总署关于第18届世界中学生运动会等第三项国际综合运动会税收政策的公告》财政部公告2020年第19号	第六条	对2020年三亚第6届亚洲沙滩运动会的执行委员会、组委会出让资产取得的收入，免征土地增值税	

续表

序号	收入种类	减免政策大类	减免政策小类	减免性质代码	政策名称	优惠条款	减免项目名称	关联政策条款
252	土地增值税	支持文化教育体育	体育	11102908	《财政部 税务总署 海关关于第18届世界中学生运动会等三项国际综合运动会税收政策的公告》财政部公告2020年第19号	第六条	对2021年成都第31届世界大学生运动会的执行委员会、组委会赛后出让资产取得的收入，免征土地增值税	
253	土地增值税	支持其他各项事业	其他	11129901	《财政部 国家税务总局关于被撤销金融机构有关税收政策问题的通知》财税[2003]141号	第二条第4项	被撤销金融机构清偿债务免征土地增值税	
254	土地增值税	支持其他各项事业	其他	11129902	《财政部 国家税务总局关于土地增值税若干问题的通知》财税[2006]21号	第一、四条	普通标准住宅增值率不超过20%的土地增值税减免 因城市实施规划、国家建设需要而搬迁，纳税人自行转让房地产免征土地增值税	
255	土地增值税	支持其他各项事业	其他	11129903	《财政部 国家税务总局关于土地增值税一些具体问题规定的通知》财税字[1995]48号	第二条	合作建房自用土地增值税减免	
256	土地增值税	支持其他各项事业	其他	11129905	《中华人民共和国土地增值税暂行条例》中华人民共和国国务院令第138号	第八条第（二）项	因国家建设需要依法征用、收回的房地产土地增值税减免	

续表

序号	收入种类	减免政策大类	减免政策小类	减免性质代码	政策名称	优惠条款	减免项目名称	关联政策条款
257	土地增值税	支持其他各项事业	其他	11129907	《财政部 国家税务总局关于土地增值税一些具体问题规定的通知》财税字〔1995〕48号	第五条	个人之间互换自有居住用房地产免征土地增值税	
258	土地增值税	支持其他各项事业	其他	11129999			其他	
259	车船税	改善民生	救灾及重建	12011601	《中华人民共和国车船税法》中华人民共和国主席令第43号	第四条	对受严重自然灾害影响纳税困难的，减免车船税	
260	车船税	改善民生	救灾及重建	12011603	《中华人民共和国车船税法》中华人民共和国主席令第29号	第三条（四）项	国家综合性消防救援车船免征车船税	
261	车船税	节能环保	环境保护	12061001	《中华人民共和国车船税法》中华人民共和国主席令第43号	第四条	新能源汽车免征车船税	《财政部 税务总局 工业和信息化部 交通运输部关于节能新能源车船税优惠政策的通知》财税〔2018〕74号
262	车船税	节能环保	环境保护	12061009	《中华人民共和国车船税法》中华人民共和国主席令第43号	第四条	对节能汽车，减半征收车船税	《财政部 税务总局 工业和信息化部 交通运输部关于节能新能源车船税优惠政策的通知》财税〔2018〕74号

续表

序号	收入种类	减免政策大类	减免政策小类	减免性质代码	政策名称	优惠条款	减免项目名称	关联政策条款
263	车船税	节能环保	环境保护	12061010	《中华人民共和国车船税法》中华人民共和国主席令第43号	第四条	新能源船舶免征车船税	《财政部 税务总局 工业和信息化部 交通运输部关于节能 新能源车船税优惠政策的通知》财税〔2018〕74号
264	车船税	支持三农	其他	12099901	《中华人民共和国车船税法》中华人民共和国主席令第43号	第三条（一）项	捕捞、养殖渔船免征车船税	
265	车船税	支持文化教育体育	体育	12102904	《财政部 税务总局 海关总署关于北京2022年冬奥会和冬残奥会税收政策的通知》财税〔2017〕60号	第一条（十）款	对北京冬奥组委、北京冬奥会测试赛事组委会免征车船税	
266	车船税	支持其他各项事业	国防建设	12120701	《中华人民共和国车船税法》中华人民共和国主席令第43号	第三条（二）项	军队、武警专用车船免征车船税	
267	车船税	支持其他各项事业	交通运输	12121302	《中华人民共和国车船税法》中华人民共和国主席令第43号	第五条	对公共交通车船，农村居民拥有并主要在农村地区使用的摩托车、三轮汽车和低速货车定期减征或者免征车船税	
268	车船税	支持其他各项事业	外籍人员	12123101	《中华人民共和国车船税法》中华人民共和国主席令第43号	第三条（四）项	外国驻华使领馆、国际组织驻华代表机构及其有关人员的车船免征车船税	

续表

序号	收入种类	减免政策大类	减免政策小类	减免性质代码	政策名称	优惠条款	减免项目名称	关联政策条款
269	车船税	支持其他各项事业	公检法	12125001	《中华人民共和国车船税法》中华人民共和国主席令第43号	第三条第(三)项	警用车船免征车船税	
270	车船税	支持其他各项事业	其他	12129902	《财政部 税务总局 关于公安现役部队武警黄金、森林、水电部队改制后车辆移交地方管理有关车船税收政策的通知》财税〔2018〕163号		对公安现役部队和武警黄金、森林、水电部队换发地方机动车牌证的车辆，免征换发当年车船税	
271	车船税	支持其他各项事业	其他	12129999	《中华人民共和国车船税法》中华人民共和国主席令第43号	第四条	其他特殊原因确需减免车船税	
272	耕地占用税	促进小微企业发展	其他	14049901	《财政部 税务总局关于进一步实施小微企业"六税两费"减免政策的公告》财政部 税务总局公告2022年第10号		增值税小规模纳税人耕地占用税减征	
273	耕地占用税	促进小微企业发展	其他	14049902	《财政部 税务总局关于进一步实施小微企业"六税两费"减免政策的公告》财政部 税务总局公告2022年第10号		个体工商户城市耕地占用税减征	

续表

序号	收入种类	减免政策大类	减免政策小类	减免性质代码	政策名称	优惠条款	减免项目名称	关联政策条款
274	耕地占用税	促进小微企业发展	其他	14049903	《财政部 税务总局关于进一步实施小微企业"六税两费"减免政策的公告》财政部 税务总局公告2022年第10号		小型微利企业城市耕地占用税减征	
275	耕地占用税	改善民生	社会保障	14012701	《中华人民共和国耕地占用税法》中华人民共和国主席令第18号	第七条第一款	社会福利机构占用耕地免征耕地占用税	
276	耕地占用税	改善民生	其他	14019902	《中华人民共和国耕地占用税法》中华人民共和国主席令第18号	第七条第四款	耕地占用税困难性减免	
277	耕地占用税	支持三农	农村建设	14092302	《中华人民共和国耕地占用税法》中华人民共和国主席令第18号	第七条第三款第一项	农村宅基地减征耕地占用税	
278	耕地占用税	支持三农	农村建设	14092303	《中华人民共和国耕地占用税法》中华人民共和国主席令第18号	第七条第三款第二项	农村住房搬迁免征耕地占用税	
279	耕地占用税	支持文化教育体育	教育	14101403	《中华人民共和国耕地占用税法》中华人民共和国主席令第18号	第七条第一款	学校、幼儿园占用耕地免征耕地占用税	

续表

序号	收入种类	减免政策大类	减免政策小类	减免性质代码	政策名称	优惠条款	减免项目名称	关联政策条款
280	耕地占用税	支持文化教育体育	体育	14102901	《财政部 税务总局 海关总署关于北京 2022 年冬奥会和冬残奥会税收政策的通知》财税〔2017〕60 号	第一条第（十五）款	对北京 2022 年冬奥会场馆及其配套设施建设占用耕地免征耕地占用税（同时适用于北京冬奥组委、北京冬奥会测试赛赛事组委会）	
281	耕地占用税	支持其他各项事业	国防建设	14120702	《中华人民共和国耕地占用税法》中华人民共和国主席令第 18 号	第七条第一款	军事设施占用耕地免征耕地占用税	
282	耕地占用税	支持其他各项事业	基础设施建设	14121101	《中华人民共和国耕地占用税法》中华人民共和国主席令第 18 号	第七条第二款	水利工程占用耕地减征耕地占用税	
283	耕地占用税	支持其他各项事业	交通运输	14121302	《中华人民共和国耕地占用税法》中华人民共和国主席令第 18 号	第七条第二款	交通运输设施占用耕地减征耕地占用税	
284	耕地占用税	支持其他各项事业	医疗卫生	14123402	《中华人民共和国耕地占用税法》中华人民共和国主席令第 18 号	第七条第一款	医疗机构占用耕地免征耕地占用税	
285	耕地占用税	支持其他各项事业	商品储备	14122601	《财政部 国家税务总局关于国家石油储备基地建设有关税收政策的通知》财税〔2005〕23 号	第一条	石油储备基地第一期项目免征耕地占用税	
286	耕地占用税	支持其他各项事业	其他	14129999	其他		其他	

续表

序号	收入种类	减免政策大类	减免政策小类	减免性质代码	政策名称	优惠条款	减免项目名称	关联政策条款
287	契税	改善民生	住房	15011705	《财政部 国家税务总局关于廉租住房经济适用住房和住房租赁有关税收政策的通知》财税〔2008〕24号	第一条第（五）项	经营管理单位回购经适房继续用于经适房房源征免契税	
288	契税	改善民生	住房	15011706	《财政部 国家税务总局关于免征军建离退休干部住房移交地方政府管理所涉及契税的通知》财税字〔2000〕176号		军建离退休干部住房及附属用房移交地方政府管理的免征契税	
289	契税	改善民生	住房	15011712	《财政部 国家税务总局关于棚户区改造有关税收政策的通知》财税〔2013〕101号	第三条	棚户区经营管理单位回购改造安置住房继续用于安置房源免征契税	
290	契税	改善民生	住房	15011719	《财政部 国家税务总局关于棚户区改造有关税收政策的通知》财税〔2013〕101号	第四条	棚户区个人首次购买90平方米以下改造安置住房减按1%征收契税	
291	契税	改善民生	住房	15011720	《财政部 国家税务总局关于棚户区改造有关税收政策的通知》财税〔2013〕101号	第四条	棚户区个人购买符合普通住房标准的90平方米以上改造安置住房减半征收契税	
292	契税	改善民生	住房	15011721	《财政部 国家税务总局关于棚户区改造有关税收政策的通知》财税〔2013〕101号	第五条	棚户区征收取得货币补偿用于购买安置住房免征契税	

续表

序号	收入种类	减免政策大类	减免政策小类	减免性质代码	政策名称	优惠条款	减免项目名称	关联政策条款
293	契税	改善民生	住房	15011722	《财政部 国家税务总局关于棚户区改造有关税收政策的通知》财税〔2013〕101号	第五条	棚户区征收进行房屋产权调换取得安置住房免征契税	
294	契税	改善民生	住房	15011724	《财政部 国家税务总局 住房城乡建设部关于调整房地产交易环节契税 营业税优惠政策的通知》财税〔2016〕23号	第一条（一）项	个人购买家庭唯一住房90平方米及以下减按1%征收契税	
295	契税	改善民生	住房	15011725	《财政部 国家税务总局 住房城乡建设部关于调整房地产交易环节契税 营业税优惠政策的通知》财税〔2016〕23号	第一条（一）项	个人购买家庭唯一住房90平方米以上减按1.5%征收契税	
296	契税	改善民生	住房	15011726	《财政部 国家税务总局 住房城乡建设部关于调整房地产交易环节契税 营业税优惠政策的通知》财税〔2016〕23号	第一条（二）项	个人购买家庭第二套改善性住房90平方米及以下减按1%征收契税	
297	契税	改善民生	住房	15011727	《财政部 国家税务总局 住房城乡建设部关于调整房地产交易环节契税 营业税优惠政策的通知》财税〔2016〕23号	第一条（二）项	个人购买家庭第二套住房90平方米以上减按2%征收契税	

续表

序号	收入种类	减免政策大类	减免政策小类	减免性质代码	政策名称	优惠条款	减免项目名称	关联政策条款
298	契税	改善民生	住房	15011728	《财政部 国家税务总局关于易地扶贫搬迁税收优惠政策的通知》财税[2018]135号	第一条第（二）款	易地扶贫搬迁人口取得安置住房免征契税	《财政部 税务总局关于延长部分税收优惠政策执行期限的公告》财政部 税务总局公告2021年第6号
299	契税	改善民生	住房	15011729	《财政部 国家税务总局关于易地扶贫搬迁税收优惠政策的通知》财税[2018]135号	第二条第（一）款	易地扶贫搬迁实施主体取得安置住房土地免征契税	《财政部 税务总局关于延长部分税收优惠政策执行期限的公告》财政部 税务总局公告2021年第6号
300	契税	改善民生	住房	15011730	《财政部 国家税务总局关于易地扶贫搬迁税收优惠政策的通知》财税[2018]135号	第二条第（五）款	易地扶贫搬迁实施主体安置住房房源免征契税	《财政部 税务总局关于延长部分税收优惠政策执行期限的公告》财政部 税务总局公告2021年第6号
301	契税	改善民生	住房	15011731	《财政部 税务总局关于公共租赁住房税收优惠政策的公告》财政部税务总局公告2019年第61号	第三条	公共租赁住房经营管理单位购买住房作为公共租赁住房免征契税	《财政部 税务总局关于延长部分税收优惠政策执行期限的公告》财政部 税务总局公告2021年第6号
302	契税	改善民生	住房	15011732	《中华人民共和国契税法》中华人民共和国主席令第五十二号	第六条第（五）项	法定继承人通过继承承受土地房屋免征契税	

续表

序号	收入种类	减免政策大类	减免政策小类	减免性质代码	政策名称	优惠条款	减免项目名称	关联政策条款
303	契税	改善民生	住房	15011733	《财政部 税务总局关于契税法实施后有关优惠政策衔接问题的公告》财政部 税务总局公告2021年第29号	第一条	夫妻因离婚分割共同财产发生土地房屋权属变更的免征契税	
304	契税	改善民生	住房	15011734	《中华人民共和国契税法》中华人民共和国主席令第五十二号	第七条（一）项	地方政府征收、征用土地使用权置换免征契税	
305	契税	改善民生	住房	15011735	《中华人民共和国契税法》中华人民共和国主席令第五十二号	第七条（一）项	地方政府征收、征用货币补偿重新购置土地、房屋的免征契税	
306	契税	改善民生	住房	15011736	《中华人民共和国契税法》中华人民共和国主席令第五十二号	第七条（一）项	地方政府征收、征用重新承受土地房屋超出补偿部分减半征收契税	
307	契税	改善民生	住房	15011737	《财政部 税务总局关于契税法实施后有关优惠政策衔接问题的公告》财政部 税务总局公告2021年第29号	第二条（三）款	公有住房补缴土地出让价款成为完全产权住房免征契税	
308	契税	改善民生	住房	15011738	《财政部 税务总局关于契税法实施后有关优惠政策衔接问题的公告》财政部 税务总局公告2021年第29号	第二条第一款、第二款	城镇职工第一次购买公有住房免征契税	

续表

序号	收入种类	减免政策大类	减免政策小类	减免性质代码	政策名称	优惠条款	减免项目名称	关联政策条款
309	契税	改善民生	住房	15011739	《中华人民共和国契税法》中华人民共和国主席令第五十二号	第六条（四）项	婚姻关系存续期间夫妻之间变更土地房屋权属免征契税	
310	契税	改善民生	住房	15011740	《中华人民共和国契税法》中华人民共和国主席令第五十二号	第四条（二）项	土地使用权互换、房屋互换，按价格互换差额征收契税	
311	契税	改善民生	住房	15011741	《中华人民共和国契税法》中华人民共和国主席令第五十二号	第七条（一）项	地方政府征收、征用产权调换（房屋产权调换）免征契税	
312	契税	改善民生	住房	15011742	《中华人民共和国契税法》中华人民共和国主席令第五十二号	第七条（二）项	地方政府因不可抗力灭失住房重新承受住房减征或免征契税	
313	契税	改善民生	社会保障	15012701	《财政部 税务总局 发展改革委 民政部 商务部 卫生健康委关于社区养老、托育、家政服务业税费优惠政策的公告》财政部公告2019年第76号	第一款（三）	承受房屋、土地用于社区养老、托育、家政免征契税	
314	契税	促进区域发展	西部开发	15033301	《财政部 国家税务总局关于青藏铁路公司运营期间有关税收政策问题的通知》财税〔2007〕11号	第四条	青藏铁路公司承受土地、房屋权属用于办公及运输主业免征契税	

续表

序号	收入种类	减免政策大类	减免政策小类	减免性质代码	政策名称	优惠条款	减免项目名称	关联政策条款
315	契税	转制升级	企业重组改制	15052515	《关于继续执行企业事业单位改制重组有关契税政策的公告》财政部税务总局公告2021年第17号	第一条	企业改制后公司承受原企业土地、房屋权属免征契税	
316	契税	转制升级	企业重组改制	15052516	《关于继续执行企业事业单位改制重组有关契税政策的公告》财政部税务总局公告2021年第17号	第二条	事业单位改制承受原单位土地、房屋权属免征契税	
317	契税	转制升级	企业重组改制	15052517	《关于继续执行企业事业单位改制重组有关契税政策的公告》财政部税务总局公告2021年第17号	第三条	公司合并后承受原公司土地、房屋权属免征契税	
318	契税	转制升级	企业重组改制	15052518	《关于继续执行企业事业单位改制重组有关契税政策的公告》财政部税务总局公告2021年第17号	第四条	公司分立后承受原公司土地、房屋权属免征契税	
319	契税	转制升级	企业重组改制	15052519	《关于继续执行企业事业单位改制重组有关契税政策的公告》财政部税务总局公告2021年第17号	第五条	符合条件的企业破产承受债务企业土地、房屋权属免征契税	
320	契税	转制升级	企业重组改制	15052520	《关于继续执行企业事业单位改制重组有关契税政策的公告》财政部税务总局公告2021年第17号	第六条第一款	承受行政性调整、划转土地、房屋权属免征契税	

续表

序号	收入种类	减免政策大类	减免政策小类	减免性质代码	政策名称	优惠条款	减免项目名称	关联政策条款
321	契税	转制升级	企业重组改制	15052521	《关于继续执行企业事业单位改制重组有关契税政策的公告》财政部 税务总局公告2021年第17号	第六条第二款	承受同一投资主体内部划转土地、房屋权属免征契税	
322	契税	转制升级	企业重组改制	15052522	《关于继续执行企业事业单位改制重组有关契税政策的公告》财政部 税务总局公告2021年第17号	第六条第三款	子公司承受母公司增资土地、房屋权属免征契税	
323	契税	转制升级	企业重组改制	15052523	《关于继续执行企业事业单位改制重组有关契税政策的公告》财政部 税务总局公告2021年第17号	第七条	债权转股权新设公司承受原企业的土地、房屋权属免征契税	
324	契税	转制升级	企业重组改制	15052524	《关于继续执行企业事业单位改制重组有关契税政策的公告》财政部 税务总局公告2021年第17号	第五条	非债权人承受原企业土地、房屋权属超过30%的职工签订不少于三年劳动合同的减半征收契税	
325	契税	支持金融资本市场	金融市场	15081502	《财政部 国家税务总局关于被撤销金融机构有关税收政策问题的通知》财税〔2003〕141号	第二条第（三）款	被撤销金融机构接收债务方土地使用权、房屋所有权免征契税	
326	契税	支持金融资本市场	金融市场	15081503	《财政部 税务总局关于契税法实施后有关优惠政策衔接问题的公告》财政部 税务总局公告2021年第29号	第三条	按规定改制的外商独资银行承受原外国银行分行的房屋权属免征契税	

续表

序号	收入种类	减免政策大类	减免政策小类	减免性质代码	政策名称	优惠条款	减免项目名称	关联政策条款
327	契税	支持金融资本市场	金融市场	15081504	《财政部 税务总局关于银行业金融机构、金融资产管理公司不良债权以物抵债有关税收政策的公告》财政部 税务总局公告2022年第31号	第三条	银行业金融机构接收经法院判决裁定或仲裁机构仲裁的抵债不动产免征契税	
328	契税	支持金融资本市场	金融市场	15081505	《财政部 税务总局关于银行业金融机构、金融资产管理公司不良债权以物抵债有关税收政策的公告》财政部 税务总局公告2022年第31号	第三条	金融资产管理公司承接银行业金融机构不良债权涉及的抵债不动产免征契税	
329	契税	支持金融资本市场	资本市场	15083902	《财政部 国家税务总局关于中国信达等4家金融资产管理公司税收政策问题的通知》财税〔2001〕10号	第二条第3项	4家金融资产公司按规定收购、承接和处置不良资产剥离过程中有关资产免征契税	1.《财政部 国家税务总局关于4家金融资产管理公司接收资本金项下资产在办理过户时有关税收政策问题的通知》财税〔2003〕21号，第一条。2.《财政部 国家税务总局关于中国东方资产管理公司处置港澳国际（集团）有限公司有关资产税收政策问题的通知》财税〔2003〕212号，第二条第2项、第三条第3项、第四条第3项

续表

序号	收入种类	减免政策大类	减免政策小类	减免性质代码	政策名称	优惠条款	减免项目名称	关联政策条款
330	契税	支持三农	农村建设	15092303	《财政部 税务总局关于支持农村集体产权制度改革有关税收政策的通知》财税〔2017〕55号	第一条	农村集体经济组织股份制改革免征契税	
331	契税	支持三农	农村建设	15092304	《财政部 税务总局关于支持农村集体产权制度改革有关税收政策的通知》财税〔2017〕55号	第二条第一款	农村集体经济组织清产核资免征契税	
332	契税	支持三农	农村建设	15092305	《财政部 税务总局关于继续执行农村饮水安全工程税收优惠政策的公告》财政部 税务总局公告2019年第67号	第一条	农村饮水工程承受土地使用权免征契税	《财政部 税务总局关于延长部分税收优惠政策执行期限的公告》财政部 税务总局公告2021年第6号
333	契税	支持三农	其他	15099902	《中华人民共和国契税法》（中华人民共和国主席令第五十二号）	第六条第（三）项	承受荒山荒地荒滩土地使用权用于农林牧渔业生产免征契税	
334	契税	支持文化教育体育	文化	15103202	《关于继续实施文化体制改革中经营性文化事业单位转制为企业若干税收政策的通知》财税〔2019〕16号	第一条第（四）项	经营性文化事业单位转制涉及契税按规定享受优惠政策	

续表

序号	收入种类	减免政策大类	减免政策小类	减免性质代码	政策名称	优惠条款	减免项目名称	关联政策条款
335	契税	支持其他各项事业	其他	15123102	《中华人民共和国契税法》（中华人民共和国主席令第五十二号）	第六条第（六）项	符合法律规定的外国驻华使馆、领事馆组织驻华代表机构承受土地房屋免征契税	
336	契税	支持其他各项事业	其他	15129902	《财政部 国家税务总局关于企业以售后回租方式进行融资等有关契税政策的通知》财税〔2012〕82号	第一条	售后回租期满承租人回购原房屋、土地权属免征契税	
337	契税	支持其他各项事业	其他	15129904	《财政部 国家税务总局关于廉租住房经济适用住房和住房租赁有关税收政策的通知》财税〔2008〕24号	第一条第（六）款	个人购买经济适用住房减半征收契税	
338	契税	支持其他各项事业	其他	15129905	《财政部 国家税务总局关于企业以售后回租方式进行融资等有关契税政策的通知》财税〔2012〕82号	第三条	个人房屋被征收用补偿款新购房屋免征契税	
339	契税	支持其他各项事业	其他	15129906	《财政部 国家税务总局关于企业以售后回租方式进行融资等有关契税政策的通知》财税〔2012〕82号	第三条	个人房屋征收房屋调换免征契税	

续表

序号	收入种类	减免政策大类	减免政策小类	减免性质代码	政策名称	优惠条款	减免项目名称	关联政策条款
340	契税	支持其他各项事业	其他	15129907	《财政部 国家税务总局关于企业以售后回租方式进行融资等有关契税政策的通知》财税〔2012〕82号	第六条	个体工商户、合伙企业与其经营者个人之间转移房屋土地权属免征契税	
341	契税	支持其他各项事业	其他	15129908	《中华人民共和国契税法》中华人民共和国主席令第五十二号	第六条（二）项	非营利性的学校、医疗机构、社会福利机构承受土地房屋用于办公、教学、医疗、科研、养老、救助免征契税	
342	契税	支持其他各项事业	其他	15129909	《中华人民共和国契税法》中华人民共和国主席令第五十二号	第六条（一）项	国家机关、事业单位、社会团体、军事单位承受用于办公、教学、医疗、科研和军事设施的土地房屋免征契税	
343	契税	支持其他各项事业	其他	15129910	《财政部 国家税务总局关于银监会各级派出机构从中国人民银行各分支行划拨房屋土地有关税收问题的函》财税〔2005〕149号	第一条	银监会各级派出机构承受中国人民银行各分支行无偿划转土地房屋用于办公设施免征契税	
344	契税	支持其他各项事业	其他	15129999	《中华人民共和国契税暂行条例细则》财法字〔1997〕52号	第十五条（三）款	外交部确认的外交人员承受土地、房屋权属免征契税	
					其他		其他	

续表

序号	收入种类	减免政策大类	减免政策小类	减免性质代码	政策名称	优惠条款	减免项目名称	关联政策条款
345	环境保护税	节能环保	资源综合利用	16064001	《中华人民共和国环境保护税法》中华人民共和国主席令第61号	第十二条第（一）款	农业生产（不包括规模化养殖）排放应税污染物的暂予免征环境保护税	
346	环境保护税	节能环保	资源综合利用	16064002	《中华人民共和国环境保护税法》中华人民共和国主席令第61号	第十二条第（二）款	机动车、铁路机车、非道路移动机械、船舶和航空器等流动污染源排放应税污染物的暂予免征环境保护税	
347	环境保护税	节能环保	资源综合利用	16064003	《中华人民共和国环境保护税法》中华人民共和国主席令第61号	第十二条第（三）款	依法设立的城乡污水集中处理、生活垃圾集中处理场所排放相应应税污染物，不超过国家和地方规定的排放标准的暂予免征环境保护税	
348	环境保护税	节能环保	资源综合利用	16064004	《中华人民共和国环境保护税法》中华人民共和国主席令第61号	第十二条第（四）款	纳税人综合利用的固体废物，符合国家和地方环境保护标准的暂予免征环境保护税	
349	环境保护税	节能环保	资源综合利用	16064005	《中华人民共和国环境保护税法》中华人民共和国主席令第61号	第十二条第（五）款	国务院批准免税的其他情形暂予免征环境保护税	
350	环境保护税	节能环保	资源综合利用	16064006	《中华人民共和国环境保护税法》中华人民共和国主席令第61号	第十三条	纳税人排放应税大气污染物或者水污染物的浓度值低于国家和地方规定的污染物排放标准百分之三十的减征环境保护税	

续表

序号	收入种类	减免政策大类	减免政策小类	减免性质代码	政策名称	优惠条款	减免项目名称	关联政策条款
351	环境保护税	节能环保	资源综合利用	16064007	《中华人民共和国环境保护税法》中华人民共和国主席令第61号	第十三条	纳税人排放应税大气污染物或者水污染物的浓度值低于国家和地方规定的污染物排放标准百分之五十的减征环境保护税	
352	教育费附加	改善民生	军转择业	61011803	《财政部 税务总局 退役军人部关于进一步扶持自主就业退役士兵创业就业有关税收政策的通知》财税[2019]21号	第一条	退役士兵从事个体经营扣减教育费附加优惠	《财政部 税务总局关于延长部分税收优惠政策执行期限的公告》财政部 税务总局公告2022年第4号
353	教育费附加	改善民生	军转择业	61011804	《财政部 税务总局 退役军人部关于进一步扶持自主就业退役士兵创业就业有关税收政策的通知》财税[2019]21号	第二条	企业招用退役士兵扣减教育费附加优惠	《财政部 税务总局关于延长部分税收优惠政策执行期限的公告》财政部 税务总局公告2022年第4号
354	教育费附加	改善民生	再就业扶持	61013608	《财政部 税务总局 人力资源社会保障部 国务院扶贫办关于进一步支持和促进重点群体创业就业有关税收政策的通知》财税[2019]22号	第一条	建档立卡贫困人口从事个体经营扣减教育费附加	《财政部 税务总局 人力资源社会保障部 国家乡村振兴局关于延长部分扶贫税收优惠政策执行期限的公告》财政部 税务总局 人力资源社会保障部 国家乡村振兴局公告2021年第18号

续表

序号	收入种类	减免政策大类	减免政策小类	减免性质代码	政策名称	优惠条款	减免项目名称	关联政策条款
355	教育费附加	改善民生	再就业扶持	61013609	《财政部 税务总局 人力资源社会保障部 国务院扶贫办关于进一步支持和促进重点群体创业就业有关税收政策的通知》财税〔2019〕22号	第一条	登记失业半年以上人员、零就业家庭、享受城市低保登记失业人员，毕业年度内高校毕业生从事个体经营扣减教育费附加	《财政部 税务总局 人力资源社会保障部 国家乡村振兴局关于延长部分扶贫税收优惠政策执行期限的公告》财政部 税务总局 人力资源社会保障部 国家乡村振兴局公告2021年第18号
356	教育费附加	改善民生	再就业扶持	61013610	《财政部 税务总局 人力资源社会保障部 国务院扶贫办关于进一步支持和促进重点群体创业就业有关税收政策的通知》财税〔2019〕22号	第二条	企业招用建档立卡贫困人口就业扣减教育费附加	《财政部 税务总局 人力资源社会保障部 国家乡村振兴局关于延长部分扶贫税收优惠政策执行期限的公告》财政部 税务总局 人力资源社会保障部 国家乡村振兴局公告2021年第18号
357	教育费附加	改善民生	再就业扶持	61013611	《财政部 税务总局 人力资源社会保障部 国务院扶贫办关于进一步支持和促进重点群体创业就业有关税收政策的通知》财税〔2019〕22号	第二条	企业招用登记失业半年以上人员就业扣减教育费附加	《财政部 税务总局 人力资源社会保障部 国家乡村振兴局关于延长部分扶贫税收优惠政策执行期限的公告》财政部 税务总局 人力资源社会保障部 国家乡村振兴局公告2021年第18号

续表

序号	收入种类	减免政策大类	减免政策小类	减免性质代码	政策名称	优惠条款	减免项目名称	关联政策条款
358	教育费附加	促进小微企业发展	未达起征点	61042802	《财政部 国家税务总局关于扩大有关政府性基金免征范围的通知》财税〔2016〕12号	第一条	按月纳税的月销售额或营业额不超过10万元缴纳义务人免征教育费附加	
359	教育费附加	促进小微企业发展	其他	61049901	《财政部 税务总局关于进一步实施小微企业"六税两费"减免政策的公告》财政部 税务总局公告2022年第10号		增值税小规模纳税人教育费附加减征	
360	教育费附加	促进小微企业发展	其他	61049902	《财政部 税务总局关于进一步实施小微企业"六税两费"减免政策的公告》财政部 税务总局公告2022年第10号		个体工商户教育费附加减征	
361	教育费附加	促进小微企业发展	其他	61049903	《财政部 税务总局关于进一步实施小微企业"六税两费"减免政策的公告》财政部 税务总局公告2022年第10号		小型微利企业教育费附加减征	
362	教育费附加	节能环保	资源综合利用	61064002	《财政部 国家税务总局关于免征国家重大水利工程建设基金的城市维护建设税和教育费附加的通知》财税〔2010〕44号		国家重大水利工程建设基金免征教育费附加	

续表

序号	收入种类	减免政策大类	减免政策小类	减免性质代码	政策名称	优惠条款	减免项目名称	关联政策条款
363	教育费附加	支持文化教育体育	教育	61101402	《财政部关于调整部分政府性基金有关政策的通知》财税〔2019〕46号	第三条	产教融合型企业教育费附加抵免	
364	教育费附加	支持其他各项事业	其他	61129999	其他		其他	